〈決定版〉正伝 後藤新平 別巻

後藤新平大全

御厨貴 編

藤原書店

巻 頭 言

『正伝 後藤新平』の文体　父がその岳父後藤新平の伝記を書いたころ，私は小学校5年生で，家は青山5丁目にあった。

　父は，日比谷公園の市政会館に出てゆき，夕刻家にもどって，夕食を家族とともにした。「後藤新平伯伝記編纂会」の名入りの大きな封筒に入った肉筆原稿をもってかえってきたことがあり，今，思うと井口一郎執筆だった。

　父のもと原稿の執筆者には，井口一郎だけでなく瀧川政次郎，平野義太郎がおり，どういう部分をこの人たちに託していたのか，私は知らない。これらの人たちは，昭和8年，それぞれが受難の時期にあり，おなじく失脚の時期にあった父にとって，共感をもてる人びとだった。

　当日の井口一郎筆の原稿は，私にとって，読みにくいものだった。達筆であり，その点では読みとれる文字だったが，文体が，私の読みなれている，父の書いてきた史伝にくらべて読みにくかった。学者の文章だった。現在のこっている『正伝 後藤新平』の文体ではない。

父の雄弁と芝居がかりの能力　父は，一高弁論部のころからつけていた反省ノート（現在も憲政記念館にのこっているはず）によると，自分の演説を骨子だけでなく全文書いており，その習慣は，晩年までひきつがれていた。それを鏡の前で暗唱してみて，「日本海海戦の回顧」のときだったと思うが，感きわまって落涙しているところを姪の静枝にからかわれている。そのくだりを加藤静枝（通称シヅエ。父の長姉の長女）の自伝で読んだことがある。

　雄弁は長年の努力であり，それを息子の私におしみなくさずけた。さずけようとした。私の小学校5年の秋の学芸会で，「勝海舟の一生」という紙芝居を全校生徒の前でしたことがあった。絵は2部4組同クラス男生徒21人で，それぞれ絵を描き，その前で，弁士5人がひとりずつ，説明をすることになった。同じクラスの永井道雄は1年生秋の学芸会で全校生徒800人の前にたってたじろぐことなく，薩英戦争に出てゆく少年鼓笛隊の東郷平八郎について演説して全校をおどろかした，きわめつきの雄弁家である。そのときは，父永井柳太郎ではなく，母永井次代が監督して形をつくったとあとできいた。それから4年たって，5年生のときにも，永井道雄は弁士5人のうちのひとりだった。

私にわりあてられたのは，勝海舟が咸臨丸艦長（かんりんまる）として米国にむかい，太平洋で船よいにくるしむくだりである。
　「あらしになりました」
　という一行に，ななめに右手をふりおろして風景を一転させ，——このくだりは，演説のとき上級生の批判をかい，あいつなまいきだからなぐるという，6年生のおどしのもとになった。しばらくは，学校のかえりはひとりにならないように私は注意した。
　そういう経緯もあって，父が，芝居がかりの能力をももっていることを身近に知っていた。

　黒岩涙香の深い演劇的能力　父より一世代前の黒岩涙香（るいこう）は，さらに深く演劇的能力をそなえていた。明治はじめに英語と日本語のへだたりを飛びこえるには，自分が異国人の身になって演じる力が，さらに必要だっただろう。土佐から出て大阪で語学校に入った涙香は，マサチューセッツ工科大学出身の団琢磨に英語の手ほどきを受け，東京に出て福沢の慶應義塾に身をおくころには，ひとかどの自由民権の少年弁士だった。黒田清隆誣告（ぶこく）の罪を得て横浜の監獄に下され，もっこかつぎの囚人労働を経て，釈放されてからは，翻訳をもってたち，涙香の翻訳ものの連載によって一つの新聞（政治上の活動を旨とする小新聞）がおこるという時代をもたらした。彼の手法は，まず気に入った小説を読み，気に入ればそれからは自分の腹から流れいずるせりふによって，日本語の一冊長篇となることもある。『巌窟王』『鉄仮面』も，このようにして日本の大衆におくられた。

　文筆家としての父の手法　父は，一高，東大，鉄道省官吏を経て，おくれて文筆業にはいるが，涙香の23年後輩にあたる。彼は一日すわりきりで，自分専用の原稿用紙（200字）70枚書いた。その間，書きあぐねて，休んで考えていることはなく，机に向かって書きつづけた。筆痙にかかってしばらく休筆することはあったが。
　一冊の本を出版社と契約するとき，すでに彼は種本を一つにしぼっていた。『バイロン』は，英訳本アンドレ・モーロワのバイロン伝。『ビスマルク』は，英訳本エミール・ルトヴィヒのビスマルク伝。『ディズレーリ』は，英国人リットン・ストレイチーの『クイーン・ヴィクトリア』。しかし，ストレイ

チーの英国人らしい皮肉なユーモアが，父にのりうつることはなかった。原本への書きこみを見ても，よく全巻読んでいることはわかるが，ストレイチーの父親（陸軍中将で，この人自身がヴィクトリア朝の名士）に対する違和感が私の父のものになることはなかった。

東京市再設計の助言者として米国人チャールズ・A・ビアードを岳父におしたという縁もあって，父自身が米国在住のときビアードの家に出入りする機会が多く，ビアードから英語の手本として『モーリー全集』をおくられた。父は忠実にこれを読んではいたが，たとえばバイロンをとってみても，モーリーのバイロン伝からの影響はない。後年私は，この全集の中の，モーリーのルソー伝，モーリーのディドロ伝を読んで，益するところがあった。そのとき，モーリーの史伝から父の文体に流れているものが少ないことを感じた。

大臣より上の仕事　父の著作の中で，『正伝 後藤新平』については，私はひとつの種本を確定することができない。父の史伝の中で，この本は，彼自身の書きおろしである。おしゃれの後藤新平が，自宅によんで頭を刈ってもらっていた小川理髪師は，岳父の死後になって父の家に来ていて，父は彼にむかって，『正伝 後藤新平』の完成は，大臣になるよりは上のこととして自慢していたが，不孝者の息子である私から見ると，それは父の負け惜しみのように感じられた。しかし，この負け惜しみは父の自己評価として，あたっていた。

2007年6月

　　　　　　　　　　　　　　　　　　　　　　　　　　　　鶴見俊輔

〈編集責任者〉藤原良雄
〈編集担当〉　刈屋琢　郷間雅俊
〈編集協力〉　市川元夫　清水唯一朗　鈴木一策　鶴見太郎
　　　　　　西宮紘　能澤壽彦　春山明哲
〈資料提供〉　後藤新平記念館　東京市政調査会

後藤新平大全

目　次

巻頭言	鶴見俊輔	001
序	御厨 貴	009

I 後藤新平の全仕事 ……… 013
後藤新平小史　15　　後藤新平の全仕事　23

II 後藤新平年譜 1850-2007 ……… 079

III 後藤新平の全著作・関連文献一覧 ……… 139
解題　メディアの政治家・後藤新平と「言葉の力」（春山明哲）　140
後藤新平の全著作　146　　後藤新平関連文献一覧　158

IV 主要関連人物紹介 ……… 179
［付］後藤新平 時代別人脈図　220

V 『正伝 後藤新平』全人名索引 ……… 225
日本人名　226　　外国人名　248

VI 地　図 ……… 257
幕末期の東北諸藩・水沢周辺　258
現在の水沢・慶応2年の水沢　259
1905年頃の台湾　260　　1906年頃の満洲　261
『復興都市計画一覧図』　262　　後藤新平・外遊旅程一覧　270

VII 資　料 ……… 273
後藤新平 関連系図　274
歴代台湾総督＆民政長官・歴代満鉄総裁　275
歴代内閣閣僚　276

『〈決定版〉正伝 後藤新平』別巻

後藤新平大全

「自治三訣」

人のおせわにならぬやう
人の御世話をするやう
そしてむくいをもとめぬやう

新 平

序

　『後藤新平大全』をおくる。大全とは一冊ですべてがわかる仕組みになっている本のことを言う。後藤新平という人物にとっては、大全という形式の本が待たれていたと言ってよい。なぜか。それは余りにも活動範囲が広く、思わぬ出会いがまた次なる出会いを生みしかもそれが水平方向、垂直方向に同時に連なって、あっという間に人と仕事と組織の連鎖を形作っていくからだ。

　後藤のその仕事の特色は、プロジェクト型と言うにふさわしい。後藤のその出会いを描くのには、司馬遼太郎風ではなく、山田風太郎風が最もふさわしい。そうであれば、"後藤新平の世界"を単に一人の偉人伝を描くように、クロノロジカルに一本の幹が苗の時代からスクスク育っていくようには書けない。複合的かつ複層的な"後藤新平の世界"は、かくて大全を待って明らかにされることになる。

　同時にこの大全は、八冊に垂んとする『正伝 後藤新平』を読み進める上での導きの書、よきガイドラインたらんとする。昭和初めの旧版ほどではないが、今回の決定版にしても、巻数の多さと各巻の厚さの前に、いかなる読書家であろうとも、まずは読破意欲をそそられぬことは、疑いえない。一度開いた本をいつのまにやら閉じて書架に戻したが最後、後藤新平の伝記は書架を飾り決して繙かれることのない立派な装丁のシリーズとして重きをなすことになる。

　だったら教科書ガイドならぬ読み解き方を示唆するこのガイドラインの本は必携である。それと同時に、この大全は、『後藤新平・解体新書』の役割を果たし、"後藤新平的世界"の要素分解の機能を示す。逆に言えば、初心者が『正伝 後藤新平』の航海中に何が何だかわからなくなったら、大全にあたれば、一つの読破方向を示してくれる。そこで自らの位置を確

かめ安心できる。そうではなく余裕綽々のベテランには，大全を攻略することから，『正伝 後藤新平』をまったくこれまでとは異なる独自の読みの世界として構築する楽しみが与えられる。

　ここまで説明してくれば，もう賢明なあなたはお分りであろう。『後藤新平大全』は，ゲームの攻略本と同じ意味を持つわけだ。その点で老若男女すべての層に"後藤新平的世界"を理解してもらう仕掛けがここには込められている。

　目次に即して，概略を紹介しておこう。まずは「Ⅰ 後藤新平の全仕事」である。事績集は「後藤新平小史」と「後藤新平の全仕事」とが「全体と部分」の入れ子状態として配列されている。したがって「小史」の中の「分類」の番号を，「後藤新平の全仕事」の中の後藤のクロノロジカルな生涯における番号と引き合わせることによって，相互のダイナミズムが分かる。

　次いで「Ⅱ 後藤新平年譜」に移ろう。年譜は「後藤新平関連事項」と「日本史関連事項」それに「世界史事項」との三本立である。後藤史→日本史→世界史と背景を探っていくやり方，世界史→日本史→後藤史と基本を訪ねていくやり方，いずれにしても後藤と日本史と世界史が有機的につながっていることが分かる。

　「Ⅲ 後藤新平の全著作・関連文献一覧」は，大全の中でも書誌的に最も重要な部分といえる。実は後藤名による単行本，雑誌論文，パンフレット，チラシの類が尋常ならざる量として存在する。後藤は自らを広告塔と考えていた節もあり，これらは大変な数に至る。それを丹念に掲げた後，後藤新平関連文献についても可能な限りあげている。

　そして「Ⅳ 後藤新平主要関連人物紹介」と「人物相関図」は，まことにこの大全の中でもユニークな部分である。両者とも後藤新平を中心に，そこから広がる人脈を一覧している。「関連人物紹介」も後藤との関連に力点を置いているのが特色だ。後藤新平のバルザック的世界を浮かび上が

らせるために，無くてはならぬものとして紹介と相関図は理解できる。

「V 『正伝 後藤新平』全人名索引」は，「日本人」と「外国人」とに大別し，『正伝 後藤新平』全巻と対照できる仕組みである。じっと目をこらすと日本人の広がりも大したものであるが，ヨーロッパ・アメリカ・アジアの人名も半端ではないことが分かる。

日本と世界を所狭しと視察旅行よろしく飛びまわったことも，後藤を理解するよすがとしては重要である。「VI 地図」は，その意味で後藤を空間軸と時間軸とに位置づける際の恰好の道具に他ならない。最後に「VII 資料」は，後藤の家族，それに肩書き等のアイテムを扱っている。

かくて『後藤新平大全』はゲームの攻略本のように，『正伝 後藤新平』全巻と共にあって，この『正伝』を，いやそれを超えて"後藤新平の世界"そのものを，読者一人一人のものにしていくための本である。この本をボロボロになるまで使い込んだ時，あなたは21世紀に再生すべき"後藤新平の世界"がくっきりはっきり浮かび上がってくる様子がわかるに違いない。

2007年6月4日　後藤新平生誕の日に

御厨　貴

後藤新平生家

I

後藤新平の全仕事

〈分類〉

後藤新平小史(1857-1929)

後藤新平の全仕事

凡　例

＊ここでは，後藤新平の生涯の仕事の見取り図を，「小史」と「全仕事」の二部構成で示した。

＊「全仕事」は，後藤のなした事績を年代順に98項目列挙して説明を加えたものであり，「小史」にそれらを埋め込むことで，相互の連関がわかるようにした。

＊また，98項目の仕事を性格別に16の系統に分け，冒頭に系統別の〈分類〉を付した。

〈分 類〉

公衆衛生

① ② ③ ⑤ ⑥ ⑦ ⑨ ⑩ ⑭ ⑮ ㉚

社会政策

⑦ ⑪ ⑫ ⑭ ⑮ ⑯ ⑰ ㉓ ㉝ ㊽ 62
68 81

教 育

④ ㉚ ㉛ ㊷ 61 67 75 87 89 96 97

法・制度

⑧ ⑬ ⑭ ⑮ ㉒ ㉓ 54 57 64

金 融

⑯ ⑱ ⑲ ㊲ ㊾ 76

産 業

⑯ ㉓ ㉔ ㉕ ㉖ ㉗ ㉘ ㊴ ㊶

電 気

㉙ 56 57

運 輸

⑳ ㉑ ㊳ ㊵ 52 53 55 63 64 65 66
67 68 70 71

調査研究

⑨ ㉒ ㉜ ㉞ ㊸ ㊹ ㊺ ㊻ 85 90

外 交

㉟ ㊿ 51 52 53 73 77 82 83 84 91
98

通 信

54 59 60 95

組 織

⑯ ㊱ 61 62 63 65 79 83 85 86 94
96 97

都 市

㊼ 80 88 92

思 想

⑦ 72 94

マスコミ

㊽ 69 94 95

政 治

72 74 78 83 86 90 92 93 94

はじめに

　後藤新平は，遺した仕事の壮大さに比して，今日の人びとに忘れられた政治家になっているのではなかろうか。その理由の一つは，彼の仕事がさまざまな分野に多岐にわたっているため，その全体を見渡すことが後世の人びとにとってきわめて困難であったためだろう。ときに"大風呂敷"といわれ，誤解にさらされることも多かった後藤新平であるが，世界史のなかにその時代を位置づけて考えてみると，一連の仕事が，近代日本の内外の要請に即応しつつ，しかも100年先の社会までを見通した複眼的思考から組み上げられていたことが明確にわかる。

　そしてその仕事を遂行するときにつねに動機づけていたのが，「自治」と「公共」の精神であった。生涯執拗なまでに推進した科学的調査も，人材発掘や人材育成への意志も，都市のグランドデザイン設計者としての顔も，すべては「自治する公民」の創造に向けた活動の一側面であったといえよう。この根本思想が，後藤を他の多くの政治家から截然と分かつ。

　ならば，政治家後藤新平はどのようにして生まれ，どのようにしてその思想を社会に結実させていったのだろうか。

後藤新平小史 (1857-1929)

医師としての出発　　　①〜④

15歳の頃

　1857（安政4）年，陸中国胆沢郡塩竃村（現在の岩手県奥州市水沢）に生まれる。父は伊達氏の臣下である留守氏の家臣・後藤実崇，母は利恵。幼時から武下節山の塾に通い漢学を学んだ新平は，1869年（12歳），胆沢県庁に赴任してきた大参事安場保和にその将来性を嘱望され給仕となり，部下の阿川光裕に預けられた。17歳で福島県の須賀川医学校に入学，医学を修める。それは貧窮を極めたなかでの学問であったが，のちに後藤が科学と社会政策を重視する，精神的なベースとなる。

　75年（18歳）の暮，安場が愛知県令となって去ったため，後藤はその後を追い，19歳の8月，愛知県病院の三等医として名古屋に居を移した。ここで知り合った語学の天才司馬凌海の警察医学に関する翻訳を手伝い，病院の教師ローレッツの教えを受けるなかで，警察医学に興味を示すようになる。

　警察医学とは，今日の公衆衛生・法医学に相当するものであり，当時は内務省の管轄下で，警察官がその任に当たっていた。このため，多くの医師は警察医学に無関心であり，特に伝染病の流行に素早く対応できる体制が整っていなかった。折しもこの

愛知病院時代、20歳の頃

間，西南戦争の凱旋兵がコレラの猛烈な流行をもたらした。後藤は自ら志願してその撲滅のために奮闘する。この経験の上に，県内の病院に警察医官を置く必要を痛感，安場県令と内務省衛生局長長与専斎にその旨を建言する①。海水浴の効能に着目し，日本初の海水浴場を設置したのもこの時代であった②。

また，80年には愛衆社という団体を立ち上げ，民間の医師への公衆衛生の普及をはかった③。さらに，府県ごとに医学校を経営することの不経済を解消するために，数県共同で経営する連合医学校の設立構想④を県や文部省に建白した。その間後藤は，ローレッツに就いて医学の修練をしつつ，わずか5年で三等医から愛知県医学校長兼病院長に就任。82年（25歳）の4月，当時政府からは危険視されていた自由党の党首板垣退助が岐阜で暴漢に襲われ負傷すると，そこに駆けつけて手当てをするという破天荒な行動で，その名を天下にとどろかせた。

26歳の頃

有能な官僚として頭角を現す　　⑤〜⑯

やがて長与衛生局長に招かれ，1883年，後藤は内務省衛生局御用掛となった。初仕事である地方衛生視察⑤というフィールドワークを踏まえて，彼はその思想的基盤となる『国家衛生原理』などの著作を著わす⑦。一方で，長与の片腕となって衛生制度の確立と拡大に努めたのち⑥，90年，在官のままドイツに私費留学。ベルリン大学で衛生行政学を，先に留学していた北里柴三郎に細菌学を学び，ビスマルクの社会政策に注目，ミュンヘン大学でドクトル・メディチーネを取得する。

ドイツ留学中。北里柴三郎（右）と後藤（左端）

帰国して，92年（35歳）衛生局長に就任。議会では漢方医問題の答弁に加わり⑧，伝染病研究所建設には帰国した北里とともに奮闘した⑨。それに併行して，相馬事件という一世を風靡した怪事件に法医学の立場から関与し，36歳で入獄という羽目に陥ったが，翌年保釈出獄。無罪となったものの，失職の憂き目にあう。

その間，日本は日清戦争に勝利をおさめ，帰還兵の検疫が緊急課題となっていた。95年，後藤は石黒忠悳の紹介で，長州閥の英傑児玉源太郎を長とする臨時陸軍検疫部で指揮をとることになった。2カ月という不可能に近い短期日で，3つの島（似島・彦島・桜島）に検疫所を建設し，23万人にも及ぶ未曾有の大検疫をその後数カ月で成功させた後藤の辣腕は，まさに世の人を驚かせた⑩。38歳のときである。

相馬事件時代

その年の9月には衛生局長に復活，前後して，首相伊藤博文に建白もしくは議会に法案を提出して，当時興起しつつあった社会問題に対する政策的施設の必要性を訴えつづけた⑪。その一方，統計局設置を訴えて国勢調査の実施を促し⑫，獄中経験に照らして獄制改良の覚書⑬，台湾の阿片制度に関する意見書を提出⑮，

衛生局長時代

桂太郎，西郷従道らと台湾の実情を視察した。帰京して衛生局長引継書⑭と台湾統治救急案⑯を書いた直後，新たに台湾総督となった児玉源太郎とともに，台湾総督府民政局長（のち民政長官）として，台湾に赴任することとなる。98年（41歳）の春であった。

台湾統治の成功　　　　　　　　　　　⑰〜㊱

児玉源太郎とともに

　世界に植民地統治の成功例と注目された台湾統治は，後藤新平一世一代の事業であった。総督児玉源太郎の完全な信頼の下，後藤は綿密な調査に基づき，部分と部分を網の目のように連結させた全体計画を，優秀な人材を抜擢して着々と推し進めた。

　計画そのものは，縦貫鉄道⑳，築港㉑，土地調査㉒という三大事業と，阿片㉓・食塩㉔・樟脳㉕の三大専売制を根幹とし，事業公債発行⑱，台湾銀行の創設⑲，各種産業の振興㉖〜㉘を行う一方で，動力源（水力発電㉙）の確保，道路網，市街地整備，上下水道，衛生制度㉚，学制の確立㉛などが組み合わされていた。ただし，それを実現するに当たって乗り越えねばならない困難があった。それは当時「土匪」と称された地域武装勢力の存在であり，台湾人のもつ複雑な文化的・慣習的差異であり㉜，熱帯特有の病や伝染病の蔓延，種々の異言語の問題，軍部の横槍，内地の官僚的発想と台湾蔑視の風潮などであった。

台湾民政長官時代

　特に「土匪」の横行はあらゆる事業の妨げになった。後藤は帝国議会で，台湾島は水滸伝の世界であると説明している。従来，総督府はもっぱら軍事力によってこれを鎮圧しようとしてきたが成功せず，良民を誤って殺害し，島民から怨嗟の声さえ上がっていた。後藤は，たまたま台湾の地方官吏に赴任していたかつての恩師阿川光裕らの意見を容れ，招降策に踏みきり⑰，台湾の自治制度である保甲制度を復活，ときに後藤自身，武装勢力の中へ単身乗り込むなどの冒険をしてその良民化を促し，道路網建設等に投入した。あるいは強硬な勢力は軍事的に制圧し，鎮定に成功していった。これがあらゆる事業㉝〜㊱の前提であった。後藤の台湾での奮闘は9年間続き，1906年（49歳）の8月，南満洲鉄道株式会社（満鉄）初代総裁に転身する。

台湾神社例祭にて

満鉄経営を軌道に乗せる　　　　　　　　㊲〜㊳

　後藤が満鉄総裁を引き受けるに当たって，どうしても政府首脳の意向を質しておかねばならないことがあった。それは満鉄そのものの根本性格についてである。単なる鉄道会社でないことだけは確かめられたが，それ以上に具体的な方針は政府首脳から得られずにいた。

満鉄総裁時代

　満洲は，租借地に置かれた関東州総督府（後に都督府）と外務

省の出先である大使館、そして満鉄という「三頭政治」が、清国側の東三省（満洲）総督や巡撫（地方長官）の支配とせめぎあう地であった。また、日露戦争で一敗地にまみれたとはいえ、ロシアの影響力も色濃く残っていた。後藤の描いた満鉄像は、満洲に居住する人々や諸外国人の共棲をベースに、かつての東インド会社や台湾時代の対岸政策で立ち上げた日中合弁の三五公司などのイメージを有し、さらには日・満・露・欧・米を連結する世界的規模の鉄道の一部として、世界経済の一つの要に位置する機関であった。同時にそれは、混乱する清朝の秩序化と活性化も促す、世界政策の拠点でもあった。

満鉄総裁時代（正装）

かくして後藤は、一方で若く優秀な人材を抜擢し、鉄道の広軌化㊳、沿線の駅市街地整備㊴、築港㊵、炭鉱経営㊶、病院・医学堂の建設㊷などの計画を綿密に立て、外債発行で得た資金㊲で即座に実行に移し、それらを部下に一任した。

他方で、科学と文化に基づく世界政策を実現させるため、満鉄に調査部や東亜経済調査局㊸、満鮮歴史地理調査部㊹などを設置、数多くの有能な人物が満洲に結集する地盤をつくる。

また07年には北京で清国皇帝・西太后に謁見、袁世凱らと東アジア問題を談じ㊾、露都では皇帝ニコライ二世に拝謁、ココフツォフ蔵相らと鉄道連結問題を論じた。翻って国内では、官僚主義と闘い、さらには「新旧大陸対峙」の構想をもって伊藤博文を動かすにいたった㊿。

清国訪問

後藤が満鉄総裁の椅子にあったのはわずかに2年。しかしその数々の事業㊺〜㊾・㊿㊾は、この間着実に軌道に乗せられた。08年（51歳）7月には第二次桂内閣逓相に転身して総裁職を離れるが、その際満鉄を通信省の管轄とし、かつ腹心の中村是公を後任総裁に据えたため、その後（中村の辞職する13年末まで）も事実上、後藤による采配が満鉄を動かしていくことになる。

大臣として国内諸制度の近代化に努力　㊾〜㊽

53歳の頃

通信省は、主に陸海交通・郵政・電気通信に関する一切をその管轄下に置く省で、技術の発達とその利用度の急速な発展に対して法的制度的整備の遅れが目立つ分野であった。逓相として後藤が採った方針は、時代と未来を見据えた法整備と新制度の確立、監督事務と現業事務との分離による事務の能率化と過剰人員の削減、人材の登用とその養成機関の確立、郵便・電話㊾・電信などの通信システムの拡大と電気事業㊽㊾を基盤にした新技術の導入、下級官吏や現業員のための福祉の充実であった。

かくして監督事務の確立のため、地方の13ヵ所に通信管理局を復活し、必要な人材を配した㊾。海運関係は法的整備の立ち遅れがひどく㊾、新たな南米航路の開拓とともに、鋭意立法化に努力。

逓信大臣時代

郵便関係では，市内特別郵便などの新制度を確立し(59)，貯金局を新設して租税徴収や年金・恩給などの窓口とした。簡易保険を立案したものの，これは不成立となる(58)。また，現在も活躍中の赤いポストは後藤の発案である。電信事業(60)では，特に外国所有の海底ケーブルの買収や台湾・内地間の海底ケーブル敷設を推進した。他方，逓信関係の現業員を災厄から救済するために逓信共済組合を新設して救済方法を講じた(62)。

この間，日韓併合（1910年）が進められたが，国務大臣としての後藤がどれほどかかわったかは定かではない。11年（54歳）の8月に桂内閣総辞職，後藤は下野して浪人となる。約3年間の逓相在任であった。

世界戦略としての鉄道政策　(63)〜(71)

第二次桂内閣逓相となった際に，後藤は鉄道院を創設(63)して自らその総裁を兼務，また拓殖局を創設して副総裁も兼務した。後藤の世界政策の一つに，世界運輸動脈の一環として，海運とともに日本の国有鉄道を組み入れる構想があった。第二次桂内閣逓相に就任するや，逓信省管轄下にあった国有鉄道の独立化，鉄道会計の一般会計からの独立化（特別会計化）(64)，狭軌の広軌化，ロシア鉄道との連絡運輸協定の締結などの推進がめざされた。

ところが，17の民間鉄道会社を買収統合した国有鉄道の現状は惨たるものであった。民間時代からの職員はむしろ官僚化の度が強く，資材は不統一，物資の購入法は杜撰，人員は過剰，しかも政友会など政党によって地方の地盤づくりに利用されていた。後藤は，この国鉄自体の徹底的な立て直しと構想の実現という両面作戦をとらねばならなかった。国鉄の独立化は，鉄道院を創設して自ら初代総裁となり，5つの地方管理局を置いて人材を登用，権限を与えることによって可能となり，鉄道会計の独立化に成功。ロシアには部下を派遣して日露連絡運輸協定を結ばせた(66)。また，旅客増加のため『東亜英文案内』の編纂に着手した(69)。

その一方，膨大な人員整理，物件費の見直し，消費の節約を進め，制服を制定して精神的な引き締めを図り(65)，職員の教育システムを構築(67)，保健体制を拡充，病院を創設，消費組合をも設立した(68)。東京市内電車の市営化にも貢献(70)。そして国内狭軌道の広軌化を目指し，自ら陣頭に立って全国線路網の測量調査に入った。第二次桂内閣，短命であった第三次桂内閣，そして寺内内閣において，鉄道院総裁として後藤はこれらの事業を推進したが，特に寺内内閣時には重点的に広軌化計画を推進。しかし，地方農村に基盤をもつ政友会が鉄道普及の遅延を恐れて反対し，広軌化は実現できなかった(71)。

鉄道院総裁として

左から、桂太郎、寺内正毅、後藤新平

東京駅　辰野金吾設計
1908年着工・14年完成

列車の窓から挨拶

政界・学界の官僚主義を批判　　　⑫〜⑯

　1911年（54歳），第二次桂内閣逓相兼鉄道院総裁を辞した後藤は，ヨゼフ・オルツェウスキーの『官僚政治』を訳出出版する⑫。その序文に後藤は，いかなる組織にも必ずビューロクラシー（官僚組織）が現出すると書いた。この出版は，後藤の政党や学界に向けられた最初の批判的砲火であった。後藤にとって，立憲君主制下の政党とは天皇に対する責任を全うし，衆望に添う存在でなければならなかった。しかし多数党の政友会は，現実には勅旨の貫徹を阻止し，民衆を金と力で支配して政権奪取に熱中している。彼が一時的に属していた立憲同志会（第一次憲政擁護運動のため短命となった第三次桂内閣末期に桂太郎が結成）も同様であり，護憲運動そのものにさえこの傾向が見られた⑭。

　そして，民衆の側にはこれらの傾向を見ぬくための自治に対する自覚が乏しいと考えた。したがって後藤は，野にあって政党批判の火蓋を切ると同時に，各地で講演をつづけ，衆望を荷うべき地方自治の自覚を促しつづけた。

　他方，大陸では清朝が滅亡して混乱期に入ったため，袁世凱に使者を送り東亜の平和を説いた。また，年来の新旧大陸対峙構想実現のため，12年，桂とともに欧露への旅に出たが⑬，明治天皇崩御によって引き返さざるを得ず，構想は実現をみなかった。

　さらに中国の安定化は経済基盤の確立であると考え，東洋銀行設立を画策したが⑯，欧州戦争勃発によって立消えとなる。だが大隈内閣が対華21カ条要求を出すに及んで，後藤はこれに猛烈な批判を加え，貴族院で大隈首相に論戦を挑んだ。

　そのほか，学界が専門化と高度化とによって民衆から超越したビューロクラシーを形成しているのを憂え，実学すなわち学俗接近を策して，新渡戸稲造らと夏期通俗大学を開講した⑮。

　やがて16年（59歳）の10月，寺内内閣に3度目の入閣を果たす。

内務・外務大臣時代　　　⑰〜㉕

　寺内正毅内閣の副総理格である内務大臣（兼鉄道院総裁）となった後藤は，前大隈内閣の対中政策の失敗を挽回しようと，ただちに中国との経済同盟を結ぶ政策を首相に提出した。しかし寺内首相は，勝田主計蔵相と相談して，中国の一部の政権にすぎない袁世凱亡き後の実力者段祺瑞を，いわゆる西原借款なる経済援助によって日本に引きつける策に出た。後藤はその姑息な手段に林権助駐支公使とともに反対した⑰。

　17年3月，ロシア革命が勃発し，4月には米国が第一次大戦に参戦。そのため後藤らは臨時外交調査会を設立し，外交政策決定の拠点とした㉓。一方，内務省自体の改革にも手を染め，劣悪な

『官僚政治』トビラ

木崎夏期大学
（信濃公堂）

内務大臣時代

1917年、琵琶湖氾濫の被害地視察

勤務状態にある警察官を増員，その教育システムを構築⑲，さらに救護課を設置して広汎な社会政策を担当させることにした㉑。

また，大正期に入って政争のために予算の編成がまともに行われなかった点を踏まえ，大正7年度財政計画を立てて首相に進言⑱。さらに日本の都市計画樹立の必要をも力説した⑳。

18年に入ると，ドイツはソビエト政権と手を握って東漸の姿勢を示し，シベリアに風雲の兆しが見え，しかも英・仏・伊の三国が日米にシベリア出兵を強要してきた。後藤は外務大臣に転身し中国と軍事協定を結び㉒，米国の同意を得てシベリア出兵を決断㉔。このシベリア出兵は後に撤兵の時期を誤り悲惨な結果となるが，撤兵の時期を誤ったのは原敬内閣であった。しかし出兵決断直後に足元の富山県で起こった米騒動は，燎原の火のごとく広がり，9月寺内内閣は引責総辞職，後藤も下野した。

そして11月，第一次大戦は終結。翌年3月，後藤は大戦後の欧米視察に出発する（11月に帰国）。この視察から得た結論は，戦後の熾烈な市場競争に勝ちぬくには科学と情報が必要だという点であり，これに基づいて大調査機関設立の構想を打ち出した㉕。

ところがたまたま，東京市議会に疑獄事件が起こり，市長辞任にいたったため，後藤が請われて東京市長に就任する成り行きとなる。20年（63歳）の12月である。

市政改革と日ソ協調に尽力　　　㊊〜㊜

東京市長後藤新平は，自らの給料を全額市に寄付し，永田秀次郎，池田宏，前田多門を三助役に抜擢して市政改革に乗り出す㊊。まず市政事務のあり方を学者に調査研究させる一方，都市改造を目指し，いわゆる「8億円計画」を策定させた㊌。

他方で，全吏員（職員）に市役所気質を鼓吹するとともに，吏員や教員の大量リストラを敢行，吏員講習所や教員講習所を新設して再教育にあて㊋，小学校を増設して二部教育を撤廃，教員選考権を区長から取り上げ，区ごとに差があった教育費を統一，市民講座などの成人教育も手掛けた㊍。

さらに市政を監視するための市政調査会設立を策し，銀行王安田善次郎からの資金援助の約束を取りつけた（21年に安田が兇刃に倒れると，安田家がそれを実現）㊎。

しかしこの年大陸では，シベリア出兵を引きずった結果，パルチザンによるニコライエフスク（尼港）虐殺事件が起こる。日本はそれに対して北樺太の保障占領を声明。この問題についての日ソ長春会議はすでに決裂し，ソ連極東全権A・ヨッフェは上海での孫文との会見に向かった。ソ連と中国が手を結び日本が孤立することを恐れた後藤は，23年ヨッフェを日本に招き，日ソ協調の道を探る㊏。4月には東京市長を辞任してこの問題に専念，そ

外務大臣時代

米国の戦時ポスターを蒐集，持ち帰る

東京市長時代

の結果，日ソ漁業条約調印まではこぎつけた。だが，日ソ国交への道は遠く，ヨッフェは帰国してしまう。

そしてこの年の９月１日，関東大震災が発生。急遽第二次山本内閣内相として入閣，帝都復興院を創設して自ら総裁となり，東京・横浜の復興に全力を傾倒，先を見通した雄大な復興案を策定するが，徹底的な規模縮小を強いられた(92)。さらに来るべき通常議会のため普通選挙法案も準備していたが(93)，12月に虎ノ門事件が起こり，山本内閣は引責総辞職。後藤は数カ月で内相兼帝都復興院総裁を辞職し下野した。時に66歳の12月であった。

日ソ交渉について思案

最期まで現役　(94)〜(98)

晩年の後藤新平も多忙であった。その理由の一端は各地での講演である。夏期通俗大学での講演はもちろん，「政治闘争の倫理化」（盛岡市商品陳列所にて），「自治精神」（上野自治会館にて），「普選と明日の政治」（早稲田大学にて）などと題し，さまざまな場所で精力的に講演をこなした。

また，1924年に東京放送局（のちのＮＨＫ）が設立されると初代総裁に就任し，翌３月には仮放送開始の際の開局式でラジオ演説したほか，愛宕山の放送局新築など初期放送事業に邁進した(95)。さらには家庭電気普及会や日独文化協会，日本性病予防協会などの会長となって，それらの事業を推進した。

政治の倫理化運動時代
永田秀次郎とともに

わけても一度目の脳溢血（69歳）が癒えた直後，「政治家としての意義ある死処を求めて」はじめた「政治の倫理化」運動では，日本の津々浦々を遊説してまわり，小冊子『政治の倫理化』は100万部を超えるベストセラーとなった(94)。その一方，少年団日本連盟（ボーイスカウト）の初代総裁として，少年団の育成にも心血を注ぐ(96)。また東洋諸国の留学生・学者を集める明倫大学という国際大学の創設を企図し，神奈川県綾瀬村に約30万坪の敷地の買収をすすめた(97)。

東京放送局総裁として

二度目の脳溢血（70歳の８月）から立ち直ると，後藤は最後の訪ソを決意。一つには，暗礁に乗り上げていた漁業協約締結の側面支援，また中国問題に対する日ソの連携，そして南中国沿岸から満洲・沿海州にかけての共棲的拓殖事業に向けて，沿海州拓殖問題をソ連に問うためであり，年来の新旧大陸対峙の構想を打診するためでもあった(98)（その成果としては，漁業協約締結が成立をみた）。ここで後藤はスターリンとも会談した。帰国した28年，大陸では張作霖爆殺事件が起こり，時代は大きく変わってゆく。

29年１月，後藤は国家財政に危惧を抱き，電力，保険，アルコール含有飲料の三大国営化案を記し，後事を斎藤實らに託す。

そして４月13日午前５時30分，職務で岡山へ向かう強行軍の途中，三度目の脳溢血に倒れ，この世を去る。享年71。

少年団日本連盟総裁として

後藤新平の全仕事

1　愛知県病院・医学校時代（1876〜1882）

① 健康警察医官を設ける構想

　1878（明11）年10月，当時愛知県病院二等診察医であった後藤新平が，県令安場保和に提出して愛知県庁を動かそうとしたもの。「健康警察医官」とは，伝染病・特異疾患の発生と蔓延に対する予防衛生のための常備医官のことで，愛知県内の病院等に設置すべきであると建言し，さらにそれ以外の職務として，産婆・在野の漢・洋医の資格試験，有害な薬品・食品に対する監視などを規定した。この構想は，内務省をも動かそうとして，同年12月10日，各県に該医官を設けるべしとして，その職域を汚水・汚物問題，浴場，娼妓の性病，精神病院設置，火葬場設置，貧院・授産法，棄児養育場，家畜衛生等々の諸分野に拡大して，当時の内務省衛生局長の長与専斎に建言した。その結果，後藤は長与に認められ，後に内務省衛生局に転ずる契機となった。その建言のいくつかは，長与の手で，あるいは後藤の衛生局転任後に実現されたと考えられる。
　　　　　　　　　　　　　　（→公衆衛生）

② 日本初の海水浴場開設と『海水功用論』

　愛知県病院長兼学校長心得に就いていた後藤新平は，1879（明12）年頃，愛知県知多郡大野村（現・常滑市）の海岸へ，潮湯治という伝統的習俗の視察に訪れた。ドイツの医書を通じて海水浴の健康上の効能を重視していた後藤は，日本に海水浴場を開く方途を模索していたのである。当時の日本では，海水に入る習慣がなかったわけではないものの，その医学的効能や海水を浴びる際の注意事項などは，まだ人々に正しく理解されていなかった。折しも1881（明14）年には，『内務省衛生局雑誌』に「海水浴説」という記事が掲載され，後藤の考えが時代に先駆けたものであることが明らかになる。海水浴を日本に導入するための啓蒙書の必要性を見抜いた後藤は，「海水浴説」や外国の医書の情報をもとに自分の意見をまとめて，1882（明15）年に『海水功用論　附・海浜療法』を出版する。そして，視察で訪れた大野の地に，医学的見地に基づいた海水浴場を開設することとなった。それが日本初の海水浴場となり，以後，大磯その他各地に海水浴場が開かれるとともに，海水浴も医学的目的のものから行楽目的へと広がっていくこととなった。
　　　　　　　　　　　　　　（→公衆衛生）

③ 愛衆社の設立──大日本私立衛生会の濫觴

　後藤新平は，愛知県病院長兼学校長時代，石川詢，滝浪図南とともに，1879（明12）年5月，有師会を設立し，それを拡張して翌年の1月，愛衆社を立ち上げた。その目的は，民間の漢医と洋医を糾合して，自発的な公衆衛生の普及を主眼とし，同時に両者の相互理解，さらには医療技術の向上を目指して相互に切磋琢磨するというものであった。当時の医学界は，医師が互いに割拠の状況にあり，漢医と洋医とは反目し，技を売ることに熱中し，術を衒い，医師社会を汚すものが往々にしてあるという有様で，ましてや公衆衛生などには無関心といった風潮であった。愛衆社設立に当たって，後藤は相当額の債務を負ったものの，創立直後から加入する者が続き，2月22日には東本願寺別院で創立総会が開かれるにいたった。愛衆社の創立思想は，やがて全国的広がりを見せ，83（明16）年2月18日の大日本私立衛生会（現在の日本医師会のルー

ツ）の創設につながり，愛衆社はその支部となって吸収された。　　　　　（→公衆衛生）

④ 連合公立医学校設立の建白

　明治政府は人材の，特に良医の不足に悩んでいた。大学医学部の卒業生には限りがあり，地方からの要求に応じきれないところから，各府県に，地方税によって経営する病院・医学校が発生，1877（明10）年ころには病院のない府県はほとんどなくなり，医学校を付属させて医師を養成するようになった。しかし，府県ごとの経営はその財政を圧迫，各病院・医学校は経費の寡少のため，良い教員を得られず，設備は大いに不足し，府県単位の解剖用死体の調達もままならなかった。そこで後藤新平は，まず愛知県令に対して，地理の便宜を考慮した数県協同で経営する連合公立医学校設立案を建白し，ひとまず愛知・岐阜・三重3県の連合を画した。さらにこれを全国規模に拡大して，全国で5，6ていどの連合医学校を設けるべきであると，文部省にも建白した。その時点では，これらの構想は受け容れられなかったが，10年後の88（明21）年，政府の方針は後藤の構想の方向へ進み，千葉など5つの高等中学校医学部と京都など3カ所の特許医学校を除き，他の地方税による医学校設立は禁止された。　　　　　（→教育）

20歳の頃

恩師ローレッツとともに

ローレッツ先生の送別会　　　（いずれも後藤新平記念館提供）

2 内務省衛生局時代 (1883～1898)

⑤ 地方衛生の視察

1883 (明16) 年1月25日, 内務省准奏任 (衛生局) 御用掛を拝命した後藤新平の初仕事は, 地方衛生視察を初めて行った明治医学の先学三宅秀の後を継ぎ, 同年4月23日以降, 2カ月にわたって新潟・長野・群馬3県を衛生視察することであった。その報告書の調査項目を見ると, 飲食物, 嗜好物, 飲食用器の変化, 衣服, 夜具, 家屋, 清潔, 身体の大小, 体質の健否および気力厚薄, 体力の強弱, 長寿家の増減および老後の強弱, 結婚の遅速, 小児成育の良否, 伝染病の増減, 諸病の増減, 公衆衛生法の実施の功用, 山林伐採の関係, 泥漳の関係, 草木菌類の有毒, 売薬需要などと多岐に及んだ。地理・民度・物資・風俗など広汎なもので, 後に後藤の政治の原則となる「生物学的原則」を根底から支えるフィールドワークであった。この経験は, 後の台湾統治, 満鉄経営, 鉄道経営, 地方自治問題, 政治の倫理化運動の原点となるものであった。政府もこの成果を有益なものとして認め, その報告を当時の官報に掲げた。　　（→公衆衛生）

⑥ 下水掃除改修の建白

1885 (明18) 年, 衛生局御用掛後藤新平は, 東京府下水掃除改修の方法を設けよとの命を受けた。周到な視察と調査を行った結果, 東京における衛生の発達を妨げている障害がどこにあるかを看破し, 時の内務大輔芳川顕正に建白した。その中で後藤は, 東京で衛生の発達を妨げているのは, 下流階級の民よりもむしろ, 上流階級の法学者, 官吏, 医師, 衛生家などの紳士たち, ならびに官庁などが, 法を蔑視して下水の浚渫および芥溜掃除を怠っているからだと批判した。有職有位の某氏などは, 掛の官吏巡査に下水処理を命じられても, それに服さないのみならず, 私権の是非を論じて言うことを聞かないという。したがって, まず内務省自ら一定期間を限って下水の処理を率先して行い, 範を示すべきであり, そうすれば自然に下流の民もそれを見習うだろうと主張した。　　（→公衆衛生）

⑦ 『国家衛生原理』の執筆と出版

1889 (明22) 年8月に出版された『国家衛生原理』は, 後藤新平の人生観・科学的世界観・特異な国家観が鮮明に描き出されたもので, 彼の終生の公的私的生活の基調となったものである。晩年に, 現代語訳して再出版する意図をもっていた。内容は, 生物学的進化説を社会に適用したものであり, 人間を含めて生物の生というものが, 生理的動機から発して生理的円満を求めるプロセスであるとし, その生のプロセスを衛るのが「衛生」であると考える。人間以外の生物はさまざまな「衛生」の方法をとっているが, 人間の場合は, 爪牙や甲羅などをもたないかわりに生理的補充として, 国家という有機的組織的な方法をとることによって,「衛生」を成し遂げようとしている, というのが大体の骨子である。特に医療・公衆衛生の分野を「固有衛生」と名づけ, 日本の固有衛生法について歴史的に俯瞰している。当時の法学万能の官界にあって, 彼は, 科学的な世界観と国家観を樹立した稀有の存在である。彼の自治思想や欽定憲法主義は, この書を抜きにしては語られないだろう。　　（→公衆衛生／社会政策／思想）

⑧ 漢方医学との論戦

1892 (明25) 年末, 第5回帝国議会に「医師免許規則改正案」が提出された。これは衰微しようとしている漢方医が, 医師免許規則を改正して, 漢方医の復活を目論んで提出した法案であった。この件は9名からなる衆議院審査特別委員会に付託された。当時, 内務省衛生局長であった後藤新平も, 関係政府委員としてこの委員会に列席していた。この特別委員会での論戦では, 後藤ら政府側から漢方の学術上の不備欠点が指摘され, さらに伝染病流行の際の不適応, 裁判における被告が

発狂か否かの判定や毒物の鑑定などでの不適切、野戦隊での不適応などを理由に、内務(後藤ら)、司法、陸軍の当局者によって、漢方医の医師としての資格が否定された。こうして漢方医たちの提出した法案は否決され、それ以降、漢方医の再興運動は閉塞していった。

(→法・制度)

⑨ **伝染病研究所建設の推進**

R・コッホのツベルクリン発見(1890年)以後、その膝下にあって動物実験によってそれを支えてきた北里柴三郎は、帰朝後、伝染病研究所の設立を目指した。それを中心となって応援推進したのが、かつてドイツ留学中、北里に細菌学を学んだ衛生局長後藤新平であった。研究所の敷地は、福沢諭吉が芝公園内の土地を提供してくれたが、そこは人口密集地の真中であったため、猛烈な反対運動が巻き起こった。反対運動の背景には、当時、衛生局と対立関係にあった医科大学の動きもあったが、後藤は先頭に立って研究所設立を推進し、連日連夜工事を督励、1894(明27)年2月7日、ついに竣工した。後藤と北里との親交は生涯つづくことになる。

(→公衆衛生／調査研究)

⑩ **短期間での臨時陸軍検疫所建設と大検疫**

日清戦争の終結直後、膨大な帰還兵の検疫が焦眉のこととなった。1895(明28)年4月1日付の辞令により、後藤新平は臨時陸軍検疫部事務官長となり、部長の陸軍少将児玉源太郎の下にあって、後藤の独断専行による検疫所建設の大事業がはじまった。広島に検疫部出張所を設け、宇品付近の似島の2万3000坪に139棟、下関付近の彦島の1万9000坪に153棟、大阪付近の桜島の2万4000坪に109棟、火葬場各1カ所、汚物焼却場各2カ所の施設建設と検疫兵の訓練とをわずか2カ月で仕上げねばならなかった。そして6月1日から未曾有の大検疫がはじまる。しかも文官の後藤の指揮下にあるのはほとんど軍人であった。この事業での困難は筆舌に尽くし難いものがあったが、不眠不休、さまざまな事故を乗り越え、6月の検疫に突入、8月20日の広島出張所閉鎖によって幕を閉じた。この間、特に

コレラの発症は猛烈をきわめたが、水際作戦は功を奏した。この事業の経過を通じて、児玉源太郎と後藤との親密な関係が確立し、後藤の力量のほどが世に知れ渡った。

(→公衆衛生)

⑪ **明治恤救基金案など社会政策に関する建白**

ドイツにおけるビスマルクの社会政策の先進性に注目していた後藤新平は、1895(明28)年9月7日付で再度内務省衛生局長の地位にもどると、清国からの賠償金に目をつける。その一部を議会の協賛を得て皇室に納め、皇室からの御下付という形で「明治恤救基金」を作り、これによって社会政策を実施すべきであると考え、同年12月7日、首相伊藤博文に建白した。しかし、伊藤内閣崩壊でこの案は葬り去られる。その後、後藤は形を変えて「恤救法」および「救貧税法」を二本柱とする社会施設案を帝国議会に再三提出し、施療病院設立、労働者疾病保険国庫補助など救貧制度の確立、あるいは恤救事務局案、工場法の制定などを訴えつづけ、根気よく社会政策立法の努力をしたが、実現には至らなかった。

(→社会政策)

⑫ **統計局設置の建議書**

1896(明29)年3月25日、「国勢調査執行建議案」が議会に上程されて以来、政府は国勢調査を行うことになっていた。しかし、何の準備もなされない様子だったため、衛生局長後藤新平は、97(明30)年、統計局設置の意見書を政府に提出した。彼は、ドイツ留学の際、国勢調査の実際を見聞し、資料も集めていたのである。意見書の中で後藤は、完全な統計局を設置し、5年ないし10年を期して国勢調査を実施すること、各省内のいろいろな統計と連関させて、大数的(統計学上の用語)観察をするべきであると主張している。しかし、後藤の主張は受け容れられず、結局国勢調査が全国的に行われたのは、1920(大9)年になってからである。それに先立って、後藤は台湾時代に、台湾全島にわたる国勢調査を実施している。つまり、日本の国勢調査は後藤新平による台湾での実施を嚆矢とする。

(→社会政策)

I 後藤新平の全仕事　27

留学先のドイツにて

内務省衛生局長時代　　　　（いずれも後藤新平記念館提供）

⑬ 獄制改良の覚書

1896（明29）年6月7日，時の内相板垣退助の命により，後藤新平は，「獄制改良上衛生ニ関スル覚書」を提出した。主要部分は専門の監獄衛生に関するものであるが，当時，応報主義が支配する時代にあって，後藤は，監獄を「社会ノ一大精神病院」であると喝破した。すなわち，「犯罪ハ社会ニ免カル可ラサル疾病ニシテ，其原因ハ精神ノ変調ニ在ル」ゆえに，「心性ノ帰善ヲ奨励スルト共ニ，大ニ体力ニ注意シテ，良習慣ヲ養成セシムル」ことが必要である，というのが彼の獄制改良の基本観念であった。後藤は，衛生局長時代，相馬事件に関連して入獄，無罪となって釈放された経験があり，それが十分に生かされている。　　　　　　　　　　　（→法・制度）

⑭ 衛生局長としての抱負経綸（事務引継）

後藤新平は，衛生局長としてさまざまな抱負をもち，かなりのものを実現させ，あるいは指針を衛生局に残したが，それらは「明治三十年度衛生ノ予算ニ関スル意見書」や「事務引継書」に示されている。それらによれば，日清戦争後の日本は「東洋ニ於クル一大工業国タラント」し，これに伴う職業衛生上の施設・法の完備が焦眉とされ，全国を五大衛生監督区に分ち，衛生事務官・技術官の制度を完備させ，防疫事務のみならず，一般衛生事務，殊に労働者保護・職工衛生制度の確立を目論んだ。かくして衛生局の拡張，飲食品・薬品検査の増大に伴う衛生試験所の拡張改造，伝染病予防法の発布（1897年）を踏まえた伝染病研究所の国有化とともに，1896年に官営化した痘苗製造所・血清薬院のそれへの併合，さらには河川汚濁予防法，医師会法の制定，工場法の制定，下水塵芥汚物掃除法の制定，産婆・看護婦養成制度の確立などを計画した。こうした抱負経綸は，あるものは彼の在任中に実現されたが，そうでないものも，ほぼ彼の指針に沿った形で，実現化が図られていった。　　　　　（→公衆衛生／社会政策／法・制度）

⑮ 台湾の阿片制度に関する意見

日本が統治する台湾で最大の難問の一つは阿片問題であった。日清講和談判のとき，清国全権李鴻章は，日本全権伊藤博文に，「貴国が台湾を領有するのはよろしいが，阿片できっと手を焼きますぞ」と言っていた。内地では厳禁説が圧倒的であったが，台湾の実情はそれを困難にしていた。この問題について，後藤新平の意見書が台湾事務局総裁伊藤博文のもとに届いたのは1895（明28）年12月14日であった。その中で後藤は，阿片を専売制とし，阿片中毒者には一定の方式で売り与え，中毒でない者に対しては厳禁するという方法によって激しい反発を抑えるとともに，他方では，専売制によって台湾財政を潤すという一石二鳥の方法を進言した。伊藤はこの案を採用するが，実際にその成果が出てくるのは，後藤が台湾総督府民政局長として赴任してからであり，彼の果敢な政策実行によって阿片吸飲者は減少しはじめた。1924年にジュネーブで開催された阿片国際会議では，台湾の阿片制度は世界に範たるものと認められたのである。　　　（→公衆衛生／社会政策／法・制度）

⑯ 台湾統治の根本方針

後藤新平は，1898（明31）年3月，台湾総督府民政局長に任ぜられたが，その直前，首相伊藤博文，第三師団長児玉源太郎，蔵相井上馨に「台湾統治救急案」を呈している。これは後藤の台湾での施策の根本となる内容のものであった。それによれば，まず台湾の自治制や慣習を最大限に生かすことを基本とし，警察・裁判制度を改変，自治的兵制の復活，地方庁や中央府の財政・人員の整理を断行，他方で，道路・治水・上下水道・鉄道・郵便・通信・船舶・学校・病院などには科学的政策を施し，新聞などのマスコミ対策を行い，阿片専売化の徹底，さらにこうした施策事業の財源として台湾公債を発行するという独特の発想が展開されている。ここに述べられている統治救急策は，すべて，やがて民政局長（のちに民政長官）後藤新平によって実現された。この案は，後藤の抜擢に危惧を抱いた蔵相井上馨の嘱に応じて書かれたものである。

　　　　　（→社会政策／金融／産業／組織）

I 後藤新平の全仕事 29

臨時陸軍検疫部にて

衛生局長時代（後期）　　　（いずれも後藤新平記念館提供）

3 台湾統治時代 (1898〜1906)

⑰ 台湾における「土匪」招降策

　台湾総督府民政局長に着任早々, 後藤新平が直面したのは地域武装勢力（当時「土匪」と称された）問題であった。いかなる施策もその解決を前提としていた。一方で1080人にのぼる大量の人員整理と中央・地方行政組織の簡素化を断行, 民政主義を掲げて自らの地位を民政長官とし, 跋扈する軍部を掣肘, 武装勢力・阿片対策の前提として地方官吏に警察官を配した。他方で, たまたま地方官吏となって各地域を巡っていたかつての恩師阿川光裕の献策と台湾人辜顕栄の協力を得て, 各地域に保甲制度（伝統的自治組織）を復活, 武装勢力招降策に踏み切った。この策は, 武装勢力を治定するのに, 軍を用いるのを最小限にとどめ, 民政部の組織力と警察力をもって, 彼らの主力を良民化するという巡撫政策であった。こうして宜蘭地方の林火旺, 北部の陳秋菊, 南部の林少猫ら大頭目が投降, 治定された。投降した彼らは, 台湾各地を連結する道路網の建設に投入され, それら団体の組織力が有効に生かされた。だがそれでも帰順しなかった勢力に対しては, 1897（明30）年から1901（明34）年までの間に, 8030人の捕縛, 3473人の殺害, さらに02（明35）年の最終的討伐では, 裁判による死刑539人, 臨機処分による殺戮4043人という多くの死者も出した。この結果, 武装勢力による犯罪・危害は抑えられ, 軍隊や警察の警備なくして人々は自由に各地を歩ける治安を得た。

（→社会政策）

⑱ 台湾事業公債案の実現

　「荒蕪に近い」といわれた台湾の開発には巨額の投資が必要とされた。しかし中央政府からの補助金は, わずか300万円であった。それどころか, 台湾経営を荷厄介扱いする言説も少なくなく, 1億円でフランスに売却せよという意見すら出ていた。そこで総督府は, 6000万円の台湾事業公債20年計画案を立ち上げた。基本事業は縦貫鉄道, 築港, 土地調査の三大事業。そして給水事業, 監獄署改築, 官舎建築という付帯事業である。この案を胸に民政長官後藤新平は, 1898（明31）年10月の初め, 単身で内地に渡り, 隈板内閣, 次いで第二次山県内閣（同年11月8日成立）との交渉に入った。首相山県有朋は, 公債案が余りに巨額であるのに驚き減額を要求した。さらに時の内相西郷従道の仲介で, 憲政党の星亨とも交渉した結果, 公債案は, さまざまな紆余曲折をへて, 3500万円に減額されて議会を通過した。この内閣や政党とのやり取りが後藤新平の政治家としての第一歩を示すものとなり, 政党首領たちに後藤の政治家としての名を知らしめることになる。

（→金融）

⑲ 台湾銀行の設立

　事業公債を募集するにせよ, 産業を発達させるにせよ, 金融機関を整備する必要があった。後藤新平は台湾の中央銀行たる台湾銀行の設立を策した。当時の金融権はほとんど外国銀行の手に握られていた。たとえば製茶の貿易を見ても, 資金は外国銀行が洋行に供給, 洋行はこれを媽振館に, 媽振館は茶館に融通するといった有様で, 台湾産業の指導権にまで及んでいた。日本政府は1897（明30）年3月, 台湾銀行法を公布し, 同年11月, 10名の台湾銀行創立委員を任命したが, 日清戦争や政変のために台湾銀行創立は遅々として進まなかった。後藤は大蔵次官添田寿一に督促をつづけ, 99年3月30日, 創立の認可を受けた。同年4月15日, 株式を公募したところ, 所要の株数4万株に対して, その応募数は4倍になんなんとする多数であった。台湾事業資金は, 台湾銀行からの借入金でまかない, それを99年から始まった台湾事業公債募集金によって償還する方法が採られた。かくして1905年以降, 台湾は独立財政計画を立て, 自給植民地となったのである。

（→金融）

大樹の下で　　　　　　　　　　　　　（後藤新平記念館提供）

⑳ 台湾縦貫鉄道の建設

　台湾の統治は，三大事業（鉄道，築港，土地調査）と三大専売制（阿片，樟脳，食塩）の上に築かれた。事業公債の元利償却のための収入は，土地調査の結果生じた地租増収と三大専売制の純益であった。事業公債の中心を占めていたのが縦貫鉄道で，2880万円の議会の協賛を得て事業に着手した。1899（明32）年11月，鉄道部官制が制定され，後藤新平は鉄道部長となった。しかし実際の計画，改良，建設に携わったのは後藤が抜擢した技師長長谷川謹介であった。建設は着々と進み，日露戦争が勃発してバルチック艦隊が台湾海峡を通過するという機会に，後藤は，陸軍大臣寺内正毅と相談して，臨時軍事費から経費を支出させて，台湾中部の未成線の竣工を繰上げた。軍用速成線という名目であった。台湾縦貫鉄道が正式に開通したのは，後藤が満鉄総裁に転じた後の，1908（明41）年4月20日であった。

（→運輸）

㉑ 基隆築港事業の難航

　清朝250年の間，築港事業は放擲され，基隆港以外に築港の痕跡はなかった。その基隆港も港内の水は浅く，1000トン内外の船舶でも遥か沖合いに投錨せざるを得なかった。この築港事業は，事業公債の減額によって最も痛手を受け，1899（明32）年度以降，4カ年の第一期継続事業予算として200万円を得たにすぎない。それでも基隆築港局官制が制定され，後藤新平が局長となり，浚渫により有効水面積を増し，その土砂で埋立地を作り，鉄脚桟橋を建設して3000トン内外の船舶を同時に二隻繋留できるようにしたが，北方の強風を防ぐ防波堤が必要であった。それは明治39年度より7カ年継続の第二期事業予算620万円で始められ，その大任に，後藤は土木局長心得長尾半平を抜擢した。この第二期事業で将来の基隆市街地発展の位置付けを港奥の東側に決定したのは後藤であった。いずれにせよ，基隆港が港湾らしい体裁を整えたのは，この第二期事業以降であった。

（→運輸）

㉒ 台湾土地調査による地籍整備と地租の増加

　清朝支配時代に長い間等閑に付された結果，台湾の土地制度は錯雑混乱をきわめ，同一の土地の上に大租戸・小租戸という二重地主があり，小作人が小租戸に納める小租（小作料），小租戸が大租戸に納める大租なる租税があるというありさまであった。しかも，土地や慣習によってその額は一定していなかった。その上，隠田がきわめて多かった。したがって，台湾での政治の第一要件は土地調査にあった。1898（明31）年7月，民政長官後藤新平は，台湾地籍規則，土地調査規則を公布し，9月，臨時台湾土地調査局を開設，自ら局長となり，中村是公を次長（のち局長）とし，土地調査事業を開始，台湾事業公債案三大事業の一つとして，540万円の予算で着手した。全島の土地を測量，生産額を数え，地籍を定め，地図台帳を作り，付随して地租改正，地価修正，地力考定，国勢調査，兵要上の三角測量，民法の変革事業があった。こうして二重地主を解消した結果，地積は倍加，地租は三倍半に増加した。

（→法・制度／調査研究）

㉓ 台湾阿片専売の成功

　衛生局時代に後藤新平が提案した阿片漸禁策は，やがて後藤自身の手で実施されることになる。当時台湾で行われていた吸飲阿片や生阿片（トルコ製，インド製，ペルシャ製などもある）は日本人に未知のものであり，その製法はきわめて原始的であった。後藤は専売制を実施するに当たって，まず製法の科学的工業化を策し，原料阿片の購入法，生阿片の外国市況，ケシの栽培法などを徹底的に調査研究させ，完備した製造所を建設した。他方で，全島の阿片中毒者の数を調査させたところ，1900（明33）年9月現在で16万9064人と確定した。輸入商の猛烈な反対を押し切って専売制を布き，中毒者に限って薬品として阿片を供給する策を推し進めた。1929（昭4）年には，中毒者の数は2万6273人に激減。明治35年，後藤は，阿片政策の成功によって勲二等旭日章を授けられた。

（→社会政策／法・制度／産業）

㉔ 台湾食塩の専売制への移行

　当時の台湾の製塩は天日製で，色は黄黒く結晶は大きく，泥土の混入するものさえあっ

トンネル内で食事

プラットホームで　　　（いずれも後藤新平記念館提供）

た。しかも自由営業であったから、労銀は一高一低して定まらず、塩価は不均一で製造地から遠い地方での塩価は騰貴するという有様であった。民政長官後藤新平に食塩の専売を断行させたのは辜顕栄の進言と尽力である。1899（明32）年5月、食塩専売制度が実施された。総督府は鋭意、塩田と製塩法の改良を図り、さまざまな苦境をへて内地以上の純良な塩を製するようになった。塩田の拡張を奨励し、開設者には補助金を与え、あるいは資本に対する利子および労銀の高低に応じて賠償率を改定するなどの努力の結果、専売制度実施以来わずか3年で、食塩販売量が1億斤を超え、専売前の六倍の産額に達した。以前は食塩輸入地であった台湾は、一躍、食塩の輸出地となり、内地の不足食塩を補う、重要な移出地となった。　　　　　　（→産業）

㉕ 樟脳の専売化
　台湾の樟脳事業は、外商が各地に集積所を備え、資金を台湾人に貸与し、その名義をもって製脳に従事していた。事実上、全島の製脳業は全く外商に左右されており、しかも台湾の脳値は香港相場に左右されていた。他方で、樟脳は、世界で日本内地と台湾だけでしか生産されていなかった。その上、樟脳は、神戸、香港のみならず、欧米の市場において、しばしば投機の対象となっていた。こうした状況を踏まえて、民政局長後藤新平は、1898（明31）年6月、台湾樟脳の官業化を布告、翌年6月、台湾樟脳局を設けて専売制度を布いた。そして数量や価格は台湾総督府が定めることとし、投機化を防ぎ、消費者の便宜を図るために販売の方法に工夫を凝らした。その結果、脳価が急騰して内地製脳に大きな影響を与えたため、1903（明36）年6月、内地台湾共通の専売法を施行することになった。なお、阿片、食塩、樟脳の三大専売法の各局は、01（明34）年5月24日、総督府専売局に統一され、いま一つ4年後には煙草の専売事業が追加された。　　　　　　　　　　　　（→産業）

㉖ 砂糖政策
　三大専売制に続いて後藤新平は、農工商全般にわたる経済政策の実施に取りかかった。その一つが砂糖政策であった。これは台中・台南地方での開発である。そのために後藤は、若き農学者新渡戸稲造を抜擢、彼の糖業改良意見を実現するために、1902（明35）年6月、糖業奨励規則・施行細則を発布、糖務局を設け、大目降蔗試作場を起こし、外国種優良蔗苗を養成して一般蔗作者に無料下付、また無料で肥料を交付して施肥を奨励した。元来、在来種の竹蔗は施肥をせず、したがって細く貧弱な甘蔗で、水牛の回す石臼で圧搾して蜜汁を採るという原始的な製法であった。後藤はこれを工場生産へと転換することを目指した。蔗種改良と耕作法改良事業の実施を助けたのは辜顕栄であった。内地の資本家も初めは「土匪」を恐れて投資するものはなかったが、三井、原、毛利、細川、藤田、内蔵寮らが出資して、1900（明33）年、橋仔頭に台湾製糖会社を興した。それにならって、島民たちも新興製糖会社、南昌製糖会社などを興し、内地、香港、中国に輸出するようになった。
　　　　　　　　　　　　　　　（→産業）

㉗ 台湾米増収とウーロン茶の世界展開を策す
　台湾全島の耕地の大部分を占めるのが米であって、しかも二期作であった。しかし耕作経営が粗大であって、その収穫は内地の一期作を少し上回る程度であった。後藤新平の農業政策は、したがって耕作改良方面に発揮された。農事試験場を設け、灌漑計画を土地調査時に開始した。南部の畑地を灌漑して米および甘蔗の生産を増加させ、北部平地の茶園を山地に移して水田となし、米の増収を図った。そして、1904（明37）年には、約70万石を輸出するまでになった。また、北部地方の特産物は茶、特にウーロン茶であった。後藤が台湾赴任当時、その商権は厦門にある外国銀行の手に掌握されていた。したがって茶業の改革は資本関係から着手された。その任に当たったのが台湾銀行である。台湾茶集散の市場および金融の中心を台北に移し、輸出茶の資金を台湾銀行に仰げるようになったのは1904（明37）年7月である。さらに後藤は、東京の貿易商野沢源次郎と語らってウーロン茶の世界市場進出を策した。　（→産業）

現地住民とともに　　　　　　　　　　　　（後藤新平記念館提供）

㉘ 林業発展のために阿里山開発に先鞭をつけ鉱業を近代化する

後藤新平は台湾の林業と鉱業の近代化のためにも奮闘した。由来、台湾の山野は樹木鬱蒼として繁茂し、樹種も豊富で、山地の深林は無尽蔵の林業地を約束していた。林業候補地として後藤が第一に眼をつけたのが阿里山であった。阿里山の檜林は概略3453町歩、針葉樹76万2000本、濶葉樹37万5000本に及び、檜樹の大きいものは130尺（約39.4メートル）に達し、これを伐ればその切株に12人を立たせ得る大木もあった。1904（明37）年9月、後藤は先頭に立って10日間にわたる阿里山踏査を行った。その結果生れたのが有名な森林鉄道であり、最新式の機械力・電気力を利用した製材所の建設である。阿里山材の市場の声価はとみに高くなっていった。他方、台湾は有用鉱物が豊富であることに注目した後藤は、原始的な手掘法の近代化を奨励、鉱業家をさまざまな形で援助した。後藤の台湾赴任後7年にして、金の産額は約38倍、砂金産額は約18倍、石炭は約40倍、硫黄は500倍近くに躍進した。

（→産業）

㉙ 水力発電事業

台湾の地勢はいたるところ水力利用に適していた。工業化を推進する動力は水力発電によるのが一番であった。しかし、後藤新平が台湾に赴任した当時は、総督官邸と民政長官官邸とに、蒸気発電の直流電気による電灯が点いているだけで、他にはなかった。土地調査に際して、川の水流を灌漑に利用するだけでなく、それ以前に水力発電に利用すれば一石二鳥であることが分った。そこでまず、屈尺に発電所を建設することにした。この発電所の完成によって、台北にはじめて電灯が点ぜられたのである。かくして台湾島に水力発電が発達し、後に資本金3000万円の台湾電力会社が創設された。台北に電気が通じたとき、一技師が民政長官邸の直流電扇を交流のものに取り替えようとしたら、後藤長官は、「その必要はない、コンバーターにかけて直流電扇を動かせばよい」と言ったという。後藤の科学的博識ぶりを示すエピソードである。

（→電気）

㉚ 台湾衛生制度の確立

世界流行病の根拠地の一つであった台湾において、ペスト、マラリア、熱帯赤痢、コレラなどの予防は緊急の課題であった。しかし、総督府の衛生関係の予算は5、6万円であった。後藤民政長官は、一方では、依命通牒によって屠畜場・魚菜市場などで行われていた暴利から一部を上納させて公共衛生費を捻出し（初めのころは計10万円）、他方では伝染病予防規則を発布した。地方の長老と共同の予防消毒事業を興し、汽車検疫規則を布き、基隆・淡水二港に検疫所と避病院を設け、南方諸港に臨時海港検疫所を設置した。加えて流行病予防の根本的要件として、上下水道の完備を猛進させた。さらに衛生官の不足を解消するために、1899（明32）年、台湾医学校を設立して台湾人の医師を養成（後の台湾医学専門学校）した。さらに、公医制度を採用して内地から医者を招き、熱帯病の知識と台湾語を授けて各地に配置し、その上、各地の医院の管理を総督府の直轄とした。公医は、警察官とともに直接に地方の人々と接する意味で重要な存在であった。公医と警察官は統治の前線となった。これは後藤の発想であった。

（→公衆衛生／教育）

㉛ 台湾の学制

後藤民政長官は、台湾島民の教化について、その心性の変化に三代かかると考えていた。日本の台湾領有のはじめ、学制の目標としたのは同化教育であった。1896（明29）年、総督府は国語伝習所を台北など15市に開設していた。しかし、後藤が民政長官となるや、98（明31）年7月、国語伝習所を台東、恒春という「蕃界」に接する二庁に限り、「蕃人」（現地人）教育のみに当てた。他はすべて公学校とし、教員赴任・旅費・俸給以外は一切地方人の負担とし、負担に堪えられない地方はすべて廃した。それでも1903（明36）年に公学校は146校に達した。このほか、12市に内地と同組織の高等尋常小学校を、さらに公学校の上に国語学校と師範学校を設けた。国語学校は、普通中学部に鉄道、通信、農科、島民の官吏養成のための国語部、また付属校として島民の婦人のための裁縫・刺繡・編物・造花

I　後藤新平の全仕事　37

赤十字社の活動のなかで（最後列左から5人目が後藤新平，最前列左から4人目が和子夫人。後藤は日本赤十字社台湾支部長であり，和子夫人は台湾婦人慈善会の会長を務めていた）

官邸にて和子夫人と　　　　　　　　　（いずれも後藤新平記念館提供）

の科を置いた。師範学校は，島民で公学校や私塾の教員となる者のために設けられた。また，後藤の発想で西洋式紳士養成のための特殊学校も開設したが，これは長続きしなかった。　　　　　　　　　　　　　（→教育）

㉜ 台湾旧慣調査と立法構想

後藤新平は，台湾における各地方及び種族の風俗・慣習・制度・文化を基礎とし，イギリスのインド統治をモデルとして，台湾永久統治のための法典編纂事業を企図した。台湾旧慣調査は1899（明32）年新進気鋭の岡松参太郎京都帝国大学教授（民法）に委嘱した予備調査から開始され，1901（明34）年臨時台湾旧慣調査会が発足した（会長は後藤，法制担当の第一部長は岡松，農工商経済担当の第二部長は愛久沢直哉）。調査会は数十名規模のプロジェクト体制のもとに，体系的な調査項目に基づき，清朝の法令・行政文書・民間契約文書等の収集・調査を徹底して行い，台湾人の有識者から農民，漁師にいたるまでの聴取り調査を実施した。03（明36）年からは織田萬京都帝大教授らによる清国行政法の調査，09（明42）年からは第三部が設置され（部長は岡松）法案の起草審議が行われた。19（大8）年の調査会解散までの22年間の成果は『臨時台湾旧慣調査会報告』全22冊，『清国行政法』全10冊，台湾民事令等9法案などである。後藤はこの立法調査を背景に，明治憲法の改正，台湾統治の基本法の制定等を構想したが実現しなかった。　　　　　　　（→調査研究）

㉝ 日本最初の国勢調査を台湾で実施

内地でも至難とされた国勢調査は，後藤民政長官によって，土地調査の完結後に断行される。1905（明38）年5月，臨時台湾戸口調査部官制を発布，後藤自ら部長に就任。実施にあたっては，準備の段階で，調査員である巡査から優良な者，中くらいの者，劣等の者を選んで実際に行わせ，その結果修正した「所帯票記入心得」によって台湾センサスの実査に入った。同年8月，児玉総督の諭告が発せられ，その漢訳が街庄役場，保甲役場，市場，廟宇など人々の群集する所に貼り出されて主旨の周知が図られると，同年10月1日より3日にかけて，戸口調査が「蕃地」を除く住民に行われた。民籍，男女，年齢，家族関係，職業，住居，言語，阿片吸飲いかん等々広汎にわたり，1907（明40）年10月に報告が完成した。　　　　　　　　　　　（→社会政策）

㉞ 台湾中央研究所の創始

工業や農業・衛生・物理化学などに関する化学的試験や，熱帯衛生・細菌・原生動物・醸造などに関する研究のための総合的な研究所の創設が望まれていた。専売局検定課や，殖産局・医学校にも試験所があったが，これらは経費の関係上，限られた目的のために，しかも小規模に限定されたものであった。これらを総合統一した大規模な研究所の必要性が高まっていた。高木友枝がこのことを建言したところ，後藤民政長官は以前から構想していたとみえ，即座に決せられた。しかし，この台湾研究所の建設は，後藤が満鉄に去った直後の1907（明40）年より5ヵ年継続，新営費55万円ではじめられ，一部の完成とともに1909（明42）年4月から研究が開始された。化学部と衛生部との二部制であったが，後に，醸造学部，動物学部が増設された。さらに各種産業調査研究施設まで統一して，21（大10）年8月には中央研究所となり，農学部，林学部，衛生学部などの部を設けた。各部をさらに科に分けて，地方支所を統轄する組織となった。　　　　　　　　　　　（→調査研究）

㉟ 対岸政策

児玉総督と後藤民政長官の対岸政策は，あくまでも台湾に立脚したものであった。桂太郎の北守南進論と同じように見えるが，前者のそれは商略であった。ただしその対岸政策も，1900（明33）年の厦門事件を境に変わる。この事件以前の対岸政策は，台湾銀行厦門支店創設に向けての画策が中心であった。台湾の経済的発展が厦門の民心を変化させ，厦門と台湾とが相互に因果関係をもって循環しつつあったためである。そのため後藤は，同年4月に福建省視察旅行を行う。彼が帰台して2ヵ月後に北清事変が勃発，その余波で厦門事件が起こると，それ以後の対岸政策は，三五公司の事業を中心に展開されることになる。

日支合弁会社で，中心事業は樟脳事業と潮汕鉄道の経営であり，満鉄の雛型のような性格をもち，その首脳者は後藤の腹心の愛久沢直哉であった。だがその活躍にもかかわらず，後藤が台湾を去ると中心的指導力を失い，潮汕鉄道のみならず，三五公司をも清国に奪われ，後藤の目論みは水泡に帰した。（→外交）

㊱ 拓殖務省設置の意見書を児玉総督に託す

1900（明33）年12月，伊藤内閣の要請を受け，台湾総督を兼ねながら陸相に就任した児玉源太郎は，上京に際して，後藤民政長官の創案による意見書を携えていた。その内容は，欧米の植民事業の実情を述べ，日本においても人口増と産業の発達が植民事業を促しているものの，当局者は植民地経営の知識に乏しく，いたずらに放言妄論する者ばかりである。その根本は，台湾統治の監督機関を内務省台湾課なる薄弱狭小な一課に置くという官制上の不備にあると断じ，南清一帯のみならず南洋諸島よりシャム，ペルシャなどへの植民事業を推進するためにも，新たに拓殖務省を設置して，台湾監督に加えて，外務省管理下の移民その他の植民事務を併せ行うものとし，台湾総督に拓殖務大臣を兼摂させることが妥当である，というものであった。これには付属の官制案，理由書，各国の類例，経費概算書が添付してあった。結局この意見は容れられず，拓殖務省も実現されなかった。が，第二次桂内閣に入閣する際になって拓殖局として実現を見，桂総裁のもと副総裁としてその実権を握ることになる。 （→組織）

1899年，台湾にて

（後藤新平記念館提供）

4　満鉄総裁時代（1906～1908）

㊲ 満鉄経営資金の捻出──外債政策
　1906（明39）年11月13日，南満洲鉄道株式会社総裁となった後藤新平は，新会社の経営発足に当たって，資金難に直面した。満鉄の株式応募における実際の払込は，わずか200万円に過ぎず，それでもって経営を始めなければならなかった。そこで後藤は，資金捻出案として巨額な外債発行という方策を打ち出し，当時の蔵相阪谷芳郎に相談し，同年12月8日，両者は外債発行に関する協定を結んだ。かくして，英国ロンドンにおいて，1907（明40）年7月23日の第1回発行社債総額は英貨400万ポンド，その翌年の6月1日の第2回発行総額は200万ポンドであった。この2回の外債発行によって，満鉄が得た資金は，合計600万ポンド，平価で邦貨にして約6000万円であった。つまり，後藤の満鉄総裁時代における満鉄の経営は，主としてこの6000万円によってなされたのである。　　　　　　　（→金融）

㊳ 南満洲鉄道の広軌改築
　満鉄の中心事業である鉄道は，日露戦争中に狭軌式になっていた。政府はこれを3年以内に広軌式に改築せよと命ずる。1907（明40）年4月1日，軍部から引継いだ大連から寛城子にいたる総延長約678マイルの広軌改築は日本の鉄道家にとって初めての仕事だった。後藤総裁は，これを1年間で完工させることを命じ，同年5月に着工，翌年5月30日に全線広軌列車の開通を見た。しかもその軌条の三線式・四線式を採用し，その間1日も列車の運転を休まなかった。また大連・蘇家屯間の複線化工事も同時に着手，翌々年10月27日全線開通する。他方で，機関車など車両組立工場が不整備であったので，1908（明41）年7月，新たに広大な北沙河口工場の建設に着手，最新式の設備とともに暖房・空気浄化・上下水道を独自に整え，11（明44）年8月9日に完工した。後藤は，入社した帝大卒業生を貨物係・切符係から累進させる制を定め，語学に堪能な者を駅長助役に配し，駅名・鉄道付属地の町名は中国語のまま用いることを命じた。　　　　　　　　　　　　　　　　（→運輸）

㊴ ヤマト・ホテルの建設
　後藤総裁は，就任するやすぐに鉄道沿線都市にホテルを建てた。それは，多数の欧米人が満洲に来訪することを見通してのことで，彼の国際感覚を示すものである。これらのホテルに「ヤマト・ホテル」と命名したのは，日本の固有名ヤマトを印象づけるためであった。初期のころは，ロシア時代のダルニー・ホテルの跡に，軍政時代に民政署のあった煉瓦造り二階建ての一棟を修理し，13の客室を造り，付属建物を新築して急遽設備を整え，1907（明40）年8月1日，営業を開始した。これがヤマト・ホテルの始まりである。翌年11月，大規模ホテルの建設に着手，翌々年6月に工事を開始，満5カ年で竣工したのが大連ヤマト・ホテルであった。また，後藤が大連に近接した風光明媚な星ヶ浦にホテルを計画し建設させたのが，星ヶ浦ヤマト・ホテルである。　　　　　　　　　　　　　　　　　　（→産業）

㊵ 大連築港
　南満洲鉄道の喉元にあたるのは大連港であった。それはロシア時代のダルニー港を受け継いだものであった。ロシアは1889年，第一期築港および市街建設を計画，東清鉄道に経営させた。ダルニー港は大シベリア鉄道の終点にあって，市街区域は東老虎灘の東口角から西馬蘭河の右岸に及び，南は黒石礁より北は遠く泡子涯にわたり，面積約1万3000余町歩，築港海面約100万余町歩の壮大なものであった。1904年，3000ルーブルを投じて第二期工事が着手されようとしていたとき，日露戦争が起こり，ダルニー築港は途中で放擲された。満鉄はその後を受けてロシアの計画を踏襲し，既成部分の改善，未成工事の進捗を図らねばならず，長年月を要する事業であっ

た。築港工事の大部分は，後藤が満鉄を去ってから後に完成されたのであったが，その大規模な計画は後藤の総裁時代にすでに確立していたのである。　　　　　　　　（→運輸）

㊶ 撫順炭鉱の経営

　後に東洋一と称せられた撫順炭鉱の存在は，日露戦争前に予知されたものではなく，後藤総裁の創業であった。後藤は，工学博士松田武一郎を三菱から引き抜き，一切の経営をまかせて厚く待遇した。第一期開発計画は，約920万円の予算で，1907（明40）年11月にはじまり，大山，東郷の両坑の開鑿計画を立て，前者は明治44年4月，後者は同年6月より営業坑として採炭を開始，翌45年で第一期開発計画は一段落し，さらに第二期計画に入った。他方で，後藤は，炭鉱採掘に付随して，徹底的な近代的施設を設備させた。すなわち，発電所，機械工場，水道，ガス設備，暖房設備，病院，新市街，社宅，学校などの付帯設備である。同時に撫順鉄道の広軌化も進められた。撫順炭鉱は，東西四里，南北一里，層の厚さ平均130尺，炭量約10億トンを包有する大炭田であり，日本の一大宝庫となった。（→産業）

㊷ 旅順工科学堂，大連病院，南満医学堂の建設

　日露戦争の激戦地旅順は，戦後，5分の4は官有の家屋が占め，鎮守府が置かれ，要塞が設けられ，経済的文化的に重要な地点はほとんど軍部が占有しており，開発維持もままならず荒廃しつつあった。後藤総裁は，寺内陸相や伊藤博文統監，山本権兵衛に書簡を送り，旅順を学術的覇府とし，将来的には商工業都市として発展させることを提案した。その結果，官製の旅順工科学堂が創設されたが，これは後藤の素志を十分に実現するものでは

地図を広げて外交政策を練る　　　　　　　　（後藤新平記念館提供）

なかった。他方，清国人を惹きつけるために，大連に建築費650万円をかけて東洋一の病院を，さらに満洲各地に28カ所の病院を設立した。特に彼が力をいれたのは，奉天の南満医学堂の創立で，1911（明44）年6月に認可されて設立された。医学科と薬学科を備え，学力不足の清国人学生のための予科も設けられた。奉天総督を名誉総裁として戴き，趙爾巽，次いで張錫鑾，段芝貴，張作霖らが逐次就任，日清協同による日清の医師の養成に大きな効果をもたらした。　　　　　　　　（→教育）

㊸ 東亜経済調査局の創設

後藤満鉄総裁は，世界経済，特に東亜経済に関する諸般の資料を収集整理し，これを基礎として日本および満蒙の経済的立脚点を知悉しようとした。資料と調査とをできるだけ公開して一般の利用に供し，東亜における門戸開放政策，および公平な競争の促進援助に役立たせるために，東亜経済調査局の設立を計画した。フランスの銀行クレジー・リオネーの財務調査局を範とし，京都帝大民法学者岡松参太郎を登用，欧州を視察させたのち局長とした。さらに，外国人の考え方も取り入れるために，ダンチッヒ工業学校教授チースを招聘して主任とした。この後藤の計画構想に基づいて，実際にこの調査局が満鉄東京支社内に実現したのは，1908（明41）年9月14日で，第2代満鉄総裁中村是公の手によってである。この調査局設立の報は，海外にも公表された。他方で，後藤は，この調査局を通じて，満洲での清国人の教育も構想していた。
　　　　　　　　　　　　　（→調査研究）

㊹ 満鮮歴史地理調査事業のバックアップと旧慣調査事業

当時の学界は，横文字の研究でなければ研究ではないとされた時代であり，特にわが国にアジア学というものが存在しなかった。それを憂う文学博士白鳥庫吉のアジア研究事業をバックアップしたのが後藤満鉄総裁であった。1908（明41）年1月，満鉄東京支社内に満鮮歴史地理調査部が設けられ，白鳥を主任とし，稲葉岩吉，箭内亘，池内宏，津田左右吉，瀬野馬熊，松井等，和田清に研究員を嘱託した。同年7月，後藤は，白鳥らに，満鮮の地の実地踏査を行わせた。白鳥は朝鮮旅行の際，京城の一室に山積みにされた朝鮮図書を発見，満鉄所有とし，朝鮮研究の材料とした。かくして6年後に，『満洲歴史地理』2冊と一帙の地理付図ならびにそのドイツ語訳，8年後に『朝鮮歴史地理』2冊，『文禄慶長ノ役』1冊が出版された。不幸にしてこの調査部は第3代満鉄総裁の時に廃される。他方で後藤は，満洲とその近接地方の旧慣調査を会社に実施させ，その結果として旧慣および法制調査関係12冊，地方経済調査関係18冊，露領経済調査関係の報告書7冊が刊行された。
　　　　　　　　　　　　　（→調査研究）

㊺ 中央試験所の設立

1907（明41）年10月，大連児玉町の元商品陳列館に中央試験所を設置，一般公衆の試験依頼に応じた。事業拡大とともに，明治43年5月，満鉄に移管，翌々年，東京工業試験所長工学博士高山甚太郎を所長として，拡張と組織変革がなされた。その事業は，満洲における石炭・鉱石の分析と試験，製塩法の調査，大豆関係工業の研究，高粱を利用したパルプや酒醸造法などの研究，水質試験，衛生製薬の研究，柞蚕製糸法および柞蚕染織の研究などであった。ここでの研究成果に基づいて企業化されたものは，硬化油製造事業やサルバルサン製造事業などがあった。中央試験所の計画は，各部局に事業を分散することの不経済と事業の重複をなくすのが目的で，しかも各ユニットの研究員が食事で一緒になったとき，アイデアが生れることもあるというメリットがあった。後藤は，内地からの視察員が，この試験所の重要性を無視するものが多く，かえって外国の視察員のほうが大変重視しているとして，日本人の科学的意識の低さを指摘している。　　　　　　（→調査研究）

㊻ 地質研究所と農事試験場の創立

地質調査事業は，当初，撫順炭鉱の地質調査のために事務所を撫順に置いたが，1907（明40）年10月，その調査が一段落したため，事務所を大連の児玉町に移し，満洲の鉱産地調査に従事した。さらに徐々に調査範囲を広げ，東部蒙古方面や南満洲の組織的地質調査を

I 後藤新平の全仕事 43

大連の満鉄本社 　(『満洲写真帖』1932年版より。満鉄会提供)

大連ヤマトホテル 　(満鉄『第二次十年史』より。満鉄会提供)

大連埠頭桟橋・正面待合所玄関 (昭和初期)

行った。鞍山ほか7鉄鉱の発見，蓋平・海城のマグネサイト鉱やカリ長石産地の発見などから，炭坑，隧道(トンネル)，温泉，水源，鑿井などに事業を広げていった。他方，08（明41）年以降，農牧林業開発のために，鉄道沿線の要地に農事試験場を設置，農牧林業に関する改良増殖を図り，各種の試験調査研究の結果を一般に知らせ，良好な種苗・樹苗・種畜を育成配布，優良品種の普及につとめた。13（大2）年，公主嶺に産業試験場，熊岳城に同分場，遼陽，鉄嶺，長春に苗圃を置いて，農事試験を行うようになった。これらの産業開発のための施設は，産業の開発がやがて満鉄の利益につながることを予見した後藤の綿密な計画によって設立されたのである。 （→調査研究）

㊼ 大規模都市計画とその展開

南満洲鉄道の停車場所在地は，大連は別として，遼陽，公主嶺はやや市街の体裁をなすものの，ほとんどが小集落であった。他は多少ロシア式家屋が点在するだけで，道路は修築されておらず，排水設備もなく，「一陣の朔風で晦冥砂塵捲き，一朝の降雨は泥濘馬脚を没する」有様であった。満鉄は業務開始と同時に市街区画を立て，大連，瓦房店，熊岳城，大石橋，遼陽，奉天，鉄嶺，開原，四平街，公主嶺，長春，安東，本渓湖，撫順の各主要地について，市街経営の大体を1907（明40）年末に確定，市区区画，道路，堤防，護岸，橋梁，溝渠などの築造，上下水道，公園，市場，墓地，火葬場，便所，屠獣場，その他街衢の施設，宅地修築一切の工事を，緩急を計り，前後を考えて進めた。大連はパリをモデルにロシアが計画したものだが，後藤はメイン・ストリートを30間に拡張した。長春の場合，寛城子駅を日露で等分することになったものの，それは無意味で，ロシアが半分を金に見積もって支払い，その金でこちら側に150万坪の土地を買収して市街地を造った。それが長春市である。 （→都市）

㊽ 『満洲日日新聞』の創刊

後藤新平は，新聞の記事に対しては，それが中傷批判であろうが好意的であろうが，一見無頓着であった。しかし，他方では，常にそれらを注意深く見つめていた。しかも，いったん記事にされたものに対してはいかなる弁解もしようとはしなかった。台湾時代には『台湾日日新聞』を発刊させたが，満洲時代には，特に大陸経営を実行する上において，新聞の重要性を認め，1907（明40）年11月3日，星野錫に満鉄機関紙『満洲日日新聞』を創刊させた。題字は，袁世凱を煩わして軍機大臣慶親王に揮毫してもらった。次いで外国人の往来が盛んになってきたので，英文欄を加えたが，後に独立させて『マンチュリア・デーリーニュース』を発刊させた。『満洲日日新聞』はその後，長く満洲における世論形成の任に当たった。
 （→マスコミ）

㊾ 満洲拓殖特殊金融機関設立への努力

台湾銀行の場合と同様に，後藤総裁は，満洲にもその経済機構の中枢である金融機関があるべきとし，横浜正金銀行から独立させようとした。元来，満洲の金融機関は，横浜正金銀行が日露戦争以前から支店をもっていた。在満洲軍の金庫事務や軍用手票の流通・交換を取扱っていた関係上，政府は正金銀行が満洲での放資機関として適当であるとしてその役割を担わせようとしたが，1906（明39）年8月，正金銀行の満洲での営業は横浜正金銀行条令が掲げる範囲内に止どめ，本店の指揮下に止どまると改正されたため，満洲は自由に動ける完全な放資機関を失ってしまった。そこで後藤総裁は，1907（明40）年10月，正金銀行頭取高橋是清と会見，満洲における独立した放資機関の設立について意見を交換した。しかし，高橋はあくまで正金銀行の立場に立ってそれに反対したため，後に後藤は，「正金銀行のために満洲あるにあらず，満洲のために存する金融機関たらざるべからず」と痛論した。 （→金融）

㊿ 清国皇帝・西太后に謁す

満洲は日，露，清国の利害が複雑に入り込むところである。当時，清国では東三省と称していたが，1907（明40）年4月20日，総督に徐世昌，巡撫に唐紹儀が赴任して政治改革に着手した。利権回収，国権擁護の国民的世論を反映したものであり，満洲での排外熱が

Ⅰ　後藤新平の全仕事　45

大連大広場　　　（『満洲写真帖』1927 年版より。満鉄会提供）

満鉄中央試験所　　（満鉄『第二次十年史』より。満鉄会提供）

旺盛となってきた。後藤総裁は北京訪問の必要を痛感し，同年5月23日，大連を発して，29日，万寿山において清国皇帝および西太后に謁した。同伴者は北京公使林権助であった。西太后らに後藤の名は知れ渡っていたと見え，好印象を与え，皇帝から「福寿」(日本の大勲位に相当)，西太后から梅の絵の真筆を賜わり，満鉄総裁として厚く遇された。帰途，徐総督や唐巡撫らとも歓談，さらに天津で袁世凱に招宴された際，後藤が，日本人も清国人もみな箸で食事をするからといって，「箸同盟」を提唱したところ，袁世凱は手をうって同感したという。 (→外交)

(51) 新旧大陸対峙論をもって伊藤博文を動かす

後藤新平が最も重視したのは，満鉄の拠って立つ大陸政策であり，それを包含する世界政策であった。特に，米国の台頭および清朝の崩壊とそれに伴う大乱の兆を予見した後藤は，禍を未然に防ぐ方策として，元老伊藤博文を動かし，露欧の連衡を策して中国の独立を促しつつ，強大化する米国と対峙するほかに策はなしと確信した。1907（明40）年9月，後藤は，韓国に帰任の途中にあった伊藤と厳島の宿で激論を交わした。当時進みつつあった米清同盟論の不合理を衝くと同時に，逆に露独英仏と協力して大勢に処し，中国の安全と東洋の平和を確保する一方で，強大化する米国に対峙するという，いわゆる新旧大陸対峙論を唱えた。かつ，そのような旧大陸諸国の連衡を成し遂げ得る人物は，伊藤以外にないとし，韓国統監を辞し旧大陸諸国を歴訪して連衡を図るべきであると説いた。初めは猛反対していた伊藤も，次第に説得され，この雄大な世界政策を実行に移すことを決心した。後に，伊藤博文が，その前段階として露国蔵相ココフツォフとの会談に臨み，ハルビンで暗殺される遠因となった。 (→外交)

(52) 法庫門鉄道問題での奮闘

1908（明41）年末，後藤総裁が病により熱海に転地した頃，東三省の唐巡撫の画策による法庫門鉄道建設問題が起こった。それは満鉄線に競合併行して新民屯から法庫門に鉄道を敷設し，これを延長してチチハルでロシア東清鉄道に接続する計画で，英国ポーリング商会と契約して実現を図ろうとしていた。後藤は手にする情報をもとに策を練り，伊藤博文，桂太郎，寺内陸相に書簡を送り，策の実行を迫った。他方で後藤は，満鉄線と東清鉄道の連結を図るために訪露，帰朝後，自らこの問題解決の衝に当たろうとした矢先，第二次桂内閣逓相に転じることとなった。そこで，後藤は袁世凱に書簡を送り，清国の該鉄道計画の断念を迫り，かわりに，満鉄線の一地点と法庫門との連絡線の敷設とその工事を英国商会に請負わせる案を示した。そうすれば清国は法庫門方面を開発でき，英国商会も利益を得られ，満鉄線も競争の害を免れるというものであった。結局，法庫門鉄道の建設は中止となって落着した。 (→運輸／外交)

(53) 満鉄を世界運輸交通大幹線の地位につけるための訪露

日露戦争後のロシアの反感を緩和し，日露諒解の下に中国の和平統一を促すとともに，満洲鉄道とロシア東清鉄道，西シベリア鉄道，欧露鉄道を連絡して世界運輸交通の大幹線を築き上げること，それが後藤総裁の根本策であった。その目的を達成するために，1908（明41）年4月21日，後藤は訪露の旅に上った。5月15日，露都サンクト・ペテルブルグに到着するや，ただちに活動を開始，首相ストルイピンと会談，ロシア皇帝に謁見，蔵相ココフツォフとの数回にわたる交渉に入った。東清鉄道は露清銀行を通じて大蔵省が管理していたからである。かくして，南満鉄道と東清鉄道との直通連絡の口約の取決めに成功し，それに基づいて，1908年と10年の露都協商において，日，鮮，露，満洲鉄道の連絡運輸条約が締結された。この協商に直接かかわったのは，満鉄理事田中清次郎であった。

(→運輸／外交)

I 後藤新平の全仕事　47

ゲージ変更作業（第二松花江鉄橋）
（『満洲概観』1936年版より。満鉄会提供）

大連・星ヶ浦に立っていた銅像
（1930年10月建立）（東京市政調査会提供）

撫順炭坑の露天掘　（『満洲写真帖』1932年版より。満鉄会提供）

5　第二次桂内閣逓信大臣時代（1908〜1911）

㊴ 電話度数制問題

1908（明治41）年7月14日，後藤新平は，満鉄を通信省管轄下に置くことを条件に，第二次桂内閣逓相の椅子に就いた。逓相としての最初の仕事の一つに電話度数制問題があった。当時，電話は架設費が高額で普及が困難であっただけでなく，その所有者の放縦な使用習慣のために「お話し中」が多かった。その救済策として，後藤は度数制を採用しようとして「度数料金制案」を第25議会に提出した。しかし，六大都市に電話度数制を施行しようとしているとの報が伝わるや，各新聞社・通信社は一斉に反対の火蓋を切った。予算委員会でも論議が紛糾し，結局，翌年の議会で否決されてしまった。それが実現されたのは，1920（大9）年になってからである。後藤は，一方で，自動式電話の採用も考えてそれなりに努力したが，技術者側の反対で見送られた。

（→法・制度／通信）

㊵ 新海運政策を確立する

従来の海運補助政策は，船舶数の増大に伴う時代の趨勢に遅れている旧制として当事者側から非難されていた。後藤逓相は，改正法律を確立し，将来に対する基礎的法律の組織を樹立することを決心した。かくして「造船奨励法中改正法律案」『遠洋航路補助法案』「補助航海ニ従事スル商事会社ニ関スル法律案」を1909（明42）年2月の第25議会と次の第26議会に提出した。特に遠洋航路に関する法律は，南米に大陸横断鉄道が開通したのを見越し，サンフランシスコ線に就航する汽船2隻を南洋航路に用い，サンフランシスコ線には新鋭船天洋・地洋を就航させようというもので，この法案は，「造船奨励法改正案」とともに第25議会を通過した。もう一つの法律案は，定期航路の経営に必要な監督を施すものであったが，これも第26議会を通過した。

（→運輸）

㊶ 発電水力の大調査に着手

1909（明42）年頃，和歌山県その他にきわめてわずかに民間の水力発電所があった。しかし水利状況を調査していなかったため，水が枯渇すると直ちに発電能力がゼロとなり，諸方面から苦情が続出する始末であった。後藤逓相は，国力の根本は動力の所有にあり，石炭・石油について楽観できない日本の実情において，水力発電の開発は必須のものと考えた。国家の手によって国土の水利状況を調査統制すべきであるとし，悪戦苦闘のすえ，10（明43）年の議会で20万円の予算を獲得，同年4月，通信省内に臨時発電水力調査局を設け，仲小路次官を兼長官として，約8カ月の欧米視察に派遣し，東京に召集された地方長官に水力調査への協力を求めた。翌年2月の貴族院予算委員会でも，後藤は，現在の河川の単純な利用だけでなく，「タールスペル」というダム建設による水力や灌漑への利用を説明し，発電水力調査費の貴衆両院の通過を果たし，継続事業とすることができた。その成果は後に大きな貢献となって現れた。

（→電気）

㊷ 電気事業法・電気測定法の制定，電気局の新設と電灯料の値下げ

電気事業の営業者は，1909（明42）年末で，自家用を含めて879業者となっていたが，法的整備が遅れていた。電気事業の監督のみならず安全経営と発達助長のために，後藤は「電気事業法案」を同年の議会に提出したが，否決され，翌年の議会でも否決された。しかし，第27議会（明治44年）でようやく協賛を得た。また，万国電気単本位会議決議に基づき，「電気測定法案」を第26議会に提出，1910（明43）年3月にこれを発布，さらに電気計器試験の準則を定めた。他方で，09（明42）年7月，通信局から電気局を独立させ，電気事業，電気単本位の取締り，その他電気一切に関する事項を掌握させた。さらに，私設電灯会社を

合併させて料金を値下げさせ，あるいは既存電気会社に電灯事業を経営させて電灯料金の値下げを実現した。　　　（→法・制度／電気）

⑱ 郵便貯金関連事務の改正創設と簡易生命保険の立案

1908（明治41）年4月から租税その他の公課の徴収方法として，郵便振替貯金による市公金取扱事務が創設された。他方で普通為替・電信為替の一口50円を100円に引上げ，郵便貯金利子を4分2厘に下げた。また日本貯金銀行の解散を期に，その預金全部を郵便貯金に振替え引継ぎ，年金・恩給も郵便局で取扱うこととし，各団体の醵金の収集事務も実施することにした。こうした事務の拡大膨張に伴い，後藤は，新たに郵便貯金局を設けて気鋭の下村宏を局長に抜擢した。さらに後藤は，防貧・救貧の観点から，簡易生命保険を立案して第27議会（明治44年）に提出しようとしたが，法制局の時期尚早論に阻まれて延期を余儀なくされたため，議会終了後，簡易保険に関する意見書を閣議に提出した。閣議は意見書案を容れたものの，これを漏れ聞いた民間の保険会社は猛烈に反対した。後藤は立案を急いだが，この年の8月に桂内閣が倒れたために，後藤の逓相在任中に簡易保険を実現することはできなかった。　　　　（→社会政策）

⑲ 郵便における新制度の創定

後藤逓相時代に創定された主な新制度は，「市内特別郵便」（明治42年10月，同一郵便区市内に百通以上は半額），「速達郵便」（明治44年2月，逓送・配達の特急化），「内容証明郵便」（明治43年11月，内容を郵便局で認証，文書の謄本を郵便局・差出人の手元に保留，後日の鑑照に資する）などであるが，さらに「郵便切手類記号規則」（明治41年9月，多数の切手類を扱う銀行，会社，大商店などにおいて切手の盗用・乱用防止のために申請者の切手類に独特の穿孔・打出しを施す），「特許審判書類取扱郵便規則」（特許法などにかかわる書類の送達法の完備），「通信省徽章，通信日付印及郵便切手類摸造取締規則」（明治43年3月），「清韓郵便規則」（明治43年4月）などを制定施行し，1908（明41）年10月には，郵便ポストの制式を改正し，従来の木製黒塗りのものを鉄製朱塗りとした。赤いポストは後藤のアイデアである。翌09（明42）年10月には，「私製葉書制式規則」も定め，さらに書留郵便の制，代金引換郵便の制も定めた。　（→通信）

⑳ 電信事業と電話の拡充

朝鮮半島との電信連絡線である海底電信線50海里は，外国の大北電信会社の所有であって，内鮮電報料金は内地のそれより高率であった。後藤逓相は，1910（明43）年11月1日，その海底電信線を16万円で買収することに成功した。さらに台湾の淡水と長崎の間の672海里長距離海底電信線を同年10月23日に開通させた。他方で，「予約新聞電報規則」（明治41年8月），「無線電報規則」（同年10月），「気象通知電報規則」（明治42年）を定め，さらにティッカー電信機を東京株式取引所と付近の仲買店との間に採用，また圧搾空気利用の気送管設備（電報の送受）を東京中央電信局と神田局・株式取引所・米穀取引所との間に，また大阪中央電信局と北浜株式取引所との間に設置した。一方，電話の普及は，当時，焦眉の急務となっていたため，42，3年度の予算獲得を通じて，拡張事業を行い，全国の主要な町村まで行き渡らせた。　　（→通信）

㉑ 通信官吏練習所の設置と逓信管理局の復活

1909（明42）年11月，後藤逓相は，通信官吏練習所を廃し，大臣官房に通信官吏練習所を置き，学制を改革して授業範囲を拡張し，時運に応ずる有為な人材の養成を行わしめた。他方で，地方庁の整理に指を染め，1910（明43）年4月，行政整理に際して人員を削減し経費を節約するとともに，久しく廃せられていた地方監督機関を復活し，東京，大阪，横浜，神戸，長崎，新潟，名古屋，熊本，仙台，広島，金沢の13カ所に逓信管理局を設置した。その目的は，監督事務と現業事務とをはっきり分離して事務の能率を発揮させることと，通信，電気，船舶，貯金の事務を一所に統一することにあった。これらの事務は，従来は別個の事務機関によって分掌されていたために，その間に何の統一もなく，時勢の進歩と業務の複雑化のために事務の混交と不便が増

しつつあったからである。後藤は，新制度発表の直後，新任管理局長を集めて詳細な訓示を与え，執務上の精神と信念とを鼓舞した。

（→教育／組織）

㉖ 逓信共済組合を新設

逓信省関係の現業に従事する人々は，郵便集配人，電話交換手，郵便電信局事務員，電信工夫など，その数は幾十万を数えるだけでなく，その仕事は一般民衆の福祉に関係することははなはだ緊要なるものがある。それにもかかわらず，彼らの待遇は，当時，比較的薄く，その災厄に際しての救済法もまたほとんど備わっていなかった。この事実を眼にした後藤逓相は，一方で，官吏の増俸によって一般官吏とともにこれら下級従業員の給与の充実を計る。他方，新たに逓信共済組合を新設して，彼らの災厄その他の救済方法を講じた。現業員の救済制度については，1907（明40）年ころからその議が起こっていたが，国家財政難の理由で，容易に実現できずにいたのである。後藤は逓相着任と同時に，第一着手として，現業員の相互共済組合設立を決定，財政当局との折衝のすえ，20余万円の予算を成立させた。またこれに関する法規は，09（明42）年5月の勅令，同6月の省令などで，順次制定公布され，同7月1日をもって組合業務を開始する運びとなった。

（→社会政策／組織）

部下たちと視察　　　　　　　（後藤新平記念館提供）

6　鉄道院総裁としての仕事（1908〜11, 1912〜13, 1916〜18）

㊃ 鉄道院の創設

　鉄道の国有化は第一次桂内閣のときに決定され，次の第一次西園寺内閣のときに実行されたが，その提案者の1人が後藤新平であった。したがって，第二次桂内閣への後藤の入閣は，国有鉄道の整理改革というのがその理由の一つでもあった。外国で鉄道の国有化に成功したのはドイツであり，失敗したのは米国である。国有化の困難は，私立会社の個人的創意が官僚組織に生かせるか否か，また，いかにして鉄道を政争の外に置くか，さらに，買収された17の私設鉄道会社間の人的物的不統一をいかに整頓するか，そして鉄道事業が普通の行政事務と異なって，一面では純然たるビジネスの性格を持っているという点であった。後藤は，これを課長中心主義，現業主義，人物主義，上下関係を密にすることによって，乗り越えようとした。そして，1908（明41）年12月5日，鉄道院官制を公布，仕事の重点を5つの地方管理局（中部，東部，神戸，九州，北海道）に置き，この五局の局長に一流の人物を抜擢した。　（→運輸／組織）

㊄ 鉄道会計の独立化

　第二次桂内閣は日露戦後の財政整理を目標として成立したものであった。後藤新平は国務大臣の立場から，財政不安の影響，特に本邦公債市場価格の低落により外資利用の道が杜絶したことを憂え，財政整理の目標を，各省継続費年割りの見直しと繰延の予算への明確化，歳出緊縮と経費節減，官業の可能なかぎりの民業化，予算に公債財源を見込まぬことなどを挙げた。わけても，鉄道会計が建設改良費を一般会計に仰ぎ，営業益金を一般会計に入れることにより，鉄道事業が年毎の一般会計に牽制されているという弊のため，成績が挙がらない実情を踏まえ，1909（明42）年度以降，鉄道会計を一般会計から独立させた。その結果，鉄道益金はただちに建設改良の資金に充てることができ，不足額は，公債の発行，または借入金をするという形に改めた。この鉄道会計の独立によって，一般鉄道従業員に，自己努力の成果が直接鉄道事業に関係するという自覚を促し，営業成績に甚大なる影響を与えた。　（→法・制度／運輸）

㊅ 鉄道職員の人員整理と物件費および消費の節約，制服・徽章の制定

　後藤鉄道院総裁は，1908（明41）年12月以降，3年にわたり，高等官から雇人までの大規模な人員整理を敢行，8851人を整理，金額にして年149万5779円の節約をやり遂げた。一方で，石炭，枕木，油脂，セメントなどの購入費と購入方法を徹底的に調査，それを改革して経費を大幅に削減，従来の指名競争入札を随意契約に改め，購入方を各管理局長の専行とし，従来の中央集権性を廃した。さらに工場内の在庫品を整理し，従業員の浪費を改めるために，自ら脚半がけで，全国の主要な駅を，幻灯・活動写真を携えて遊説し，「物を愛せよ」と唱え，消費の節約を説いた。その上，制服を制定して，従業員の精神的な引き締めを図り，制服製造を直営化して価格の低廉化を計った。加えて，新渡戸夫人の末弟A・エルキントンから贈られてきた記念品（機関車の動輪を模したもの）にヒントを得て，帝国国有鉄道の徽章を考案した。（→運輸／組織）

㊆ 日露連絡運輸の協定締結と全国鉄道網の測量踏査

　大阪商船はウラジオストック，敦賀間の定期航路の経営を開始していたが，露国鉄道との間に連絡運輸の協定がなかったために，旅客は多大な不便を被っていた。1908（明治41）年11月，後藤は，鉄道院・満鉄・大阪商船の代表を露都に派遣し，露国鉄道と日本内地間の旅客および手荷物連絡運輸協定を締結させた。また，1910（明43）年7月のブリュッセルにおける第5回シベリア経由国際連絡会議にも同代表を派遣，3ルート連絡運輸の協定

に加わらせた。他方で後藤は，鉄道の建設改良事業を始めるに当たって，国有鉄道の負担力を調査させ，その資料に基づいて建設改良の根本策を定め，さらに線路調査費を設けて全国鉄道網の測量踏査に，自ら先頭に立って乗り出した。総裁の制服に赤革ゲートルという出で立ちで，多くの鉄道職員を率いて全国を行脚した。彼の総裁在任中に実測した線路里程は約5000マイル，踏査したそれは約1600マイルに上る。そしてそれに基づいて建設改良事業が進められた。特に改良事業では広軌改築が問題となった。　　　　　（→運輸）

⑥⑦　職員中央教習所ならびに職員地方教習所の設置

　1909（明42）年6月，後藤は，鉄道本院に職業教習所を，また各管理局に職員地方教習所を設置した。年若い現業職員のためのものであり，業務科（旅客，貨物，車両動力一般）と運転科（車両，動力，業務一般）とに分かれ，15科目を教授。そのうち11科目（保線，保安および信号，運転計画，統計，倉庫，会計，電信電話，法規，交通，地理，簿記）を共通科目とした。さらに英語科，ロシア語科も設けられ，外国人客に対する待遇に資すること，あるいは敦賀・下関の船車連絡の要地への配置のための計画であった。1911（明44）年7月までに，中央教習所からは226名，地方教習所からは809名の卒業生が巣立っていった。また，職員たちのための通信教育も行うようになった。これらは，後藤の人間本位主義，実用主義に基づいた教育システムであった。この教習所の門をくぐった幾千の俊才は，その後，国有鉄道の有力な支柱となっていった。　　　　　　　　　　（→教育／運輸）

⑥⑧　保健体制の拡大，常盤病院の創設，消費組合の設立

　国有鉄道には1907（明40）年4月に制定された現業員共済組合，職員救済組合があり，傷痍，療養，死亡，老衰などの救済に当たっていた。後藤は傷痍救済会のほかに，疾病救済の途を講じて救済事業の範囲を拡大した。また，鉄道院官房に保健課を新設，保健事務協議会を設けるとともに，その課長井上正賓に常盤病院（東京鉄道病院の前身）の創設を命じた。また各地に治療所を設け，現業員に消毒法を講習し，全国に散在する鉄道医の制度を改正整理，その監督を厳しくした。さらに列車内に救急箱を設備させ，職員や旅客の傷痍に対する応急手当に備えさせた。一方，『職員救済組合詳説』『保健彙報』『救済及保健制度』『ドイツ疾病保健法』などを発刊して職員に配布した。さらに，各地に消費組合の設立を奨励し，生活必需品の安価な供給を進め，一方でその拡大に伴う弊害を正すためにその監督を厳しくした。　　　　　（→社会政策／運輸）

⑥⑨　『東亜英文案内』の編纂事業

　後藤新平が，満鉄総裁時代，ロシア蔵相コフツォフに約束したことの一つに，東亜案内書を出版してシベリア鉄道経由の旅客の増加に資するということがあった。彼は，鉄道院総裁となるや，案内書の編纂事業に着手した。予算は20万円を超える巨額なものであった。後藤は人を各地に派遣して実地について材料を収集させ，まず日本文で執筆させたのち，英訳させた。それは実に膨大なもので，各巻500頁，第1巻は韓国満洲，第2巻は西部日本，第3巻は東部日本，第4巻は支那，第5巻は南洋（仏領インドシナ，フィリピン，蘭領インドシナ，海峡植民地）の5巻よりなり，細密な地図と美しい写真を多数挿入したものであった。この案内記の英文は，横井小楠の嫡子横井時雄の筆に成るもので，着手したのは1905（明42）年であったが，その第5巻の印刷が終わったのは，17（大6）年4月であった。発売とともに，無料で内外の要所に頒布されたが，後藤が東京市長のとき，C・A・ビーアドにも贈られた。ビーアドはその「マシュー・アーノルド風文体」で書かれた英文の見事さに感嘆した。　　　（→マスコミ）

⑦⓪　東京市内電車の市営化

　東京市の市内電車は民間の東京鉄道会社が経営していた。しかし，東京市会と密接な関係があり，情実にからむ弊害が多く，市会に腐敗をもたらしていた。会社自体での改善はままならず，資金に行き詰り，経営困難に陥っていた。他方で，その頃，日本の正貨準備が

減り，兌換の金建てが危険な状況にあり，輸入超過がつづいて日本銀行は苦しくなっていた。1911（明44）年ころ，後藤は，市会の刷新も踏まえて，市内電車を買収して市営にしようと考えたが，市営化反対の論が猛烈で，なかなか進行しなかった。そこで，当時，桂首相兼蔵相の秘書官であった長島隆二に案を練らせた。それは，市電買収の市債を外国で発行して，減りつつある正貨の補充をするというもので，これには大蔵省も日銀も賛成で，これを後藤が正式に提出，閣議決定されて外債募集にいたった。　　　　　　（→運輸）

⑦1 国有鉄道の広軌改築問題

後藤は日本の鉄道の軌条幅3フィート6インチを世界各国の標準軌条幅4フィート8インチ半に改築することを計画した。東京・下関間の幹線から他の幹線に及ぼす方針で，1909（明42）年，複数の専門家にその調査を命じた。それによって成った案は翌年12月12日の閣議で決定され，予定経費は4億5000万円，改築期間13年というもので，後藤にとっては世界の大動脈の一環をなすものであった。明治44年から始めて明治105年に元利償却，以後8800万円の純益を得るという計画であった。
しかし，議会では，地方農村に地盤をもつ政友会が地方農村への鉄道普及の遅延を恐れていた。この第二次桂内閣と第三次桂内閣，寺内内閣において，後藤は鉄道院総裁として広軌改築問題を強力に推進した。寺内内閣の1917（大6）年，原町田駅・橋本駅間で広軌の実験を行い，閣議決定まで持ち込んだが，議会第一党政友会の反対で協賛を得られず，次の原内閣は広軌案を廃棄してしまった。広軌は後の新幹線によって採用された。　（→運輸）

幕僚たちと記念撮影　　　　（後藤新平記念館提供）

大日本麦酒株式会社札幌支店前にて

徳富蘇峰（前列右から3人目）らとともに

（いずれも後藤新平記念館提供）

7 第二次桂内閣総辞職から寺内内閣成立までの時代 (1911〜1916)

⑫ 訳書『官僚政治』の出版

　1911（明44）年11月，後藤は自らの名で訳書『官僚政治』を出版した。原著者はヨゼフ・オルツェウスキーで，台湾時代に後藤が森孝三に訳させてあったものである。その序文の中で後藤は，ビューロクラチスムスの語源が，イタリア語のビューロすなわちテーブル掛けであって，それが転じて官府の卓子，さらに行政組織の官吏全体を指すようになったと説明した。特に官吏の慣習制度を指すと述べ，これは官府だけでなく商工界においても，組織的統一的機関の成立するところには必ず発現するものであり，その弊害は，官府にも大会社にも銀行にも労働組合にも生ずるもので，ビューロクラチスムスの究明は一大問題であるとしている。本文では，官僚の跳梁がいかに国家の勢力と威望を失墜させるかと痛烈に批判し，急激な撲滅ではなく，漸進的改革を提唱，外科医のように大手術を施すべきであるとして，そのやり方の帰結は立憲政治にあるとしている。この書の出版は，一大反響を及ぼし，その評論が新聞雑誌を賑わした。
（→思想／政治）

⑬ 世界政策実現のための露欧行

　かつて後藤は，厳島で伊藤博文に新旧大陸対峙論という世界政策を語り，伊藤はそれを実行しようとして露欧への旅の途中，ハルビンで横死したのであるが，その伊藤の遺志を桂太郎に託し，今度は後藤も桂と一緒に露欧への旅を計画した。それは，中国の保全，東洋平和の礎石を築くために露，独，仏，英への旅であるはずであった。1912（明45）年7月6日，東京新橋を発し，12日，大連発の列車内で袁世凱の使者徐世昌と会談，シベリアを横断して，21日，サンクト・ペテルブルグに到着したが，着くと同時に明治天皇の病の知らせに接した。露国蔵相ココフツォフらとの会談は行ったものの，天皇の容態容易ならざるにより，26日には帰朝の途につかざるを得なかった。その途中で天皇崩御の報を手にし，8月11日帰京した。かくして，世界政策実現の旅は，またしてもその途中で挫折したのであった。
（→外交）

⑭ 立憲同志会党勢の拡大とそこからの脱退

　元来，後藤は，多数党が内閣を組織することを原則とする英国流の政党主義者ではなかった。彼にとって政党とは，「政権授受ノ機関為ラシムルニ非ズシテ，乃チ国民ノ健全ナル政治思想ヲ涵養シ，指導誘掖以テ政권ノ運用ヲ完カラシメントスル」ものに他ならなかった。政権奪取を目指し，有権者を金と力で支配する政党を腐敗していると見ていた。しかも，不羈独立，自主邁往の資質であったから，政党人に適していなかった。第三次桂内閣において，桂が第一党の政友会と情意投合せず，新党立憲同志会を結成したとき，そういう立場から応援したのであるが，憲政擁護の嵐のなかに桂内閣は倒壊，1913（大2）年6月から7月にかけて党勢拡大のために諸地方遊説の過程で，同志会の党員たちもやはり政友会と変わらない政権授受機関を目指していることに絶望，桂の病没後の同年10月，後藤は立憲同志会を脱退した。後藤の欽定憲法論者としての政党観は，当時は政党政治への移行期でもあり，世間や政党人にはなかなか理解できないものであった。
（→政治）

⑮ 夏期通俗大学の創設と新聞連盟の計画

　第三次桂内閣倒壊後，野にあった後藤は，地方自治を政争から擁護する闘いの一環として，各地の大学で自治について講演。党派を超越した地方自治団を構想。他方で実学すなわち「学俗接近」を試み，1915（大4）年大学教授を集めて実際家とを会合させ，軽井沢で夏期大学を起こす。16（大5）年12月，信州出身財界人に寄付を呼びかけ，翌年1月に信濃通俗大学を設立。理事に沢柳政太郎ら，会長を新渡戸稲造とし，自らは柳田国男らと

ともに評議員となり，夏期大学を長野県木崎湖畔で開催，やがて夏期大学は全国的に広がりを見せた。後藤はまた，健全な世論の育成を志して大新聞の連盟を企図し，大阪朝日新聞と大阪毎日新聞とに働きかけた。しかし，この企図は機が熟せず，連盟結成にはいたらなかった。

(→教育)

⑦⑥ 東洋銀行設立案

1914（大3）年7月の5日から同月11日にかけて，後藤は箱根で東洋銀行設立計画を構想した。それは2億円の金を投じて，中国に一大金融機関を設立し，それによって中国の財政を建て直させ，中国に安定をもたらすと同時に，日中の国交親善を経済関係を根底にして支えようというものであった。当時の首相大隈重信や元老山県，松方も賛成したため，中国公使陸宗輿と箱根で会談。交渉はかなり進んだが，外相加藤高明が全く無関心であった上に，翌年欧州戦争が勃発したため，東洋銀行設立は立ち消えとなってしまった。

(→金融)

学俗接近の夏期大学にて　　　　　　　（後藤新平記念館提供）

8 寺内内閣成立から東京市長就任までの時代（1916〜1920）

⑦⑦「対支政策本案」を寺内首相に提出

1916（大5）年10月9日，後藤新平は寺内正毅内閣内相兼鉄道院総裁となった。内相は副総理格の重職で，後藤内相は寺内首相に数々の提言をした。わけても重要なのは対中国政策であった。そこで後藤は「対支政策本案」を作成して提出した。その中心とするところは，中国を救う新方策として，東亜経済同盟の基礎を確立するために，中国に新東洋実業銀行を創立させ，日本の資金を供給し，その償還には阿片漸禁専売案の導入による阿片専売収益を充当させるというアイデアであった。この本案に添えた参照別紙には，中国に対する保全主義・門戸開放主義を採ることや，中国混迷の理由として事大主義などの中国人の性格，軍隊がその主将の私兵であること，官吏の腐敗，阿片吸飲，国語・道路・水路の不整理と荒廃，衛生設備の皆無，匪賊・秘密結社が多いことなどを挙げている。そして日本は満洲から福州にかけて経済勢力を扶植すべきであるとし，さらに，中国人の日本に対する蛮夷視と日本人の対中国人態度の改善の必要を説いている。　　　　　　　　　（→外交）

⑦⑧ 大正7年度財政計画を進言

1917（大6）年の夏，後藤内相は翌年度の予算編成についての財政意見を寺内首相と勝田蔵相に示した。それによれば，予算の編成は，大正初年度と2年度は前年度の踏襲，3，4年度は不成立，5年度はわずかに成立，6年度は解散によって不成立という異常状態が続いたという認識の上に，7年度予算の編成に際しては，国防費の急増，教育費の増額，過度の好景気による経済界の変動，特に好景気の後の反動に対する警戒，為替資金の欠乏（輸出超過の継続による）などの実情に対処するべきものとした。そして，現行税制は将来の弾力を有するものがきわめて少ないので，公債募集によって臨時財源の調達（臨時軍事費は特別会計とする）を行い，経済界調節の目的を達し，さらに新財源として砂糖消費税を砂糖専売制に改め，将来の財源に供することを提案した。戦時特別所得税の賦課についてはいくつかの理由を挙げて不可とし，他方，市内通行税はその負担者の多数が労働者，学生などであるため社会政策上顧慮して廃止，また生活必需品の騰貴に対処して一般官吏の俸給を増額すべきであると主張した。（→政治）

⑦⑨ 内務省の改革と警察官大増員・警察講習所の新設

後藤が寺内内閣内相に就任した当時，内務省の空気はきわめて沈滞していた。後藤内相は，設備の充実を図るとともに，警保局事務員を5人増員，さらに世界大戦中の諸外国の施設を視察させるために少壮官吏を次々に海外に派遣した。元来，海外派遣は本省官だけであったが，地方官の海外派遣にも途を開いた。さらに警察官の勤務システムと待遇がきわめて劣悪で，その結果，心身疲憊（ひはい），能率減退をもたらし，勤務は形式に流れ，執行は緩慢で不確実，非行に走る者さえ出る実情を踏まえ，帝都の警察官を6000人から1万人に大増員して待遇を改善，それを地方にも及ぼす方針を固め，まず帝都から着手させた。さらに警察講習所の新設を計画，学科をはじめ犯罪捜査，法医学，衛生学，電気ガスなどの取扱など，実務の教授と運用を研究させ，1年で卒業させることとした。しかし，こうした計画が現実化されたのは，後藤が外相に転じた後のことであった。　　　　　（→組織）

⑧⓪ 都市計画法の基礎を置く

後藤の内相在任中には実現しなかったが，彼がその基礎を置くことによって都市計画法と市街地建築物法が生まれ，近代都市計画的立案の起源となった。そもそも大阪市に対して，従来東京市に適用してあった市区改正条例を準用しようとしたとき，後藤内相は，それだけでなく，日本の都市計画を樹立しなけ

ればならないと力説,都市計画調査費を獲得,さらに議会の終わり頃に追加予算を通過させた。後藤が外相に転じた後,都市計画委員会が成立,これによって都市計画法が作られ,1919(大8)年4月5日に公布された。一方,17(大6)年10月に内田嘉吉らによって立ち上げられた都市研究会は,後藤を会長に戴いており,都市計画法成立を機に,後藤が先頭に立って都市計画の思想を六大都市に宣伝のために講演をしてまわった。後藤と都市計画は,台湾時代の諸都市造り,満鉄時代の諸都市造り以来,さらには後の東京市長時代,関東大震災直後の東京・横浜復興にかけて深い因縁があったのである。　　　　　(→都市)

⑧ 内務省内に救護課を設置——社会政策に向けて

欧州大戦という社会的一大変動の波及に対応するため,後藤内相は1917(大6)年7月20日,軍事救護法を公布して,傷病兵やその家族あるいは遺族などを救護するための法律を制定した。そしてその事務を取扱う「救護課」を内務省に設けるとともに,この新しい課の仕事の範囲を軍事救護法に止めず,より広汎な社会政策の衝に当たらせることとした。それが後に「社会課」となり,さらに「社会局」へと拡大され,「社会省」さえ設けるべきだとする議論をも生み出した。こうした後藤の発想が,彼の衛生局時代の救貧と防貧の思想に発していたことは明らかである。当時険悪となりつつあった社会状況は,社会政策を担当すべき特別な局課の必要性を促していた。

(→社会政策)

⑧ 日中軍事協定の締結

1918(大7)年4月23日,後藤内相は外相に転じた。この時期は,欧州戦局が最も危急に瀕した時であり,3月のドイツの突撃は幸いに阻止されたものの,露独講和が結ばれたために,ドイツは背後を考慮する必要がなくなり,東方の兵を西部戦線に投入できた。しかも連合国側では,米国の参戦が十分な実効を現わしていなかった。一方,ロシアは革命後,各種民族の独立運動が起こり,それにつれてドイツは東漸の勢いを示し,シベリア方面の情勢が緊迫化しはじめていた。前外相の

ときに,中国側(北方派)から提議されていた日中両国の軍事協定問題を,後藤外相は引き継ぐこととなった。中国内部でも北方派と日中軍事協定に反対の南方派との内紛があり,それが在日中国人留学生の帰国問題などに発展していた。後藤外相はさまざまな手を打ってそれを沈静化し,同年5月16日に日中陸軍軍事協定を,同月19日に日中海軍軍事協定を成立させた。　　　　　　　　(→外交)

⑧ 臨時外交調査委員会の成立

欧州大戦が東方に拡大しつつある時局に当たって,寺内内閣は挙国一致の体制を整える必要があった。後藤内相は,1917(大6)年6月,伊東巳代治とともに奔走,同月5日,超党派の臨時外交調査委員会を設置した。顔触れは,総裁に寺内首相,調査委員として外相本野一郎,内相後藤新平(後に外相),海相加藤友三郎,陸相大島健一,枢密顧問官牧野伸顕,同平田東助,同伊東巳代治,政友会総裁原敬,国民党総理犬養毅であった。憲政会総裁加藤高明は前内閣外相として対中失政(対中21カ条問題)の当人ということと,後藤に対する反感(立憲同志会時代の葛藤)から加わらなかった。調査会に対しては憲政会から憲法違反の声も出たがそれを乗り切り,初会合以降,次の原内閣,高橋内閣,加藤(友)内閣まで5年有余つづいた。その間,外交上の重要案件が次々に起こり,参戦国日本が連合国と協調するための応機画策にかかわった。後藤は特に外相のとき,シベリア出兵問題で力戦苦闘,寺内内閣辞職後も委員として留まったが,ほとんど列席することはなかった。

(→外交/組織/政治)

⑧ シベリア出兵

欧州大戦に参戦した日本は,交戦4年半の間深入りせず,青島攻略と太平洋のドイツ艦隊掃蕩,地中海への駆逐艦派遣以外は兵を動かさなかった。だがロシア革命後の露・独・墺単独講和以後,シベリアの不穏化につれて日米へのシベリア出兵を求める声が英,仏に熾烈になってきた。1918(大7)年3月6日,英,仏,伊はドイツの東漸防止ないしはドイツを東西から挟み撃ちにするため,日米のシ

ベリア出兵を強要してきたが，米国は慎重であった。後藤外相が出兵を主張したのは，シベリアでの拓殖政策の可能性を考え，白ロシア勢力の後押しをするためであった。ロシアでは欧露の赤色ロシアとシベリアの白ロシアとが戦いの最中であり，出兵の鍵は米国の態度にかかっていたが，ロシア領内で赤色ロシアに反乱したチェコ軍を救うという名目で米国も出兵に同意した。シベリア出兵は後藤の外相辞任後1年間は成功したかに見え，一時は全露政府の樹立もあったが，赤露軍の優勢化とともにしだいに出兵の意義が変質し，軍部にひきずられた原内閣は撤兵の時機を失した。

(→外交)

⑧⑤ 統一的大調査機関設立案

寺内内閣総辞職後，後藤は第一次大戦直後の欧米諸国の実情を視察旅行した。それから得られた結論は，戦後の世界市場での競争激化が予測され，これに日本が伍して行くには，科学技術と情報が決定的であるということだった。そこで，世界中に情報の網を廻らし，その中枢としての大調査機関を設置すべきだと考えた。1920 (大9) 年5月，その具体化された案が仕上がった。この構想は，内閣や議会から独立した国家規模の組織で，あらゆる分野から優秀な人材 (日本人に限らず) を集め，世界の内外から情報を収集し，時々刻々に変わる情勢に対処し，しかも国是となるべき国政の大本を確立するための組織であった。内閣への進言も行い，図書館や印刷局も付随する壮大な構想で，産業参謀本部としての役割を持つものであった。しかも国の内外に完全に開かれた組織で，国民の誰もが収集された情報を利用できるとした。この構想は，時の首相原敬に提議され，原もその必要性を認めたが，その実現は原が暗殺されて沙汰止みとなった。後藤はその後歴代首相に提議しつづけたが受け容れられなかった。

(→調査研究／組織)

寺内内閣の面々
(右から寺内正毅首相, 本野一郎外相, 仲小路廉農相, 後藤新平内相, 加藤友三郎海相)

右から，後藤，原敬，一人おいて浜口雄幸，寺内正毅，犬養毅，水野錬太郎 （後藤新平記念館提供）

訪米中，リンカーンの墓参りをする後藤・新渡戸一行（1919年） （東京市政調査会提供）

9　東京市長就任から山本内閣総辞職までの時代（1920〜1923）

⑧⑥ 東京市役所の大改造

　1920（大9）年12月16日，後藤新平は東京市長に就任した。同月22日，後藤市長は三助役として永田秀次郎，池田宏，前田多門を抜擢した。翌年1月，市長の俸給を全額市に寄付，2月7日，前年，後藤が会長を務める都市研究会が東京市民に向かって6万5000通の往復葉書を発して実施したアンケート調査の結果の報告会を鉄道協会において行った。市民の要望は，市役所改革と各区区長や吏員の更迭，区の学務委員の更迭を望むものが多く，翌日，東京全区の区長を鉄道協会に召集して戒告を行い，やがて職制を改正，市区吏員や教員の大淘汰に踏み切り，退職者は300余名に上った。そして新市役所気質を鼓吹する一方で，市政事務調査機関を設置して，斯界の権威ある小林丑三郎，岡実，美濃部達吉ら6博士を嘱託として財政，行政，技術各方面の調査研究に当たらせた。　　　（→組織／政治）

⑧⑦ 市吏員講習所の新設

　市役所の吏員が党派や市民の有力者に制せられるという実情を踏まえ，後藤市長は，それらにとらわれない積極的な自治の気風をもつ吏員を養成するための中枢施設として，1921（大10）年9月19日，「東京市吏員講習規程」を発布，吏員講習所を新設した。事務科第一・第二部，技術科，別科の四部門を設け，行政法，都市行政，財政，契約法，統計，簿記，実務演習などを教授，修養および訓練科では後藤市長自ら講義し，その講義内容は『市政振作の根本義』と題されて印刷に付された。そこでは新しい科学的管理法が強調されており，その上で無駄のないようにしてゆくのが吏員講習の第一義であるとした。10月11日に開所式を開催，講習生は市吏員24名，雇員26名，外部より15名であった。　　（→教育）

⑧⑧ 東京市改造8億円計画

　東京市は明治以降大火ごとに少しずつ変貌を遂げてきたが，1888（明21）年の市区改正条例公布以降，道路改良，上下水，築港などが進められてきたが，進捗状況は遅々としており，他方で人口の爆発的増大は根本的改革を焦眉の緊急事としていた。1921（大10）年4月27日，後藤市長は，「新事業及財政計画の大綱」すなわち，いわゆる「8億円計画案」を市参事会に提出した。中央政府の経費総額が15億円の時代である。その事業内容は，都市計画に基づいた重要街路の新設・拡幅・舗装，街路占有物整理，糞尿等処分設備，社会事業施設，小学教育設備拡充，上下水道事業，住宅経営，電気・ガス改善事業，港湾河川修築，公園・葬場・火葬場・市場・屠場設備，市庁舎・公会堂新設などであった。これらのうち，市が独力でできるものは後藤市長の苦闘によって実現し尽くした。あとは政府の援助次第であったが，後藤が市長の座を去ることによって計画は棚上げとなっていった。
　　　　　　　　　　　　　　　　　（→都市）

⑧⑨ 東京市における教育の刷新

　後藤市長は特に教育に意を注いだ。まず，小学校が二部教育であったものを小学校の増設によって撤廃し，各区長が有力者と癒着して行っていた教員選考の権限を削り，自ら教員の選考に当たり，適切な教育方針を講究させるために教員講習所を設置，さらに小学校教材の内容にも踏み込み，たとえば算術教育に東京市の人口1人当たりの水道使用量をもとに具体的な計算を行わせて東京市に関心をもたせるようにした。さらに当時最も問題であったのは，区毎の教育費に差があったことである。区毎に貧富の差があったからである。後藤市長は，家屋税などに財源を求め，教育費の全てを市が支弁することによって教育費の統一を断行した。次に，成人教育にも留意し，各地域に市民講座を設け，市民読本を編纂し，市民博物館も設けた。市庁舎内では給仕臨時運動会を催し，給仕講習会を開いた。

東京市長・後藤新平　　　　　　　（後藤新平記念館提供）

I 後藤新平の全仕事 63

後藤市長を取り巻く市政のブレーンたち

東京市教員講習所

(いずれも後藤新平記念館提供)

助役らとともに

三助役らとともに水道拡張工事視察
（前列左より，前田多門，一人おいて永田秀次郎，後藤新平，一人おいて池田宏）

（いずれも後藤新平記念館提供）

児童たちとともに　　　　　　（後藤新平記念館提供）

さらに，一般労働者のために，自由労働者講習会を開設して，卒業者には卒業証書を渡した。　　　　　　　　　　　　　　　（→教育）

⑳ 東京市政調査会の設立と市政会館・日比谷公会堂の建設

東京市の腐敗を改革するために後藤は市長に就任したのであるが，米国の市政腐敗を克服したニューヨーク市政調査会に範をとったのが東京市政調査会であった。その設立を急速に具体化させたのは，銀行王安田善次郎の資金援助の約束であった。都市研究会の会合で後藤と知り合った安田は，東京市政調査会設立の趣旨に賛同し，財政援助を申し出たのである。その後，安田は横死したが，その遺族が遺志を継ぎ，市政会館・公会堂建設資金ならびに安田本邸を公園敷地として東京市に寄付した。1922（大11）年2月24日，財団法人東京市政調査会設立の認可を受け，後藤自ら会長となり，同年6月26日に発会式を催し，C・A・ビーアドを招いて米国の市政調査の手法を導入，かつそれを日本に適する形に整えた。他方，市政会館と公会堂の建設は，種々の紛糾が続いて長引き，落成したのは，後藤の没後の29（昭4）年10月19日であった。日比谷公会堂の内壁には，後藤と安田のレリーフが飾られた。　　　（→調査研究／政治）

㉑ アドルフ・ヨッフェとの日ソ国交予備交渉への努力

シベリア出兵以来，日本とソ連とは事実上交戦状態に陥っており，日本政府は撤兵の時機を逸してきたため，1920（大9）年3月，尼港（ニコライエフスク）大量虐殺事件が起こる。日本の対ソ感情はきわめて悪化し，ようやく日本はシベリア派遣軍を撤退させる一方で対抗措置として北樺太に軍を進めて保障占領した。この尼港事件と北樺太駐兵問題とを解決するために日ソは長春で会商を行ったが決裂した。この決裂後，ソ連代表のアドルフ・ヨッフェは，北京をへて上海に向かおうとしていた。上海には三民主義を標榜する孫文がおり，後藤市

来日したヨッフェと握手

ヨッフェ来日に抗議する右翼の暴漢による被害。後藤邸に押し入り室内を破壊,嗣子一蔵に怪我を負わせた。

(＊は東京市政調査会,そのほかは後藤新平記念館提供)

ビーアドとともに＊

市政会館・日比谷公会堂（1929年竣工）＊

市政会館定礎式（1928年5月16日）

長は，ロシアと中国が手を結び日本を孤立化させる危険を察知し，急遽，加藤友三郎首相の諒解の下に，1923（大12）年1月，ヨッフェを療養を名目に日本に招き，一私人としてヨッフェとの国交を目指す交渉に臨んだ。会談は数度に及び，その間，東京市長の辞職，後藤邸への暴漢の闖入などをへて，日ソ漁業協定を解決した上で，日ソ予備交渉基礎案を作成。外務省とヨッフェとの公式予備交渉まで持ち込んだが，結局，交渉は不成立，ヨッフェは帰国した。しかし，こうした後藤の努力の結果，1925（大14）年1月20日，日露条約成立の運びとなった。　　　　　　　　（→外交）

⑫ 関東大震災と帝都復興計画

　1923（大12）年9月1日午前11時58分44秒，大地震発生。被害は一府六県にわたり，午後，東京市内70箇所から火災が発生，100余万人が家を失った。当時，加藤友三郎首相の死去쳤，山本権兵衛が組閣中であった。後藤は，米国の「無党派連盟ナル国民内閣」を構想していたが，この非常事態のため山本内閣内相となり，帝都復興のための復興院を創設，自ら総裁となり重責を担うこととなった。物資供給令を発し，暴力に断固たる措置を取り，遷都論を排し，閣議に「帝都復興ノ議」を提出。その中の「焼土全部買上案」は紛糾を呼び，後に縮小された区画整理案となる。また，被害の状況から割出した復興40億円案は次第に縮小され，10億円計画に切り下げられた。だが復興院総裁後藤は，人材をかき集め，招聘したビーアド博士の助言も受けて復興都市計画案を作成，23（大12）年12月の臨時議会に提出。その予算5億7000余万円も最終的には3億4000万余円に削られて通過となり，また12月27日の虎ノ門事件で山本内閣は引責総辞職，後藤も下野を余儀なくされる。しかし，後藤の構想は佐野利器や池田宏ら有能な部下の働きによって着々と実を結び，震災を首都東京のグランドデザインを描き直す好機とするにいたる。その内実は，焼け跡に近代的な都市空間を現出させるものであり，隅田公園・錦糸公園・浜町公園（さらには横浜の山下公園）などの本格的な公園，隅田川に架かる清洲橋や永代橋などの近代的橋梁，同潤会アパートに代表される集合住宅，復興小学校などの造成として実現し，また道路計画では，延焼を防ぐ区画整理に始まり，交通の大動脈を構成する環1から環8までの環状構造道路計画として現れた。その一部は実現をみ，一部は実現をみなかったが，後藤の実行した東京復興計画は現在でもその有効性が失われていないものとして高く評価される。（→都市／政治）

⑬ 普通選挙法案

　山本内閣内相兼復興院総裁後藤新平は，1923（大12）年12月の臨時議会に，帝都復興計画案とともに，普通選挙法案も提出する予定であった。そのため条文形式ですでに法案を準備していたが，この法案が臨時議会に提出すべき「臨時緊急ノ必要」であるかが問題となり，結局，臨時議会上程に適さないのであれば通常議会に上程する，という展開になる。しかし，通常議会が始まろうとした日に虎ノ門事件が起こり，山本内閣総辞職に陥った。そもそも普選法に関する後藤の発想は特異なもので，人民平等の思想から来たものではなく，国民は国家社会に対して納税する債権者の立場にあるのだから，一定金額以上の納税者のみに選挙権を与えるのは不合理であるという考えから来ていた。そうであればこそ，男子普通選挙を実施すべきであり，また，女性はそこに加えられていなかったのである。後に成立した普選法は，後藤の考えたものとほとんど同内容であった。　　　　　　　　（→政治）

関東大震災救護班視察中の山本権兵衛首相と後藤内相

震災直後の市内に摂政宮(昭和天皇)を案内する後藤内相

(いずれも後藤新平記念館提供)

I 後藤新平の全仕事 69

震災復興の構想を練る総裁　　　（後藤新平記念館提供）

清洲橋（1928年竣工） 　　　　　隅田公園

昭和通り（幅44メートル，中央にグリーンベルトがあった）

10　晩年の活躍（1923〜1929）

⑭ 政治の倫理化運動

　山本内閣内相を辞職後，野にあった後藤新平は，松島事件や陸軍機密費事件で揺れた第51議会の醜態を見ると同時に，来るべき第1回普通総選挙を踏まえ，政治の倫理化運動に起ち上がった。1926（大15）年4月20日，東京の青山会館でその運動の第一声を揚げ，不偏不党の立場から，党派的偏見の打破と情弊の刷新を訴え，普選に当たって有権者の倫理的自覚を促し，大局をよく見ること，グラッドストンの政治的覚醒運動の例を挙げ，聖徳太子の事蹟が政治の倫理化にあったこと，サイエンスの重要性，中道を歩むべきことなどを主張した。この青山会館での演説は，『政治の倫理化』という題で小冊子に印刷刊行され，100万部以上の売れ行きを示した。その一方で，1年がかりで，全国演説行脚の途に上り，183回の講演をこなした。さらに，普選準備会を組織し，25万1000余名の会員を数えるにいたった。　　　　（→組織／思想／マスコミ／政治）

⑮ 本邦放送事業の創設

　1923（大12）年の関東大震災直後，放送用私設無線電話規則が発布され，ラジオ（当時は無線電話と称された）に関する法制が確立。翌24（大13）年10月16日，社団法人東京放送局（NHKの前身）が設立され，後藤新平が総裁に就任。25（大14）年3月22日，仮放送を開始，後藤総裁は，「無線放送に対する予が抱負」と題して演説放送を行った。その間，愛宕山に放送局建設工事と本放送機械の製作装備を進め，正式に本放送を開始したのは同年7月12日であった。後藤は，放送事業の使命を教育，報道，慰安にありとし，わけても重点を社会教育に置いた。ラジオの民衆普及策を進め，放送内容の精選に注意を払い，他方では，早くも東洋文化の開発を目指して，満洲および北中国を圏内とする大放送局設置という大計画をも立てていた。しかし，組織改正を機に，総裁を辞任したため，この大計画は沙汰止みとなった。　（→通信／マスコミ）

⑯ 少年団の育成

　1922（大11）年4月の少年団日本ジャンボリーの運営指導にあたったのは，当時の後藤東京市長であったが，英国皇太子の来朝を機に結成された日本連合少年団（のちに少年団日本連盟と改称）の総裁（のちに総長）となり，少年団の服装に英国のボーイ・スカウト式を採用，各地での会合やキャンプには必ず出席した。後藤は，少年の教育機関には学校や家庭があるが，それらは学校内や家庭内に限られているので，社会の教化機関・自治訓練場として少年団を位置付け，武士道と「健児の社」（鹿児島）に則った指導精神を宣揚した。特に，よく口にしたのは「自治三訣」すなわち，「人のお世話にならぬよう，人のお世話をするよう，そして酬いを求めぬよう」ということであった。大正天皇御大葬が終わった後，その葬場殿の一部を少年団に下賜され，それを少年団本部とし，「金剛精舎」と自ら名づけた。28（昭3）年頃，少年団に加盟の健児は8万を数え，全国213団に達した。
　　　　　　　　　　　　　（→教育／組織）

⑰ 明倫大学設立構想

　晩年の後藤新平は，欧米に拮抗する文化的成熟を得た日本が，さらに世界へと開かれ，広大な東洋文化を総合し発信するための一大学府の創設を夢みた。学生は主として東洋諸外国から呼び寄せ，教師もまた日本人のみならず，アジアの優秀な学者を招聘する。すでに多数の中国人留学生を迎えていた日本だが，政府や学校当局者の彼らに対する待遇に不満を抱いていた後藤は，貯蓄や所有する土地の値上がりから得た財産，政界浄化運動に対する寄付金などのまとまった私財を投じて，国際大学の創設に動き出す。手はじめに，1927（昭2）年頃，神奈川県高座郡綾瀬村に約30万坪の敷地を買収，折しも訪露前のため，設立

青山会館での「政治の倫理化」演説(1927年4月)　　(後藤新平記念館提供)

政治の倫理化運動のなかで

「新時代の黎明」と題し熱弁をふるう

(いずれも後藤新平記念館提供)

放送中の初代東京放送局総裁

自宅で放送機材に向かう　　（いずれも後藤新平記念館提供）

スカウト姿で一礼

少年たちに見送られて

(いずれも後藤新平記念館提供)

の志を貫くための遺産処分の遺言状も作成。しかしその後の資金確保ができず、まず万博を開催して建物の一部を大学に利用する案などを考えたが、計画実現の前に後藤は死去した。綾瀬の予定地は、その後海軍の手に渡り、現在は米軍と自衛隊が共用する厚木航空基地の一部となっている。　　　　　（→教育／組織）

⑨⑧ ソ連訪問における後藤の最後の交渉

1927（昭2）年12月5日、後藤は訪ソの最後の旅に上った。目的は混乱する中国を救うために日ソが手を結び仲介すること、増大する日本の人口を踏まえて沿海州拓殖事業をソ連に認めさせること、さらに田中義一首相に頼まれた日ソ漁業協約問題の解決にあった。同月22日モスクワ着、種々の要人との懇談に入った。対中国問題について、スターリンは、中国の動乱の原因は農民階級の窮状と労働者への圧迫であるとし、日本の従来の強圧的な対中国政策は誤っていると指摘した。沿海州拓殖問題について、後藤は日ソ合弁の満鉄に似た会社を設立し、公益施設の建設などの中心とするという構想を持っていたが、会談相手のカラハンは、土地権利の問題、日本人国籍問題、種々の法的問題を挙げて日本人受入れの困難さを指摘した。この訪ソの結果は、後藤の側面からの努力とスターリンの力添えによる日ソ漁業協約が成立したことであった。
　　　　　　　　　　　　　　　　（→外交）

最後の訪ソ交渉（1927年）

（いずれも後藤新平記念館提供）

前列左から，八杉貞利，後藤新平，中央執行委員会議長カリーニン，田中都吉駐ソ大使

(後藤新平記念館提供)

訪ソから帰国した後藤一行（1928年，後藤邸にて）

(東京市政調査会提供)

後藤の死を伝える『台湾日日新報』(1929年4月14日)

明倫大学予定地風景　　　　　　　　　　（斉藤安彦家提供）

（付）主要関係諸団体

1　**逓信協会**——1908（明41）年総裁に就任，11（明44）年8月辞任，12（大元）年総裁就任，翌年2月辞任。
2　**帝国鉄道協会**——1911（明44）年2月10日以降，名誉会員。
3　**日露協会**——1911（明44）年副会頭就任，20（大9）年会頭就任。
4　**台湾倶楽部**——1912（明45）年会長就任。
5　**拓殖大学（前身は台湾協会学校）**——1919（大8）年4月，学長就任，大学昇格に尽力。
6　**日露協会学校（後のハルビン学院）**——1920（大9）年9月，創立委員長，後に総理に就任。
7　**日本性病予防協会**——1923（大12）年総裁就任。
8　**電気普及会**——1924（大13）年4月，会長就任。
9　**日独協会**——1926（大15）年3月，会頭就任。
10　**日独文化協会**——1927（昭2）年6月，会長就任。

II

後藤新平年譜
1850-2007

凡　例

* 本年譜は，後藤新平誕生前の 1850 年から，その死をへて現在に至るまでの，後藤新平に関する出来事を編年的に一覧できるようにしたものである。
* 左ページに「後藤新平関連事項」を，右ページに「日本史・世界史事項」を配した。「後藤新平関連事項」には，後藤の直接の行為や事績のみならず，関連する主要な人物たちの動きも取り入れた。「日本史・世界史事項」では，その背後にある歴史の文脈がみえるようにした。
* □で始まる項目は，必ずしも特定の日付をもたない主要関連人物の動きを示す。
* ◇で始まる項目は，必ずしも特定の日付をもたない出来事を示す。
* 1873（明 6）年の改暦までの日付は，太陰暦で示した。
* 「**6**-4」は，6 月 4 日を意味する。
* 1929 年の没後については，後藤に関する国内の主要な出来事をまとめるにとどめた。
* 左ページについては，鶴見祐輔『後藤新平』（勁草書房版）第 4 巻巻末の年表を部分的に使用したが，日付の誤りなど一部修正を加えたものもある。
* 右ページ部分の作成にあたっては，『近代日本総合年表　第三版』（岩波書店，1991 年），歴史学研究会編『日本史年表　増補版』（岩波書店，1993 年）などの資料に大幅に依拠した。

年	後藤新平関連事項（生前～）
1850 （嘉永3）	**10**-31 高野長英，江戸青山で幕府捕吏に追われ自刃。享年47。のち新平祖父・実仁，遠縁にあたる長英の事に責任を感じ，留守家（水沢藩主）目付役を退く。
1851 （嘉永4）	□**2**-18 熊本の横井小楠，このときより約半年間上国21カ国巡歴の旅に出る。途次大坂にて「適塾」で勉学中の橋本左内と会う。初めて福井藩を訪れ，「学話」を行う。
1852 （嘉永5）	□**3** 横井小楠，福井藩主松平春嶽の諮問に答えて，『学校問答』を草す。
1853 （嘉永6）	□**6**-10 横井小楠を吉田松陰が訪ね，ロシア軍艦による長崎からの密出国につき相談する。 □**6** 南部領農民一揆，仙台藩領に入って越訴。
1854 （安政1）	新平父実崇，4年前留守家若殿の側妻の件につき諫言し，刀番兼物置番役を退任していたが，この年復帰する。
1855 （安政2）	□仙台藩，幕府より大砲鋳造を命ぜられる。 □熊本実学党，上・中士派と，横井小楠・徳富一敬・安場保和らの豪農派に分裂。
1856 （安政3）	□仙台藩，調兵所を築造。 □高野長英訳述『三兵答古知幾（タクチーキ）』刊行。
1857 （安政4） 0歳	**6**-4（戸籍上は5日），陸中国胆沢郡塩釜村（現在の岩手県奥州市水沢区）吉小路に生まれる。後藤家は代々留守家（1万6000余石）の家臣で，父実崇36，母利恵33，姉初勢11の時であった。高野長英の死後，祖父実仁は家塾（衆芳館）を開いていたが，祖父，父ともに学識が高かった。
1858 （安政5） 1歳	**8** 父実崇，福原武頭となる。 □横井小楠，政治顧問として福井藩に赴き，松平春嶽に迎えらる。安場保和随行。
1859 （安政6） 2歳	**3**-13 水沢に大火，後藤家菩提寺増長寺など全町ほとんど灰燼に帰す。 **10** 父実崇，近習兼福原武頭となる。
1860 （万延1） 3歳	**4**-7 父実崇，主君邦命の上府に随って仙台に赴き留守居仮役となる。 □横井小楠，福井藩の藩政改革を指導し，『国是三論』を草する。

日本史関連事項	世界史事項
6-11 オランダ船長崎に至り,英米両国通商を求める意ありと通告する。 10-22 朝廷,外海防御の勅諭を幕府に下す。	6 [中] 太平天国の乱（〜1864）。
1-3 アメリカ船,土佐漁民万次郎らを護送して琉球に来航。	12 [仏] ルイ・ナポレオンのクーデタ。
9-22 明治天皇（祐宮親王）誕生。 ◇魏源『海国図誌』舶載される(翌年説もあり)。	12-2 [仏]ナポレオン三世即位。第二帝政成立。 ◇ [蘭] シーボルト『日本』刊行（1832〜）。
6-3 アメリカ東インド艦隊司令長官ペリー,軍艦4隻を率いて浦賀に来航。 7-3 プチャーチン,長崎に来航。	3 [中] 太平天国軍,南京を占領。 10-4 [土] オスマン帝国がロシアに宣戦,クリミア戦争勃発。
3-3 日米和親条約締結。下田・函館の2港を開く。-3 吉田松陰,下田で密出国をはかる。	5-21 [露] シベリア総督ムラヴィヨフ,黒竜江を遡航。
3-4 仏艦隊下田来航。-12 英艦隊箱館入港。 7-29 幕府,長崎に海軍伝習所を設ける。	3-2 [露] アレクサンドル2世即位。 5-15 [仏] パリ万国博覧会開催。
7-21 米駐日総領事ハリス,下田に来航。	3-30 パリ条約締結,クリミア戦争終結。 10-8 [中] アロー号事件起こる。
5-26 下田条約（日米約定）を結ぶ。 10-21 米使ハリス,江戸城で将軍家定に謁見。 12-2 堀田正睦がハリスに対し通商貿易・公使江戸駐在を認め,-13 朝廷に上奏。-14 江戸・大阪・兵庫・新潟の四港開港を米に約す。	3 [米] ドレッド＝スコット判決行われる（黒人奴隷の市民権を否認）。 5 [印] セポイの反乱起こる。（〜1859）。 9 [印] 英軍がデリーを攻撃,ムガル皇帝を捕える。
4-23 井伊直弼が大老となる。 6-19 日米修好通商条約締結。-10〜18 オランダ・ロシア・イギリスと修好通商条約を結ぶ。 9-3 フランスと修好通商条約を結ぶ。	4-16（新5-28）[中]ロシアと愛琿条約を結ぶ。 5-3（新6-13）[中] ロシアと天津条約を結ぶ。 8 [印] インド統治改善法制定（英国王直轄,東インド会社の解散,ムガル帝国の滅亡）。
5-28 神奈川・函館・長崎を開港。 9-14 梅田雲浜獄死。 10-7 安政の大獄,橋本左内・頼三樹三郎処刑。-17 江戸城本丸焼ける。-27 松陰処刑。	4-29 [伊] サルジニアがオーストリアと開戦,イタリア統一運動おこる。 ◇ [埃] スエズ運河に着工。[英] ダーウィン『種の起源』,ミル『自由論』刊。
1-18 条約批准交換のため新見正興ら米艦ポーハタン号で品川沖出発,勝麟太郎ら咸臨丸で随行（咸臨丸は5-5に浦賀帰着）。 3-3 桜田門外の変。-18 改元。	10-18 [中] 英仏連合軍が北京を占領。 11 [米] 大統領選挙でリンカーンが当選。 ◇ [朝] 崔済愚,東学の布教を始める。[露] ウラジオストックを建設。

年	後藤新平関連事項
1861 (文久1) 4歳	**3**-1 父実崇, 西根武頭兼塩釜社普請係となる。 □安場保和, 歩頭となり, 組脇に復し, 鉄砲副頭となる。長女, 友子誕生。
1862 (文久2) 5歳	**12**-16 父実崇, 主君に随って仙台に上る。同月, 攘夷派長州人ら, 品川御殿山の外国公使館を焼く。 □横井小楠江戸へ。松平春嶽が政事総裁に就任し, 小楠も幕政改革に参与, 「国是七条」を建言。のちの公議政体論の初めとなる。 　この頃の小楠は開国について, 現条約は廃されるべし, しかして大小諸侯全国一致の意見をもって朝旨を伺い, 開国の政略行われるべしと言っている。
1863 (文久3) 6歳	新平, この頃すでに句を誦し書をよくする。 □**1**-25 徳富蘇峰（猪一郎）, 肥後国に生まれる（父・一敬は横井小楠の弟子）。 □小楠, 熊本に帰る。
1864 (元治1) 7歳	**3** 武下節山の家塾に通い漢学を修める。 □井上毅, 小楠を訪う。『沼山対話』を録する。
1865 (慶応1) 8歳	**4**-13 弟の彦七が生まれる。 **8** 邑主邦命卒し, 弟邦寧が継ぐ。 **10**-19 父実崇, 小姓頭となる。 □元田永孚, 小楠を訪う。『沼山閑話』を録する。
1866 (慶応2) 9歳	この頃, 俊敏で悪戯好きが昂じ, しばしば立木に縛されたり倉庫に押しこめられたりした。 **12** 祖父実仁隠居して小左衛門を称する。父実崇, 家督を相続し十右衛門を称する。
1867 (慶応3) 10歳	**1** 父実崇, 主命で八戸あたりに馬の売買に赴く。5, 9月にも同様のことがある。 **2**-1 留守家の小姓となる。 **8** 武下塾を退いて藩校立生館(りっせいかん)に入り, 経史, 詩文を修める。 **11** 仙台出仕中の父実崇, しばしば書を寄せて勉学孝養を誡める。

日本史関連事項	世界史事項
2-3 ロシア,対馬占領を企てる。-19 改元。 5-11 シーボルトを外国事務顧問とする。-28 水戸浪士ら品川東禅寺英公使館を襲う。 7-23 イギリス艦が対馬でロシア艦退去要求。	1 [独] プロシア王ウィルヘルム1世が即位。 3-3 [露] アレクサンドル2世,農奴解放令。-17 [伊] イタリア王国成立。 4-12 [米] 南北戦争おこる(〜1865・4-9)。
1-15 水戸浪士ら,坂下門外で安東信正を襲撃。 4-23 寺田屋騒動。 8-21 生麦事件起こる。 9-11 榎本武揚らオランダ留学生が長崎を出帆。この月,E・サトウが通訳生として来日。 12-12 高杉晋作,品川御殿山英公使館焼打ち。	9-22 [独] プロシア議会で軍事改革予算削除,国王が駐仏大使ビスマルクを首相に任命。ビスマルクが予算委員会で鉄血政策を表明。 ◇ [中] 清国は英仏軍とともに天京(南京)に拠る太平天国軍と戦い,雲南と陝甘地方で反乱をおこしたイスラム教徒とも戦う。
3-13 近藤勇ら新撰組を組織。 5-10 萩藩,米商船を下関海峡で砲撃。-12 井上馨・伊藤博文ら英留学へ横浜から密出国。 6-1 米艦が下関を砲撃。-5 仏艦が下関を砲撃。-6 高杉晋作が奇兵隊を結成。 7-2 鹿児島藩が英艦隊と交戦。	1-1 [米] リンカーンが奴隷解放宣言を布告。 5 [独] ラッサールを指導者とする全ドイツ労働者同盟成立。 7 [米] 北軍がゲチスバーグの戦で勝利。 12-4 [中] 清軍が太平天国軍から蘇洲を奪回。 ◇ [英] ロンドンに世界最初の地下鉄が開通。
3-27 藤田小四郎ら筑波山で挙兵。 6-5 池田屋騒動。 7-19 蛤御門の変,京都焼ける。 8-2 家茂が諸大名に萩藩征討を命じる。-5 英米仏蘭の四国連合艦隊が下関を砲撃。	1 (陰63・12) [朝] 高宗李太王即位,大院君摂政となる。東学の創始者崔済愚の処刑。 7-19 (陰6-16) [中] 太平天国滅亡。 10 ロンドンで第1インターナショナル創立。 ◇ ジュネーブで国際赤十字条約成立。
4-7 改元。-12 萩藩再征のため将軍進発告示。 5-28 四カ国公使が下関海峡自由通交・日本内乱局外中立を決議。-22 家茂入京参内。 11-7 彦根以下31藩に征長出兵を命じる。	3 [中] 英国が香港に香港上海銀行設立。 4-9 [米] 南軍司令官リー将軍降伏し南北戦争終結。-14 リンカーンが狙撃され,-15 死亡。 ◇ [墺] メンデルが遺伝の法則を発見。
1-21 坂本龍馬の斡旋で木戸孝允・西郷隆盛が薩長盟約を結ぶ。 6-7 第二次長州戦争始まる。 12-25 孝明天皇崩御。 ◇ 福沢諭吉『西洋事情』刊行開始(全10冊完結)。	6-15 [独] シュレスウィッヒ・ホルシュタイン問題で普墺戦争勃発,7 プロシア軍勝利。 6 [米] 憲法修正第14条可決(公民権法確立)。 9 [朝] 米商船シャーマン号を焼払う。 10 [朝] 仏艦隊が来襲し江華島を攻撃。
1 明治天皇践祚。 5-21 板垣退助・中岡慎太郎・西郷隆盛らが討幕挙兵を密約。 8 尾張で「ええじゃないか」発生し,拡大。 10-14 慶喜が大政奉還を上奏(-15 勅許)。 11-15 坂本龍馬・中岡慎太郎暗殺さる。 12-9 王政復古を宣言。	3 [英] 英領北アメリカ法成立。[米] ロシアからアラスカを購入。 6 [墺] オーストリア・ハンガリー帝国成立。-24 [越] 仏軍がコーチシナ西部3省を領有。 7-1 [独] 北ドイツ連邦成立。 9 ルクセンブルク大公国,永世中立国となる。 ◇ パリで万国博覧会開く。

年	後藤新平関連事項
1868 (明治1) 11歳	**4**-12 祖父実仁が死去につき，父実崇とともに忌服届を提出する。 **6** 戊辰戦争に際し幼兵に編入され，立生館を休学する。 □正月，安場保和，新政府より肥後藩代表として徴士を命ぜられる。 □新官制により，横井小楠，参与に任ぜられる。 □安場保和，東海道鎮撫総督府参謀となり，江戸城明渡の軍議に参与する。 □**3**-20 奥羽鎮撫使九条道孝総督，兵を率いて松島に上陸，藩主伊達慶邦出迎え，-23 仙台に入る。 □戊辰戦争での仙台藩関係の戦死者数1260人と伝えられる。
1869 (明治2) 12歳	**1** 横井小楠，刺客に襲われ落命。 **2** 留守家削封とともに後藤家は土着帰農して平民となる。 **5** 父実崇，学校助教を命ぜられる。 **8**-12 府藩県が設置され，胆沢県庁が水沢旧城内に置かれる。権知事武田孝敬，大参事安場保和，小参事野田豁通，史生岡田俊三郎(後の阿川光裕)らが赴任。 **9** 新平は立正館に通いながら，旧留守家家老職，吉田種穂の推薦により安場大参事の学僕となり，3カ月後に岡田(阿川)に預けられる。
1870 (明治3) 13歳	**1** 正月，立生館改め郷学校となり，始業式の日，新平は武田権令の前で『論語』里仁篇を講ずる。 **2**-25 友人を誘って郊外に遊び，漢文「郊遊記」を作る。 **4**-3 安場大参事，酒田県大参事に任ぜられるが赴任せず。 **5**-19 武田権知事免官，安場は再び胆沢県大参事に任ぜられる。 **7**-27 薩摩藩士横山正太郎安武が時の政治の腐敗を糾弾して集議院門前で自刃。新平その報を聞き，大いに感奮慷慨する。 **9**-17 安場大参事免官となり，嘉悦氏房が胆沢県大参事となる。 **10**-1 安場保和，熊本県大参事試補となる。 **11**-4 岡田権大属の管内巡視に随伴して山ノ目，金成，高清水，涌谷，石巻に出張。 □小楠の弟子たちによる実学党政権が熊本藩に成立。藩政改革と文明開化に努力。
1871 (明治4) 14歳	**2** 嘉悦氏房に随い初めて上京，太政官少史荘村省三の学僕となる。 **4**-9 この日付で家郷の父から処世訓を寄せられる。 **6** 熊本県人今村，石井らとともに浅草の写真館内田丸一方で記念撮影をする。 **7** 荘村に随い和田倉門外を通行中，西郷隆盛に出会い強烈な印象を焼きつけられる。 □**5** 元田永孚(横井小楠の弟子)，初めて侍講として天皇の御前に伺候す。 □安場保和，熊本県権小参事となる。藩を代表して，岩倉・大久保等と折衝する。大蔵大丞となる。租税権頭となる。岩倉視察団の一員に加えられ，「大蔵理事官兼務理財収税事務取調可き旨」命ぜられる。 □安場，この年末，岩倉使節団に加わり，米欧回覧の旅に出る。一行から別れていち早く翌年5月に帰国。

日本史関連事項	世界史事項
1-3 戊辰戦争始まる（鳥羽・伏見の戦い）。 3-13 西郷隆盛と勝海舟が会見。-14 五箇条の御誓文宣布。-28 神仏混交禁止。 4-11 江戸城開城。仙台藩，会津討伐に出陣。 4 福沢諭吉，英学塾を芝に移し慶応義塾と改称。 5-3 奥羽越列藩同盟成立。-15 上野彰義隊討伐。 7-17 江戸を東京と改める。 9-8 明治と改元。-22 会津若松城陥落。 12-15 榎本武揚ら蝦夷地占領，五稜郭に拠る。	3［仏］ナポレオン3世が労働者の団結権承認。 7［米］憲法修正第14条批准（黒人の市民的諸権利承認）。 9［西］スペイン革命おこる。 10 ［西］革命派がマドリードで臨時政府樹立，普通選挙・出版の自由を宣言。［キューバ］スペインからの独立反乱（10年戦争）。 12-9［英］第一次グラッドストン自由党内閣成立。
5-18 榎本武揚ら降伏（戊辰戦争終わる）。 6-17 版籍奉還。公卿・諸侯を華族と改称。 7-8 二官六省の制を定め，開拓使，集議院，昌平黌中心に大学校を新設。 8-15 蝦夷地を北海道と改称。 12-17 大学校を大学，開成学校を大学南校，医学校を大学東校と改称。-25 東京・横浜間電信開通。	2［米］憲法修正第15条可決（黒人の選挙権承認）。 5［米］最初の大陸横断鉄道開通。［西］立憲王政を可決（6 新憲法公布，セラノが摂政）。 8［独］アイゼナハで社会民主労働党結成。 11［埃］スエズ運河が正式に開通。［加］北西部で白人・インディアン混血人の反乱おこる。
1-3 大教宣布の詔。 5-28 集議院を開く。 6 官営前橋製糸所開業。 8-2 山県有朋ら欧州から帰国して軍制改革に着手。-20 大阪・神戸間電信開通。 9-19 平民に苗字使用を許す。 10-2 兵制統一を布告（海軍は英式，陸軍は仏式）。-18 岩崎弥太郎が九十九商会設立。 10 スマイルス著，中村正直訳『西国立志編』刊。 11-13 府藩県に徴兵規則を通達。 12-8 最初の日刊紙『横浜毎日新聞』創刊。	2［米］最初の黒人上院議員が当選。 3-16［中］李鴻章が陝西・甘粛のイスラム教徒の反乱を討つ。 6-21［中］天津でキリスト教教会が焼かれる。 6［米］ロックフェラー，スタンダード石油設立。 7-19［仏］プロシアに宣戦，普仏戦争起こる。 9-2［仏］セダンでナポレオン3世が捕虜となる。-4 帝政廃止を宣言（第三共和制），国民防衛政府樹立。-19 プロシア軍パリ包囲。 11［独］バイエルンなど南ドイツ諸邦が北ドイツ連邦に加入。
1-5 寺社領を没収し府藩県が管轄。-24 東京・京都・大阪間郵便業務開始を定める。 5-10 新貨条例を定める（円銭厘の十進法）。 6-25 木戸孝允以外の参議辞任し西郷隆盛が参議となる。-26 長崎・上海間海底電信開通。 7-4 ハワイとの通商条約調印。-14 廃藩置県の詔書。板垣退助・大隈重信が参議となる。 8-9 散髪・廃刀を許す。-23 華士族・平民間の結婚を許す。-28 穢多非人の称を廃止。 10-3 宗門人別帳廃止。-8 岩倉具視ら欧米へ。 11-2 県知事を県令と改称。 12-5 東京・長崎間郵便業務開始。	1-18［独］プロシア王ウィルヘルム1世がベルサイユ宮殿で皇帝に即位（ドイツ帝国成立）。-28［仏］パリ陥落，対独休戦条約。 2［仏］総選挙で国民議会成立，対独仮講和。 3-18［仏］パリの革命的市民が政府に反対。-28 パリ・コミューン成立を宣言（～5）。 4［独］帝国憲法制定，ビスマルク宰相となる。 5-10 フランクフルト講和条約（仏が独にアルザス・ロレーヌを割譲）。-21［仏］政府軍パリに入る。-28 コミューン崩壊。 6［朝］米艦隊が江華島を占領。斥洋を宣言。 7［伊］ローマへ遷都。

年	後藤新平関連事項
1872 （明治5） 15歳	**1** 前年，荘村が来客に新平を「朝敵の子」と紹介したため，新平大いに怒り，この月ついに荘村家を出て帰郷，武下塾に入って詩文を修める。 **6**-2 安場，福島県権令となる。阿川（岡田），福島県十一等出仕となる。 □安場保和，岩倉大使一行と分袂，ワシントンまで行き，そこより単身帰国。福島権令となり，次いで福島県令となる。福島小学校第一校を創設する。須賀川病院を県立とする。
1873 （明治6） 16歳	**1**-8 阿川光裕，福島県須賀川支庁勤務となる。 **3**-10 阿川より実崇に宛て新平の遊学を勧め来る。 **5** 阿川の勧めにより須賀川に到り，阿川の官舎に入る。-22 県立医学校へ入るまえの予備として，福島小学第一校付属洋学校に入学するが，その教育の水準に失望し，洋学（英語）の勉強を放棄，市川方静に数学と測量学を学ぶ。 **7**-23 父実崇，水沢県より小学校助教を申しつけられる。 □安場保和，福島県立須賀川病院・医学所設置に力を致す。 □新学制による水沢県の小学校就学率は35.1%と全国上位であった。これはそれまでの寺子屋をそのまま小学校に移行利用したことによる。
1874 （明治7） 17歳	**1** いったん帰郷するが，父に諌められ，福島に引き返す。 **2**-2 県立須賀川病院付属須賀川医学校へ入学，生徒寮に入る。 **4** 理学の大試問に及第。 **5**-17 化学の大試問に及第，第三等生となる。 **9**-8 父へ手紙を送り，阿川の留守中預かった金を使い込み，その始末に窮し救済方を懇願する。 **10** 原生学，解剖学の試験に及第，二等本科上等生として臨床実験を許される。
1875年 （明治8） 18歳	**3**-24 父実崇，水沢小学校仮助教となる。 **7**-4 福島県立病院六等生となり，須賀川医学校生徒取締（内舎副舎長）となる（月給3円）。 **7**-31 阿川，大蔵省紙幣寮に転任。 **8**-8 安場，福島県令を免ぜられる。-16 医学所雇入れの件で東京に出張。 **9**-2 五等医生を拝命する（月給5円）。 **12**-27 安場，愛知県令となる。 □安場保和，第一回地方官会議五等判事兼任。福島県令を免ぜられる。安積郡大槻原の開墾，蚕業の振興に力を致し，二本松に製糸工場を創設し，地租改正に従事し，阿武隈川に信夫橋を架設し，師範学校を創設したことなどが主な事績である。愛知県令となる。

II　後藤新平年譜 1850-2007　87

日本史関連事項	世界史事項
2-21 『東京日日新聞』創刊。 2 福沢諭吉『学問のすすめ』初編刊。 4-22 京都・大阪間電信開通。 6-19 岩倉大使，条約改正交渉中止を米に通告。 8-3 学制を頒布（学区制，就学の奨励）。 9-12 新橋・横浜間鉄道開業。 10-4 富岡製糸場開業。 11-15 国立銀行条例制定。-28 徴兵の詔を発す。 12-3 太陽暦採用（明治6年1月1日）。	5 [独] ビスマルクが帝国議会でカトリック勢力に対抗（文化闘争が激化）。 6 [独] イエズス会法を定める（会員を追放）。 8-12 [中] 最初の米留学生30名が上海を出発。 9-14 [中] 日本が琉球王を華族とし琉球が領土であることを宣言。 9 ハーグで第1インター第5回大会。バクーニン派追放と本部のニューヨーク移転決議。 ◇[伊] ベスビアス火山の大爆発。
1-1 太陽暦実施。-9 名古屋・広島に鎮台設置。-10 徴兵令を定める。 6-9 初の「会計見込表」発表。-24 集議院廃止。 7-28 地租改正条例布告。 8-1 第一国立銀行開業。-17 閣議で西郷隆盛の朝鮮派遣を決定。 10-24 岩倉の奏議で朝鮮遣使の無期延期（西郷が参議辞任）。-25 副島種臣・後藤象二郎・板垣退助・江藤新平が参議辞任。 11-10 内務省をおく。 ◇徴兵令反対の騒擾が各地に起こる。	2-23 [中] 同治帝の親政が始まる。 2 [西] 国王退位し議会が共和制を宣言。 3 [スペイン] プエルト・リコで奴隷制を廃止。 5 [独] 五月法（ファルク法）を定める（カトリック勢力抑圧の法令）。[仏] チェール大統領辞任，王党派マクマオン元帥大統領に。 6-29 [中] 各国公使が初めて同治帝に謁見。 8 [仏] 王党派・オルレアン派の王政回復運動。 9 [仏] 対独償金支払い終了，ドイツ軍が撤兵。 11 [朝] 大院君が失脚し王妃閔氏の一族が政権を握る。
1-17 板垣退助ら民選院設立建白書を提出。 2-1 佐賀の乱（江藤新平ら）。-6 閣議で台湾征討を決定。この月，明六社が正式に発足。 4-13 江藤新平処刑される。 4 台湾出兵（5-22 西郷従道ら台湾に上陸）。 5-11 大阪・神戸間鉄道開通。 6-23 北海道屯田兵制度を定める。この月，西郷隆盛が鹿児島に私学校を開校。 10-31 台湾事件につき日清互換条款に調印。	1 [西] パビア将軍のクーデターで共和制崩壊。 2-21 [英] 第二次ディズレーリ内閣成立。 3 [越] コーチシナ全省にフランス主権。 5-22 [中] 日本軍が台湾に侵入。 7 [独] ビスマルクが襲撃され負傷する。 10-31 [中] 台湾事件解決（日本に50万両賠償）。 ◇[仏] パリで印象派第1回展覧会開く。[露]「人民の中へ」をスローガンに知識人・学生の運動盛んとなる（ナロードニキ）。
2-3 三菱商会が横浜・上海航路を開く。-13 平民も必ず姓を称するよう布告。 3-25 東京・青森間電信開通。 4-14 元老院・大審院・地方官会議を設ける詔。 5 ロシアと樺太・千島交換条約に調印。 6-28 讒謗律・新聞紙条例を定める。 7-14 琉球藩に清への使節派遣と清からの冊封の廃止を命じる。 9-20 江華島事件おこる。 9 森有礼，商法講習所設立。 11-29 新島襄ら同志社英学校創立。	1-12 [中] 同治帝の死，徳宗光緒帝の即位（東西両太后が摂政）。 1 [米] ハワイと互恵通商条約を結ぶ（ハワイは領土を他国に譲渡しないことを約束）。 2 [仏] 共和国憲法が議会を通過。 5 [独] ドイツ社会主義労働者党結成，ゴータ綱領を採択。 11 [英] エジプトからスエズ運河株17万6000株を1億フランで買収。 ◇[中] 上海・鎮江両海関に郵政部を付設（西洋式郵便制度始まる）。

年	後藤新平関連事項
1876 (明治9) 19歳	**1**-27 阿川，愛知県十一等出仕として転任。 **2**-22 依願五等生解職。 **3**-28 須賀川医学校内外舎長となり月給8円を支給される。 **6**-14 明治天皇，東北地方巡幸で，この日，岩倉，木戸勅を奉じて須賀川病院を視察（**7**-4 天皇，水沢に行幸）。 **8**-初旬 自ら調製した眼薬「済衆水」を父に発売させる。-8 安場愛知県県令より愛知県病院に招かれ，辞表提出，-10 聴許される。-11 盛大な見送りを受けて須賀川を去る。-20 名古屋に安着。阿川邸に落ち着く。-25，愛知県病院三等医として医局診察専務（月給10円）となる。 **10**-1 阿川宅を出て病院の教授司馬凌海の家塾より通院，オーストリア人教師ローレッツの指導を受け，警察医学に興味を持つようになる。 **11**-9 父実崇，岩手県より水沢小学校一級助教を申し付けられる。 □安場保和，地租改正，行政区画の改正，県庁庁舎の新築，明治用水の開鑿，各産業の開発，農工漁業の改良，水害除去，名古屋一熱田間の堀割開鑿に力をつくす。 □徳富蘇峰，上京し東京英学校（第一高等学校前身）に通学，満足せず京都の新島襄の同志社英学校に移る。
1877 (明治10) 20歳	**1**-20 公立医学所二等授業生（月給12円）となる。 **4** 司馬凌海が解職となり名古屋を去ったため，再び阿川方に入る。 **6**-15 この日より23日まで医術開業試験を受け，医術開業免状（9月15日付）を手にする。 **7** 大阪陸軍臨時病院に赴き自費見学する。 **8**-8 愛知医学校四等訓導となる。-20，愛知県病院を依願解任。 **9**-3 西南戦争の負傷者を収容する大阪陸軍臨時病院の雇医（日給60銭）となる。 **10**-1 京都東福寺陸軍格列羅避（コレラ）病院へ出張。 **11**-22 病兵を護送して名古屋鎮台へ向かう。-26 陸軍雇医を免ぜられ，-27 名古屋鎮台病院雇医（月給15円）となる。 □大阪陸軍臨時病院の院長石黒忠悳は，以後，後藤の後援者となる。 □相馬藩主相馬誠胤が東京市相馬邸で監禁される（相馬事件の発端）。 □安場保和，名古屋城の金鯱を復旧させる。
1878 (明治11) 21歳	**3**-1 再び愛知県病院に復帰，医学校一等訓導となる（月給25円）。-3 公立病院三等診察医兼務となる。 **4** 胸を患い名古屋近郊の八事で静養。 **6**-17 第三区医院集会所で講義，以後毎週日曜日に出張講義。 **7**-13 公立病院二等診察医兼医学校一等訓導となる（月給30円）。 **10** 愛知県病院ローレッツの委嘱を受けて，安場県令に「健康警察医官を設けるべき議」を建白（初めての建白）。明治天皇，巡幸で公立医学校を訪問。 **11**-27 衛生事務取調べのため東京出張を命ぜられる。 **12**-10 「愛知県ニ於テ衛生警察ヲ設ケントスル概略」の建議を内務省衛生局長長与専斎に呈して長与に知られるようになる。 □安場保和，第二回地方官会議に出席し，幹事に選ばれる。

日本史関連事項	世界史事項
1-30 海老名弾正ら熊本花岡山で信教を盟約（熊本バンド）。 2-4 芝山内に山内倶楽部開設（のちの水交社）。-26 日鮮修交条規に調印。 3-28 木戸孝允が参議を辞任。廃刀令。 5-6 和歌山県に地租改正反対一揆。 6-2 天皇が東北巡幸に出発（〜7-21）。 7-29 三井物産会社設立。 8-14 札幌学校開校（9-8 札幌農学校と改称）。 9-6 元老院に憲法起草を命じる。 10-17 小笠原島の管治を各国に通告。-24 熊本神風連の乱。-27 秋月の乱。-28 萩の乱（首領前原一誠捕縛，12-3 処刑）。 11-19 三重県に地租改正反対一揆（愛知・岐阜・堺県に波及）。-27 内務卿大久保利通が地租減額を建議。	4 ［英］ビクトリア女王をインド皇帝とする法案を議決。［土］ブルガリアで反トルコ蜂起おこり多数のブルガリア人を殺害，列国の世論硬化。 5-8 ［埃］エチオピアへの遠征軍，敗北。-13 ［独・墺・露］バルカン問題調停案を作成。-30 ［土］青年トルコ党のクーデター。 6 ［米］インディアンのスー族を攻撃。 7 ［セルビア・モンテネグロ］トルコに宣戦（ロシアがセルビアを援助）。 9 ［英］グラッドストンがトルコのブルガリア人殺害を非難，反トルコ感情強まる。 12-12 バルカン問題について列国のコンスタンチノープル会議開く。-23 ［土］トルコ帝国憲法公布される。 ◇ ［米］ベルが電話を発明。
1-4 地租を地価の二分五厘に軽減。-24 天皇が関西巡幸に出発（〜7-30）。 2-15 西郷隆盛が兵を率いて鹿児島を出発（西南戦争）。-22 西郷軍が熊本城包囲。 3-19 京都・大阪間鉄道開通。-20 政府軍が西郷軍を田原坂で破る。 4-12 開成・医学の二校を合せ東京大学とする。 5-1 佐野常民，博愛社創設（日本赤十字社前身）。 7 愛知県病院および医学校新築落成。 8 コレラが上海から伝わる。 9-24 西郷隆盛自刃（西南戦争終結）。-30 西南役凱旋兵300名コレラに罹る。 12 ルソー著，服部徳訳『民約論』刊。	1-15 ［中］何如璋が初代駐日公使となる。 1 ［独］帝国議会選挙でドイツ社会主義労働者党が12議席（50万票）獲得。 3-31 列強，ロンドン議定書に調印。 4-26 ［中］清軍がトルファンを回復。 4 ［米］北部が南部に対する軍政を解き再建が終わる。-24 ［露］トルコに宣戦（ロシア・トルコ戦争おこる〜78・3-3）。 5-23 ［土］清国の新疆進出阻止を英国に要求。 7 ［米］鉄道ストライキが全国に波及し軍隊が出動。インディアンが蜂起。 12-17 ［中］清軍がカシュガルを回復。 12 ［米］アメリカ社会主義労働党結成。
5-1 パリ万国博覧会に参加。-14 大久保利通暗殺される（紀尾井坂の変）。-27 貿易銀の一般通用を許可（金銀複本位制）。 6-1 東京株式取引所開業。-10 陸奥宗光が林有造らの挙兵計画参加の疑いで逮捕される。 7-12 太政官が政治結社・集会を警察官に視察させ，民心扇動・国家安寧害害と認めるものの禁止を内務省・府県に通達。 8-24 明治8年1月1日調査の戸籍表発表（729万3110戸，3433万8400人）。この月，陸軍卿山県有朋が「軍人訓戒」を発表。 12-5 参謀本部条例を定める。	1-2 ［中］清軍，新疆イスラム教徒の乱を平定。 2 ［西］キューバの「10年戦争」終わる。 5 ［仏］パリで万国博覧会開く。［コロンビア］レセップスにパナマ運河建設を許可。 7-24 ［中］李鴻章が開平鉱務局設立（中国最初の洋式採鉱）。 9-3 ［中］琉球の中国入貢阻止について日本に抗議。 10 ［独］社会主義者鎮圧法を公布。 11 ［英］第二次アフガン戦争おこる。 ◇ ［英］ロシア南進阻止のため，トルコ・オーストリアと秘密協定を結ぶ。

年	後藤新平関連事項
1879 (明治12) 22歳	**1** 両親および弟彦七を東京に招く。 **2**-17 東京より帰院，これより前，両親らはすでに名古屋に到着。-25 国貞大書記官宛て「東京視察概表」を提出する。 **3** 陸軍一等軍医横井信之，愛知県病院長兼医学校長となる。 **5** 自ら首唱して有師会を起こし医事衛生の研鑽に努める。 **7**-9 公立病院一等診察医兼医学校監事となる（月給40円）。 **8**-29 医学校一等教諭兼務となる。 **11** 有師会を拡大して衛生私会創設を議し，「愛衆社」創立に着手。 **12**-12 両親は水沢に帰着，彦七は名古屋にとどまる。-16 愛衆社設立認可申請，-24 許可される。-27 横井院校長病気のためその職務代理となる(代理中15円増給)。
1880 (明治13) 23歳	**2**-17 公立愛知病院一等診察医兼医学校監事中教諭となる。-22 愛衆社創立総会を東本願寺別院で開催。 **3**-8 安場保和愛知県令を辞し，元老院議官となり，22 家族を具して上京する。-26 家郷の父へ宛て許婚者坂野秀との婚約解消を通告する。 **5**-8 横井信之退職につき公立愛知病院長兼医学校長心得となる（月給60円）。-18 地方衛生会委員となる。 **5** ローレッツ，任期満ちて名古屋を去る。 **8**-5 この日より30日間賜暇，郷里で病父を見舞う。 **9** 衛生・医事に関する『四季医報』第一号を発刊する。 **11**-2 静岡，岐阜，三重に病院学校事務取調べのため出張する。 **12**-7 弟彦七，名古屋を発して東京遊学の途に上る。 □安場保和，安川繁成・高崎正風両氏と計り，岩倉右大臣に進言し，さらに松方内務卿に説いて，殖産興業のためには交通機関の発達が必要であることを論じ，日本鉄道会社創設を計画する。元老院議官となる。 □徳富蘇峰，同志社卒業直前に退学。上京後，熊本に帰る。
1881 (明治14) 24歳	**1** 愛知・岐阜・三重の3県「連合公立医学校設立の議」を国貞愛知県令に呈す。この建議を長与専斎は医学上「このうえない盛策」と評価する。この年より，私塾対育舎を開いて50余人の子弟を育てる。-30 父急病の電報に接し，水沢に急行。 **2**-27 祖母てふ死去。享年83。 **3**-6 郷里を出発，帰任の途につく。-10 「連合医学校設立の議」を三重県会議員に投ずる。 **5**-17 愛衆社長に横井信之を推し自ら副社長となる。 **10**-19 愛知医学校長兼病院長（月給70円）となる。 □安場保和，井上毅・古荘嘉門等と計り，郷里熊本に「紫溟会」を設け，国権愛国の政党にしようと試みる。元老院議官から参事院議官となる。日本鉄道会社が設立される。

日本史関連事項	世界史事項
1-4 梟首刑廃止。-25『朝日新聞』創刊。 2-24 医師試験規則を定める。 4-4 琉球藩を廃し沖縄県をおく。 6-4 東京招魂社を靖国神社改称。 8-10 天皇が米前大統領グラントと会見し琉球問題につき意見を交換。-31 明宮喜仁親王（大正天皇）誕生。 9-15 藤田伝三郎・中野梧一が紙幣贋造の疑いで逮捕される。 11-22 安田銀行設立。 12-8 箱田六輔・頭山満ら筑前共愛同衆会結成。 12 各参議に立憲政体につき意見書提出を命じる。	4 [チリ] ボリビアとペルーに宣戦（太平洋戦争おこる、〜83）。[露] アレクサンドル2世暗殺未遂事件おこる。 5-20 [中] 日本の沖縄県設置に抗議。 5 [英] アフガニスタンとガンダマク条約結ぶ。 6 [独] ビスマルクが文相ファルクを辞職させ文化闘争の責を転化。 9 [アフガニスタン] 英国使節団虐殺事件おこる。 10 ドイツ・オーストリア同盟成立。 ◇ [仏]「ラ・マルセイエーズ」を国歌とし7月14日を国祭日とする。[米] エジソンが炭素線電球を発明。
1-23 横浜正金銀行設立。 3-17 愛国社第四回大会で国会期成同盟と改称。-30 村田銃を軍用に指定。 4-5 集会条例を定める。 4 新約聖書の翻訳が完成。 8-18 金子堅太郎ら専修学校創立（のちの専修大学）。 9-12 東京法学社開校（のちの法政大学）。 11-3「君が代」宮中で初演奏。-10 国会期成同盟第二回大会で大日本国会期成有志公会と改称。-30 山県有朋が「隣邦兵備略」を上奏。 12-8 明治法律学校創立（のちの明治大学）。-28 元老院が日本国憲按を上奏。 ◇岩谷松平が口付き紙巻煙草を発売。	2-17 [露] アレクサンドル2世暗殺を狙う冬宮爆破事件（2世無事）。 3 [米] 最高裁で陪審員から黒人を除外する法律を違憲と判決。 4 [米] 全国農民同盟を結成（人民党の前身）。 8-22 [中] 李鴻章が天津水師学堂を設立。 8 [アフガニスタン] 英国の保護下に入る。 10-21 [中] 琉球問題につき日清協約を結ぶ（清は調印を延期）。-30 [米] カリフォルニア州で中国人移民排斥事件。 11-17 [中] 米国と中国人移民制限についての条約と通商および訴訟手続補足条約を結ぶ。 ◇ [独] 五月法（ファルク法）の大部分を廃止（文化闘争終わる）。[ノルウェー] ハンセンがレプラ菌を発見。
2-2 内務省警保局へ新聞雑誌などの納入を命じる。2 頭山満ら熊本に玄洋社創立。 3 参議大隈重信が国会開設意見書を提出。 4-5 大日本農会設立。-7 農商務省をおく。 7-21 開拓使長官黒田清隆が開拓使官有物払下げを申請。-30 天皇、東北・北海道巡幸。 8 植木枝盛、私擬憲法起草。 9-18 品川弥二郎ら独逸学協会設立。 10-11 御前会議で立憲政体についての方針・開拓使官有物払下げ中止・大隈の参議罷免などを決定。-12 明治23年に国会開設の詔書を下す。-18 自由党結成会議を開く。 11-11 日本鉄道会社設立。	3 [英] アイルランド強制鎮圧法成立。[露] アレクサンドル2世暗殺される。 4-8 [中] 東太后の死。 5 [仏] チュニジアを保護領とする。 6-9 [中] 中国人による最初の鉄道、唐胥鉄道が開通、国産初の機関車狼煙号が処女運転。 6 [英] ハイドマンらマルクス主義的団体社会民主主義連盟を組織。[墺] セルビアを事実上の保護国とする。 7 [米] ガーフィールド大統領が狙撃される（9 死去、アーサー副大統領昇格）。[仏] アルジェリアで反乱おこる（〜83）。 11 [米] 労働組合総同盟設立。

年	後藤新平関連事項
1882 (明治15) 25歳	**1**-19 病院医学校事務取調べのため上京，26 東京着。 **2** 長与衛生局長より衛生局採用の内命あり。 **3**-7 内務省に入る抱負と決意を長文にして長与専斎に披瀝する。 **4**-4 月給80円となる。-7 招電により岐阜に急行し，負傷した板垣退助を手当する。 **9**-2 医学校一等教諭兼任となる。 □海水浴についての意見書や資料をまとめた『海水功用論　付海浜療法』を出版。 □安場保和，元老院議官河田景与・河瀬真孝，参事院議官渡辺昇ら，各々民情視察として全国を巡回。この民情視察はその後慣例となった。 □徳富蘇峰，大江義塾を開いて史学，文章学，経済学を教える。
1883 (明治16) 26歳	**1**-6 内務省出向を申し付けられる。 **1**-13 父実崇逝去。享年63。弟彦七が代理で帰郷。-21 名古屋を海路で去り，-23 東京着。-25 内務省御用掛，准奏任取扱月棒百円，衛生局照査係副長となる。 **2**-6 長与局長の代理で熱海にて岩倉具視と結核療養者の件につき面談。-18 愛衆社は大日本私立衛生会に合併し愛知県支部となる。 **3**-26 母，姉を郷里より呼び寄せ麹町三番町に一戸を構える。 **4**-18 新潟，群馬，長野など衛生事業の視察のために出張する。 **5**-22 衛生局東京試験所長心得兼務となる。-27 大日本私立衛生会発足。 **9** 安場保和の二女和子と結婚する。 **10**-4 衛生局内部改革の意見書を長与局長に提出する。 **12** 錦織剛清の訪問を受けて，医師戸田文海を訪問，次いで瘋癲患者監禁について佐和大警視に説き，いわゆる相馬事件との関わりが始まる。
1884 (明治17) 27歳	**1**-17 衛生局牛痘種継所長兼務となる。-18 瘋癲者監禁に関する警視庁令布達。 **3** 相馬誠胤，鎖錮を解かれ本郷田町私立瘋癲病院に入院，-17 いったん退院，さらに本郷弥生町東京府立瘋癲病院に入院させられる。-21 相馬誠胤の妻京子死亡。 **7**-19 衛生局東京試験所長心得を免ぜられる。 **8**-30 長崎，兵庫県下へ出張する。 **11**-22 錦織剛清，弥生町の瘋癲病院を襲い誠胤を救出しようとして果たさず鍛冶橋監獄に収監される。 □安場保和，三カ月に及び北海道を巡回し「明治十七年　北海道巡回日記」を誌す。北海道開拓等に関する報告を提出する。
1885 (明治18) 28歳	**1** 東京府下の下水掃除改修の件につき，内務大輔芳川顕正に復命書を呈す。 **6**-25 衛生局第二部長となる。 **7**-2 衛生局牛痘種継所長兼務を免ぜられる。 **8**-26 石黒忠悳不在中，衛生局第三部長代理となる。 **12**-8 月棒130円の辞令を受ける。 □安場保和，参事院は廃止され，元老院議官に再任する。

日本史関連事項	世界史事項
1-4 軍人勅諭を下す。 3-1 『時事新報』創刊（福沢諭吉主宰）。-14 参議伊藤博文が憲法調査のため渡欧。 4-6 自由党総理板垣退助が岐阜で襲われる。-16 立憲改進党結成（総理大隈重信）。 5-15 神道諸派が神道事務局から分離。 6-3 集会条例改正（政治結社の支社禁止など）。 7-14 共同運輸会社設立。 8-5 戒厳令制定。-30 朝鮮と済物浦条約調印。 10 日本銀行開業。-21 大隈重信ら東京専門学校創立（のちの早稲田大学）。	1 [米] スタンダード石油トラスト成立。 4 [仏] ベトナム・ハノイを占領。 5 [米] 中国人労働者移民の入国を10年間禁止。 7-23 [朝] 壬午事変起こる（京城で反日暴動おこり日本公使館が襲撃される）。 8-26 [朝] 清が大院君を捕え保定に幽閉。 9 [埃] アラービー率いる軍が英軍に敗れる（英国のエジプト単独支配の端緒）。 12-30 [中] ベトナム問題につき李鴻章が仏と上海協定を結ぶ。 ◇ [独] コッホが結核菌を発見。
3-1 東京気象台が天気図配布を始める。 4-12 陸軍大学校開校。-16 新聞紙条例改正（取締強化）。 5-1 共同運輸会社が神戸・横浜間航路開始。 6-29 改正出版条例を定める（発行10日前に内容届出・罰則強化）。 7-20 岩倉具視没。-31 教科書採択認可制実施。 8-3 伊藤博文が欧州から帰国。 10-22 独逸学協会学校開校。 11-28 麹町山下町に鹿鳴館を開館。 12-28 徴兵令改正（兵役年限を現役3年、予備4年、後備5年とし免役制を猶予制に）。	2 [独] 南西アフリカに植民を始める。 3-14 [独] ロンドンにてマルクス死去。 5 [独] 疾病保険法成立。 6 [仏] マダガスカルを攻撃（1885講和）。 8 [仏] ベトナムのフエを攻撃，ベトナムと第一次フエ条約を結ぶ。 9 [露] プレハーノフらジュネーブでマルクス主義団体労働解放団を組織。 10 [米] 最高裁が公民権法を否定する判決を下す（州権を憲法修正第14条に優先）。[チリ] ペルーと講和し硝石産出地帯を獲得（太平洋戦争終わる）。
3-15 地租条例を定める。-17 宮中に制度取調局をおく（長官伊藤博文）。 5-16 群馬事件（自由党員の蜂起）。 7-7 華族令を制定（公・侯・伯・子・男の爵位）。 9-23 加波山事件（茨城・福島の自由党員蜂起）。 10-31 秩父事件（自由党員指導の農民蜂起）。 10 名古屋事件（挙兵計画発覚，自由党員逮捕）。 12-6 飯田事件（長野の自由党員らの挙兵計画）。 ◇負債返弁などで農民騒擾167件。	6 [仏] ベトナムで清軍と衝突（清仏戦争）。 7 [独] 労働者傷害保険法を定める。 8-5 [中] 仏軍が台湾の基隆を攻撃。-23 仏軍が福州の清艦隊を撃破。-26 仏に宣戦。 12-4 [朝] 甲申事変おこる（金玉均ら日本の援助でクーデターをおこすが，-7 清が事大党を援助し失敗，日本公使館が焼かれ，金玉均ら日本に亡命）。 ◇ [英] グリニッジ子午線を万国共通とする。
1-9 井上馨が甲申事変の善後約定に調印。 3-16 福沢諭吉「脱亜論」を発表。 4-18 全権大使伊藤博文，天津条約に調印。 11-8 北里柴三郎，ドイツに差遣される。-23 大井憲太郎らの大阪事件起こる。 12-22 太政官制度を廃止し内閣制度をおく。第一次伊藤内閣成立。-22 伊藤博文が初代内閣総理大臣に。	2 [伊] エチオピアのマサワを占領。[独] タンガニーカに保護権を確立。 3 [露] アフガニスタンに進出。 5 [朝] 英国が巨文島を占領。[ベルギー] コンゴ独立国がコンゴ自由国となる。 6-9 [中] 仏と天津講和条約を結ぶ。 8 [英] カロリン群島を占領，スペインと紛争。 12 [仏] マダガスカルを保護領とする。

年	後藤新平関連事項
1886 (明治19) 29歳	**1**-16 非職仰せ付けられ，21日あらためて内務省四等技師に任ぜられ，三級月俸下賜，23 衛生局勤務の辞令を受ける。 **5**-13 内務省三等技師に任ぜられ奏任官三等下級俸を賜う。-29 大日本私立衛生会第四回総会で「衛生，盛衰ハ国民ノ命価ニ関ス」と題して演説する。 **7**-8 初めて位階を賜わり，従六位に叙せられる。 □安場保和，福岡県令となり，続いて制度変更により，同県知事となる。
1887 (明治20) 30歳	**1**-31 錦織剛清，長谷川明高ら，巣鴨癲狂院に忍び込み誠胤を盗み出す。 **2**-1 剛清が連れてきた誠胤を一泊させ仔細に診察した後，自ら警視庁に赴き大警視村上楯朝に面談，誠胤を自宅に保護した旨を告げる。-16 剛清自首して重禁錮1カ月に処せられ，誠胤は3月より4月まで東京帝大の診察を受け再び自宅療養をなす。 **5**-25 築地本願寺での大日本私立衛生会主催衛生参考品展覧会に嘉仁親王の臨席あり，衛生会幹事として随行する。 **9** 『普通生理衛生学』を著わす。 □安場保和，福岡県師範学校を設立し，当時まれだった女子部も設ける。
1888 (明治21) 31歳	この年，『私立衛生会雑誌』に「職業衛生法」を発表。 □安場保和在職中，九州鉄道株式会社を創立し，門司に築港し，筑後川を改修する。また筑豊炭田を整理し，水産業を盛んにし，とくに遠洋漁業を奨励する。
1889 (明治22) 32歳	**8**-28 後藤の思想的根幹をなす『国家衛生原理』を著作発行する。 この年，長与局長の紹介で福沢諭吉と会見，慶応義塾長就任のことにつき内話がある。 □徳富蘇峰『小楠遺稿』刊行。
1890 (明治23) 33歳	**2**-5 郷里よりの国会議員立候補の勧誘に対し，謝絶の書簡を発する。 **3**-18 在官のままドイツ自費留学を許され，官費として一時金1000円を賜う旨，内務大臣より通達あり。 **4**-5 横浜出航，渡独。衛生制度学を中心に黴菌学，自治衛生，市町村の自治と衛生との関係などを学ぶ。特に黴菌学はコッホの許にいた北里柴三郎について学ぶ。 **8** ベルリンにおける第十回国際医学会に参列。 **9**-19 渡独以前に著述してあった『衛生制度論』が石黒の手によって発行。 **12** ドイツ国勢調査施行の資料を収集する。 □蘇峰の『国民新聞』は藩閥政治を批判し，その後たびたび発行停止にあう。

日本史関連事項	世界史事項
1-26 北海道庁設置。この月,政府紙幣の正貨兌換を始める。 3-2 帝国大学令公布。 4-10 師範学校令・小学校令・中学校令を公布。-29 華族世襲財産法公布。 5-1 井上馨が各国公使と第一回条約改正会議。 7-5 東京電灯会社開業。-13 東経135度の子午線時を日本標準時と決める。	1 [英] 上ビルマを併合。 5 [米] 8時間労働制を要求するデモとストライキおこる。 9-10 [中] 香港で英国とアヘン協定が成立。 11 [仏] フランス労働組合・職業団体全国連合会の結成。 12 [米] アメリカ労働総同盟（ＡＦＬ）が結成され初代会長にゴンパースを選出。
2-15 徳富蘇峰民友社設立,『国民之友』創刊。 4-20 首相官邸で大仮装舞踏会開く。 5-18 私設鉄道条例公布。-20 博愛社を日本赤十字社と改称。 6-1 司法省法律顧問ボアソナードが条約改正につき意見書を内閣に提出。伊藤首相・伊東巳代治・金子堅太郎ら憲法草案を検討。 7-7 横浜正金銀行条例公布。 8 政府の条約改正案への反対運動盛んとなる。 12-26 保安条例を公布,570名を東京から追放。	1 [独] ビスマルクが帝国議会で軍備増強演説。 2 [朝] 英国が巨文島占領をやめる。[米] インディアンに土地を与えるドーズ法制定。 3 [露] 皇帝暗殺計画が発覚。 10 [東南ア] フランス領インドシナ連邦が成立しサイゴンに総督府がおかれる。 12-1 [中] ポルトガルとの修好通商条約に調印（マカオを正式に割譲）。 ◇ [中] 台湾・福建間海底電線開通。[ポーランド] ザメンホフがエスペラントを考案。
4-25 市制・町村制公布。-30 枢密院をおく（議長伊藤博文）。黒田清隆内閣成立。 5-8 憲法制定会議開始。-14 師団司令部条例・陸軍参謀本部条例・海軍参謀本部条例公布。 7-10『東京朝日新聞』創刊。 8-20 三池炭鉱を三井に払下げる。	6 [独] ウィルヘルム2世即位（～1918）。 10 [独] トルコからアナトリア鉄道敷設権獲得。 10 スエズ運河条約成立。 12-17 [中] 北洋海軍の正式編成が完成。 ◇ [土] オリエンタル鉄道開通。[仏] パリにパスツール研究所設立。
1-3『朝日新聞』を『大阪朝日新聞』と改題。 2-11 大日本帝国憲法・衆議院議員選挙法・貴族院令公布。皇室典範制定。森有礼襲撃さる。 10-11 伊藤博文,条約改正に反対し辞表。-18 大隈,来島恒喜に襲撃さる。 12-24 内閣官制公布。第一次山県内閣成立。	3-4 [中] 光緒帝の親政が始まる。 5 [独] ルール地方などで炭鉱労働者のストライキおこる。老齢・病弱者保険法成立。 7 パリで国際労働者会議（第2インター結成）。 11 [ブラジル] 革命起こり共和国成立。 ◇パリで万国博覧会。エッフェル塔建設。
1-18 富山で米騒動（こののち各地で頻発）。 2-1 徳富蘇峰,『国民新聞』創刊。 3-15 琵琶湖疎水工事竣工。 4-4 ラフカディオ・ハーン来日。 6-10 貴族院多額納税議員選挙。 7-1 第1回総選挙。-25 集会及び政社法公布。 10-9 帝国議会召集令公布。-20 元老院を廃止。-30 教育勅語下る。 11-20 帝国ホテル開業。-25 第1議会の召集。	1 [独] 議会で社会主義者鎮圧法の延長を否決。 2 [独] 帝国議会選挙でドイツ社会主義労働者党が35議席獲得。 3-20 [独] ビスマルク,首相を辞職。 5-1 第2インターの決議で最初の国際メーデーを実施。[英] ザンジバルを保護領化。 7 [米] シャーマン反トラスト法成立。 10 [独] 社会主義労働者党が社会民主党と改称。 ◇ [独] コッホがツベルクリンをつくる。

年	後藤新平関連事項
1891 (明治24) 34歳	**1** 錦織剛清, 誠胤総代理人として相馬家およびその親族を告訴する。相馬家側はこれに対抗して反訴する。 **3**-15 長与局長と石黒に留学費増加の斡旋依頼状を書く。 **8**-10 ロンドンの万国衛生および民勢会議に日本代表として参列。-17 会議終わる。 **9**-30 石黒より衛生局長後任に内定した旨の通報に接する。
1892 (明治25) 35歳	**1**-21 ミュンヘン大学でドクトル・メディチーネの学位を取得。 **2**-22 正六位に叙せられる。同日, 相馬誠胤急死。 **4**-21 この日より一週間, ローマの第五回万国赤十字会議に出席, 会議終了後, **5**-2 マルセーユを出帆, 帰朝の途につく。 **6**-10 横浜着。-17 日本赤十字社新築病院開院式および同社総会に行啓の皇后陛下御前で第五回万国赤十字会議の状況を奏上する。 **10** 錦織剛清来訪, 誠胤毒殺の訴を起こすと語る (後相馬事件)。 **11**-17 内務省衛生局長となる。-30 伝染病研究所建設始まる。 **12**-12 従五位に叙せられる。帝国議会に皇漢医が「医師免許規則改正法律案」を提起, 後藤らは大いに反駁し否決する。-24 大日本私立衛生会常会で労工疾病保険の必要を講演する。 □安場保和, 福岡県知事を辞職。貴族院議員に勅撰せられる。
1893 (明治26) 36歳	**1** 錦織剛清らは故相馬誠胤嫡子秀胤の奪取を策すが成らず。 **3**-16 医術開業試験委員長となる。 **7**-17 錦織剛清, 相馬家側を相手取り誠胤謀殺の訴を起こす。-21『万国衛生年鑑』(大日本私立衛生会) 刊行。-27 相馬家側, 剛清一派を相手取り誣告の訴をなす。 **9**-8 青山墓地に誠胤の墓を暴いて死体の化学的試験をなす。-23 長男一蔵生れる。 **10**-24 相馬順胤ほか7名にかかる謀殺被告事件は免訴に。同日剛清らは誣告罪として起訴拘引。-25 麻布の自邸, 第一回の家宅捜査。同日, 予審判事山口淳は収賄罪で検事局に拘引。-28『黴菌図譜』を翻訳発行する。-30 第二回家宅捜査。 **11**-15 中央衛生会幹事兼任, 高等官三等に叙せられる。-16 神田中猿楽町の街路で拘引され, -17 鍛冶橋監獄署に収監される。西川予審判事の心証を害し, 二回にわたり密室監禁に処せられる。 **12**-25 予審終結。-29 非職を命ぜられる。獄中にて井上円了の著書などを読む。 □安場保和, 国民協会幹事長などとして活躍。「対外硬」論で第二次伊藤内閣と対立。
1894 (明治27) 37歳	**2**-7 伝染病研究所の建築成る。-12 第一回公判開廷, 湯浅裁判長と大いに抗争する。 **3**-17 片山国嘉「後藤新平の誣妄を弁ず」なる一文を各新聞紙上に発表する。 **5**-3 相馬事件, 東京地裁より無罪判決。-25 保釈出獄する。 **6** 初旬頃より四万温泉などに心身の保養をなす。 **8** 初旬頃より家族を伴い保田の存林寺に仮寓, 静養し,『自叙伝』を記す。 **12**-7 東京控訴院は原判決のとおり無罪の判決を下し, 検事の上告もなく, 青天白日の身となる。-16 高崎市での雪冤会に出席。-20 金杉英五郎ら主催の雪冤会, 両国亀清楼で開かれ出席。 この年, 徳富蘇峰と知り合う。

日本史関連事項	世界史事項
1-9 内村鑑三が教育勅語への拝礼を拒否。 5-6 山県内閣総辞職，第一次松方正義内閣成立。-11 大津事件起こる。 11-7 幸田露伴『五重塔』。-21 第2議会召集。 12-25 衆議院解散。	2 ［ブラジル］連邦共和国憲法制定。 5 ［露］シベリア鉄道着工（1902開通）。 10 ［独］ドイツ社会民主党エルフルト大会でカウツキー起草エルフルト綱領採択。 ◇［中］台湾の基隆・台北間の鉄道開通。
1-28 予戒令公布（選挙大干渉始まる）。 2-3 出口ナオが大本教を始める。-15 第2回総選挙。 3-4 久米邦武が論文「神道は祭天の古俗」によって帝大教授をやめる。 5-2 第3特別議会召集。-14 衆議院で選挙干渉非難を決議。 6-4 京都市営水力発電所開業。 7-20 河野内相が選挙干渉の府県知事を更迭。-30 松方内閣総辞職。 8-8 第二次伊藤内閣成立。 11-1『万朝報』創刊。-25 第4議会召集。	2 ［米］農民中心の人民党結成。 3 ［米］スタンダード石油トラストに違法判決。 5-21 ［中］光緒帝が排外文書禁止の上諭を下す。 6 ［米］カーネギー鉄鋼会社で大ストライキ（〜11）。 8-17 ［露・仏］軍事協約成立。 9-11 ［露］ウィッテ蔵相に就任。 12-20 ［朝］参礼集会開く（東学党が教祖伸冤を請願）。［仏］ダホメを保護領とする。 ◇［仏］クーベルタンがオリンピック競技の復活を提唱。／欧州各地でアナーキストの蜂起が頻発。
1『文学界』創刊。 3-20 郡司成忠大尉らが千島探検に出発。 4-1 碓氷峠のアプト式鉄道開通。-14 集会および政社法改正を公布。 5-22 戦時大本営条例を公布。 7-8 閣議で条約改正案・交渉方針を決定。-16 東北本線開通。 9-10 富岡製糸場を三井に払下げる。 11-7 日本郵船会社がボンベイ航路をはじめる。-25 第5議会召集。 12-1 衆議院で星亨議長不信任上奏案可決。-15 三菱社が三菱合資会社に改組。 ◇鉄道局神戸工場で初の国産機関車製作。	1 ［英］ケア・ハーディら独立労働党を結成。 2 ［英］グラッドストン内閣がアイルランド自治法案提出。［米］ハワイ併合条約に調印。 5-15 ［中］横浜正金銀行上海支店設立（日本の銀行が初めて中国に進出）。 5 ［朝］報恩集会（東学党2万人が「斥倭洋倡義」を唱える。 8 ［ポーランド］ローザ・ルクセンブルグらポーランド王国社会民主党結成。 10 ［東南ア］仏・シャム条約でラオスが仏の保護領となり仏領インドシナに編入される。 12-8 ［中］李鴻章が天津医学堂を開設。 ◇［米］シカゴで万国博覧会。
3-1 第3回総選挙。 5-12 第6議会召集。-16 北村透谷自殺。 6-7 日清両国が相互に朝鮮出兵を通告。 7-14 清国に最後通牒。豊島沖の海戦。 8-1 清に宣戦布告。-17 大蔵省が軍事公債3000万円募集。-25 北里柴三郎，ペスト菌発見。 9-1 第4回総選挙。-13 大本営を広島に移す。 10-15 第7臨時議会を広島に召集。-21 旅順口を占領。-22 日米通商航海条約調印。 12-22 第8議会召集。-26『報知新聞』創刊。	1-4 露仏同盟成立。 3-28 ［朝］金玉均が暗殺。-29 東学党の乱。 5-31 ［朝］東学党が全州占領，清に鎮圧の出兵を乞う（6-8 清軍，-12 日本軍が朝鮮へ）。 7-23 ［朝］日本軍が王宮占領 9-17 ［中］黄海海戦で敗れる。 10 ［朝］東学党再蜂起。［仏］ユダヤ人参謀将校ドレフュスがスパイ容疑で逮捕される。 11 ［朝］東学党の乱鎮圧。［露］ニコライ2世即位。［中］孫文がハワイで興中会を組織。

年	後藤新平関連事項
1895 (明治28) 38歳	**1**-10 大阪, 京都, 名古屋での雪冤会に臨む。-28 石黒の肝いりで中央衛生会委員となる。 **2**-24 解傭軍夫病院 (会長近衛篤麿) 理事となる。-26 中央衛生会の代表として広島に到り, 日清戦争からの帰還兵検疫に関して児玉源太郎, 石黒忠悳と会見協議する。 **4**-1 臨時陸軍検疫部 (部長児玉源太郎) 事務官長に任ぜられ, 高等官三等に叙せられる。-2 医学・衛生学の権威を富士見軒に招き陸軍検疫の要領を談義。-9 広島に着任。-10 検疫所の位置設定のために下関に出張。-17 内務省臨時検疫局委員を兼任する。 **5**-31 一般民衆に似島(にのしま)検疫所を参観させる。 **6**-1 似島, 桜島検疫部開所。-5 彦島検疫部開所。-27 この頃より凱旋兵中にコレラ発生猖獗を極める。高木友枝, 世界最初のコレラ血清療法を行う。 **7**-10 児玉の紹介で伊藤博文と初めて会見する。-12 長女愛子生れる。-24 大暴風雨あり検疫所の被害甚大。 **8**-15 伊藤に社会政策的施設の必要を説く意見書を送る。-20 臨時陸軍検疫部広島出張所を閉鎖。-21 広島を発して帰京の途につく。 **9**-7 再び内務省衛生局長となり, 中央衛生会幹事を兼ねる。 **10**-21 大本営会議で臨時陸軍検疫部功程を奏上。 **11**-13 台湾の阿片政策について内務大臣および台湾事務局総裁伊藤博文に意見書を呈す。 **12**-2 日清戦争の功により勲六等に叙せられ単光旭日章および年金84円を賜わる。-7 再び伊藤に明治恤救(じゅっきゅう)基金案を建白するが, 実現せず。-16 徳富蘇峰, 後藤を大隈重信に紹介する書状を書く。
1896 (明治29) 39歳	**1**-10 伊藤首相宛て清国よりの償金中3000万円献納の建議案につきその後の報告をなす。 **2**-3 台湾事務局委員会は阿片政策につき内閣に具申, 閣議決定し, -15 阿片制度確立する。 **3**-22 台湾阿片制度施行方法につき意見を求められ, 答申する。 **3** 官設痘菌製造所を実現させる。 **4**-24 台湾総督府衛生顧問を嘱託され, 年手当金千円を給せられる。 **5**-6 30年度衛生予算について板垣内相に意見書を提出。なおこの月, 台湾衛生会設立の建白書を樺山総督に提出する。統計局設置意見書提出もこの頃。 **6**-7 監獄衛生制度につき意見書を板垣内相に提出する。-13 桂太郎台湾総督赴任につき, 伊藤博文総理, 西郷従道海相とともに東京出発, 神戸より軍艦吉野に搭乗, 台湾に赴き視察。-20 軍艦吉野に搭乗, 南中国視察の途に上る。-24日長崎帰着。 **6** 北里柴三郎の念願する国営「血清薬院」を実現させる。 **7** 台湾に限り酒類, 煙草の製造ならびにその販売を無税にすべしと当局に建白する。秋, 独帝ヴィルヘルム2世, 翻訳された後藤の『臨時陸軍検疫部報告書』を読み賞賛。 **10**-16 熊本県阿蘇郡長阿川光裕, 台湾総督府製薬所技師兼民政局事務官となる。□安場保和, 男爵を授けられる。

日本史関連事項	世界史事項
1 樋口一葉「たけくらべ」発表。 **1**-20 石黒忠悳，内務大臣に軍隊検疫を建言。 **2**-2 威海衛を占領。-12 清の北洋艦隊降伏。 **3**-19 清講和全権李鴻章来日。-20 下関で講和会議。-24 李鴻章が狙撃される。-30 日清休戦条約に調印。臨時陸軍検疫部官制発布。 **4**-17 日清講和条約調印（下関条約）。-21 平和克復の大詔煥発される。-23 独，仏，露三国より遼東還付を提議してくる。 **5**-10 遼東還付の詔勅下る。-25 台湾島民が独立を宣言。 **6**-2 台湾・膨湖島授受式あり。-7 日本軍が台北を占領。-8 ロシアとの新通商航海条約に調印。-14 樺山台湾総督，台北に入る。 **7**-19 台湾領有権宣言。 **8**-6 台湾に軍政を実施。 **10**-1 野中至夫妻が富士山頂で気象観測を始める。-8 乙未の変（日本軍隊・壮士が大院君を擁してクーデターをおこし閔妃を殺害）。-17 駐朝鮮公使三浦梧楼を召還。-31 臨時陸軍検疫部官制廃せられる。 **11**-8 遼東半島還付条約調印（報償金3000万円）。 **12**-25 第9議会召集。-28 台湾北部島民蜂起。	**2**-12 ［中］北洋海軍が日本に敗れ丁汝昌が自殺。-21 孫文が興中会を改組し輔仁文社を併合。 **2** ［西］キューバで独立反乱おこる（**5** 指導者ホセ・マルチの死）。 **3**-16 ［中］青天白日旗を国旗に制定。 **3** ［伊］エチオピア侵入開始。 **4**-2 ［中］甘粛にイスラム教徒反乱（～96・11）。-17 日清講和条約に調印。 **5** ［英］南アフリカ会社総会が征服地をローデシアと命名。 **6** ［英］ジョセフ・チェンバレンが第三次ソールスベリ内閣の植民相となる。 **7** ［朝］閔妃らロシアと結んで親日派を追放。［米］ベネズエラと英領ギアナとの国境紛争に干渉（対英関係悪化）。 **10**-8 ［朝］閔妃殺害事件おこる（乙未の変）。 **10** ［中］広州事件（孫文の最初の挙兵失敗）。［仏］マダガスカルに保護権確立。 **11**-4 ［中］日本との遼東還付条約に調印。 **12**-10 ［中］露清銀行設立。 **12** ［露］レーニン，労働者階級解放同盟結成。 ◇ ［東南ア］英保護下にマライ連邦成立。
1-6 混成第7旅団が台湾平定に出発。 **3**-15 日本郵船，欧州定期航路を開始（**8**-1 北米航路，**10**-3 豪州航路）。-31 拓殖務省官制公布。台湾総督府条例公布（軍政を民政に移管）。 **4**-1 侍従武官官制公布。-14 板垣退助内相に。 **5**-14 京城で朝鮮問題につき小村・ウェーバー覚書に調印。 **6**-2 桂太郎，台湾総督となり，13日赴任。-9 朝鮮問題につき山県・ロバノフ協定に調印。-15 三陸地方に大津波。 **7**-2 川上音二郎の川上座開場。 **8**-28 伊藤首相が閣内不統一で辞表提出。-31 黒田枢府議長が首相臨時兼任。同日，伊藤内閣辞職し，黒田清隆臨時首相となる。 **9**-16 佐渡・生野鉱山・大阪製錬所を三菱合資会社に払下げる。-18 伊藤内閣総辞職，第二次松方内閣成立。 **12**-22 第10議会召集。	**1** ［英］ギアナ国境問題でベネズエラに艦隊派遣。 **2** ［朝］ロシアが朝鮮国王と世子をロシア公使館に移す（～97）。 **5** ［露］ペテルブルグで綿紡績労働者の大規模スト。［米］最高裁が黒人差別につき「隔離はしても平等」の判決。 **6**-2 ［中］漢口に仏・露の租界を設ける。-3 李・ロバノフ密約（対日）。-5 仏にベトナム鉄道の広西竜州までの延長を認める。 **7**-21 ［中］日本との通商航海条約に調印。 **8** ［西］フィリピンでアギナルドの独立反乱。 **9**-27 ［中］杭州に日本租界を設ける。 **10**-11 ［中］孫文がロンドンの中国公使館に拘禁される。-21 ［中］東三省鉄道とシベリア鉄道との接続を決定。 **10** ［伊］エチオピアとアジスアベバ条約を結ぶ（エチオピアの独立を承認）。 ◇ ［中］日本に初めて留学生を派遣。アテネで近代オリンピック第1回大会開く。

年	後藤新平関連事項
1897 （明治30） 40歳	2-24 第十議会に恤救法案と救貧法案を出すが，いずれも審議されぬまま葬られる。 5-25 帝国施療院設備費ほか5件予算編入につき樺山内相に建白。 6-8 血清薬院長心得を命ぜられる。 7-15 労働者疾病保険の新営および救療病院その他社会施設を完成させる恤救事務局の設置を内務大臣に建議。この日，永楽病院主管となる。 8-20 正五位に叙せられる。 9-4 安場保和，北海道庁長官に任ぜられる。 12-19 岳父安場に宛て，時局のために北海道庁長官を辞し，政治家として専念することを望む。-28 勲五等に叙せられ瑞宝章を授かる。 □蘇峰．8月に松方内閣の内務省勅任参事官に就任。12月の内閣総辞職で辞職。
1898 （明治31） 41歳	1 救済衛生制度に関する件を伊藤首相に建白。-21 伊藤首相を訪い神武天皇御降誕祭および徵古館設立の件を談ずる。このとき，伊藤より暗に台湾民政局長になることを勧められる。-23 井上馨蔵相の嘱に応じ「台湾統治救急案」を草して閲覧に供する。-26 伊藤首相を訪い，帰途，桂陸相と会見。乃木台湾総督また来会する。この日，乃木希典，台湾総督を辞し，児玉源太郎が後任となる。-27 早朝，児玉将軍を訪い，台湾民政局長就任を勧められ承諾する。 3-2 台湾総督府民政局長となる。高等官一等年俸4500円。-20 東京を発して「新領土」台湾に向かう。下関より児玉総督乗船。-28 着任。 4 渡台するや「備忘録」に台湾統治の根本策，「土匪」対策，阿片制度につき抱負を述べる。-28 『台湾日日新報』を創始。 5-9 総督府吏員大整理発表。-25 三段警備廃止を声明。-30 従四位に叙せられる。 6-20 新官制により民政局長改め民政長官となる。この日，三段警備撤廃される。 7-17 台北で第一回饗老典開催。-28 宜蘭の「土匪」首領林火旺の投式に臨む。-31 添田大蔵次官に台湾銀行設立を督促。この月，台湾地籍・土地調査規則公布。 8-10 「土匪」首領陳秋菊の投誠式。-15 福沢諭吉に宛て，時事新報社の記者派遣を依頼する。-31 台湾保甲条令発布。 9-8 「土匪」首領簡大獅の投誠式に臨む。 10-1 基隆から台湾事業公債案を持って上京。 12 基隆などの築港事業の進捗に尽力。 □7 安場，北海道庁長官を辞す。
1899 （明治32） 42歳	1-25 台湾銀行創立委員となる。この月，台湾協会台湾支部長となる。 3-22 台湾事業公債法発布。-27 天皇陛下に拝謁。-30 台湾銀行定款認可。 4-9 彰化で第二回饗老典。 5-23 安場保和，心臓病のため逝去。享年65。 6-20 勲四等に叙せられ瑞宝章を授かる。 6 台湾樟脳専売制度を布く。 9-11 海路南部巡視に赴く。-12 阿川光裕休職となる。-26 台湾銀行営業開始。 11-8 台湾鉄道部官制成り鉄道部長となる。 □台湾総督府官邸着工。大阪商船に南シナ海の海運路線開発を促進させる。

日本史関連事項	世界史事項
1-11 英照皇太后崩御。-21 台湾阿片令発布。 3-3 足尾銅山鉱毒被害民が上京し請願運動。 4-1 台湾銀行法公布。伝染病予防法公布。-27 生糸輸出奨励法公布。 6-22 帝国大学を東京帝国大学と改称。京都帝国大学新設。 7-4 労働組合期成会結成。 9-1 拓殖務省廃止し，内閣に台湾事務所設置。 10-1 金本位制を実施。 12-1 鉄工組合結成。-21 第11議会召集。-25 衆議院で内閣不信任案上程，松隈内閣瓦解。	2［露］レーニンに東シベリア追放の判決下る。 3-5［中］蘇州に日本租界を設ける。-15 海南島不割譲を宣言。 4［ギリシア］トルコに宣戦（ギリシア敗れ休戦，12 コンスタンチノープル平和条約）。 6［米］ハワイ併合条約に調印（1898・7批准）。 7［比］アギナルドが独立を宣言。 10［朝］国号を大韓と改め，皇帝号を使用。 11-1［中］山東で独人宣教師2名が殺される。-14 独が膠州湾を占領する。 12［仏］ドレフュス事件について下院で論争。
1-12 第三次伊藤内閣成立。 2-10～15 富岡製糸場スト。 3-15 第5回総選挙（自由98，進歩91，国民協会26）。 4-22 福建不割譲について清と交換公文。-25 韓国につき日露協約に調印。 5-14 第12特別議会召集。 6-10 衆議院解散。-22 自由，進歩両党連合して憲政党を組織する。-25 伊藤内閣総辞職。保安条例廃止。-30 隈・板内閣成立。 8-1 豊田佐吉が動力織機の特許をとる。-10 第6回総選挙（憲政260，国民協会20）。 9-8 京釜鉄道敷設につき日韓条約に調印。 10-18 社会主義研究会設立。-29 憲政党分裂，旧自由党系が憲政党を組織。-31 大隈ら旧進歩党系大臣辞職。 11-3 旧進歩党系が憲政本党を結成。-7 第13議会召集。-8 第二次山県内閣成立。旧進歩党員，憲政党より分離し憲政本党を組織する。	1［仏］ゾラがドレフュス事件につき大統領に公開状。 3-6［中］独が膠州湾を租借。-27 ロシアが旅順・大連を租借。 4［朝］韓国について日露協約結ばれる。-22［中］福建省不割譲について日本と交換公文。-24［米］スペインに宣戦，5 米軍がマニラ湾でスペイン艦隊を破る，6 キューバに上陸，グアム島を占領，7 プエルト・リコを占領，8 マニラを占領）。 5-23［中］義和団が河北・山東省境で排外運動を始める。 6-9［中］英が九竜半島を租借。 9-21［中］戊戌の政変（西太后が光緒帝を幽閉して執政し，康有為ら海外に逃げる）。 12［米］スペインとパリで講和条約を結ぶ（米はフィリピン，グアム，プエルト・リコを獲得，キューバの独立承認される）。 ◇［朝］大院君の死。［仏］キュリー夫妻がラジウムを発見。
1-15『中央公論』発刊。 2-7 中学校令・実業学校令・高等女学校令公布。 2 東京・大阪間長距離電話開通。 4 伝染病研究所国営となる。 7-5 台湾銀行設立。 10-2 木下尚江ら東京に普通選挙期成同盟結成。 11-20 第14議会召集。 12-26 米国の門戸開放提議に対して列国の承認を条件に同意。 ◇新渡戸稲造が『武士道』を米国で出版。	3-29［中］英露間で鉄道敷設権につき協定。 4-28［中］福州に日本租界設置（10-25 厦門）。 5 ハーグで第1回万国平和会議。 7-20［中］康有為ら日本で保皇会を結成。 9-6［米］国務長官ヘイ，中国の門戸開放提議。 10［中］義和団河北省に及ぶ。［英］ボーア戦争。 11-16［中］仏が広州湾を租借。 11 鄭士良ら哥老会と孫文を指導者とする興漢会を結成。［独］トルコからコニア・バグダード間の鉄道敷設権を得る。

年	後藤新平関連事項
1900 (明治33) 43歳	**1**-22 天皇陛下に拝謁，台湾の近状を奏上する。 **3**-15 揚文会に臨み祝辞を朗読する。-25 福州厦門地方へ出張する。 **4**-1 台湾銀行厦門支店開設。-25 帰府。 **5** 食塩専売制度実施。 **6**-12 阿里山に発見した大森林の調査終了する。 **7** 福州の張布政司らに北清事変に処する忠告の書簡を発す。 夏，孫文と山田良政らに面会，恵州蜂起のための武器援助の密約を与える。 **8**-15 桂陸相は児玉総督に宛て南中国に陸兵派遣の密令を発す。-23 奉勅訓令あり，いよいよ南清政策の実行に着手。この日，広瀬勝比古海軍大佐を同行，厦門に急行。-28 揚軍門に宛てた最後の通牒の仮決定，その他諸般の準備中，厦門進撃中止との廟議通告あり，派兵中止，児玉総督は辞意を固める。-31 厦門より帰府。翌日，児玉総督の願意を携えて上京の途につく。 **9**-15 天皇に拝謁。-18 米田侍従と神戸より帰府。-22 米田侍従，児玉総督を慰留。 **9** 全島の阿片中毒者数を把握。 **11**-10 上京。児玉総督の名をもって拓殖務省設置に関する意見書を伊藤首相に提出。 **12**-23 児玉総督，陸相となり，台湾総督を兼ねる。 　□この年，台湾製糖株式会社設立，陳中和が取締役となる。また，岡松参太郎が臨時台湾土地調査局嘱託として，「台湾旧慣制度調査一斑」をまとめる。
1901 (明治34) 44歳	**2**-5 台湾富籤(彩票)規則の勅裁を仰ぐため内務省に律令案を提出する。 **5**-2 新民政長官官邸に移る。-24 台湾総督府専売局官制が発布される。-30 第五回内国勧業博覧会事務官となる。 **6**-1 台湾総督府専売局長となる。-27 勲三等に叙せられ瑞宝章を授けられる。 **9** 公医会で台湾統治策を演説，公医を置く意義を説く。 **10** 台湾旧慣調査会規則発布，調査会会長になる。 **11**-2 北白川宮妃殿下に従い南部に出張する。-27 台湾神社鎮座式，北白川宮妃殿下参列，-28 大祭式典。 　□この年，岡松参太郎，旧慣調査会第一部長として実地調査報告書『台湾私法』13冊をまとめる。
1902 (明治35) 45歳	**3**-27 児玉，陸相兼任をやめて台湾総督専任となる。 **5**-10 北清事変従軍記章を授かる。-25 欧米視察のため台湾を発ち上京。-30 「土匪」の掃討が一段落する。 **6**-13 横浜出帆，米国へ。-30 台湾弁護士会より後藤長官弾劾書が児玉総督に提出。 **6** 新渡戸の意見に基づく台湾糖業奨励規則・施行細則を発布。糖務局を設置。 **7**-3 ニューヨーク着。 **8**-6 ニューヨーク発，英国へ向け出航，-15 ロンドン着。-23 パリに入る。 **9**-4 ベルリンに入り，人造樟脳問題でシェーリング社と交渉。-27 ベルリン発。 **10**-2 ペテルブルグ着。以降，-8 モスクワ，-11 ワルシャワ，-14 ウィーン，-20 ブダペスト，-26 サラエボ，**11**-6 トリエステ，-7 ベネチア，-9 フィレンツェ，-13 ナポリを視察。-18 スエズ運河を通過，-22 アデン，-29 コロンボ。 **12**-4 勲二等に叙せられ旭日重光章を授かる。-5 シンガポール，-12 広東着。-17 台湾に帰着。-26 台湾阿片制度施行の功績により金3000円を賞与される。

日本史関連事項	世界史事項
2-13 足尾銅山被害民2000人が上京途中館林で警官隊と衝突。 3-10 治安警察法公布。 4-24 東京株式市場大暴落，各地に金融恐慌おこる。『明星』創刊。 5-10 皇太子嘉仁の結婚式。-19 軍部大臣の現役武官制確立。 6-15 臨時閣議で清の義和団鎮圧のため陸軍派遣を決定。 8-24 厦門へ陸戦隊が上陸。 9-14 津田梅子が女子英学塾を開校（のちの津田塾女子大学）。-15 立憲政友会結成（総裁伊藤博文）。-26 山県内閣総辞職。 10-19 第四次伊藤内閣成立。-29 清の領土保全・門戸開放につき英独協定に加入を通告。 12-21 星亨逓相辞任（東京市会疑獄事件に関係）。-22 第15議会召集。-25 熊本第九銀行支払停止で九州に金融恐慌おこる。	3 ［米］金本位制を確立。 4-22 ［中］義和団が北京に入る。 5-31 ［中］列国の軍隊が北京入（第一次出兵）。 6-10 ［中］シーモアの率いる連合軍が天津を出発（第二次出兵）。-20 ドイツ公使が殺され義和団が北京公使館を包囲（～8-14）。-21 列国に宣戦。 7-3 ［米］国務長官ジョン・ヘイが中国の領土保全・門戸開放の覚書を各国に送る。 7 ［伊］国王ウムベルト1世暗殺さる。 8-7 ［中］李鴻章が講和交渉を命じられる。-14 連合軍が北京を攻撃。-15 光緒帝・西太后が西安に出奔。-30 ロシアが黒竜江省城を占領（9 吉林省城，10 瀋陽を占領）。 9 ［英］トランスバール共和国の併合を宣言。 10 ［中］孫文の興中会が恵州で武装蜂起。 12-24 ［中］列国が義和団につき連名公書提出。 ◇［仏］万国博覧会を開く。
1 政府が酒税・砂糖税・海関税など増税案を提出。黒竜会結成（会長内田良平）。 3-16 貴族院で増税案可決。 5-2 財政に関し閣内不統一，伊藤首相辞任。-26 上海東亜同文書院創立。-27 山陽線開通。 6-2 桂内閣成立。-21 星亨暗殺。 9-7 北清事変講和最終議定書に調印。 11-18 八幡製鉄所が操業開始。 12-7 元老会議で日英同盟修正案を可決。第16議会召集。-10 田中正造が天皇に直訴。	1-1 ［英］オーストラリア連邦発足。-22 ビクトリア女王の死。 7-31 ［中］連合軍が北京から撤退を始める。 9-6 ［米］マッキンレー大統領が狙撃される（-14 死亡，副大統領セオドア・ルーズベルト昇任）。-24 ［中］重慶に日本租界を設ける。 11-7 ［中］李鴻章の死。袁世凱が直隷総督となる。-18 ［米英］米がパナマ運河の建設・管理権を得る。 ◇［中］ロシアが満洲における鉱業利権獲得。
1-25 八甲田山雪中行軍で遭難。 1-30 ロンドンで日英同盟協約に調印。 2-4 木村栄が緯度変化についてZ項を発見。 3-25 商業会議所法公布。 6-6 東京株式市場大暴落，立会停止。-14 義和団事件賠償金分配議定書に調印。 7-16 呉海軍工廠職工ストライキ。 8-10 第7回総選挙（政友190，憲政本党95，帝国党17）。-14 小石川砲兵工廠ストライキ。 9-2 東京専門学校を早稲田大学と改称。 10 鈴木商店設立。 12-2 国勢調査についての法律公布（10年ごとに施行）。-6 第17議会召集。-28 衆議院解散。	1-7 ［中］光緒帝・西太后が北京に帰る。 1 ［露］シベリア鉄道開通。-30 日英同盟成立。 2 ［スペイン］バルセロナでゼネスト。［伊］鉄道従業員のゼネスト。 4-8 ［中］ロシアと東三省撤兵条約結ぶ。 5 ［米］炭鉱労働者大ストライキ。-20 キューバ共和国成立。-31 ［英］ボーア戦争終わる。 7-11 ［英］バルフォア統一党内閣成立。 8-15 ［中］列国が天津を清に還付。 11-1 仏伊協商成る。-15 ［露］ロストフ・ナ・ドヌーで労働者の大政治ストライキ。 ◇［越］仏領インドシナ総督府がハノイに遷る。［埃］アスワン・ダム竣工。

年	後藤新平関連事項
1903 (明治36) 46歳	**4** この頃，議会論・政党論・増税論・外債論などを含む論策を草す。 **5**-1 大阪で開かれた第五回内国勧業博覧会に天皇陛下来訪，台湾館巡覧の際，審査部長として案内説明する。 **5** 台湾事業第二期計画推進のため桂首相を訪問。同時に特殊の政治的地位を利用し，桂内閣と政友会の間の調停も企てる。 **6**-17 樟脳専売法公布。この制度は，母国民の経済的利益と台湾の財政的独立を促した。 **7**-10 正四位に叙せられる。-15 児玉総督，内相兼任となり，-17 文相兼任となる。 **9** 総督府，戸口調査事業の準備にとりかかる。 **10**-12 児玉総督，内相を免ぜられ参謀次長となる（台湾総督はそのまま）。 **11**-20 貴族院議員に勅選される。 **11** 阿里山森林の大調査開始。前年に地域的安定を迎え，開発の環境が整い出していた。
1904 (明治37) 47歳	**1**-11 養女静子，佐野彪太に嫁ぐ。 **2**-25 台湾中南部地方巡視。 **2** 斗六に到る線路が完成，続いて濁水に到る工事に着手。 **3**-31 樟脳専売制度制定の功により金4000円賞与される。 **4** 台湾縦貫鉄道工事，日露戦争に対応し，濁水渓，大肚渓間に着手。同月，台湾事業公債法が改正される。 **8**-19 桂首相に財政政策に関する意見書を呈す。 **10**-2 阿里山に登攀する。この月，台北病院入院中，小泉盗泉と相識り，水魚の交りを結ぶ。-21・22 和子夫人主催の第一回慈善音楽会を台北栄座で開く。この収入を基金として-25台湾婦人慈善会成立，和子夫人会長となる。 **12**-17 桂首相に日露戦争の結果を楽観せぬよう，軍国経営の大策を建白する。 この年，斗六以南に蔗苗養成所を設け，改良種植付甲数を増加。また糖務局の奨励努力がみのり，一般に施肥の風が起こる。
1905 (明治38) 48歳	**5**-13 バルチック艦隊来航により台湾全島に戒厳令施行。 **5** 臨時台湾戸口調査部の官制が発布。後藤みずから部長に。 **7**-11・12 台湾婦人慈善会，第二回音楽会を台北栄座に挙行，基金の募集をはかる。のち宜蘭，基隆，台中など十四庁下で引き続き音楽会を開催。 **8**-5 有馬温泉より京都に赴き山県を訪い，のち上京する。この頃大胆な日露講和条件論を草し，東洋政局指導権の把握などを説く。-28 特殊な任務を帯びて満韓の旅に上る。 **9**-4 奉天の満洲軍司令部で児玉源太郎と会談。この時日露講和後の「満洲経営策梗概」を児玉に示す。-6 児玉との会談の模様を桂首相に報ずる。-10 営口着，領事館に投宿。-12 天津着。-13 北京着，林ホテルに投宿。-18 朝大連着。旅順に行き二〇三高地を見る。-28 門司着。-29 広島着。-30 似島検疫所を見る。 **10**-1〜3 台湾の戸口調査実施。項目は民籍，男女，年齢，家族関係，職業，住居，言語，阿片吸食いかんなど広範にわたる。（07年**10** 報告を完成）。-3 東京帰着，桂首相，清浦内相らを訪う。この頃，戦後財政のなかで満韓経営に積極策をとるべきことを力説。

日本史関連事項	世界史事項
3-1 第8回総選挙。 4-13 国定教科書制度確立。-21 山県・伊藤・桂・小村寿太郎らが対ロシア策を協議。 5-8 第18特別議会召集。-14 長崎三菱造船鉄工ストライキ。-20 政府と政友会の妥協成立する。-22 藤村操が日光華厳で投身自殺。 6-1 日比谷公園開園。-17 樟脳専売法公布。-23 御前会議で対露交渉開始決定。 7-13 伊藤博文が枢密院議長就任。 10-6 小村・ローゼン日露交渉始まる。 11-15 幸徳秋水・堺利彦ら平民社結成，『平民新聞』創刊。 12-5 第19議会召集。-11 衆議院解散。	4-18 [中] ロシアが満洲撤兵を履行せず新要求を提出。 5 [朝] ロシアが鴨緑江東岸に根拠地建設。 6-10 [セルビア] 国王・王妃が暗殺される。 7-1 [中] 東清鉄道全線の正式営業開始。-30 [露] ボルシェビキとメンシェビキが分裂。 8-12 [中] ロシアが旅順に極東総督府を設置。 10-8 [中] ロシア軍が奉天省城を占領。 11-3 [パナマ] コロンビアから独立。-6 [米] パナマの独立を承認。-18 パナマとの条約で運河の両岸5マイルの地帯を永久租借。 ◇ [米] フォード自動車会社設立。ライト兄弟が16馬力複葉機の飛行に成功。
2-6 ロシア政府に交渉断絶を通告。-8 仁川海戦。-10 宣戦布告，日露戦争勃発。-11 大本営を宮中に置く。-23 日韓議定書に調印。 3-1 第9回総選挙。-18 第20臨時会召集。 5-1 第一軍が鴨緑江を渡り九連城を占領，-5 第二軍が遼東半島上陸。 6-6 児玉総督，大将に昇任，-20 満洲軍総参謀長となる。同日，満洲軍総司令部をおく。 8-10 黄海海戦。-19 第三軍が旅順総攻撃を始める。-22 第一次日韓協約に調印。 9 与謝野晶子「君死に給ふことなかれ」発表。 11-13 『平民新聞』に「共産党宣言」訳載。-28 第21議会召集。	2-12 [中] 日露戦争局外中立を宣言。 4-8 [英仏] 英仏協商 (英のエジプトでの優越権と仏のモロッコでの優越権を承認)。 5-4 [米] パナマ運河の工事始まる。-18 [朝] 露韓条約を廃棄。 8-14 第2インターのアムステルダム大会で片山潜とプレハーノフが戦争に反対し交歓。 10-21 [露] バルチック艦隊がドッガー・バンクで日本艦隊と誤認し英艦隊を砲撃。 11-8 [米] ルーズベルトが大統領に当選。 12-2 [米] ルーズベルト，モンロー主義は干渉の義務をもつと言明。
1-1 旅順のロシア軍降伏。 3-10 奉天大会戦。 5-27〜28 日本海大海戦。 6-9 米大統領ルーズベルトが日露講和を勧告。 8-10 ポーツマスで日露講和会議。 9-5 日露講和条約に調印。日比谷の講和反対国民大会が国民新聞社などを焼き打ち。-6 戒厳令施行される。-27 日英同盟公布。 10-9 平民社解散。-12 桂・ハリマン覚書の交換。-17 遼東に関東総督府をおく (翌年5月に旅順に移転)。-23 凱旋大観艦式。 11-17 第二次日韓協約 (日本が外交権掌握)。 12-20 韓国統監府をおく (-21 伊藤博文統監に任命さる)。-21 桂内閣総辞職。-22 満洲につき日清条約調印。-25 第22議会召集。	1-13 [中] 米国が中国の門戸開放を要請 (3回目)。-22 [露] ペテルブルグで「血の日曜日」事件 (ロシア第一革命に発展)。 3-31 [独] ウィルヘルム2世がモロッコのタンジールに上陸 (第一次モロッコ事件)。 4-25 ボリシェビキ，ロンドンでロシア社会民主労働党大会を開く。 6-7 [ノルウェー] スウェーデンから分離宣言。-27 [露] 戦艦ポチョムキンの水兵反乱。 8-7 [印] ベンガル分割反対運動。-20 [中] 孫文ら東京で中国革命同盟会結成。 9-2 [中] 科挙を廃止。 10-26 [露] ペテルブルグに最初の労働者代表ソビエト成立。 ◇ [独] 特殊相対性理論発表。

年	後藤新平関連事項
1906 (明治39) 49歳	**1**-26 児玉総督,参謀総長に転任内定の報を受ける。 **3**-6 児玉の後任に内定した佐久間左馬太陸軍大将より民政長官留任を懇嘱される。-8 山県を訪い留任承諾の旨確答する。 **4**-1 日露戦役従軍記章を授与される。-11 男爵となる。この日,児玉は参謀総長,佐久間は台湾総督となる。-29 青山善光寺における高野長英碑供養に臨む。 **5**-4 台湾に帰任につき参内拝謁。-26 辜顕栄来訪,寿像建設のことに及ぶ。 **6**-9 満韓経営策について山県有朋に長文の書簡を呈する。-13 台湾彩票発行に関する律令発布。-27 佐久間総督とともに台湾南部を巡視。-28 東京の杉山茂丸より満鉄総裁就任勧誘の電報に接する。その後数回電報往復。 **7**-14 原敬内相より上京を命ぜられる。-22 東京着。原を訪い,西園寺公望首相,児玉,山県に満鉄総裁就任を勧められる。-23 児玉大将急逝,享年55。-24 西園寺を訪い満鉄総裁を辞退。-31 満鉄総裁就任受諾の条件を提出。 **8**-1 満鉄総裁就任を受諾。-10 満鉄創立委員第一回総会が華族会館で開かれる。-22 「満鉄総裁就任情由書」を林外相に,24日山県公に,26日寺内陸相に,28日西園寺首相に呈する。-27 夫人と子を伴って帰台の途につく。 **9**-28 台北新公園での官民連合大送別会。児玉・後藤記念営造物建築が決議される。 **10**-3 台湾に別れを告げ,-9 東京着。 **11**-13 満鉄総裁,兼台湾総督府顧問,兼関東都督府顧問となる。この日,勲一等旭日大綬章を賜わる。-19 明治天皇に拝謁。-26 東京キリスト教青年会館で満鉄創立総会,総裁として挨拶。-30 従三位に叙せられる。 **12**-8 阪谷蔵相と満鉄外債についての協定を結ぶ。満鉄の経営方針(満鉄十年計画)は後藤が計画し,具体的な仕事に関しては台湾時代の部下であった中村是公を満鉄副総裁として全面的にまかせきる。-25 阿川光裕逝去。
1907 (明治40) 50歳	**2**-5 清国皇室礼問使人選につき伊藤公へ呈書する。この頃,満鉄を基軸とする大陸政策につき請問書を首相,外相,蔵相,逓相に提出する。 **4**-8 後楽園で大園遊会を挙行,万国学生キリスト教青年大会に参加した諸外国代表者を招き,満鉄総裁として演説。この時モット博士と知り合う。 **5**-7 満鉄総裁として初めて大連に上陸。-23 清国皇室礼問の途に上る。-24 和子夫人は新渡戸夫人同伴で外遊の途に上る。-29 北京にて西太后,皇帝に謁見。 **6**-3 袁世凱と会見,「箸同盟」を提唱。この日,和子夫人,ワシントン着。-9 大連帰着。この頃,満鉄の方策についての意見書を首相,外相,陸相,山県・伊藤両元老に呈す。また「対清対列強策」を草する。 **8**-30 山本権兵衛海軍大将に旅順口経営策の意見書を呈す。 **9** 初旬,旅順経営策につき意見書を伊藤博文韓国統監に呈す。-24 大連発,上京の途につく。-27 厳島に参拝,白雲洞に投宿,28日来島した伊藤と激論を交し,新旧大陸対峙論を提唱,その実行を伊藤に迫る(「厳島夜話」)。-30 東上する。この頃,都督制度改革案を大島関東都督に提出,都督総裁兼任案につき協議。 **10**-1 横浜正金銀行頭取高橋是清と会見,満洲の投資銀行および通貨問題について会談。-7 伊藤宛ての書簡で,厳島会談後の中央と交渉した経過を報告。-17 関東都督顧問として,政府の都督府官制改正案に関する覚書を大島都督に稟申。 **11**-3 後藤肝いりの『満洲日日新聞』初号発刊。 **12**-11 満鉄総裁として清国皇族溥倫貝子を歌舞伎座に歓迎招待する。

日本史関連事項	世界史事項
1-7 西園寺内閣成立。 2-1 韓国統監府開庁。-9 駐韓日本憲兵の行政警察・司法警察掌握の勅令公布。-19 英国コンノート殿下来朝。 3-2 伊藤博文初代韓国統監着任。 3 『社会主義研究』創刊。 4-30 陸軍凱旋大観兵式。 5-22 首相官邸で満洲問題につき大協議会。同日、佐久間新総督、台湾に着任。 5 北一輝『国体論及純正社会主義』刊。 6-8 南満洲鉄道株式会社設立勅令公布（7-13に創立委員任命）。 8-1 関東都督府官制及び関係官制公布。-18 呉海軍工廠スト暴動化。 9-10 満鉄第一回株式募集開始、応募額1077倍に達する。-25 旅順鎮守府条例を公布。-27 高橋是清、ニューヨークで満鉄経営についてハリマンと会談。 10-11 米サンフランシスコ学務局が日本学童隔離を決議。 11-1 満鉄設立許可。-3 国際無線電信条約に調印。-26 南満洲鉄道株式会社を設立。 12-25 第23議会召集。	2 ［朝］王族閔宗植が抗日の兵を挙げる。 3-7 ［米］カリフォルニア州議会、日本移民制限決議案採決。 4-27 ［中］英国とチベット条約に調印（英がチベット不併合と内政不干渉を約定）。 5-1 ［仏］戒厳令下に労働者の大デモ行進。-5 ［露］ニコライ2世、首相ウィッテを罷免。-6 国家基本法を発布（ツァーリの至上権を規定）。-20 ［仏］総選挙でクレマンソーの急進社会党、第一党に。 5 ［朝］崔益鉉が抗日の兵を挙げる（以後、抗日の挙兵があいつぐ）。 7 ［フィンランド］欧州最初の婦人参政権を定めた憲法制定。-22 ［露］ストルイピンが首相となる。 8-7 日本への留学生派遣を停止。 9-25 ［キューバ］パルマ大統領辞任、米軍占領。 12-6 ［英］トランスバールに自治政府樹立を許可。-7 ［中］湖南省瀏陽で洪福斎天会が蜂起。-8 ［印］国民会議派大会で、国産品愛用・外国品排斥・民族教育・独立の4決議採択。 ◇ ［比］英語が公用語となる。
1-15 日刊『平民新聞』創刊（4-15 発行停止）。-21 東京株式市場暴落。 2-4 足尾銅山で暴動。-9 豊田式織機設立。 3-16 衆議院で治安警察法改正案可決（女子の政治集会参加を解禁）。-21 義務教育六年制。 6-4 別子銅山争議暴動化。-10 日仏協約・仏印についての日仏宣言に調印。-13 ロシアと満洲の鉄道接続につき協定を結ぶ。-22 東北帝国大学新設。 7-3 伊藤統監が韓国皇帝にハーグ密使派遣の責任を追及（-19 皇帝譲位）。-24 第三次日韓協約調印（内政全般を統監の指揮下におく）。-28 日露通商航海条約・漁業条約に調印。-30 第一回日露協約調印。 8-1 京城で韓国軍隊解散式。 9 日露間に樺太南半の譲受完了する。 11-16 米大使が日本人労働者移民の渡航制限を要請（日米紳士協約第一号）。 12-25 第24議会召集。	2-8 ［米］ドミニカから関税管理権を得る（50年間）。-13 ［英］ロンドンで婦人参政権要求のデモ。 3-14 ［米］大統領令で日本人労働者閉め出し。 4-20 ［中］東三省総督をおく。 5 ［中］京奉鉄道完成。 6-10 ［越］日仏宣言行われる。 6-15 ハーグ平和会議開く。 6 ［朝］ハーグ密使事件おこる。 8 ［朝］抗日反乱各地にひろまる。 8-7 ［中］唐紹儀・ストレート会談開く。-18 第2インター・シュトゥットガルト大会で帝国主義戦争に反対し植民地問題など討議。-31 ［英露］英露協商を結ぶ（ペルシア・アフガニスタン・チベットにおける利害調整、英仏協商・露仏同盟とならび三国協商の成立）。 9-26 ［英］ニュージーランド自治領となる。 ◇ ［中］中国革命同盟会の蜂起あいつぐ。

年	後藤新平関連事項
1908 (明治41) 51歳	**1**-1 ドイツ皇帝より国王冠一等勲章を贈られる。-5 和子夫人ローマ着，21日帰朝。 **2**-1 ドイツ皇帝からの勲章佩用の允許。法庫門鉄道問題について伊藤統監に進言。 **3**-3 西園寺首相に台湾および関東都督府顧問辞任の旨を提出，桂，寺内にも呈書。 **4**-21 伊藤統監宛て書簡を佐藤安之助に託す。-22 東清鉄道と満鉄との問題解決を求めロシア訪問に出発，神戸を出帆。-29 奉天で東三省総督徐世昌と会見。-30 伊藤統監の返翰を携えた佐藤安之助，奉天の客舎に来る。 **5**-3 ハルビン発，露都に向かう。-13 モスクワ着。-15 サンクト・ペテルブルグ到着。-18 露帝ニコライ2世に拝謁する。-30 露都を発し帰国の途につく。 **6**-15 東京に帰着。翌日林外相に報告する。-17 松田蔵相の満鉄経営批判に詰問状を出す。-18 ローヤル・ソサエティー・オブ・アーツの終身会員に選挙されたので，ロンドンに会費を送付する。-30 東京社宅に大蔵・外務両省の高等官を招待して満鉄経営成績の大略を説明する。 **7**-4 林外相とともに参内，明治天皇に満鉄十年計画および訪露の結果を奏上する。-12 桂より入閣の交渉あり。-13 満鉄を通信省管轄となすなどの条件で逓相就任を承諾。夕刻，赤十字病院に入院。-14 第二次桂内閣が成立し，通信大臣となる。満鉄総裁被免。-22 坂西陸軍中佐に託して，法庫門鉄道問題に関し袁世凱に親書を致す。-24 台湾総督府顧問・関東都督府顧問を免ぜられる。 **8**-8 赤十字病院より退院する。-18 参内して病気引篭り中の御礼言上する。-30 塩原に療養中，満鉄経営の根本方針につき意見書を起案する。 **9**-14 露帝より白鷲大授章を贈られる。同日，東亜経済調査局創設される。 **11**-1 麻布の満鉄社宅にて唐紹儀と会談する。 **12**-5 新鉄道院総裁を兼任する。-19 中村是公，満鉄総裁となる。-21 桂首相とともに参内拝謁，満鉄に関する写真を天覧に供し，種々奏上する。-28 国沢満鉄副総裁，清野ほか六理事，松田技師らに懇意な書簡を致す。
1909 (明治42) 52歳	**1** 議会で阿里山官営問題起こる。 **2**-19 南満鉄道と東清鉄道の合同経営問題につき露国財務官ウィルレンキンと会談。 **2** 第25帝国議会に「造船奨励法中改正法律案」「遠洋航路補助法案」を提案する。 **3**-25 遠洋航路補助法公布。-30 41年度鉄道予算支払繰越のやむなきにいたり責任上進退伺書を桂首相に提出する。 **6**-1 清国皇帝から贈られた頭等双龍宝星の佩用を允許される。-12 中村満鉄総裁，「満洲金融機関設置ノ儀に付稟申」を後藤鉄道院総裁に提出。 **6** 鉄道本院に職員教習所，各管理局に職員地方教習所を設置。 **7**-26 東北，北海道視察のため出発。郷里水沢まで母，姉，夫人，令嬢を同伴。 **7** 郵便貯金局を設け，年少の下村宏を初代局長に任用する。 **9**-16 前沢の叔母山本せい逓相官邸で死去。 **10**-14 韓国統監を辞していた伊藤博文，厳島での会談以来後藤の論により欧露漫遊に出ることを考え，まず，露国宰相ココフツォフとハルビンで会談することに。この日ハルビンに向かう伊藤を大磯駅で見送る。-24 自作「大国民の歌」を作曲させ刊行。胸中に長く温められた思想を表現。 **10** 「市内特別郵便制度」を創始。料金負担などの不便を改善する。 **11**-20 日露間鉄道貿易と対清政策について露国大使マレヴィッチと再三会談。 □この年，後藤発案『東亜英文案内』編纂事業に着手。全5巻，1917年4月に完結。

日本史関連事項	世界史事項
1『婦人之友』創刊。 2-16 社会主義同志会，片山派と西川派に分裂（3-15 西川ら『東京社会新聞』創刊）。 4-1 奈良女子高等師範学校新設。-3 大隈重信，大日本文明協会を設立。-20 台湾縦貫鉄道完成。-22 三菱造船でタービン船天洋丸建造。-28 第一回ブラジル移民783人出発。 5-15 第10回総選挙（政友187，憲政本党70，大同倶楽部29，猶興会29）。-25 台湾民政長官祝辰巳没する。-30 満鉄全線に広軌列車開通。-31 臭水子駅付近で狭軌車両の告別式を挙げる。 6-22 赤旗事件。 7-4 西園寺内閣総辞職。-14 第二次桂内閣成立。 8-27 東洋拓殖会社法公布（10-28 設立）。四阪島煙害問題で愛媛県農民と別子銅山の紛争始まる。 9-29 警察犯等処罰令公布（労働争議弾圧にも利用）。 10-13 戊申詔書煥発される。 11-12 新奉，吉長二鉄道線につき中国と協定成立する。-30 高平・ルート協定。 12-5 鉄道院官制公布。-22 第25議会召集。-28 東洋拓殖株式会社設立。	2-1［葡］国王・王太子が暗殺される。-5［中］辰丸事件おこる（第1回対日ボイコットを招く）。-11［埃］ムスタファ＝カーミルの葬儀が反英デモ化。 4-29［中］河口事件（中国革命同盟会が雲南を襲う）。 6-23［ペルシャ］国王，ロシアの助力で反革命クーデターに成功。タブリーズ市民，国王軍と交戦。 7-22［印］政治家ティラク，ビルマ流刑と判決。-23 ボンベイの労働者が抗議スト。-24［土］青年トルコ党の革命おこる。 9-15［米］ゼネラル・モーターズ社設立。-16［露・墺］両国外相のブッフラウ会談（オーストリアのボスニア・ヘルツェゴビナの併合とロシア軍艦の海峡通過を相互に了解）。 10-5［ブルガリア］独立を宣言。-6［墺］ボスニア・ヘルツェゴビナを併合。-7［土］クレタがギリシアとの合同を宣言。 11-3［米］タフト（共和党）が大統領に当選。-14［中］光緒帝の死，宣統帝が即位，醇親王が摂政となる。-15 西太后の死。 12-2［中］溥儀（3歳），宣統帝として即位。 ◇［蘭］バリ島で直接統治確立。
2-11 摂政令・皇室登極令など公布。 2 小山内薫・二代市川左団次が自由劇場開設。 4-24 高峰譲吉，タカジアスターゼの特許取得。 5-6 新聞紙法公布（内相の発売禁止権）。 6-10 幸徳秋水，管野スガら『自由思想』創刊（ただちに発禁）。-14 伊藤公枢密院議長となり，曾根荒助韓国統監となる。 7-6 閣議が韓国併合を決定。-12 韓国の司法・監獄事務を掌握。 9-1 韓国全羅道民族運動の討伐開始。-4 満洲・間島につき日清協約調印。 10-26 ハルビン駅構内の列車の中でココフツォフと会談を終えた伊藤博文，列車を降りたとき狙撃され横死。 11-4 東京日比谷で伊藤公の国葬。 12-16 山手線運転開始。-22 第26議会召集。 ◇生糸輸出量が中国をこえて世界第一位に。 ◇夏目漱石，中村是公に招かれ満韓旅行。	1-2［中］袁世凱を罷免。 2-1［米］キューバの軍政を解除。［中］上海でアヘン禁止第2回国際会議。-8［独仏］モロッコに関する協定（独は仏の政治的特殊権益を，仏は独の経済的権益を承認）。 3-25［埃］出版物検閲制強化（民族主義者の活動を弾圧）。-31［セルビア］オーストリアのボスニア・ヘルツェゴビナ併合を承認。 4［英］アングロ・イラニアン石油会社設立。 7-26［スペイン］バルセロナでゼネスト（血の週間）。 12-4［朝］一進会が日韓合邦についての請願を提出。-22 親日派の首相李完用が刺される。 12［ホンジュラス］内乱おこる。 ◇［越］日本が在日ベトナム人に退去を命じる（東遊運動挫折）。［独］ハンザ同盟が創設される。

年	後藤新平関連事項
1910 (明治43) 53歳	**3**-29 「業務調査会議」という名の大がかりな鉄道関係の研究所を創設。 **3** 「逓信省徽章，通信日付印及郵便切手類模造取締規則」実施。 **4**-1 来朝の清国皇族涛貝勒を三井集会所に歓迎招待する。 **4** 逓信省内に臨時発電水力調査局を設け，仲小路次官を長官兼任とし，欧米各国へ実地調査に派遣。「清韓郵便規則」を制定施行し，隣国との通信を円滑化。 **5**-1 長距離逓減法を採用，通話者の利便を増進。 **6**-22 新設拓殖局の総裁を兼任する。-27 中村満鉄総裁を同伴して参内，委曲伏奏する。 **7**-27 信越，北越，近畿地方巡視の途に上る。 **7** 郵便貯金局に調査部を設け，簡易保険の調査を開始。さらに翌年1月，逓信省内に郵便保険年金調査委員会を設ける。 **9**-5 山陰，山陽鉄道連絡線視察のために発途。 **10**-4 九州視察に発途。-13 都城の旅館摂護寺で国有鉄道広軌改築案の骨子を起草。 **11**-1 朝鮮海峡の海底電信線における外国会社の特権を解消。電報料金は内地と同率に。 **11** 四国巡視中，徳島で相馬事件当時の予審判事西川漸に邂逅する。 **12**-9 幸倶楽部で広軌案説明する。-12 政友会政務調査会で，-15 日本国民党本部で広軌案の説明をする。-20 桂首相，寺内，大浦両相と，高橋日銀総裁とをめぐる政治，経済上の問題を斡旋，円満に解決する。
1911 (明治44) 54歳	**1** 台湾婦人慈善会が財団法人組織となる。 **2**-10 帝国鉄道協会名誉会員に推される。-28 貴族院予算委員会で発電水力調査について説明する。-11 「速達郵便制度」を実施。日清・日露戦役を経て，急激に発展した国情に合わせて，国民の急需に応ずる通信方式を案出。 **3**-9 後藤の構想により中村満鉄総裁の下に設立された東亜経済調査局の指導者チース博士の帰国につき，満鉄社宅で別宴を張る。 **4**-6 広軌改築準備委員会副会長となる。 **5**-4 郷里水沢公園に寿像除幕式あり。-5 拓殖局副総裁の兼官を免ぜられる。同時に拓殖局の内容に一大変化，朝鮮総督府の中継所たる地位に下落。後藤の拓殖省設置の案も葬られる。 **6**-17 台北新公園に寿像除幕式あり。-27 恩賜財団済生会設立につき，意見書を桂首相に提出する。 **6** 清国政府，奉天にて肺ペスト処置の国際会議開催。後藤の後援を得た北里柴三郎が列国を指導。ついに惨禍の鎮圧が叶う。 **7**-20 正三位に叙せられる。 **8**-25 桂内閣総辞職。-30 逓信大臣，鉄道院総裁を辞する。 **8** 日露協会副会頭となる（会頭寺内大将）。 **11**-12 厳島滞在中の桂に宛て，清国問題に関する書簡を送る。-28 ヨゼフ・オルツェウスキーの『官僚政治』(森孝三に訳させてあった) を後藤の名で発刊する。 □徳富蘇峰，桂太郎の推薦で貴族院議員に勅選される。 □この年ごろ，新橋芸者の河﨑きみと出会う。

日本史関連事項	世界史事項
1-7 産業組合中央会設立。 4-15 関税定率法改正を公布（ほぼ完全に関税自主権を認められる）。 4 『白樺』創刊。 5-14 ロンドンで日英博覧会開催。-19 ハレー彗星出現。-25 大逆事件の検挙始まる（6-1 幸徳秋水逮捕）。-30 寺内正毅陸相が韓国統監を兼任。 5 大倉喜八郎，日華合弁の本溪湖煤鉄公司設立。 7-4 第二回日露協約調印（秘密協定で満洲を両国の特別利益地域に分割）。 8-22 韓国併合につき日韓条約調印（-29 公布施行，10-1 寺内統監を朝鮮総督に任命）。 8 石川啄木「時代閉塞の現状」。 9-11 朝鮮の政治結社に解散を命じる。-12 朝鮮駐劄憲兵条例公布。 9 堺利彦ら，売文社を設立。 11-29 白瀬中尉ら南極探検隊が芝浦を出帆。 12-19 徳川大尉が代々木練兵場で3000m飛行に成功。-20 第27議会召集。	2-12 ［中］中国革命同盟会の黄興，胡漢民ら，広東で蜂起し失敗。 3-4 ［仏］モロッコとの協定調印（ウジダからの撤退を約束）。 4-13 ［中］湖南省長沙に米騒動，以後各省に農民暴動が拡大。 4 ［アルバニア］自治要求の暴動発生（6 トルコ軍が鎮圧する）。 5-24 ［中］銀本位制確立。-31 ［南ア］南アフリカ連邦が自治領として発足。 8-31 ［米］セオドア・ルーズベルトが「ニュー・ナショナリズム」を演説しタフトと対立。 10-3 ［葡］リスボンで共和派の革命。 11-4 ［独］ウィルヘルム2世がロシア皇帝ニコライ2世とポツダムで会談（ペルシア北部でのロシアの自由行動とドイツのバグダード鉄道計画を承認）。 ◇ ［朝］日本が土地調査事業を始める。［ビルマ］ウンターヌ運動おこる。［シャム］バンコクで華僑の暴動おこる。
1-18 大審院で大逆事件に判決を下す（幸徳秋水ら24名に死刑。-19 24名中12名が無期に減刑。-24 幸徳ら11名の死刑執行。-25 管野の死刑執行）。-26 桂，西園寺邸を訪い情意投合する。-30 西田幾多郎『善の研究』刊。 1 大逆事件の死刑執行につき各国の社会主義者から在外公館に抗議が集中。 2-4 代議士藤沢元造，南北朝正閏問題を提出。-11 貧民済生につき勅語を下し宮廷費150万円を下付（5-30 恩賜財団済生会設立）。-21 日米通商航海条約改正に調印（関税自主権確立）。 4-3 日英通商航海条約改正に調印。 5-1 中央線開通。 7-13 第三回日英同盟協約に調印。 8-25 桂内閣総辞職。-30 第二次西園寺内閣成立。 9-1 『青鞜』創刊。 10 北一輝，中国革命のため中国へ。 11-28 大倉組設立。 12-23 第28議会召集。-31 東京市電ストライキ始まる。	4-26 ［仏］ベルベル人のフェズ（モロッコ）襲撃に対し居留民保護を理由に出兵。 5-25 ［メキシコ］自由主義者マデロらディアス大統領の独裁政治を打倒。 7-1 ［独］仏のフェズ出兵に対抗し砲艦をモロッコのアガディールに派遣（第二次モロッコ事件）。-15 独仏会談で独がモロッコ権益を放棄する代償に仏領コンゴを要求。-21 ［英］蔵相ロイド・ジョージが対独警告演説。 9-14 ［露］ストルイピン首相がキエフで狙撃される（-18 死亡）。-29 伊土戦争始まる。 10-5 ［伊］トリポリを占領。10 ［中］武昌の新軍と同盟会が蜂起（辛亥革命の始まり）。-11 革命軍が中華民国軍政府を組織。 11-6 ［メキシコ］マデロが大統領となる。-16 ［中］袁世凱内閣成立。-30 外モンゴルが独立を宣言し活仏が皇帝となる。 12-1 ［中］清軍と革命軍が武漢で停戦。-18 袁世凱が上海で伍廷芳と南北和平会議を開く。-25 孫文が上海に帰着。-29 孫文を臨時大総統に選出。12 ［印］デリー遷都宣言。 ◇ ［米］フォード，自動車の大量生産を開始。

年	後藤新平関連事項
1912 (明治45 ／大正1) 55歳	**2**-25 在清の坂西中佐に手紙を書き，清朝滅亡後の中国の時局と日本の対中国外交を批判し，袁世凱への伝言を依頼する。同日，台南駅頭に寿像除幕式あり。 **4**-3 台中公園に寿像除幕式あり。-15 後藤の腹案になる戯曲『平和』を発刊する。その主旨は，ドイツ・ウィルヘルム二世の黄禍論に反対し，日本と英国が提携し戦禍を克服するというもの。-17 母の米寿の賀筵を日本橋倶楽部で催す。 **4** 台湾倶楽部会長となる。 **5**-27 訪露に先立ち寺内朝鮮総督と打ち合わせのため渡鮮（翌月帰京）。 **7**-6 伊藤博文の遺志を継いで桂太郎とともにロシア訪問の旅に出る。新橋駅には長蛇の人，その中に大学生河合栄治郎も。-12 車中で，袁世凱大総統の使者徐世昌と会談。-21 サンクト・ペテルブルグに着くと同時に，本野駐露大使より明治天皇不予を知らされる。-22 桂と共に露国首相ココフツォフを訪問し，重要会談。翌日首相の答礼来訪。-25 杉山茂丸より長電。即刻帰朝を決す。-28 帰国の途につく。-30 スイズラン駅で明治天皇崩御の悲報に接する。 **8**-11 新橋に帰着，ただちに参内する。 **10**-13 夫人と娘愛子を伴い，京都の桃山御陵参拝。-17 神戸から佐藤六石，菊池忠三郎，下村当吉を伴い台湾に向かう。-20日台北着。-25日阿里山登攀。 **11**-11 帰京。-13 長女愛子と鶴見祐輔との結婚の儀，宮内省より許可される。 **12**-21 第三次桂内閣が成立，再度，通信大臣兼鉄道院総裁兼拓殖局総裁となる。
1913 (大正2) 56歳	**1**-17 桂首相の代理で西園寺を訪問し，その進退を難詰する。-18 前日の会談を覚書として西園寺に送る。-20 桂，三田邸で新党結成を発表，後藤これに立会う。 **2**-1『東京日日新聞』に内密の西園寺宛後藤書簡が掲載され，たちまち天下の大問題に。-19 孫文ら一行を華族会館に招待する。-20 通信大臣，鉄道院総裁，拓殖局総裁を免ぜられる。-22 特に前官の礼遇を賜う。-28 立憲同志会大懇親会。 **4**-2 福島市にて河野広中，島田三郎と共に演説。党人生活初の遊説の旅を開始。須賀川では町民の熱烈歓迎を受ける。同月下旬には，福島県，神奈川県，茨城県他各地に遊説行を続ける。-9 桂，病臥する。 **5** 上旬，「立憲同志会諸君ニ質ス」を作成。理想の政党作出の主旨を説く。-25 桂の病気を見舞う。-29 秋田県と北海道の大遊説の途に上る（6月27日帰京）。 **6**-26 遊説途上，水沢増寺寺で祖先の法要。-29 桂を見舞い，遊説の報告をする。 **7**-2 横浜より船で長崎遊説へ。-10 有栖川宮の悲報に接し，-13 長崎を発し，-15 新橋着，葬儀に列する。-18 同志会幹部会で桂の後継として加藤高明を推す。 **8**-15 長野県下各地を遊説，21日に帰京。 **9**-5 静岡県下各地を遊説，11日に帰京。 **10**-8 危篤の桂を見舞う。-11 加藤高明を訪問し同志会に関する14項目の覚書を提出。-22 仲小路廉，同志会脱退。-25 脱退の意志を表明。-29 同志会院外団，後藤の留党強要の決議文を党幹部に提出。-31 常務委員会は後藤の脱退を承認。この頃，後藤周辺で『大正未来記』なる不思議な文章成る。同志会，政友会，三菱，三井，古河など政界と金権の絡みを表現。 **11**-8 河﨑きみとの間に三郎生まれる。 **11** 満鮮歴史調査部，津田左右吉起稿『朝鮮歴史地理』2冊を刊行。 **12**-24 「同志会脱退始末大要」を作成する（翌年1月上旬，当文を先の「立憲同志会員諸君ニ質ス」と共に印刷して知友に配布）。

日本史関連事項	世界史事項
3-1 美濃部達吉『憲法講話』刊（のち上杉慎吉と天皇機関説論争）。 5-15 第11回衆議院議員総選挙。 6-18 日米英独仏露銀行家間で中国外債独占引受け規約を結ぶ。-26 富山県新川郡生地で米騒動。 7-8 第三回日露秘密協約調印（内蒙古を分界線として相互に特殊利益を認める）。-15 日英同盟更訂発表。-20 明治天皇御大患。-30 明治天皇崩御、嘉仁親王践祚、大正と改元。 8-13 桂太郎が内大臣兼侍従長就任。-21 第29臨時議会召集。 9-13 明治天皇御大葬。乃木大将夫妻自刃。 10-1 大杉栄・荒畑寒村ら『近代思想』創刊。 12-5 陸相後任難で西園寺内閣総辞職。-14 憲政擁護運動起こる。-19 東京で第一回憲政擁護大会。-21 第三次桂内閣成立。-24 第30議会召集。	1-1 [中] 孫文が南京で臨時大総統に就任。 2-12 [中] 宣統帝が退位して清朝滅亡（1638〜）。-13 孫文が大総統辞任を表明。 3-10 [中] 袁世凱が北京で臨時大総統就任。-30 唐紹儀内閣成立。[仏]モロッコを保護国化。 4 [英] タイタニック号、氷山に衝突して沈没。 5-5 [露] ボルシェビキ機関紙『プラウダ』創刊。 6-27 [中] 唐紹儀内閣辞職。 7 [チベット] ダライ・ラマがチベットに帰り独立を宣言。 8-25 [中] 同盟会を改組し国民党を結成。 10-8 [モンテネグロ] トルコに宣戦。-17 [ブルガリア・セルビア・ギリシア] トルコに宣戦（第一次バルカン戦争）。-18 [伊] ローザンヌ条約でイタリアがトリポリを併合。 11-5 [米] 大統領選でウィルソンが当選。 12-3 トルコ・ブルガリア・セルビア三国間休戦条約に調印（ギリシアを除く）。
1-12 政府反対の15団体が日比谷公園に大会を開く（この月、内閣弾劾により議会停会三回）。-15 テイラー著、星野行則訳『学理的事業管理法』刊（テイラー・システム）。-20 桂首相が新党組織計画を発表。 2-5 政友・国民両党が内閣不信任決議案提出（議会五日間停会）。-7 桂、新党組織を宣言する。-8 加藤高明外相の斡旋で桂と西園寺が会談。この日、西園寺は召されて参内、優詔を拝する。-10 護憲派民衆が再開議会を取巻き政府系新聞社・警察署を襲撃、帝都騒擾（大阪・神戸・京都・広島に波及）。-11 桂内閣総辞職。-20 山本権兵衛内閣成立。 4-1 北陸本線米原・直江津間開通。-27 日英独仏露借款団が袁世凱と2500万ポンドの借款に調印。 5-31 上智大学創立。 7-12 京大沢柳事件。-15 宝塚唱歌隊ができる（のちの宝塚少女歌劇）。 7 大杉栄・荒畑寒村らサンジカリズム研究会を結成。 10-6 中華民国を承認。-10 桂太郎薨ずる。 12-23 立憲同志会結成式（総裁加藤高明）。-24 第31議会召集。	2-3 バルカン戦争再開。 4 [中] ブラジルが最初に中華民国承認。 5-2 [中] 米国が中華民国承認（各国も続く）。[米]カリフォルニア州議会で外国人土地所有禁止法（排日土地法）案可決。-30 第一次バルカン戦争の講和条約（ロンドン条約）に調印（トルコがバルカン四国に領土割譲）。 6-29 [ブルガリア] セルビア・ギリシアを攻撃、第二次バルカン戦争始まる。 7-10 [ルーマニア] ブルガリアに宣戦。-12 [中]江西省湖口で国民党の李烈鈞が独立宣言、以後広東など各地で独立、討袁軍を組織。-30 [ブルガリア] セルビア・ギリシア・ルーマニア・モンテネグロとブカレスト講和条約に調印（第二次バルカン戦争終わる）。 8-5 [中] 広東の独立失敗、孫文は台湾に亡命。 9-1 [中] 袁世凱が南京占領（第2革命失敗）。日本人、南京で北軍に殺さる（南京事件）。-23 [セルビア] アルバニアに侵入、オーストリアが撤退要求を出し、セルビア受諾。 10-5 [中] 南京事件賠償で満蒙五鉄道敷設権を満鉄に。-6 日本、中華民国を正式承認。 11-4 [中] 袁世凱が国民党の解散令を発布。 11 [印] タゴール、ノーベル文学賞受賞。

年	後藤新平関連事項
1914 （大正3） 57歳	**3**-27 無線電信に関する功により金杯一組賜わる。 **6** 下旬，山県公を訪ね東洋銀行設立の要を説く。同月，幸倶楽部で講演，「日支共立東洋銀行を設立し，大アジア主義をもって東洋平和の枢軸を握る」ことを提唱。 **7**-5 箱根に赴き，東洋銀行設立計画の草案を脱稿。11日夜帰京（当計画は，翌年欧州大戦の勃発により実行不可能に）。 **8** 東亜共同経済機関設置案を発表する。同月，満鮮歴史調査部，池内宏起稿『文禄慶長の役』を刊行。 **9**-15 築地精養軒で満洲会発会式，会長に推される。 **12**-25 学術講演費として帝大に匿名で三千円寄付。
1915 （大正4） 58歳	**1** 満鮮歴史調査部廃止。満鉄総裁野村龍太郎のもと副総裁伊藤大八の判断による。 **2**-23 三郎死去。-24 対中交渉多難の状況下，覚書を手記し，政権維持のために外政を弄ぶ大隈首相を批判。 **3**-24 対華21カ条要求を大隈内閣の失政と罵倒し，その覚書を手記する。 **6**-4 貴族院で対中外交問題を引っ提げ大隈首相に論戦を挑む。-18 突然井上馨を訪問。-21 新聞に「後藤男一派の運動は猛烈を極むる」と。-29 夫人同伴で大阪市民講演会に出席。途上車中で新聞記者に大隈内閣攻撃談（7月5日帰京）。 **7**-6 内閣攻撃の舌端鋭利化。『東京毎日新聞』は「蛮爵の四十二珊砲」と題する記事掲載。-11 早稲田大学講堂で鉄道青年大会開催。演壇の上から大隈首相を皮肉る。首相も一場の弁明演説を試みる。 **9**-25 満鮮巡遊の途につく。同伴者は中村是公，菊池忠三郎。 **10**-3 京城で朝鮮鉄道一千マイル開通式に臨席。-10 南満医学堂新築落成式および第一回卒業式に臨む。-11 旅順に赴き，そこで大谷光瑞に出会う。-17日帰京。 **11**-10 京都紫宸殿にて大正天皇即位の大典。先に5日夫人と鶴見愛子を伴い京都着。下村当吉邸に約3週間滞在。この間，政界の巨星たちと会い策謀を練る。同月末からの議会で，平田東助，小松原英太郎らと本格的に内閣打倒を目指す。
1916 （大正5） 59歳	**2**『日本膨張論』を出版。 **4**-4 台湾始政20周年記念博覧会発会式に参列のため夫人同伴で出発，-24 帰京する。 **6**-1 東京鉄道病院開院式に臨み祝辞。-25 時局に関する意見を印刷して発表。 **8**-12 大隈重信の内閣居据わりについて論じた書簡を山県有朋公に致す。 **8** 通俗大学講演会のために長野県地方を巡回する。 **10**-4 寺内正毅に招かれ内閣組織につき凝議。-5 寺内邸で寺内，平田東助とともに組閣を凝議。-9 寺内内閣成立，内務大臣兼鉄道院総裁となる。 **10** 永田秀次郎，三重県知事から警保局長に転任。後藤との長い交流の始まりに。 **11**-21 大隈内閣の対中政策行詰まりの打開を計る覚書を起草する。外交官，関係軍人の部署の異動断行，「東亜経済同盟の建設」の提唱など。 **12** 藤原銀次郎ら信州出身財界人に通俗大学設立の寄付を呼びかける。-8 列車衝突事件の責を取り進退伺奉呈。-9 鉄道技監設置の件が公布。鉄道巡察課を新設する。-23 鉄道院会議室で技監，各局長を招集して，広軌改築案について意見を交換する。-25 閣議で広軌準備復活を稟請し，翌年の12月に決定させる。-26 内務次官の更迭を断行，水野錬太郎を任用。-28 前内閣時の選挙に不正があった石川県で再選挙，良い結果を得，同県知事警察部長に感謝状を発する。

日本史関連事項	世界史事項
3-24 シーメンス事件で山本内閣総辞職。 4-11 昭憲皇太后崩御。-16 第二次大隈内閣成立。 5-4 第32臨時議会召集。-24 昭憲皇太后御大葬。 6-18 原敬政友会総裁就任。-20 第33臨時議会。 8-7 イギリスより参戦交渉。-15 御前会議, 対独態度決定通告。-23 ドイツに宣戦布告。 9-2 日本軍, 山東省に上陸。-3 第34臨時議会。 11-7 青島を占領。 12-5 第35議会召集。-20 東京駅開業。	6-28 [墺] 皇太子フランツ・フェルディナントがサラエボで暗殺。 7-8 [中] 孫文が東京で中華革命党を結成。-28 [墺] セルビアに宣戦(第一次世界大戦開始)。 8-1 [独] 対露宣戦。-3 対仏宣戦。[英] 対独宣戦。[米] 局外中立を声明。-6 [中] 袁大総統, 大戦に対し局外中立宣言, 日本が膠州湾封鎖宣言。-15 [米] パナマ運河開通。 9-5 [英・仏・露] ロンドンで単独不講和を宣言。
1-18 日中交渉開始, 大隈内閣は対華21カ条の要求をなす。 3-25 第12回総選挙。 5-7 21カ条要求につき最後通牒。-9 中国受諾。-17 第36特別議会。-25 日中諸条約調印。 6-27 大浦内相の政友会議員買収事件おこる。 7-29 大浦内相辞職。大隈首相ら辞表提出。 8-10 大隈内閣改造して留任。 9-1 井上馨薨ずる。 9 芥川竜之介「羅生門」発表。 10-19 英仏露のロンドン宣言に加入し戦後の権益につき秘密協定を結ぶ。-28 英露と袁世凱に帝制延期を勧告。 11-10 大正天皇即位式。-28 インド革命志士グプタ・ボースに退去命令。-29 第37議会召集。-30 日英仏露伊が単独不講和を宣言。	1-19 [独] ツェッペリン飛行船が初めてロンドンを空襲。 2-4 [独] 潜水艦による対英封鎖(無警告撃沈)を宣言。 4-22 ベルギーのイープルで会戦(-25 ドイツ軍が毒ガスを使用)。 5-7 [英] 客船ルシタニア号がアイルランド沖で独潜水艦に撃沈され米人139人死亡(-13 米国がドイツに抗議)。-9 [中] 外交総長陸徴祥が日置公使に21カ条要求最後通牒承認を回答(この日が中国国恥記念日となる)。 9-5 スイスのツィンメルで社会主義者の第1回国際社会主義者会議を開く。 12-12 [中] 袁世凱が皇帝位を受諾。-23 雲南都督康継尭ら昆明で帝政反対・雲南独立を宣言し討袁軍をおこす(第三革命の始め)。
1-31 大隈, 元老山県に貴族院との調停を依頼。 3 参謀本部, 宗社党援助を画策(満蒙独立運動)。 5-29 タゴール来日 (6-11 東京帝大で講演)。 6-6 加藤高明・原敬・犬養毅3党首が会談し元老排斥・政党政治確立を誓約。 7-3 第四回日露協約。-10 簡易生命保険法公布。 8-3 工場法施行令公布。 9-11『大阪朝日』に河上肇「貧乏物語」掲載始まる。 10-5 大隈内閣総辞職。-9 寺内内閣成立。-10 憲政会結成(総裁加藤高明)。 11-10 大日本医師会創立大会(北里柴三郎会長)。 12-10 大山巌元帥薨ずる。-25 第38議会召集。 12 本野外相, 欧州大戦は2, 3年で終局し列強は戦後数年間で国力を回復, 対華政策で共同一致して日本に対抗すると予想。	1-1 [中] 袁世凱が帝位につき洪憲元年を宣布。[独] カール・リープクネヒト, ローザ・ルクセンブルクらスパルタクス団結成。 2-21 ベルダンの攻防戦。 3-22 [中] 袁世凱が帝制を断念, 洪憲年号廃止。 6-6 [中] 袁世凱の死。 6 [露] レーニンが『帝国主義論』脱稿。-29 [中] 段祺瑞が国務総理に就任。 9-15 [英] ソンム戦線で新兵器の戦車を使用。 11-7 [米] ウィルソンが大統領に再選。[露] ペトログラードで反戦水兵裁判に反対する労働者3万人のストライキ。-29 [米] ドミニカを軍事占領。 12-4 [英] ロイド・ジョージ戦時挙国一致内閣成立(外相バルフォア)。-18 [米] ウィルソンが交戦諸国に和平条件提示を要請。

年	後藤新平関連事項
1917 (大正6) 60歳	**1**-13 島安次郎の意見を容れ,広軌改築準備工事に関する閣議稟請案を首相の手許に提出。-25 衆議院解散となり,-26 政府側への連繋を図るため,政局について国民党総理犬養毅と密談。 **1** 中村是公を鉄道院副総裁に,さらに局課長の多数の任免を断行する。同月,財団法人信濃通俗大学会設立。本部は東京。会長は新渡戸稲造,理事に沢柳政太郎,加藤正治,伊藤長七。評議員に後藤新平,前田多門,柳田國男らが顔をそろえる。 **2**-3 前日天皇陛下に供奉した葉山で寒気を帯び,当日発熱,臥床。急性肺炎にて全快が遅れる。一切の訪客の面会を謝絶し,ひたすら健康回復を図る。-12 兵衛(河﨑)生まれる。-13 地方長官会議で選挙での公正を図るべき訓示を水野内務次官に代読させたが,加藤高明率いる野党憲政会を「不自然なる多数党」と称して問題となる。-17 朝寺内首相を訪れて会談。のち熱海に転地療養に出かけ,3月初旬に帰京。 **3**-10 西下の途に。目的は外宮参列だが,総選挙期日迫るゆえ,関西方面の立候補状況を視察,かたがた大阪鉄道予定線の視察。-15 伊勢神宮外宮遷宮式に参列。なお当日斎館内で式を待つ間に後藤が写真撮影に及ぶと,その新聞記事を元に,反対党が不敬事件なりと利用。のち潔白が判明。-24 東北,北海道の選挙視察に赴く。福島,仙台,盛岡,青森を訪れ,函館に渡り,札幌,小樽を巡視。-30 函館に引返し,翌日青森に渡り,秋田,山形,米沢,郡山,若松を経て,4月5日帰京。 **4**-10 関西へ選挙視察に出発する。同日名古屋で後藤系候補者と会談,即夜岐阜へ向かう。翌日神戸で訓示。さながら憲政会駁撃演説。同4時過ぎ武徳殿で自治に関する講演,聴衆二千。-12 京都に赴き,午後青年会館にて自治に関する講演。翌日大阪へ赴き,-14 帰京。-20 総選挙で原敬率いる政友会と連繋,政府側が大勝する。-25 総選挙での政府支持派の大勝利を知るや,直ちに新国策の綱領を起草する。 **5**-29 地方長官会議において一場の訓示を述べる。 **6**-5 臨時外交調査委員会を設置する。-6 同委員会委員となる。-21 特別議会召集。果然政敵の攻撃の的となる。総選挙中の後藤の東西南北の遊説と言論が憲政会の痛憤の因。-24 伊東巳代治と会談,臨時外交調査委員会が違憲でない理由の執筆を委嘱する。-30 憲政会,内閣不信任案を提出。尾崎行雄,憲政会の痛憤を代表し登壇,後藤との一騎打ちとなるが,否決される。 **7**-11 衆議院本会議議事日程の第四決議案に,内相単独の弾劾案が上程。採決の結果,弾劾案は否決される。-20 軍事救護法が公布。かつ該法に関する施行令が,勅令をもって同年10月30日施行される。後藤の社会政策的立法への第一着手をなす。-24 帝国財政の前途を深慮し財政意見を草する。-31 拓殖調査委員会委員となる。 夏,「大正7年度財政計画ニ対スル私見」なる建策の文を首相に提出。後藤の財政計画意見の全貌を窺える。 **10**-24 帝国財政の前途を深慮し財政意見を草する。 **10** 内田嘉吉らが都市研究会を発足させ,後藤はその会長に就任する。 **12**-8 内相官邸で監察官の報告会を開催。赤池,山県,堀切3名の報告を初めて聴取,9時間に及ぶ。

日本史関連事項	世界史事項
1-11 英国，日本軍艦の地中海派遣を要請（2月上旬，地中海へ出発）。同日，満鉄経営の撫順炭坑で爆発。坑夫917人死亡。-25 憲政・国民両党の内閣不信任案で衆議院解散。 **2**-8 藤井日達，皇居前で7日間唱題行を修め，日本山妙法寺を開教。13 英国が山東省ドイツ権益・赤道以北ドイツ領諸島への日本の要求を講和会議で支持すると約束。 **3**-10 日本工業倶楽部設立（会長豊川良平，理事長団琢磨）。-15 山路愛山没。-20 理化学研究所，設立認可（創立委員長渋沢栄一）。-27 日本は英米仏伊に追随してロシア臨時政府承認を決定。 **3** 『主婦之友』創刊。 **4**-4 沢柳政太郎が成城小学校開校。-20 第13回総選挙（政友165，憲政121，国民35）。 **4** 沢田正二郎，新国劇を創立。 **5**-1 在京社会主義者34名がロシア革命支持を決議。-2 松方正義，内大臣に就任。-24 期米奔騰し大阪市場休会。 **5** 友愛会，『社会改良』を創刊。 **6**-6 臨時外交調査会をおく。-21 第39特別議会召集。 **6** 本多光太郎がKS磁石鋼発明。 **7**-20 閣議で中国段祺瑞内閣を財政援助し（西原借款）南方派は援助しないと決定。-21 電話事業公債法公布。-31 関東都督府官制改正（満鉄業務を都督に総裁させ，都督の監督権を総理大臣に）・朝鮮鉄道経営の満鉄委託などの勅令公布。同日，拓殖局官制公布。 **8** 友愛会，米鉄禁輸解禁運動。 **9**-5 モリソン文庫設立（のちの東洋文庫）。-12 金貨金地金輸出取締令（事実上の金本位制停止）。 **10**-8 三菱造船設立。 **10** 東京歌劇座結成（浅草オペラ）。 **11**-2 石井・ランシング協定で，中国の機会均等・門戸開放と日本の隣接地域（満洲）の特殊権益を認める。 **11** 喜田貞吉『歴史と地理』創刊。 **12**-3 労学会（会長鈴木文治）結成。 **12**-25 第40議会召集。大倉鉱業設立。	**1**［中］西原亀三の斡旋で日本から巨額の借款を受ける（1918・9まで7回1億4000万円）。 **2**-1［独］無制限潜水艦作戦を宣言。-3［米］ドイツと国交断絶（**4**-6宣戦）。［中］駐華米公使ラインシュが段祺瑞政府に参戦を要請。-9［キューバ］自由主義者の反乱おこる。 **3**-12［露］ペトログラードで労働者・兵士代表ソビエト組織樹立，国会が臨時政府成立を宣言。-15 ニコライ2世が退位宣言に署名（ロマノフ王朝滅亡，ロシア2月革命）。 **4**-16［露］レーニン，亡命先のスイスよりペトログラードに戻る。-20『プラウダ』に「4月テーゼ」発表。 **5**-1［露］ロシア臨時政府，連合国に戦争継続を声明。 **7**-6［英］情報将校アラビアのローレンスがアラブ反乱軍を率いてアカバを占領。-18［中］第二次段祺瑞内閣成立。-19 上海にいた孫文が程璧光と艦隊を率いて広東に入る。-20［フィンランド］ロシアからの完全独立を宣言。-21［露］ケレンスキー内閣成立。 **8**-1 ローマ法王，交戦する諸国に和平を提案。-14［中］ドイツ・オーストリアに宣戦布告（一切の条約と義和団事件最終議定書を破棄）。 **9**-5［スウェーデン］ストックホルムで国際社会主義者会議。-10［中］広東軍政府樹立を宣言（大元帥孫文）。-13［中］対独宣戦を公布。 **11**-2［英］パレスチナでのユダヤ人の民族的故郷建設を支持（バルフォア宣言）。-7（露暦10-25）［露］ペトログラードでボルシェビキが武装蜂起（ケレンスキー政府倒壊，ロシア10月革命）。労農臨時政府成立。-15［中］段祺瑞内閣崩壊，北洋軍閥分裂。-16［仏］クレマンソー内閣成立。-20［ソ］ウクライナ人民共和国宣言。-27 連合国，最高軍事評議会設置。 **12**-3［ソ］ブレスト・リトフスクで独・墺と和平交渉開始。-22 ソビエト全権ヨッフェが無併合・無償金・民族自決の原則を提案。 ◇［西ア］英軍がエルサレムを占領し英委任統治領パレスチナの首府とする。

年	後藤新平関連事項
1918 （大正7） 61歳	**1**-25（～**2**-30）寺内首相風邪に冒され麻布の自邸に静養。その病臥中，軍国予算案の議会通過を図る一切措置は後藤に託される。 **2**-3 原敬と国防，税制整理について意見交換し覚書を認める。-4 犬養と会し，予算に関して諒解を求める。-11 恩賜財団済生会を拡張してさらに統一ある救済の実を挙げることを首相に建議。-15 東北選出三七代議士を鉄道協会に招き晩餐会を催す。-24 内相官邸にスティーヴンスを引見し，シベリアの形勢を聴取。 **3**-2 当内閣への失意から辞意決意の覚書を記す。なお当月中に関連の「寺内内閣に呈する書」を記す。特に世界大戦への対策を詳述。-5 衆議院本会議で憲政会代議士田中善立が後藤の資産に関する質問。不正の手段により巨富を積むかの言辞。後藤の答弁により，以降資産に関する流言浮説が熄む。 **3** 警官の増員（警部補20人，警視庁巡査578人）を行う。 **4**-8 和子夫人永眠，享年53。-15 元老山県，ロシア過激派から日本の社会主義者への通信厳重取締を後藤内相に要求。-23 外務大臣に転ずる。同時に外交調査会幹事長の辞令を受ける。鉄道院副総裁中村是公が総裁に親任。-27 臨時外交調査委員会幹事長となる。同日，青山斎場にて和子夫人の葬儀。会葬者多数。 **4** 対露貿易促進のためハルビン商品陳列館を設立。 **5**-14 地方長官訓示に際し，言論機関指導云々の語が問題を惹起，外務省出入記者団と衝突。のち各社幹部の組織・春秋会との対立に。-18 官邸にて春秋会代表と会見，意思の疎通を得る。-24「外務省臨時調査部官制中改正ニ関スル件」が公布，即日施行。省内に外務参謀本部の任と外交的情報任務の機関を設ける意図。 **6**-6『ジャパン・アドバータイザー』記者，外相官邸訪問，3月8日の寺内首相の『アウトルック』会見記事の政治問題化を問う。断じて国際問題とならずと返答。-10 孫鶴見和子生まれる。-21 シベリア出兵は米国の同意が必要，シベリア以西への出兵は実行上至難と英仏伊に回答する。-28 露亜銀行総裁プチロフが外相官邸を訪問。後藤はシベリア経済援助問題について積極的に言及する。 **7**-1 伊東巳代治と外交問題に関し談議し，駐日英大使とシベリア出兵につき会談。-3 警部補219人，警視庁巡査2380人の増加を断行。-11「8年度予算編成計画概要」完成。人員の大幅増員を目標とする。-15 宮中元老会議に出席，シベリア出兵問題につき協議。夜は満鉄社宅に文士を招く（有島生馬，里見弴，泉鏡花，阿部次郎，和辻哲郎，久米正雄，芥川龍之介らが参加）。-19 シベリア出兵を対米回答，同時に石井駐米大使に用兵地域の拡大と兵力増員を米政府と交渉するように伝え，また，駐日米大使ローランド・エス・モリスを説得する。この日，露国大使クルペンスキーとコルチャック提督が外相官邸に後藤を訪問。-26 シベリア出兵積極論を手記。-28 日本の出兵宣言案に対する米国の回答。-30 小田原に山県公を訪れ，出兵問題につき諒解を得る。-31 露人ウォストローチンが外務省に後藤外相を訪問，ホルワット将軍救援を要請。 **8**-2 寺内内閣，シベリア出兵を決定，中外に宣言。-5 駐日米国大使と出兵宣言について談合。-10 臨時シベリア経済援助委員会官制公布。-12 米騒動の鎮撫方針を首相官邸で協議，関係大臣参集。-18 シベリア経済援助委員官制の公布。-21 新聞各紙に外務当局談の形で経済援助に対する説明掲載。-26 日米協会主催の送別会で，スウェーデン公使に起用した日置益に一場の挨拶，外相の心境を吐露。 **9**-21 寺内内閣総辞職。-29 依願免外務大臣，特に前官礼遇を賜わる。 **10**-16 臨時外交調査委員会委員仰せ付けられ，特に国務大臣の礼遇を賜わる。

日本史関連事項	世界史事項
1-1 英外務次官，珍田駐英大使に日英米のウラジオストック出兵を提議。 1 吉野作造「民本主義を説いて再び憲政有終の美を済すの途を論ず」発表（『中央公論』）。 3-6 英政府はドイツ東漸防止のためシベリア鉄道の連合国管理を提議，実行を日本に求める。-7 米国はシベリア干渉に難色。-19 米国の難色に対し，シベリア干渉は日本の発議でないと反論。 4-12 本野外相，強硬なシベリア出兵論主張。-30 東京女子大学開校。 5-16 日中陸軍共同防敵軍事協定調印（-19 同海軍協定調印）。 6-7 英仏伊，ロシアの領土保全・ロシア内政不干渉・与国派遣軍をできる限り西方への三条件で，シベリア出兵を日本に要請。-18 米価暴騰で大阪堂島米穀取引所の定期取引無期停止。朝鮮米移入促進。-26 米国は露領内チェコ軍の動勢に興味を示す。 7-8 東京，神戸，熊本などの各米取引所，立会停止。同日，米国はチェコ軍救援に限りシベリア共同出兵を提議してくる。 8-2 シベリア出兵宣言。-3 富山県新川郡西水橋町に米騒動起こり，-5 同県滑川町に起こり，各地に波及，-13・14 大中都市の米騒動絶頂に達し，9-17までに37市134町139村で発生，検挙者数万，起訴7708人。-12 露領内チェコ軍救援の名目でウラジオストックに出兵。皇室より国民賑恤のため300万円御下賜。-16 穀類強制買収のため政府が1000万円支出。-26 寺内内閣弾劾記者大会につき『大阪朝日』記事「白虹日を貫けり」が問題化（白虹事件）。 9-2 内閣弾劾全国記者大会。-21 寺内内閣総辞職。黒竜会壮士が大阪朝日社長村山竜平を襲う（10-15 社長辞任）。-29 原敬内閣成立。 10-30 米籾輸入税減免の緊急勅令公布。 11-16 米は日本のシベリア出兵に厳重抗議。 11 休戦によって物価・株価が暴落。 12-6 大学令（単科公私立大認可）・高等学校令公布。-23 吉野作造・福田徳三ら黎明会結成。-25 第41議会召集。 ◇冬にスペイン風邪が大流行。	1-8 ［米］ウィルソン大統領が平和についての「14ヵ条」発表。 2-10 ［ソ］全権代表トロツキー，対独墺戦争状態終結宣言。-15 ［中］ロシアの内乱が辺境地帯におよぶ。-16 リトアニア，独立を宣言。-24 エストニア，独立を宣言。 3-3 ［独］ブレスト・リトフスク講和条約を結ぶ。-9 ［英］対ソ干渉軍がムルマンスクに上陸。［ソ］首都をモスクワに移す。-19 ［中］駐華日本大使林権助がシベリアへの共同出兵を提案。-21 ［独］西部戦線で大攻勢をとる（〜 4-5）。-23 ［中］段祺瑞内閣復活。-25 北京政府が日本と中日共同防敵協定覚書交換。 5-4 ［中］広東軍政府改革で孫文が大元帥を辞任，日本へ亡命。-12 留日学生がシベリア共同出兵阻止のため続々帰国。-26 ［ソ］在露チェコ軍団が反ソビエト反乱をおこす。同日，グルジア・アルメニア・アゼルバイジャン独立を宣言。 7-4 ［ソ］第5回全露ソビエト大会，エスエル左派追放を決議，ソビエト憲法採択。16 ［ソ］ニコライ2世を処刑。 8-3 ［英］ウラジオストクに上陸。-24 ［中］北京政府がウラジオストクへの出兵を宣言。-30 レーニン暗殺未遂。 9-27 ［ブルガリア］連合国に降伏。 10-10 ［中］徐世昌が大総統に就任。-29 ユーゴスラビア独立宣言。 10 ［ハンガリー］議会が墺帝国からの分離独立を宣言（11-16 共和国宣言）。 11-3 ［墺］連合国に降伏。［独］キール軍港で水兵が反乱をおこし労働者とデモを行う。［ポーランド］ワルシャワでポーランド共和国宣言（-14 ピウツスキに全権委任）。-9 ベルリンで労働者が蜂起，社会民主党のエーベルトら政権を掌握，シャイデマンが共和制を宣言（ドイツ革命），ウィルヘルム2世が退位しオランダに亡命。-11 連合国と休戦条約に調印（第一次世界大戦おわる）。-18 ［ソ］コルチャーク提督がオムスクで反革命軍事独裁政府を樹立。

年	後藤新平関連事項
1919 （大正8） 62歳	**2**-20 ハルビン日露協会学校創立委員長となる。この日，『自治生活の新精神』を発行。-22 外遊につき日米協会主催送別会に招待される。なおこの日，東洋協会会長に推薦される。-24 拓殖大学第三代学長に就任する。-25 大磯に寺内の病を見舞う。 **3**-4 欧米視察の途に上る。-21 朝8時北米大陸を見る。午後2時太田総領事の出迎えを受けサンフランシスコに上陸。米国新聞記者たちが船中での会見記を当日夕刊に掲載。-27 サンタ・ローザで高名な植物学者バーバンクと会談。 **4**-3 ソルトレークを経てモルモン教本山を見物後，コロラド温泉に向かう。-5 都市計画法が公布。後藤が在任中基礎固めをし，次代に具現。-8 コロラド温泉で和子夫人一周忌記念会を催す。-12 シカゴ・ストックヤードを視察する。-15 イリノイ州スプリング・フィールドのリンカーンの墓に詣でる。-17 デトロイト市でヘンリー・フォードと会見。-18 ナイヤガラ見物。-19 鋼鉄王ゲーリー私邸の午餐に赴く。-20 ワシントンで出淵大使とパリ平和会議につき談合する。-23 オレンジ市でエジソンと会談。-26 ニューヨークで大統領ウィルソンの女婿マッカドウと会見。-28 オイスター・ベーにルーズベルトの墓を訪う。 **5**-1 スケネクタディーに米国電気界の覇者，ジェネラル・エレクトリック会社を参観。-7 『レスリー・ウィークリー』に後藤を「日本のルーズベルト」と題して記事。-14 ワシントン府のビューロー・オブ・スタンダードを参観。 **6**-2 ハリファックスよりアクィタニア号に乗じて欧州に向かう。-3 船中で発病。-8 ロンドンに到着。-9 宮川博士の診断でアメーバ赤痢と判明。-19 病床でパリ平和会議を批判した手記を記す。-21 初めて病床を離れて散策。-26 ジェームス・ブライス卿，ロバート・セシル卿，外相代理カーゾン卿らと会見。-27 バッキンガム宮殿に招待されジョージ五世に拝謁。-30 ロンドン発，パリに入る。 **7**-1 珍田駐英大使来訪，ブリストル・ホテルに西園寺以下各全権大使を訪問，午餐を共にする。中国大総統徐世昌に宛て山東問題に関して反省を促す電報を発する。-3 かつての露国宰相で落ちぶれたココフツォフと再会し会談。-4 仏外相ピションと会見。-8 クレマンソーを訪問。-10 西部戦跡見物に赴く。-15 パリ発ブリュッセル着。-16 ベルギー皇帝に拝謁，一等勲章を親授される。-18 ロンドン帰着。-24 英国政府の招待を受けて理化学研究所を参観。-30 マンチェスターのリー工場，消費組合などを参観。 **8**-1 ロンドン帰着。-2 ロンドン郊外グリーン・ウッド・ゲートにハウス大佐を訪問緩談。-6 ロンドン発パリへ向かい，翌日スイス見物の途に上る。-14 オランダのハーグに着く。-16 ロッテルダムに赴き，さらにデルフトのグローシアスの墓に詣でる。-18 ロンドン帰着。-21 サー・エドワード・グレー（欧州戦争勃発時の英国外相，当時駐米大使）と会見。 **9**-6 ロンドン発再びアクィタニア号で米国に向かう。-12 船中でフーヴァーと会談。彼は欧州各国の救恤委員長の活動の帰路。-13 ニューヨーク着。-30 ワシントン着。 **10**-6 ニュー・ヘヴンでウイリアム・ハワード・タフトを訪う。-18 サン・フランシスコ着。-28 コレア号に乗りサン・フランシスコを出帆，帰国の途につく。 **11**-13 横浜入港帰朝する。-22 参内して御機嫌を伺う。 **11** 新産業参謀本部としての大調査機関の設立に関するメモを四葉記す。 **12**-26 ベルギー王冠第一等勲章受領ならびに佩用を允許される。

日本史関連事項	世界史事項
1-11 講和大使西園寺らパリに向けて出発する。-18 パリ講和会議開く（全権西園寺公望・牧野伸顕ら）。-20 河上肇，個人雑誌『社会問題研究』を創刊。-27 牧野全権，山東半島のドイツ利権，赤道以北のドイツ領諸島に対する無条件譲渡を要求する。 **1** 喜田貞吉ら『民族と歴史』を創刊。 **2**-9 哲学者デューイが来日（**2**末から1カ月，週2回東京帝大で講義）。同日，大阪で大原社会問題研究所創立総会。-11 長谷川如是閑，大山郁夫ら『我等』を創刊。 **3**-1 京城はじめ朝鮮各地に独立運動おこる（万歳事件）。-6 新人会，機関誌『デモクラシイ』を創刊。-7 堺利彦と高畠素之ら対立，売文社解散。-10 友愛会，治安警察法17条撤廃臨時集会を開く。 **4**-1 高畠素之ら，新たに売文社を設立，『国家社会主義』を創刊。-3 山本実彦，『改造』を創刊。-5 都市計画法・市街地建築法を公布。-10 朝鮮の民族主義者，上海に大韓民国臨時政府を樹立する（国務総理李承晩）。-12 関東庁官制・関東軍司令部条例公布（関東都督府を廃止，民政は関東長官，兵権は関東軍司令官に分離）。-15 朝鮮政治犯処罰令公布。-21 堺利彦・山川均ら『社会主義研究』創刊。-30 パリ講和会議で山東省のドイツ利権につき日本の要求を承認。 **5**-7 講和会議で赤道以北南洋群島の委任統治国を日本に決定。同日，中国人留学生2000名が東京で国恥記念デモを行う。-17 内田外相が山東省還付を声明。 **6** 賀川豊彦ら，大阪で消費組合共益社を設立。 **8**-1 国家主義団体猶存社結成（大川周明・北一輝ら）。-10 津田左右吉『古事記及び日本書紀の新研究』刊。-12 斎藤實，朝鮮総督となる。-20 朝鮮総督府官制・台湾総督府官制を改正（文官総督の道を開く）。 **8** 北一輝『国家改造案原理大綱』脱稿。 **9**-2 京城で斎藤實総督が投弾される。-6 帝国美術院設立。 **9** 商品・株式の投機ブーム激化。 **11**-3 元帥寺内正毅薨ず。 **12**-24 第42議会召集。	**1**-1［独］ベルリンでスパルタクス団中心にドイツ共産党成立。-5 ミュンヘンでドイツ労働者党（のちのナチス）結成。-15 ローザ・ルクセンブルク，カール・リープクネヒト惨殺される。-18 パリ講和会議開く（～6-28）。 **2**-6［独］ワイマールで国民会議（エーベルトが臨時大統領） **3**-2 モスクワでコミンテルン創立第1回大会開催。-9［埃］全土に反英デモが拡大。-21 ハンガリー革命，共産党政権成立（**8**-1 崩壊）。-23［伊］ムッソリーニが「戦闘者ファッショ」を結成。 **4**-6［印］ガンジーが国民会議派議長となりハルタルを布告。-11 李承晩，上海に大韓臨時政府樹立。 **5**-4［中］北京の学生，山東問題で抗議，反日運動が全国的に展開（五四運動）。 **6**-28 ベルサイユ講和条約結ばれる。［中］北京政府がベルサイユ条約の調印を拒否。 **7**-25［ソ］帝政ロシアの中国への不平等条約廃棄（カラハン宣言）。-31［独］ワイマール共和国憲法採択。 **8**-8［アフガニスタン］ラーワルピンディー条約を結ぶ（アフガニスタンの独立が承認される）。-14［独］ワイマール憲法発布。 **9**-10 サン・ジェルマン講和条約（対オーストリア）結ばれる（オーストリア・ハンガリー帝国をオーストリア・チェコ・ポーランド・ハンガリーに分割解体，独・オーストリアの合併を禁止）。-12［伊］詩人ダヌンツィオの義勇兵，共和国樹立（伊政府，不承認）。-15［中］ドイツとの戦争状態終了を布告。 **10**-10［中］孫文が中華革命党を中国国民党と改称。-19［ソ］ユデーニチの白軍がペトログラードに進撃（反撃される）。-28［米］議会，禁酒法を可決。 **11**-14［ソ］赤軍がコルチャーク軍をイルクーツクへ撃退。 ◇［英］ラザフォード，原子核破壊を実験。 ◇［英・仏］ロンドン・パリ間定期旅客空輸開始。

年	後藤新平関連事項
1920 (大正9) 63歳	**1** アーネスト・チー・ウイリアムズ著『英国の改造と貿易』を訳述出版する。この頃，意見書「大調査機関設置の議」の草案成る。その創意は欧米旅行中の諸視察に発酵。 **2**-7 前年東京市民に質問した三カ条の回答報告会を鉄道協会で開く。-18 日露協会会頭に就任する。-22 相馬事件の錦織剛清没する。 **3**-4頃 『大調査機関と国家の二大急要問題』が起草印刷される。後藤の中心思想を表明，かつ民衆的世論喚起を狙う。 **4**-6 高橋是清蔵相を訪い，大調査機関設置予算について内談する。高橋は提案主旨や予算額には同意するも，直ちに実行することには反対する。 **5**-25 『大調査機関設置の議』を印刷発表する。この構想は欧米視察によって得たヒントに基づいたもので，大戦終結後の市場競争の熾烈さを踏まえ産業参謀本部としての性格を持つもの。 **6**-16 大調査機関案につき原首相，横田法制局長官と，長時間協議する。-25 この日より胆石病で私邸に療養する。-26 横田が産業国策調査会政府案をもたらす。-28 後藤は，政府案が官僚的小規模の案であるところから，原首相にその案の辞退を婉曲に書簡をもって答える。他に一通，横田に送られたらしき書簡があり，原宛よりもいっそう具体的に記される。 **7**-24 夏期大学開講のため軽井沢に赴く。 **8**-1 武蔵（河﨑）生まれる。-3 夏期大学のため伊勢山田に赴く。-14 嗣子一蔵，米国留学を終えて帰朝する。-18 後藤の返翰（横田宛か）下書から，大調査機関案は一頓挫をきたす。 **9**-7 平和条約締結ならびに大正4年ないし大正9年事件の功により旭日桐花大綬章を授けられる。-15 麻布桜田町新邸に移る。-24 日露協会，日露協会学校を設立，この日入学式（1933.4に哈爾浜学院と改称）。 **11**-27 東京市長田尻稲次郎，大疑獄事件の責任を負って辞職。ここに市会の有力者が協議，後藤の登場を促す気運が生じる。 **12**-7 東京市会にて市長に選挙される。-8 市会議長ら来訪，市長就任を懇請するが受けず。-11 工業倶楽部にて都市研究会臨時相談会あり，安田善次郎と相許す。-12 早朝，渋沢栄一来訪，市長就任を勧説する。-13 夜，藤田謙一，横田千之助らの斡旋にて原首相と密かに会見する。-15 首相官邸において原首相，床次内相と正式に会見，市長就任を内諾し，大海原職務管掌を招いて市政の現状を聴く。-16 正式に市長就任を受諾する。同日より20日まで都市研究会（都市計画の思想を宣伝する機関），東京市政改善の講演会を開催，後藤も出場演説する。-17 前日，東京市から内務省を経て内閣へ送付された書類に基づき，市長就任御裁可を得る。-18 正式に東京市長として初登庁する。正午に退出し宮中，各宮家へ御礼廻りをなす。-22 市会で後藤の推薦による永田秀次郎，池田宏，前田多門の三助役を正式に決定する。この日市会壇上にて市長就任の挨拶を述べる。 **12** 『自治生活の新精神』（内観社）を刊行。 この年，都市研究会が「米国戦時ポスター説明書――会長男爵後藤新平閣下蒐集」を作成。 □**5**-19 新渡戸稲造，国際連盟事務局次長に就任する。 □夏，ロンドンの少年団国際ジャンボリーに，日本から初めて幹部2名の代表を送る。

日本史関連事項	世界史事項
1-1 『新青年』(博文館) 創刊。-10 世界平和回復の大詔煥発される。同日、東京帝大助教授森戸辰男、雑誌掲載論文で筆禍。 2-6 関東関西普選期成労働大連盟結成。-8 普選促進国民大会あり。-26 普選法案討議中の衆議院が突如解散。 3-5 ロシアのパルチザンが尼港(ニコライエフスク)の日本軍の武装を解除する。米人サンガー夫人来日。-13 パルチザンがニコライエフスクの日本軍を武装解除。-15 株価暴落、戦後恐慌始まる。-28 平塚らいてう・市川房枝ら新婦人協会結成。 4-5 ウラジオ、ニコリスク間鉄道を占領し、日露交戦状態に入る。 5-2 上野公園で日本最初のメーデー(参加1万人余)。-10 第14回総選挙(政友278、憲政110、国民29)。-15 鉄道省をおく(鉄道院昇格)。-24 尼港で日本軍人と居留民・ロシア人がパルチザンに惨殺される(尼港事件)。 6-15 マルクス『資本論』(高畠素之訳)刊行開始。-29 第43特別議会召集。 6 権藤成卿ら、自治学会を結成。 7-3 尼港事件に対して、日本は北樺太の保障占領を声明する。-15 シベリア派遣軍が極東共和国との停戦議定書に調印。 8-24 内務省に社会局、農商務省工務局に労働課をおく。 9-10 東京市連合青年団成立。-17東京帝大文学部に神道講座設置。同日、小島祐馬・青木正児ら支那学社を設立、『支那学』創刊。 10-1 第一回国勢調査実施(内地5596万3053人、外地2102万5326人)。 10 大杉栄が上海の極東社会主義者大会に出席(翌月帰国)。 11-1 東京市道路工事に疑獄事件。-4 尾崎行雄・犬養毅ら普通選挙同盟会結成。 12-9 大杉栄・堺利彦ら日本社会主義同盟結成(翌年5-28 解散命令)。-17 国際連盟で赤道以北南洋群島の日本委任統治を正式に決定。-25 第44議会召集。 12 宮中某重大事件おこる(山県有朋と杉浦重剛・頭山満らが対立)。	1-10 国際連盟が正式に成立。 2-24 [独] 労働者党(ナチスの前身)が25カ条綱領を発表。 3-13 [独] ベルリンで退役将校カップ、反革命クーデター(-17 労働組合のゼネストで失敗)。 4-1 [米] ウラジオストクからの撤兵完了。-6 [ソ] シベリアのチタで極東共和国樹立宣言(のちソビエト・ロシアに合併)。-25 ポーランド軍、ウクライナ領に侵入。ソビエト・ポーランド戦争開始。 4 [土] ケマル・パシャが国民党を組織、アンカラにトルコ臨時政府樹立。 5-1 [中] 上海・北京・広東で中国初のメーデー。-4 [中] 広東軍政府分裂し、唐紹儀ら3総裁脱退。 6-3 [中] 孫文・唐紹儀ら上海に軍政府を組織、広東軍政府の無効を宣言。-4 [ハンガリー] トリアノン講和条約調印(旧領土の大半を失う)。-19 張作霖が北京に入り周樹模を首班とする内閣をつくる。 7-14 安徽派(段祺瑞、日本後援)と直隷派(曹錕・呉佩孚、英米後援)の戦闘(安直戦争。-19 安徽派敗北)。-19 ペテログラードとモスクワで第2回コミンテルン世界大会。-31 [英] イギリス共産党創立大会。 8-10 [土] スルタン政府、講和条約調印。-28 [米] 第19憲法修正を可決(婦人参政権)。 8 [中] 陳独秀ら、上海に中国社会主義青年団結成。 9-9 [印] 国民会議派がスワラージ運動を決定。 10-14 ソビエトロシア・フィンランド間にドルパート講和条約調印。-31 [印] ボンベイで全印度労働組合会議結成。 10 [中] 毛沢東、湖南で社会主義青年団結成。 11-2 [米] カリフォルニア州議会で排日土地法を可決。大統領選でハーディング(共和党)が当選。 12-7 [独] ドイツ独立社会民主党左派、共産党と合流。-9 [米] カリフォルニア州で排日土地法を実施。-29 [仏] フランス共産党結成。

年	後藤新平関連事項
1921 （大正10） 64歳	**1**-26 市長俸給全額を市に寄付する。 **2**-7 市民の声の報告会を鉄道協会で開く。特に市役所の改革と区長・学務委員の更迭を望む声が多かった。-8 東京全区長を鉄道協会に招待して戒告する。-18 この日より3月9日まで市内15区を巡回講演する。 **3**-3 ニューヨーク市政調査会の大要を印刷して有志に配布する。この日，皇太子殿下訪欧出発。-5 嗣子一蔵，杉浦春子と結婚。 **4**-1 無党派連盟の大要を発表する。-9 市政についての長文の意見書を草する。-27 「新事業及び其財政計画綱要」（いわゆる八億円計画。後藤は「東京市政要綱」と言った）を市参事会に提出。-30 市吏員千二百名を市会議事堂に召集して訓示。 **5**-1 都市研究会長として関西に赴き，-6 大阪経済会の招きにより「大調査機関と刻下の二大急要問題」と題して講演する。 **6**-23 警視庁防疫評議員となる。 **7**-11 松子（河﨑）生まれる。-14 大隈重信の招きで邸に臨み，互いに意気相投ずる。-20 安田善次郎が来訪し，市政調査会設立資金問題などについて懇談する。 **8**-30 明治神宮造営局評議員となる。 **9**-3 東宮殿下訪欧からの帰朝を迎え，市民を代表して賀表を奉呈する。-8 東宮殿下帰朝を奉迎する市民および青年団の大祝賀会を主宰する。-23 安田善次郎より市政調査会館建築費寄付その他の件についての来翰がある。 **11**-3 市連合青年団神宮例祭第一回運動会に東宮殿下の臨席を仰ぎ，団長として説明をする。同日，来朝中の英新聞王ノースクリフ卿，米上院議員フィーラン氏一行を自邸に招き，茶の湯の歓待をなす。 **12** 青山会館を徳富蘇峰邸跡に建設する旨が発表され，その実行委員に名を連ねる。
1922 （大正11） 65歳	**1**-15 安田家より東京市政調査会設立費350万円の寄付を申出る。-20 仏国特使ジョッフル元帥を東京駅に迎える。-26 帝国ホテルで歓迎晩餐会を主催する。 **2**-24 財団法人東京市政調査会の設立認可される。 **3**-20 『江戸の自治制』を発行する。 **4**-2 牛込の士官学校庭での全国乗馬大会に会長として摂政殿下の行啓を奉迎。-15 全国少年団総裁として，少年団とともに赤坂離宮に英皇太子ウェールズを奉迎。-16 財団法人東京市政調査会会長となる。東京市政に関し，米国のビーアド博士の招致を決定。-17 東京市主催の下に英皇太子歓迎会を帝国劇場で開く。 **5**-8，9 摂政宮殿下に市政の大要を進講する。-23 国際キリスト教青年協議会のため来朝中のジョン・R・モット博士らを本所安田邸に招いて園遊会を催す。 **6**-12 東京連合少年団団長となり，その後まもなく少年団日本連盟総裁となる。-25 孫鶴見俊輔生まれる。-26 工業倶楽部で東京市政調査会発会式を挙行。 **7**-30 明治天皇崩御十年祭式典に当たり，大臣礼遇総代として，桃山御陵に参拝。 **8**-1 民力涵養協会会長就任。-7 臨時外交調査委員会委員の辞表を加藤首相に提出。 **9**-14 東京市政調査会顧問ビーアド博士来朝。同日，多満子（河﨑）生まれる。-16 丸ノ内銀行倶楽部でビーアド博士歓迎晩餐会。-21 工業倶楽部に市政調査会評議員その他を招待してビーアド博士のためのレセプションを催す。-25 子爵となる。-30 従二位となる。 **11** 加藤首相と日露復交についての黙契なる。-8 ビーアドとともに関西旅行，-19 帰京。-26 東京市政調査会長として，入京中の全国市長を帝国ホテルに招待。

日本史関連事項	世界史事項
1-8 シベリアで日本哨兵の米将校射殺事件おこる。-24 貴族院で加藤憲政会総裁がシベリア撤兵を主張する。-28 日中軍事協定廃止につき交換公文。 2-12 大本教幹部が不敬罪・新聞紙法違反で一斉検挙（第一次大本教事件）。 3-3 皇太子が欧州訪問に出発。 4-2 足尾銅山争議おこる。 5-9 日本社会主義同盟第二回大会（以後アナーキストとボルシェビキの対立激化）。 6-22 在米中の田口運蔵らコミンテルン第三回大会に出席。 8-26 極東共和国と大連で国交回復を交渉（翌年4月打切り）。 9-28 安田善次郎、朝日平吾に刺殺される。 11-1 上田に信濃自由大学創立。-4 原首相、東京駅頭で中岡良一に刺殺される。-5 原内閣総辞職。-12 ワシントン会議開く（全権加藤友三郎ら）。-13 高橋内閣成立。-25 皇太子裕仁が摂政に就任。 12-13 ワシントン会議で日英米仏四国協約に調印（日英同盟廃棄）。-24 第45議会召集。	2-3 ［蒙］ロシア人ウンゲルン男爵、クーロンを占領、-9 外蒙の独立を宣言。-27 ［伊］フィレンツェでファシストと共産党が暴動をおこす。 3-8 ［ソ］新経済政策（ネップ）採択。 4-27 ロンドンで連合国最高会議開く（ドイツの賠償金を1320億金マルクと決定）。 5-5 ［中］広東新政府が成立し孫文が非常大総統に就任。-31 ［米］国務長官が日本のシベリア占領不承認を警告。 6-22 モスクワで第3回コミンテルン世界大会。 7-1 ［中］上海フランス租界で中国共産党創立大会開く（委員長陳独秀）。-29 ［独］ヒトラーがナチス党首に就任。 11-7 ［伊］ローマでファシスト党全国大会開く（国家ファシスト党に改組）。［蒙］人民革命政府、クーロンに成立。-12 ワシントン会議開く（〜22・2-6）。-22 ［ソ］国家計画委員会（ゴスプラン）を設ける。 12-6 ［英］アイルランドが自治領となる。◇無政府主義者クロポトキンの死。［西ア］イラク王国、ヨルダン王国が成立。
1-10 大隈重信薨ず。-22 モスクワの極東民族大会に片山潜・徳田球一ら出席。 2-1 山県有朋没す。-6 ワシントン会議で海軍軍備制限の条約（4カ国条約）、中国についての9カ国条約、関税に関する条約に調印。 3-3 京都で全国水平社創立大会開く。-31 南洋庁官制公布。 4-12 英皇太子ウェールズ殿下御来朝。-16 日露大連会議決裂する。 6-6 高橋内閣総辞職。-12 加藤（友）内閣成立。-24 北樺太を除くシベリア派遣軍撤退を声明。 7 日本共産党が非合法に結成。 9-4 日ソ長春会議開く（-25 決裂）。-16 臨時外交調査委員会廃止。-30 日本労働組合総連合結成大会（大阪）がアナーキスト・ボルシェビキの対立で流会。 10-25 沿海洲派遣軍の撤退完了。 11-17 アインシュタイン来日。 12-17 青島派遣軍撤兵終了。-25 第46議会召集。	1-12 ［中］香港の中国人海員、大ストライキ。 2-4 ［中］日本と山東還付条約を結ぶ。-6 ワシントン海軍軍縮条約調印される。-15 ハーグ常設国際司法裁判所発足。-28 ［英］エジプト独立を名目的に承認。 3-10 ［印］ガンジーが逮捕される。 4-3 ［ソ］スターリンが書記長に選出される。-16 ［独ソ］ラッパロ条約に調印（賠償の相互放棄と国交回復）。 5-12 ［中］張作霖が東三省の独立を宣言。 5 広東で第一次全国労働会議開く。郭抹若ら上海で創造社設立。 6-2 ［中］大総統徐世昌が正式に辞職。-24 ［独］ラーテナウ外相が極右派に暗殺される。 8 ［中］共産党が杭州会議で国民党との連合を決議。関東州租借地回収運動が盛んになる。 10-31 ［伊］国王エマヌエレ3世の命でムッソリーニが組閣（ファシスト政権の成立）。 12-30 ［ソ］ソビエト社会主義共和国連邦（USSR）成立を宣言。

年	後藤新平関連事項
1923 (大正12) 66歳	**1**-16 北京滞在中のモスクワ労農政府極東代表ヨッフェに，病気療養のための来朝を電報で勧める。-23 滞在先の上海から渡日する旨ヨッフェの電報が届く。 **2**-1 ヨッフェ来日，築地精養軒で後藤と長時間会談。-4 当局官憲のヨッフェに対する態度を難詰する書簡を加藤首相に。-5 日・波（ポーランド）協会名誉会長となる。同日，赤化防止団員が後藤邸に闖入狼藉。-18 加藤首相に苦言を呈す。-20 母堂利恵病臥。-26 加藤首相を訪問し，日ソ問題に関する覚書を手交。同日，母利恵没す，享年99。-28 再び暴漢が闖入狼藉，長男の一蔵が負傷。 **3**-2 母堂の告別式執行，郷里水沢に出発。-3 増上寺で埋葬式。-4 法事を済ませ，即夜帰京の途に。-7 ヨッフェより日ソ再交渉につき長文の書簡。同日，ビーアドより東京市政に関する意見書を寄せ来る。-15 日露協会総裁閑院宮殿下に会頭拝辞の書を呈出。-21 松平欧米局長よりヨッフェ書簡に対する政府の所見を入手。-23 政府の意見に基づき，ヨッフェに回答。-29 熱海でヨッフェと会談。 **4**-10 首相を訪問，ヨッフェとの会談覚書を手交し委曲説明。-15 亡母七七日のため故人の遺志として東京連合少年団に金1000円を寄付。-20 首相官邸で内田外相と会見，外務省の意見を聴取。-23 内田外相にヨッフェとの交渉条件を質す。-24 熱海にてヨッフェと会談。-25 東京市長辞職を表明。-28 松平欧米局長より外務省の日ソ交渉に対する書面を入手する。 **5**-6 精養軒でのヨッフェとの会談で，日ソ交渉基礎案ができる。同時に懸案の日ソ漁業問題が浮上。夜，岐阜に向けて出発。-10 沿海州漁業問題に関するモスクワ政府の後藤宛ての回訓を外務省に伝達。-22 日ソ予備交渉基礎私案を加藤首相に提出。-24 精養軒にヨッフェを訪い長時間会談。-25『日露内交渉顛末』を刊行。-30 後藤の幹旋で日ソ漁業条約調印。 **6**-7 加藤首相より日ソ非公式交渉開始覚書を手交される。-8 日ソ交渉が政府の手に移ったことをヨッフェに伝達する。-12 ビーアド博士帰米の途につく。-17 モスクワ政府よりヨッフェが日ソ予備交渉全権である旨通達あり。 **7**-5 上野自治会館での日本大学学生有志国際連盟研究会主催の国際問題講演会で，国際政治の倫理化を高唱。この日，ヨッフェと会見，助力を頼まれる。 **8**-10 ヨッフェ帰国。-15『日露予備交渉惑問』を刊行。-20 淡路洲本の夏期大学講演に赴く。-28 山本権兵衛に大命降る。山本を訪問，組閣について談議。 **9**-2 山本内閣成り，内務大臣となる。帝都復興根本策を練り，復興費を30億円と見積もる。-4 帝都復興の議を作成。松方幸次郎，金子直吉らよりモラトリアムにつき進言。-5 米国のビーアドに招電。-6 帝都復興の議を閣議に提出。-13 恩賜財団済生会副会長を嘱託される。-15 摂政宮の焼跡巡視に付き従う。-19 帝都復興審議会委員となり幹事長を兼ねる。-29 帝都復興院総裁を兼任する。 **9** 警視庁警務部長正力松太郎と出会う。 **10**-3 「大乗政治論」を口述し山本内閣の立場を表明。-6 ビーアド博士再来日する。-13 史蹟名勝天然記念物調査会長就任。-21 清（河崎）誕生。-30 ビーアドより新東京建設に関する建言。 **11**-1 第一回復興院参与会に復興計画13億円案と10億円案を出す。-24 首相官邸で開かれた復興審議会に幹事長として出席するが，後藤の復興案に伊東巳代治が反対する。-25 帝都復興に関して，山本首相に痛烈な覚書を呈す。 **12**-10 第47臨時議会召集，復興費5億7500万円弱の案を出すが政友会の修正を受け3億4000万余円で通過する。-29 山本内閣は引責総辞職。

日本史関連事項	世界史事項
1-26 水野錬太郎内相，赤化宣伝を恐れ，ヨッフェ渡日を阻止しようとする。 1 菊池寛が『文藝春秋』創刊。同月，上杉慎吉・高畠素之ら，経綸学盟を設立。 3 初旬，外相らの代理森熊が密かにヨッフェに接近する。-10 中国が21ヵ条廃棄と旅順・大連回収を要求（-14 日本拒絶）。 4-14 石井・ランシング協定廃棄。 4 『エコノミスト』『赤旗』創刊。-20 ヨッフェの暗号電報使用許可と予備会談要領を閣議決定。 5-9 北一輝『日本改造法案大綱』刊。 6-5 第一次共産党検挙行われる。-21 日本の日露予備交渉代表としてポーランド公使川上俊彦が任命される。-29 川上・ヨッフェ日ソ予備会談始まる。 7-10 日本航空設立。-27 ヨッフェ，川上に交渉打ち切りを表明。-31 ヨッフェ・川上の最終会議。 8-10 『大原社会問題研究所雑誌』創刊。-24 加藤友三郎首相没す。享年63。-26 内閣総辞職。 9-1 関東大震災（死者9万1344人，全壊焼失46万4909戸）。-2 第二次山本内閣成立。京浜地区に戒厳令。朝鮮人暴動の流言で市民自警団組織（朝鮮人虐殺始まる，朴烈・金子文子が大逆罪で検挙）。-3 皇室より御内帑金1000万円御賑恤の御沙汰がある。-4 労働運動家平沢計七・河合義虎ら軍隊に殺害される（亀戸事件）。-7 治安維持のための罰則の件・支払猶予令の二緊急勅令・暴利取締令公布。-12 帝都復興の大詔煥発される。-16 憲兵大尉甘粕正彦が大杉栄・伊藤野枝らを殺害。-20 暴行自警団の検挙開始される。同日，帝都復興院官制が発布。-27 復興院官制・震災手形割引損失補償令公布。 11-10 国民精神作興の詔書発せられる。-16 内閣に普選準備調査委員会をおく。-29 東京帝大で社会科学研究会結成。 11 『改造』で大杉栄追想特集。 12-10 第47臨時議会召集。-25 第48議会召集。-27 虎ノ門事件起こる。-29 山本内閣が虎ノ門事件で引責総辞職。	1-11 ［仏・ベルギー］ドイツの賠償不履行を理由にルール地方を占領（～24・9-1）。-14 ［伊］国王がファシスト党国防義勇軍（黒シャツ軍）を正規軍とみなす。-26 ［中］孫文が上海で和平統一を宣言し，裁兵綱要を示す。ソ連代表ヨッフェが孫文と会見し，中国にソビエトの制度を移すことは不可能と共同宣言。 2-21 ［中］孫文が再び広東に到り大元帥大本営を組織（第三次広東政府）。 3-27 ［ルーマニア］新憲法公布。 4-9 ［アフガニスタン］基本法公布。-19 ［埃］憲法公布し，立憲君主制などを規定。 6-9 ［ブルガリア］国王，軍隊，右翼のクーデター（スタンボリスキー政権崩壊）。 6 ［中］広州で中共3全大会開催，国共合作などを決定。 7-24 連合国，トルコとの間にローザンヌ講和条約調印。 8-11 ［独］クーノ政府打倒をめざすゼネスト。-23 連合国軍，コンスタンチノープルから撤退。 8 ［独］マルク紙幣が大暴落。 9-2 ［中］蔣介石が孫逸仙博士代表団を率いてモスクワに到着（12-8帰国）。-13 ［西］プリモ・デ・リベラ将軍のクーデターおこる。戒厳令が布かれ独裁始まる。 10-10 ［独］ザクセンにドイツ社会民主党・共産党の連合邦政府成立。-29 ［土］共和国宣言，ケマル=パシャ大統領に就任。 11-8 ［独］ヒトラーとルーデンドルフがバイエルン政府打倒のミュンヘン一揆をおこす（ビヤホール一揆，-9 失敗，-11 ヒトラー逮捕される）。-14 ［伊］ムッソリーニの選挙法改正案可決。-15 ［独］マルク最低水準に暴落（1ドル＝4兆2000億マルク，レンテンマルクの発行開始）。-23 ハンブルクでドイツ共産党の蜂起（-25 鎮圧）。-19 ［中］国民党臨時中央執行委員会，新三民主義，三大政策（「連ソ・容共・扶助工農」）を決議。 ◇［ハンガリー］ルカーチ『歴史と階級意識』刊行。

年	後藤新平関連事項
1924 (大正13) 67歳	**1**-7 本官ならびに兼官を免ぜられ，下野する。 **2**-25 盛岡市商品陳列所で「政治闘争の倫理化」と題して講演する。-26 水沢で亡母の法会を執行する。 **3**-5 東北帝大で「国難来」と題して講演する。-19 講演視察のため令息一蔵を同伴して関西，九州へ旅行する。 **4**-3 家庭電気普及会が創立され，会長となる。各地に支部を置き，講演会，講習会，展覧会などを全国的に開催。-8 謙良院（和子夫人）七回忌法会を営み，追悼会を帝国ホテルで行う。-20 パンフレット「国難来」を刊行する。 **6**-16 パンフレット「時局に関し訪者の質疑に答う」を刊行する。 **6** 里見弴，短編作品「大臣の昼飯」で後藤を暗示。 夏，猪苗代湖畔にて少年団がキャンプ生活中，秩父宮殿下が訪問。後藤らと晩餐，天幕内に一泊。翌朝磐梯山登山にお供。 **9**-1「プロシア国貴族院令改正案」を刊行する。-4 上野自治会館における震災復興記念講演会で「自治精神」と題して講演する。この日，フォン・ブラウエルの『ビスマルク公外交機略』を刊行する。 **15** 駐日仏大使ポール・クローデルと自邸で会談。-28 Tumegawa 河畔（玉川上水のあたりか）でクローデルとピクニック。-30 東京市会で再び市長に選挙される。 **10**-2 市長推薦を辞退する。-3 パンフレット「二百万市民に愬う」と題して市長推薦辞退の理由を発表する。-16 社団法人東京放送局初代総裁となる。-28 芝増上寺において新政会講習会員のために「政治の倫理化」を講演する。 **11**-7 上野池之端無線電話普及展覧会において初めての放送演説を試みる。 □この頃，河﨑きみ，桜田町の後藤邸に移る。
1925 (大正14) 68歳	**3**-19 姉初勢没す。享年80。-22 東京放送局仮放送に際し挨拶を放送する。-26 東京発，満鮮の旅に上る。同伴者は三島通陽，田中清次郎，佐藤安之助，安場保健。-30 京城に着き，京城少年団の検閲，斎藤實総督官邸での晩餐会などあり。 **4**-2 奉天に到着，張作霖と会見し，大いに阿片専売策を説く。-5 ハルビン日露協会学校第三回卒業式に臨む。-8 奉天で再び張作霖と会談し，張の中央進出を戒める。-17 神戸着。大阪に2泊，京都に2泊し，21日朝帰京。-27 早稲田大学で「普選と明日の政治」を講演する。 **5**-9 加藤高明首相を訪い，極東開発企業の件について談合する。-18 大正12年末に申請した市政会館と公会堂の建築敷地指定，建築許可，ようやく条件付にて認可。 **7**-3 再び加藤首相を訪い極東拓殖会社創立の意見を開陳する。-12 芝愛宕山新築放送局で本放送を開始，挨拶を放送する。-24 駐日ドイツ大使ゾルフ博士を新邸最初の正客として招待する。 **8**-4 少年団連盟のため北陸，中国，四国，九州方面へ講演の旅に出る。-23 小五郎（河﨑）生まれる。 **10**-25 東京市政会館と公会堂の建築基礎工事に着手する。 **11**-9 東京放送局において最近のわが国の少年団について放送演説する。 **12**-17 万国キリスト教青年会理事モット博士が来朝，自邸に旅装を解かせる。-19 自邸でモット博士を正賓として朝野名士を招じ晩餐会を催す。

日本史関連事項	世界史事項
1-7 清浦奎吾内閣成立。-10 政友・憲政・革新の3派が内閣打倒の第二次護憲運動を始める。-26 皇太子裕仁が久邇宮良子と成婚。-31 衆議院解散。 3 日本共産党が解党を決議。 4-12 ILO労働代表が初めて労働組合から選出される。-27 安部磯雄・石川三四郎ら,日本フェビアン協会を設立。 4 大川周明,安岡正篤,満川亀太郎ら行地会を結成。 5-2 京城帝国大学を設置。-10 第15回総選挙（憲政151,政友105,革新30,政本109）護憲3派大勝。-15 北京で吉沢・カラハン日ソ交渉始まる（翌1-20 妥結）。 6-7 清浦内閣総辞職。-11 加藤高明内閣成立。-13 築地小劇場開設。-25 第49特別議会召集。 8-20 復興局に疑獄事件（鉄道省に波及）。 9-22 外務省が中国内政への不干渉と満蒙の利権擁護を発表。 11-24 孫文が神戸で大アジア主義を演説。 12-24 第50議会召集。	1-20 ［中］広東で第一次国共合作。-21 ［ソ］レーニン没。-26 ペトログラードをレニングラードと改称。 2-1 ［英］ソ連を承認。-7 ［伊］ソ連を承認。 3-3 ［土］カリフ制を廃止。 4-15 ［米］新移民法を可決（排日条項を含む）。 6-16 ［中］孫文が黄埔軍官学校を設立,革命・軍事教育を行う（校長蔣介石,政治部主任周恩来）。-17 モスクワで第5回コミンテルン世界大会。-30 ［中］国民党が青天白日旗を党旗,青天白日満地紅旗を国旗と決議。 9-18 ［中］孫文が第二次北伐開始を宣言。 10-2 国連総会でジュネーブ議定書を採択（国際紛争の平和的解決案）。-13 ［サウジアラビア］イブン＝サウード,メッカを占領。-28 ［仏］ソ連承認。 11-5 ［中］清朝最後の皇帝溥儀が紫禁城から追放される（-29 日本公使館に避難）。-20 ［墺］ソ連を承認。-24 ［中］段祺瑞が臨時執政となり臨時政府樹立。-26 ［モンゴル］モンゴル人民共和国が成立し憲法を制定。 12-31 ［中］孫文が天津で張作霖と会見。
1-20 日ソ基本条約に調印（国交回復）。 1 佐野学ら上海で1月テーゼを作成。日本共産党再組織を決定。 2-11 全国各地で治安維持法など3悪法反対の示威運動が行われる。 3-1 東京放送局が試験放送（7-12 本放送開始）。-2 普選案上程可決。-19 治安維持法議会を通過（4-22 公布）。-22 社団法人東京放送局試験業務開始。 4-4 高橋是清,政友会総裁引退（後継田中義一）。 5-5 衆議院議員選挙法改正公布（男子普通選挙）。-15 北樺太派遣軍の撤兵を完了する。 6-1 中国の5・30事件に日英米仏陸戦隊が上陸。 7-6 安田善次郎寄贈東京帝国大学講堂の竣工式。-31 加藤内閣総辞職。 8-2 第二次加藤内閣成立（憲政会単独内閣）。 9-18 帝国議事堂が全焼。 10-1 第一回簡易国勢調査。 12-14 ソ連と北樺太石油石炭利権協定に調印。-25 第51議会召集。	1-15 ［ソ］最高人民委員トロツキーを解任。 2-16 ［中］上海の日本資本による内外綿会社で3万人のストライキ。 3-12 ［中］孫文が北京で病死。 4-19 ［中］青島の日系紡績工場でストライキ。 4-26 ［独］大統領選挙で民主戦線が分裂し,右派のヒンデンブルグが当選。 5-1 ［中］劉少奇らの指導で中華全国総工会設立。広東に農民協会設立（つづいて河南,四川にも設立）。-14 上海の日本内外綿会社にストライキ再発,-30 ゼネストとなり,各地に波及。 7-1 ［中］広東政府が中華民国国民政府に改組。-21 ［米］公立学校で生物進化論を教えたスコープスが有罪の判決を受ける。 10 ［中］故宮博物院の開設。 12-18 ［ソ］第14回共産党大会を開く（スターリンの一国社会主義理論を採択）。 ◇ ［独］ハイゼンベルクが量子力学の基礎を確立。

年	後藤新平関連事項
1926 (大正15 /昭和1) 69歳	**1**-1 「内憂外患の諸相を直視せよ」を東亜同志会から刊行する。この日，少年団総裁として挨拶を放送する。-5 自著『公民読本』三巻を発行する。-15 古稀に際し，御紋章付き銀杯ならびに酒肴料を下賜される。-19 所沢飛行場で患者輸送機を見学する。 **2**-11 建国祭に列して帰邸後，第一回目の脳溢血に罹り臥床する。多少歩行に難渋する。 **2** 病床に鶴見祐輔を招き，「新政治運動を起こし，ために財産も，時によっては生命も投げ出す」と決意を告げる。 **3** 入江達吉，森孝三，駐日ドイツ大使ゾルフらと共に，有名無実と化していた日独協会の復興を図る。 **4**-1 政治の倫理化運動を開始し，事務所を日露協会内に置く。『東京朝日新聞』，冒頭3段抜きの記事として後藤の新政治運動を発表。同日，ベルリンで「ドイツ及び日本の精神的生活及び公的施設の相互的理解促進協会」（略称「日本協会」），事務を開始。これは大正13年秋，来日中のハーバー博士と森孝三との交談に発し，後藤も関与した運動の流れ。-2 田中義一（政友会），若槻礼次郎（憲政会），床次竹二郎（政友本党）の三党総裁を訪問し，政治の倫理化運動開始の諒解を求める。-20 青山会館において政治の倫理化運動の第一声を挙げる。以来，普選準備のために全国を遊説し，翌年2月に至る。同行者に沢柳政太郎，伊藤長七，永田秀次郎，鈴木正吾，鶴見祐輔，石井満，長尾半平，作田高太郎，丸山鶴吉，澤田謙など。講演会数260回，約390時間に及ぶ。会員251,567名に達する。なお「普選準備会」の綱目と準則10条を作り，全国遊説の際に配布。 **5**-10 上野を発して東北，北海道遊説の途に上る。-23 関西を振り出しに，各地遊説のために西下する。 **5** 日比谷公園内に建設予定であった市政会館，公会堂の基礎杭打工事の途中，突然警視庁から工事見合わせの通達。市政調査会と当局との間に押し問答。 **6**-6 少年団日本連盟は，後藤の古稀を慶祝して弥栄の行事を行う。この夜，大阪，名古屋，信越地方遊説の旅に上る。-27 独大使ゾルフ大使夫妻令嬢を晩餐に招く。 **7**-14 東北遊説に赴く。-28 普選準備会の綱領会則を発表する。-31 愛知県岡崎の少年団キャンプ場に赴く。 **8**-5 唐沢山夏期大学に臨み講演する。-6 東京，大阪，名古屋など各地の放送局を合同し，社団法人日本放送協会（現NHK）が設立（この組織改正時に後藤は総裁を辞す。その後昭和11年まで空位）。-9 木崎湖畔の夏期大学に臨む。 **9**-19 京都，山陰，九州へ遊説に出発。-20 小冊子『政治の倫理化』を大日本雄弁会講談社より百万部発行する。 **10** 朝野の名士約300名，ドイツ人約80名を加え日独協会を再生し会頭となり，久邇宮殿下を総裁に戴く。同月，電気普及会（創立時より会長は後藤）を社団法人に組織化する。 **11**-30 政友会と政友本党の提携につき斡旋する。 **12**-14 田中（政友会），床次（政友本党）両党総裁を会見させ，自ら立会う。その結果，両党の提携が成る。-25 大正天皇崩御，昭和天皇践祚して，昭和に改元される。

日本史関連事項	世界史事項
1-15 京都帝大など全国の社研学生検挙される（最初の治安維持法適用事件）。-20 北京で芳澤・カラハン日露条約成立。-28 加藤高明首相没す。内閣総辞職。-29 若槻礼次郎が憲政会総裁に就任。-30 若槻内閣成立。-31 黒色青年連盟（アナーキスト）ら40人，警察の介入に憤慨し銀座で暴行。 2-11 建国会赤尾敏ら，第1回建国祭（宮城前まで3万人デモ行進）。-28 大阪松島遊郭移転につき疑獄事件おこる。 2 福本和夫が『マルクス主義』誌上で山川均の方向転換論を批判（福本イズムおこる）。 3-4 第51議会で田中義一の陸軍機密費横領疑惑に発し，松島疑獄などがからみ議会は大混乱となる。-5 労働農民党結成。-10 山川均ら編『レーニン著作集』刊行開始（10巻）。-20 大宅壮一編集『社会問題講座』（13巻）刊行開始。-25 朴烈に大逆罪で死刑宣告（4-5 無期に減刑）。弘文堂から『マルキシズム叢書』刊行開始。 4-6 太平洋問題調査会設立。-9 労働争議調停法・治安警察法改正公布（労働運動制限を緩和）。 5-21 福本和夫，個人雑誌『マルキシズムの旗の下に』創刊。-29 岡田文相が学生の社会科学研究・批判の絶対禁止を通達。 7-13 シュペングラー『西洋の没落』（村松正俊訳）刊行。 8-6 同潤会が向島に中ノ郷アパート完成（最初の公営鉄筋アパート）。 9-14 廃娼運動に反対する全国貸座敷業連合代表，廓清会・矯風会を威嚇。 10-25 『仏蘭西文学研究』創刊（白水社）。 11-3 大正天皇御不例発表される。-12 松本治一郎ら全国水平社幹部15人，福岡歩兵24連隊差別反対闘争で検挙される。-20 政府・日銀が鈴木商店・日本製粉の救済のために資金援助措置を決定。 12-3 『現代日本文学全集』刊行（63巻，改造社）。円本時代始まる。-14 政友本党・政友会の両党提携成立。-24 第52議会召集。-25 大正天皇崩御，摂政裕仁親王が践祚，昭和と改元。	1-3 [ギリシア]パンガロスが共和国憲法を廃止し独裁権を握る。-4 [中] 広東で国民党2全大会。汪兆銘・蔣介石ら実権を握り，西山派を除名。 3-8 北京で反軍閥デモ，軍警の発砲で死者約50名（3-18事件）。-20 [中] 蔣介石，戒厳令で広州を封鎖，共産党員を逮捕（中山艦事件）。 4-3 [伊]労働組合のかわりに労資を含むシンジケートを結成（労働間紛争の強制的調停およびロックアウト・ストライキの非合法化）。-24 独ソ友好中立条約（ベルリン条約）調印。 5-1 [英]炭坑ストライキおこる（-3 ゼネストとなり275万人参加，-12 ゼネスト中止後も炭坑組合だけがスト続行）。-12 ピウスツキのクーデターおこる。 5 [ソ] トロツキー・ジノビエフが新経済政策（ネップ）に反対。 6-14 [ブラジル]国際連盟常任理事国になれず連盟を脱退。 7-9 [中] 蔣介石が国民革命軍総司令に就任，北伐が始まる（-11 北伐軍が長沙を陥す，9-6 漢陽，-7 漢口，10-10 武昌，11-7 南昌を占領）。-15 [仏]ブリアン内閣総辞職（左翼連合内閣時代終結）。-28 ポアンカレ挙国一致内閣成立。[米]パナマ条約調印。 8-22 [ギリシア]コンディリス将軍がパンガロス独裁政権を打倒。 9-8 [独]国際連盟に加入，常任理事国となる。 10-19 [英]英帝国会議開く（本国と自治領の平等・王への共通の忠誠を宣言―バルフォア報告）。-23 [ソ]共産党中央委員会がトロツキー・ジノビエフを政治局から追放。 11-28 [中]国民政府が武漢遷都を決定。 11 東三省が穀類出境禁止令を発し日本に打撃を与える。 12-1 [中]張作霖が天津で安国軍総司令に就任。 12 ハルビンで日本通貨取引が事実上禁止される。 ◇ [ソ]エイゼンシュテイン監督『戦艦ポチョムキン』発表。 ◇ [米]ロッキード航空機会社設立。

年	後藤新平関連事項
1927 （昭和2） 70歳	**3**-30 国際連盟事務局次長任期終了で帰国した新渡戸稲造のために，徳富蘇峰夫妻，牧野伸顕，阪谷芳郎を自邸に招いて晩餐会を催す。 **4**-8 日独文化の協調および相互普及を図る「日独文化協会」が財団法人の許可を受ける。ベルリンの「日本協会」に呼応し，後藤を軸とする有志の運動が，政府からの補助金を得てようやく実る。-16 青山会館において政治の倫理化運動一周年大講演会を開く。同じ壇上より新渡戸稲造，沢柳政太郎，永田秀次郎が演説。 **6**-15 田中首相を訪い，一書を呈して対中外交の重要性を警告する。-19 日独文化協会，役員を依嘱し形式を整え，後藤を会長として発会式を挙げる。-20 北陸講演旅行に出る。 **7**-5 天皇の意により，赤坂離宮広芝御茶屋で震災内閣親任式当時の記念撮影。 **8**-4 第二回目の脳溢血に襲われる。左側言語中枢に出血があり，前回より症状が重い。その後，佐野彪太によって，週2回の検尿や検診を受けることに。-6 警視総監から日比谷公園内規定の場所に，東京市政調査会館と公会堂建設の認可証が下付される。 **10**-3 久原房之助邸において田中首相と会見し，訪露に関して談合する。-17 明倫大学設立に関して，地元有志より敷地30万坪提供の調印書を持参し来る。なお訪露中の体調危機発生を懸念し，設立の志を貫くための遺産処分の遺言状をつくる（その後設立計画は頓挫，予定地はやがて海軍の手に渡り，現在は厚木航空基地の一部）。 **11**-15 「金剛精舎の記」成る。-21 久邇宮殿下より招待され御餐を賜わる。 **12**-1 市政調査会において都下通信記者を招いて訪露決定についてステートメントを発する。-2 田中首相を同伴，赤坂離宮に伺候して天皇に拝謁，暇乞を言上する。-3 金剛精舎に少年団の送別会あり。全国の団員が各自糯米3粒ずつを集め，赤飯を炊き，総長へのはなむけとする。総長感泣。-4 後藤邸に詰めかける訪問客に別れの挨拶を交わし，各宮家，官辺などに暇乞いを済ませ，明治神宮に参拝。-5 ロシア訪問の途に上る。東京駅は見送る人々で大混雑，随行者は田中清次郎，八杉貞利，前田多門，森孝三，関根斎一，引地興五郎，佐藤信の7人。-6 伊勢大廟に参拝。-7 桃山御陵に参拝し三宮から香港丸で発する。-10 大連埠頭に着く。星ヶ浦ヤマトホテルに投宿。-11 朝満鉄本社に赴き，社員一同に面接。-12 夕方ハルビンに到着，満鉄公所に投宿。-13 午前中から邦人新聞記者団，露人記者団を引見し，後藤自ら訪露についてステートメントを発表。同日夕刻，民会公会堂にて在ハルビン官民による歓迎宴。席上，後藤は伊藤公追悼の演説をなす。-14 ハルビン駅発，シベリア鉄道に乗る。-15 午後ハイラル着，駅頭に居留民が見送り，握飯，漬物，小鳥などを贈る。-16 チタ駅着，ザバイカル鉄道長官アルチョーモフら列車内を訪れ日露交歓。-17 ヴェルフ・ネウージンスクで帰国途上の久原一行とすれちがう。-22 夜モスクワ・セベラヌイ停車場着，カラハン他外務省要人，田中大使他滞在邦人ら多数が出迎え。-24 外務人民委員代理カラハンと会見，漁業協約につき会談。-25 レーニンの墓参。-26 モスクワ西郊ノボ・チェビーチー修道院墓地にヨッフェの墓参（ヨッフェは同年11月17日に短銃自殺）。-27 『大阪朝日新聞』にヨッフェ墓参の記事掲載。-29 国民裁判所および刑務所視察。外務人民委員チチェリンおよびカラハンらと会商。-30 カラハンと会商。-31 中央執行委員会議長カリーニンと会談。レーニン研究所およびレーニン図書館参観。

日本史関連事項	世界史事項
1-20　政友会・政友本党，内閣不信任案を提出。同日，『世界大思想全集』（春秋社）刊行開始。 **2**-1　大間知篤三ら，『政治批判』創刊。 **2**-7　大正天皇御大葬。-15　京城で朝鮮民族解放の党として新幹会結成。同日，権藤成卿『自治民範』刊行。 **3**-6　日本農民組合総同盟結成。-7　丹後大地震（京都府死者3589人）。 **4**-1　『理想』（理想社）創刊。-5　鈴木商店破産。-17　枢密院会議で台湾銀行救済緊急勅令案を否決，若槻内閣総辞職。-18　台湾銀行取付けおこる（休業銀行続出）。-20　田中義一政友会内閣成立。-22　緊急勅令で3週間のモラトリアム実施。-29　全国150万人の処女会を統一，大日本連合女子青年団創立。 **4**　安岡正篤，金鶏学院を開設。軍人，官吏，華族ら聴講。 **5**-3　第53臨時議会召集。-19　大阪市，第1回全国都市問題会議を開催。-28　第一次山東出兵（**9**-8 撤退）。-30　京都地方裁判所，学連事件に有罪判決（初の治安維持法適用）。 **6**-1　憲政会・政友本党が合同し立憲民政党を結成（総裁浜口雄幸）。-20　ジュネーブ海軍軍縮会議開く。-27　政府が対華政策決定のため東方会議を開く。 **7**-10　岩波文庫刊行開始。 **8**-13　ＮＨＫが甲子園で最初の野球実況放送を行う。-30　政府，山東派遣軍の撤退を声明。 **10**-3　米モルガン財団代表ラモント来日，満鉄外債を協議。-5　吉野作造編纂『明治文化全集』刊行開始（24巻，日本評論社）。-23　蔣介石が入京（**11**-5 田中首相と会談）。久原房之助，海外経済調査委員として露，独二国に派遣される。 **11**-12　山本満鉄社長が張作霖から満蒙5鉄道建設の諒解を取付ける。-20　河上肇，大山郁夫監修『マルクス主義講座』刊行開始（13巻，上野書店）。 **12**-1　共産党拡大中央委員会，27年テーゼによる党建設を討議。-6　『労農』創刊。山川均，堺利彦，荒畑寒村ら参加。-24　第54議会召集。-30　上野・浅草間に最初の地下鉄開通。	**1**-4　［中］漢口の民衆，英租界を奪回。 **2**-10　ブリュッセルで被抑圧諸民族会議開く。-21　［中］国民党左派と共産党が武漢国民政府樹立。 **3**-24　上海臨時市政府樹立。北伐軍が南京を占領（南京の民衆が外国領事館を襲い多数の死傷者を出す）。 **4**-3　［中］民衆が漢口の日本租界を襲い日本軍と衝突。-6　［中］張作霖，共産党を弾圧（ソ連大使館・中東鉄道支社などを捜索）。-18　蔣介石が武漢政府に対抗して南京政府を樹立（共産党の排除断行を宣言）。-27　中共5全大会開く。農業綱領を決議。 **5**-3　ジュネーブ国際経済会議開く。-26　［英］議会で対ソ断交を決議。 **6**-5　［中］武漢政府がボロージン以下ソ連人顧問全員の罷免を決議し，反共に転じる。-18　張作霖が北京で軍政府を組織し，大元帥に就任（北方最後の政府）。-20　ジュネーブで日英米三国海軍軍縮会議開く（補助艦についての協定は失敗）。 **6**　［インドネシア］インドネシア国民党結成（党首スカルノ）。 **7**-13　［中］中共が対時局宣言を発す（第一次国共合作終わる）。 **8**-1　［中］中共軍が南昌占領し革命委員会組織（-6　南昌放棄）。 **9**-6　［中］南京・武漢両政府合体協定成立。 **10**-17　ジュネーブ国際貿易会議開く。 **10**　［中］毛沢東が江西省井岡山に革命根拠地を設ける。 **11**-17　［中］広東省海豊・陸豊に中国初のソビエト樹立。-27　［伊］アルバニアと第二次チラナ条約調印（アルバニアを保護国化）。 **12**-2　［ソ］第15回全ソ連邦共産党大会開催。トロッキー・ジノビエフを除名（トロッキー派の追放開始）。-11　［中］広州で武装蜂起，広州コミューン樹立。-15　南京政府がソ連との国交断絶宣言。 ◇　［米］リンドバーグが大西洋無着陸横断飛行に出発。 ◇　［独］ハイゼンベルク，不確定性原理を発表。

年	後藤新平関連事項
1928 （昭和3） 71歳	**1**-2 国立銀行視察。-3 対外文化連絡協会による「日露文化接近の夕」が催される。-4 レニングラードのエルミタージュ博物館見学。-5 同博物館および冬宮，労働学校および文化の家を視察。-7 党書記長スターリンと会談。-8 カラハンと会談。沿海州拓殖計画に対する折衝。-13 人民委員会議長ルイコフと会談。-14 スターリンと第二回会談。-16 カラハンと会談。-18・19 カラハンと会談。-21 チチェリンと会談。この日，帰国のためモスクワ出発間際に，日本政府より漁業条約調印決定の電報に接する。-24 オムスクでカラハンより漁業協約調印の電報に接する。-25 ノボ・シビリスク駅にて，田中大使の電報で「漁業条約及付属書類が1月23日午後9時正式調印結した」との通知。-29 列車の国境通過時，チチェリンとカラハンに対し感謝の打電。-30 ハルビン着，満鉄公所に二泊。 **2**-6 門司に入港。-7 東京に帰着する。-8 田中首相に帰朝の挨拶と報告をする。-13 参内して訪露の顛末を奏上する。-14 朝日新聞と日露協会との共同主催による帰朝講演を朝日講堂で開く。-20 総選挙をもって普選準備会の仕事に一段落を感じ，同会解散の声明書を発し実行。 **4**-3 麻布盛岡町の高松宮御用地にて，初めて少年団守護神道 臣 命の奉斎式。この日を少年団の記念日として毎年奉斎を申し合わす。 **5**-16 市政会館の定礎式が行われる。 **6**-10 郷里水沢に赴く。-12 水沢の各神社寺院に参拝し，親戚故旧を招待する。 **7**-1 夜中，牧野内府を訪問して張作霖爆死について交談する。-2 田中首相を訪い張作霖爆死の真相を聞く。-3 首相との会談の結果を牧野内府に報告する。 **8**-7 床次竹二郎と会見する。そのため新党樹立の風説が飛ぶ。 **11**-10 京都にて天皇即位式に参列。伯爵となり，金杯一個を賜う。 **12**-5 帝国ホテルで独大使ゾルフの送別会があり出席する。その席上，ハンブルグ大学名誉法学博士の称号を贈られる。-6 日本少年団総長として加盟健児八万の代表四千人を率いて，築地海軍大学校付属地において天皇の御親閲を賜う。
1929 （昭和4） 72歳	**1**-16 国民に対する遺言として，電力，保険，酒精含有飲料の三大国営案を手記して，斎藤實らに託す。-17 田中首相を訪い，市政浄化について進言する。 **3**-14 市政浄化について放送する。 **4**-3 少年団の守護神奉斎会ならびに陞爵祝賀会に臨む。この夜，後藤が会長の日本性病予防協会講演のため岡山に向けて東京駅発西下する。-4 米原付近の列車中で三回目の脳溢血発病，京都に下車して府立病院に入る。発病は直ちに各新聞に大きく報道。見舞客，電報，手紙が殺到する。本人は発言能力と手足の自由を喪失。-11 このころから容態再び悪化。-12 夜危篤状態に陥る。-13 午前5時30分，薨ず。享年72。特旨をもって正二位に叙せられる。午後1時に納棺式，法号を「天真院殿祥山棲霞大居士」に。在洛の親戚知人の焼香。午後8時20分，霊柩病院を離れる。多数の町の人々が脱帽敬礼して見送る。午後9時54分，霊柩京都駅を発す。-14 午前9時20分霊柩東京駅に着。-15 勅使海江田侍従の御差遣あり，幣帛，祭粢料，生花を下賜され，さらに優渥なる御沙汰を賜る。皇后陛下，皇太后陛下ならびに各宮家よりそれぞれの御使遣わされ弔問あり。-16 青山斎場で葬儀を執行。勅使，皇后宮御使，皇太后御使，各宮家御使の参列あり。青山墓地に和子夫人と相並んで埋葬される。

日本史関連事項	世界史事項
1-21 民政党の政府不信任案上程に先立ち衆議院解散。-23 日ソ漁業条約調印。 2-20 第16回総選挙（最初の普選，政友217，民政216，無産各派8，実業同志会4，革新3，中立その他18）。 3-15 共産党員の全国的大検挙（3・15事件，検挙1600人中起訴484人）。 4-10 日本商工会議所設立。-18 京大教授河上肇辞職（ついで東大大森義太郎・九大石浜知行ら大学を追われる）。-19 閣議で第二次山東出兵を決定（-20 出兵声明）。-20 第55特別議会召集。 5-3 日本軍が済南で国民革命軍と衝突（済南事件）。 6-4 関東軍河本参謀ら列車爆破により奉天引揚げ途上の張作霖を爆殺。-29 緊急勅令によって治安維持法に死刑・無期を追加。 7-3 内務省に特別高等警察課をおく。-4 憲兵隊に思想係をおく。 8-7 山本懸蔵・佐野学・市川正一らコミンテルン第六回大会に出席。 8 アムステルダム第九回オリンピックで日本選手初めて優勝（織田幹雄・鶴田義行）。 11-10 天皇即位式挙行。 12-24 第56議会召集。	1-16 ［ソ］トロツキーら国外追放。 2-2 ［中］蔣介石が軍政両権を把握，北伐再開を決定。 4-7 ［中］北伐再開。 4 ［中］朱徳・陳毅・林彪らの紅軍，井岡山の毛沢東軍と合流。 4 ［ソ］コルホーズ化のため土地私有禁止法成立。 6-9 北伐軍，北京に入城（北伐が完了）。 7-3 ［中］張学良が東三省保安総司令に就任し，北伐軍と講和。［英］平等選挙法成立（男女とも21歳以上）。-7 ［中］国民政府，不平等条約改訂に関して対外宣言。-13 蔣介石が東三省問題で三民主義採用を指示。-17 モスクワで第6回コミンテルン大会。-25 ［米］中国の関税自主権を承認。 8-27 パリで不戦条約（ケロッグ・ブリアン条約）調印（米英仏日など15カ国が署名）。 10-1 ［ソ］第一次五カ年計画が開始。-8 ［中］蔣介石が国民政府主席に就任。 11-3 ［中］米国が国民政府を承認（-20 英，-22 仏が承認）。-15 ［伊］ファシスト大評議会が正式の国家機関となる（ファシスト党の独裁権確立）。-29 張学良が国民政府への合流を誓う（国民党による全国統一が実現）。
1-22 ナップ成立とともに日本プロレタリア美術家同盟結成。-27 久邇宮邦彦殿下薨去。 2-3 改造社，改造文庫刊行開始。 3-5 元労農党代議士，山本宣治暗殺される。-15 渡辺政之輔，山本宣治の労農葬で数百人検束。-28 済南事件協定に調印（5-20 撤兵）。 3 大学卒業者の就職難深刻化（東大卒の就職率約30％）。 4-16 日本共産党員の大検挙（4・16事件，起訴339人）。 6-1 犬養毅・頭山満ら南京の孫文移柩祭に参列（国賓待遇）。-3 中国国民政府を正式承認。 7-2 田中内閣総辞職，浜口民政党内閣成立（第二幣原外交・井上財政始まる）。 10-13 国際文化研究所を解体，プロレタリア科学研究所創立。 11-3 朝鮮の光州学生運動，全土に波及。	1 ［中］朱徳・毛沢東の中共軍が井岡山を放棄し，江西・福建に進出。［ソ］トロツキーが国外追放される。 2-9 ［ソ］不戦条約実施に齎する「リトビノフ議定書」に調印。-11 ［伊］ムッソリーニがローマ教皇とラテラノ条約に調印（バチカン市国の独立を承認）。政教条約（コンコルダート）も結ぶ。 6-5 ［英］第二次労働党内閣成立。 7-11 ［中］張学良軍，中東鉄道を強行回収。 7-17 ［ソ］中国に国交断絶を通告。 10-1 ［英・ソ］労働党政府，対ソ国交を回復。 10-24 ［米］ニューヨーク株式市場大暴落（暗黒の木曜日），世界恐慌の始まり。 12-22 ［ソ・中］中東鉄道の原状回復を決め，ハバロフスク和議協定調印。-31 ［印］国民会議派，ラホール大会で完全独立要求決議。

年	後藤新平関連事項（没後）
1929 （昭和4）	**10**-19 市政会館ならびに日比谷公会堂の建築落成式。
1930 （昭和5）	**4**-8 天真会の席上で，故後藤伯の伝記編纂について議に上る。その後数次の会合。 **10**-12 大連星ヶ浦公園内霞ヶ丘に後藤の銅像が建立される。 **12**-13 天真会の発議により，故人と生前関係深き十九団体と協力し，後藤新平伯伝記編纂会が成立する。事務所を東京日比谷の市政会館内に置く。のち後藤邸より数千部の蔵書，二百数十梱の資料が届けられる。
1931 （昭和6）	**4**-4 編纂会は，会長に斎藤實を戴き，顧問に伊東巳代治，石黒忠悳，犬養毅，若槻礼次郎，阪谷芳郎の五氏を推し，理事に池田宏，服部金太郎，新渡戸稲造，堀啓次郎，賀来佐賀太郎，田中清次郎，永田秀次郎，長尾半平，長与又郎，上田恭輔，増田次郎，児玉秀雄の十二名が選ばれ，陣容が整い，その活動を開始。
1932 （昭和7）	**2** 編纂会は新たに池田，新渡戸，賀来，田中，永田，上田の六理事，ならびに岩永裕吉，田島道治，鶴見祐輔，前田多門，清野謙次，菊池忠三郎の六名を編纂委員に銓衡し，伝記の執筆は鶴見祐輔（外遊中）に依頼する。
1933 （昭和8）	**1** 鶴見祐輔が帰朝し，正式に伝記作成が開始する。会の実務はおもに幹事田辺定義，新名直和が担当する。
1935 （昭和10）	初夏，鶴見祐輔，依頼伝記をほぼ脱稿する。
1937 （昭和12）	**3** 鶴見祐輔『後藤新平』（後藤新平伯伝記編纂会，四冊本）の第一巻刊行。故人の第九回忌の墓前に捧げる。翌年第四巻まで刊行し，完結。 **6** 沢田謙『後藤新平小伝』，水沢町吉小路の後藤新平宅保存工事完成の際に発行。当伝は戦後も，1978年刊の『後藤新平追想録』に再録され今日に至る。
1941 （昭和16）	**9** 政治史家・信夫清三郎著『後藤新平——科学的政治家の生涯』（博文館）刊行。 **11**-3 正力松太郎の寄付金で水沢に後藤新平記念公民館がつくられる。
1943 （昭和18）	**5**〜 伝記編纂会本を分冊小型版化し，鶴見祐輔著『後藤新平伝』の名称で，太平洋協会出版部より刊行。
1964 （昭和39）	**8** 作家・杉森久英，後藤新平のモデル小説「大風呂敷」を『毎日新聞』に連載（翌年9月完結）。
1965 （昭和40）	**7** 伝記編纂会版の『後藤新平』を，勁草書房が同形態で復刻版刊行。67年に完結。 **11** 杉森久英『大風呂敷』（毎日新聞社）刊行。
1971 （昭和46）	**4**-22 水沢公園に残された旧銅像の台座の上にボーイスカウト姿の後藤の銅像建立（米治一制作）。

年	後藤新平関連事項（没後）
1976 （昭和51）	3-25 水沢市に後藤新平顕彰記念事業会（名誉会長・椎名悦三郎，会長・高橋忠八市長）が設立される。二大事業として銅像建立と記念碑建設を決定。
1978 （昭和53）	6-5 水沢公園内に新たに銅像を建立し除幕式（大連の朝倉文夫作銅像と同型）。 9-7 水沢市立後藤新平記念館が開館。水沢市公民館ホールで開館式を挙行。後藤新平顕彰記念事業会が『後藤新平追想録』を刊行（2000年3月増補改訂版）。
1988 （昭和63）	6 政治史家・北岡伸一による学術的評伝『後藤新平——外交とヴィジョン』（中公新書）刊行。外交指導者としての後藤像を際立たせる。
1990 （昭和2）	3-15～20 東北新幹線「水沢江刺駅」の開業5周年記念に，水沢市と読売新聞社が主催し，東京銀座・松坂屋デパートで「後藤新平展」を開催。
1996 （平成8）	10 政治外交史家・小林道彦著『日本の大陸政策1895-1914——桂太郎と後藤新平』（南窓社）刊行。
1997 （平成9）	7 郷仙太郎『小説後藤新平』（学陽書房）刊行。
2004 （平成16）	10-30 藤原書店から「後藤新平の全仕事」刊行開始。その第一弾として，後藤新平の全仕事を俯瞰する御厨貴編『時代の先覚者・後藤新平1857-1929』刊行。 11-27 東京大学安田講堂で，「後藤新平の全仕事」実行委員会主催・『正伝 後藤新平』発刊記念シンポジウム「今，なぜ後藤新平か」を開催（パネリスト＝青山佾，加藤登紀子，佐野眞一，新村拓，鶴見俊輔，司会＝御厨貴）。翌月，鶴見祐輔『後藤新平』に釈文を付し，新字・新仮名に改めた一海知義校訂による決定版『正伝 後藤新平』（全8巻，別巻1），第一巻を刊行（06年7月に本巻完結）。
2005 （平成17）	7 「後藤新平の会」創立。後藤の仕事に関心を抱く人々の交流の場を目指す。 7-23 東京・日比谷の日本プレスセンタービルで，「後藤新平の会」設立記念シンポジウム「21世紀と後藤新平 part 1——人材登用と世界戦略」を開催（パネリスト＝苅部直，下河辺淳，増田寛也，三砂ちづる，森まゆみ，司会＝御厨貴）。
2006 （平成18）	4 『後藤新平の会 会報』創刊号を発刊。 7-22 東京・日比谷の日本プレスセンタービルで「後藤新平の会」公開シンポジウム「21世紀と後藤新平 part 2——世界構想と世界戦略」を開催（パネリスト＝加藤陽子，木村汎，榊原英資，塩川正十郎，松田昌士，司会＝御厨貴）。 10 「後藤新平生誕150周年記念事業実行委員会」が発足（発起人＝青山佾，梅原誠，粕谷一希，塩川正十郎，鶴見俊輔，中嶋嶺雄，橋本五郎，藤原作弥，藤原良雄，増田寛也，松田昌士，松原治，水木楊，御厨貴，渡辺利夫）。
2007 （平成19）	5 後藤新平生誕150年を記念して「後藤新平賞」（後藤新平の会）を創設。 6-1 「第1回後藤新平賞」授賞式が東京・六本木の国際文化会館で行われ，受賞者の李登輝台湾前総統が講演。

（東京市政調査会提供）

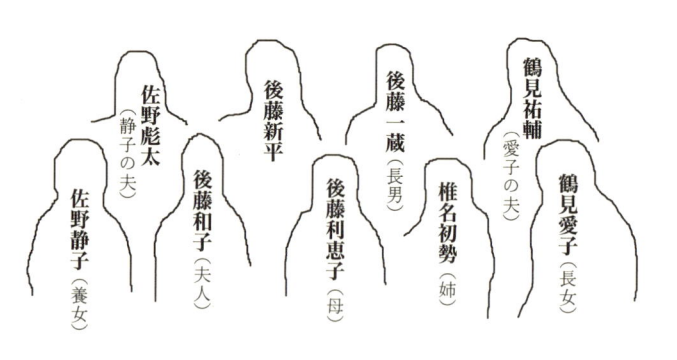

後列左から：佐野彪太（静子の夫）・後藤新平・後藤一蔵（長男）・鶴見祐輔（愛子の夫）
前列左から：佐野静子（養女）・後藤和子（夫人）・後藤利恵子（母）・椎名初勢（姉）・鶴見愛子（長女）

後藤新平と家族

III

後藤新平の全著作・
関連文献一覧

解題　メディアの政治家・後藤新平と「言葉の力」
　1　後藤新平の全著作
　2　後藤新平関連文献一覧

解題　メディアの政治家・後藤新平と「言葉の力」

はじめに

　この「後藤新平に関する書誌」は,「1　後藤新平全著作」および「2　後藤新平関連文献一覧」の二部で構成されている。このうち,後者の「関連文献一覧」は,後藤新平についての研究,回想,記録などの文献リストであり,格別説明を要しない。しかし,「後藤新平の著作」については,「著作性」のあり方の検討を含めて,その収録範囲をどうするかという問題がある。この問題に対して若干の考察を行い,この書誌利用の際の参考としたい。

1　政治家の「言葉」

　作家の武田泰淳に『政治家の文章』(岩波新書,1960年)という作品がある。宇垣一成(日記),浜口雄幸(随感),芦田均(回想),荒木貞夫(覚書),近衛文麿(遺書,日記),重光葵(日記),徳田球一(自伝)など,一連の政治家とその文章が取り上げられている中に,後藤新平の文章はない。なぜなら,武田のこの作品は「忘れられない時代」,つまり彼のいうところの「官僚のままの政治家が氾濫した時代」,「三代目が支配した時代」,「『国外発展(実は侵略)』が巨大化するにつれて,それを遂行する政治家のタイプが矮小化されて行くという,奇妙な一時代」の「忘れられない政治家たち」に,「文章の通路から近づこうとした」ものだからで,後藤はこのひとつ前の「第二世代」だから入っていないのであろう。もし,武田泰淳が後藤新平の文章を読み込んだとしたら,どのような文章論(つまりは一種の政治家論)が書かれたのだろうか。

　後藤新平はもとより作家ではなく,文筆をもって世を渡った人物でもない。しかし,後藤新平ほど「言葉」を駆使し,「言葉の力」に依拠しようとした政治家は,近代日本にあって稀な存在だった,といえるのではないか。このことは,鶴見祐輔の『後藤新平』を一瞥するだけでも分かることで,そこで引用されている後藤の著作,建議,意見書,講演速記などは数多い。ために,これらを「現代語化」した『正伝　後藤新平』はほとんど2倍の頁数を要することになった。ついでにいえば,鶴見祐輔には伝記叙述という形式を借りて,「資料集」を編集する意図があった,と思われる。

　現代的な表現でいえば,後藤はその生涯を通じて,「メッセージ」を「発信」し続けた。その「受け手」は,ある時はごく限られた元老や藩閥政治家

であり，また，ある時は彼の関与する組織ないし団体の全部であり，さらには全国民・世界である，というようにその範囲は特定されない。というよりも，後藤はその目的とすることを実現するために有効だと判断した方法を編み出しながら，政治的メッセージを送り続けた。なにかにつけて後藤と比較されることの多い原敬は，この点においても対照的で，原は「日記」という方法で「後世」という受け手に発信しようとしたのである。

では，後藤の残した「言葉」とはなにか，それはどのように把握できるものなのか。

2　後藤新平の「個人書誌」

書誌とは文献の集合的な記録であり，それを編纂するにあたっては必ずその目的と意図が存在する。16世紀中葉，スイスのゲスナーは『世界書誌（ビブリオテーカ・ウニウェルサリス）』を刊行したが，これは「ラテン語，ギリシャ語，ヘブライ語で書かれたすべての書物の完全無欠な目録」を目指したもので，学問と思想の全分野を網羅する書誌を作成しようという「普遍主義」の思想に立つものであった。哲学者ライプニッツは，近代図書館学の創始者のひとりであり，ヴォルフェンビュテル図書館長としてアルファベット順の著者名目録や主題別の分類目録の作成を試みた。ひとりの人物に関する書誌は「個人書誌」と呼ばれる。たとえばシェークスピアのような作家の研究のためには，書誌の作成はもっとも基礎的な作業であると同時に，シェークスピアの全作品の確定は最後のゴールでもある。ルネサンス期の文献学においては，古代ギリシャのプラトンやアリストテレスの作品やその研究の系統的研究こそが古典学の最重要課題であった。

政治家を対象とした個人書誌は，西欧世界では数多くあるらしいが，日本ではどうだろうか。そもそも，政治家の伝記自体が必ずしも多くないので，まして特定の政治家の書誌学的研究は少ないと思われる。管見ではこれというものを思いつかない。このような状況にあって例外的ともいえるものが，『後藤新平伯関係文書目録』である。

後藤新平が死去した昭和4（1929）年の翌々年，昭和6年に発足した後藤新平伯伝記編纂会は，後藤家から託された関係文書，書翰類を整理するため，「後藤新平伯関係文書処理委員会」を設け，昭和14（1939）年11月『後藤新平伯関係文書目録』を作成した。謄写版で560余頁のこの大部な目録には，「後藤新平の著作」のほぼ全てが収録されていることから，後藤新平の「個人書誌」の機能を有していると見ることができよう（この間の経緯については，『環』

29号〔藤原書店，2007年4月〕所収，春山「後藤新平研究の回顧と展望・序説——伝記編纂事業と『後藤新平アーカイブ』の成立を中心に」を参照されたい)。

さて，今なにげなく「後藤新平の著作」という表現を使ったが，そもそもこれは何を意味するのであろうか。例えば，「後藤新平訳」という奥付を持った図書であっても，その序文で後藤みずから翻訳者名を挙げている場合がある。また，後藤が口述したものを文章化したものの中には「代作」といってもよいものがある。しかし，今日的な意味で厳密には後藤の執筆に係るものとはいえない「著作」であっても，そこに後藤の目的，意図が作用しているものについては，後藤のいわば「言説空間」の一構成部分なのであって，後藤の「全仕事」を理解する上で除外することはできないであろう。

その一方で，『後藤新平伯関係文書目録』及びこれを基礎として作成された『マイクロフィルム版　後藤新平文書目録』(後藤新平記念館，昭和55年) に掲載されている文書の中から，「後藤新平の著作」を抽出することは，さしあたり困難である。

このようなことから，図書館資料の目録上，「後藤新平」(後藤男爵・子爵・伯爵などの場合も含む) をキーワードとして検索可能なものの「文献集合」を作成することとした。この結果が，本書に収録した「後藤新平の著作」である (具体的には「凡例」を参照されたい)。

3 「後藤新平の著作」の特徴

(1) 内容の一貫性と形式の多様性

後藤新平の「著作」には，テーマに対応した内容の一貫性と形式の多様性があり，その原型は，内務省衛生局時代の出版活動にすでに看取できる。明治23 (1890) 年刊行の『衛生制度論』には，「後藤新平先生衛生三大書」として，『衛生制度論』，『普通生理衛生学』(上中下3冊)，『国家衛生原理』が掲げられている。このうち，『衛生制度論』は後藤自身の例言によれば「警官練習」における講義録をまとめたものであり (『衛生制度講義録』であろう)，『普通生理衛生学』には「原本ハ独逸国博士勃古先生ノ著述ニ係リ」と注記してある。興味深いのは『黴菌図譜』で，「独逸国博士ギュンテル氏」の『黴菌学』の顕微鏡写真を複製した12枚の写真集である。これは当時の写真・印刷技術を以ってしては困難だったらしいが，研究を重ねてもらって出版に漕ぎ着けたという (後藤の「叙」)。『独逸，瑞西，其他欧州諸国労働者保険制度Ⅰ』は，『大日本私立衛生会雑誌』に連載された後藤の講演，ドイツ労働者疾病保険法及びその改正案，スイス労働者疾病保険法の要約を収録したものであり，

外国情報のタイムリーな提供を重視する後藤の特徴が窺われる。

　後藤は一貫したテーマについて，実に多様な形式で「出版」した。その中には「印刷を以って謄写に代える」という小冊子があるかと思うと，ハンディなポケット版・新書版があり，1枚ものの巻物かチラシのようなダイジェスト版がある。これはつまり，後藤が「メディア」を自覚的に使用したことの現れではなかろうか。この辺は調べると面白い問題がありそうである。

(2) 政治思想の摂取と外国情報の分析

　森孝三に「伯と読書」という興味深い一文がある（『吾等の知れる後藤新平伯』東洋協会，昭和4年，所収）。これによれば，森は後藤が台湾総督府民政長官であった時代から30有年間「伯の境遇，世間の状況を斟酌し，伯の読書の目的に添ふ資料の蒐集に努め」，ドイツ語など外国文献の翻訳のサポートをしながら，世界の政治思想や外国情報について後藤と語り合った。森が言及している書物には，スタインの行政学関係書，ドイツの「国家と自然」叢書中のフェルヴォルン『文化政策の生物学的基礎論』とシャルク『民族競争論（諸民族の競争）』，オルツェウスキーの『官僚政治』，パウルゼンの『政党と代議制』，デルブリュックの『政治と民意』，『ビスマルク演説集』などが挙げられ，後藤の政治思想や世界戦略との関係が論じられている。また，森は「伯は，其他政治，外交，文化，哲学に関する新刊の雑誌，新聞を愛読し，往々余に講述せしめつゝ自ら筆記せられた。最初の間は多く速記者を陪席せしめて速記せしめたが，暫らくしてから伯自身で筆記する事に変更せられた」とも書いている。後藤は翻訳者や速記者を有効に活用した「実地応用的読書家」であった。その点からすると，翻訳書は後藤の思想形成との関連で読まれるべきものかも知れない。

　なお，後藤は「外交に関するもの殊に我国と交渉深き英米支露四国の外交資料を好んで研究された」（森孝三）という。日露国交に関する後藤のパンフレット類にはこの点がよく反映されているが，その中にウイリアム・ボイラー述『露西亜承認問題』というパンフレットがある。これは，1923年2月23日，米国連邦議会上院のソ連承認問題をめぐる議事録の翻訳である。後藤の目配りと情報共有への熱意を知ることができる資料である。

(3) 同時進行ドキュメントとその公開

　1920年頃からの10年間の後藤の言論・出版活動は，収録資料のリストから分かるようにまことに猛烈なものがある。その最大の特徴は時宜に応じたパ

ンフレットの刊行であり，雑誌への記事掲載である。「同時進行ドキュメント」の公開，メッセージの発信といってよいだろう。主要なテーマ群としては，〈自治・東京市政・都市計画・調査機関〉に関するもの，〈ヨッフェ招致・日露関係〉に関するもの，〈震災復興〉に関するものがあるが，その最大規模のものは〈政治の倫理化〉である。

　大正13（1924）年2～3月頃に作成されたと推定される『政治の倫理化を提唱して　全国の青年諸君に告ぐ』という19ページのパンフレットは，爵位も肩書きもつけない「後藤新平」が全国の青年に決起を呼びかけるという激烈な調子のものである。後藤はこれと踵を接して『国難来』というパンフレットも刊行している。その2年後の大正15（1926）年4月20日，青山会館における〈政治の倫理化運動第一声〉の後藤演説が『普選に直面して政治の倫理化を提唱する』のパンフレットである。翌昭和2（1927）年6月刊行の『政治倫理化運動の一周年』には，この運動の「事業成績」が数字をもって示されている。講談社発売の『政治の倫理化』は127万部に達し，「日本出版界に於ける真に未曾有の第一記録」となった。しかし，同時代人の証言にはこういうものがある。「政治の倫理化運動は最初のプランに拠ると，国家建直しの叢書とでも云うべきパンフレットの連続的出版計画であって，全部で二十四冊を一ケ年間に出してしまうはずだった」ところが，ある理由で「パンフレット続刊は中止にして，単に倫理化運動一本槍で押し切ることにしたのだった」（東海隠史「後藤伯大風呂敷の内容」『環』29号，250ページ）。後藤の「言説空間」の奥行きにはもっと注意を払うべきなのかも知れない。

おわりに

　「後藤新平の全仕事」の把握のためには，後藤新平の「著作」をどの範囲でどのような内容と形式のものとして捉えるか，という基本的な問題がある。このことを広く「メディアと政治家」という主題ないし視角から考えようとする場合，後藤新平は実に興味深い存在である。後藤新平の「言説空間」の政治学的な分析がなされれば，現代日本における「政治家の言葉」，すなわち選挙公約やマニフェスト，政策表明や議会における審議を考える際に，ひとつの実践的な参考材料となるだろう。後藤新平の現代的な意味はここにも在る。

（春山明哲）

凡　例

- 「1　後藤新平の全著作」「2　関連文献一覧」ともに，文献は発行年順に配列した。
- もっぱら見易さのため，文献は数年ごとに区切って表示した。
- 著作名のうち，『　』でくくったものは単行本や雑誌を示し，「　」でくくったものは単行本や雑誌等に収録の論文，もしくはパンフレットやチラシ等，比較的薄めの媒体を示す（およそ 50 頁以下を基準とした）。ただし，必ずしも厳密にこの基準で区別できないものも含まれる。
- 書誌の情報は，国立国会図書館，市政専門図書館，拓殖大学図書館，岩手県立図書館の蔵書目録（OPAC）と，国立情報学研究所の総合目録（NACSIS Webcat），拓殖大学創立百年史編纂室編『学統に関わる書誌Ⅰ』所載の文献リスト，さらに『大宅壮一文庫・雑誌記事索引総目録』をもとに，編集部が作成した。
- [ ] でくくった事項は，上記データベースにおいて未確認とされ，編集部でも現物の確認がとれていないことを示す。あるいは，端的に情報が不確実である可能性を残していることを意味する。
- 巻号数が欠如している雑誌文献は，編集部において現物の確認がとれていないものである。
- 「後藤新平の全著作」のうち，出版者名が欠如しているものは，私家版，または後藤がそのときどきの地位や職業上の立場で発行したものと考えられる。

1　後藤新平の全著作

1880年代

後藤新平撰述『海水功用論　附・海浜療法』春曦書楼，1882年
Pappenheim 氏著／後藤新平訳「衛生警察原理」『衛生制度講義録』[1886年]
後藤新平「衛生制度講義按」『衛生制度講義録』[1886年]
勃古著／後藤新平訳『普通生理衛生学』忠愛社・丸善，1887年9月
後藤新平「職業衛生法」『大日本私立衛生会雑誌』大日本私立衛生会，1888年
後藤新平『国家衛生原理』後藤新平，1889年9月

1890年代

後藤新平『衛生制度論』対育舎，1890年9月
萩原貞編／下山貫雄・後藤新平閲『救急法』萩原貞，1890年11月
後藤新平述／宮部政厚記『後藤新平君演説筆記』大日本私立衛生会神戸支会仮事務所，1892年11月
後藤新平述／西本茂吉記『後藤内務衛生技師演説筆記』兵庫県赤穂郡，1892年12月
後藤新平述／永木誠太郎記『後藤内務技師演説筆記』兵庫県明石郡，1893年1月
後藤新平『赤痢病ニ関スル演説筆記』小林常吉，1893年4月
後藤新平序／大日本私立衛生会『万国衛生年鑑』大日本私立衛生会，1893年7月
ギユンテル著／後藤新平訳『黴菌図譜』対育舎，1893年10月
後藤新平『疾病保険法』[1893年]
Bericht über das Militaer-Quarantaenewesen im japanisch-chinesischen Kriege vom 27-28. Jahre Meiji (1894-95) ／ im Auftrage seiner Excellenz des Chefs der Militär-Quarantäne-Abtheilung Baron G. Kodama, erstattet vom Vorstande dienstführender Beamten der Milität-Quarantäne-Abtheilung S. Goto. 陸軍省，1895年
飯尾次郎編／後藤新平閲『帝国衛生法令』飯尾次郎，1896年11月
後藤新平編『独逸，瑞西，其他欧洲諸国労働者保険制度』1897年8月（序）
［シエーンペリヒ］著／後藤新平訳『工業篇　第2冊　工業上の労働者問題』1897年12月
後藤新平「台湾協会設立に就て所感を述ぶ」『台湾協会会報』2，台湾協会，1898年11月
ルーカス著／台湾総督府民政部文書課訳／後藤新平序『英国殖民誌』台湾総督府民政部文書課，1898年
後藤新平「台湾の実況」『台湾協会会報』7，台湾協会，1899年4月

1900年代

後藤新平「台湾の将来」『台湾協会会報』16,台湾協会,1900年1月
　同上「台湾協会学校学生諸君に告ぐ」『台湾協会会報』28,台湾協会,1901年1月
　同上「台湾協会学校学生諸君に望む」『台湾協会会報』40,台湾協会,1902年1月
　同上「新領土施政の公則」『台湾協会会報』41,台湾協会,1902年2月
　同上「支那開放問題に就て①」『台湾協会会報』54,台湾協会,1903年3月
　同上「支那開放問題に就て②」『台湾協会会報』55,台湾協会,1903年4月
　同上「支那開放問題に就て③」『台湾協会会報』56,台湾協会,1903年5月
　同上「商業的帝国主義実行の三要務」『実業世界太平洋』1－9号抄刷,博文館,1903年8月
後藤新平序／月出皓編『台湾館』第五回内国勧業博覧会事務局台湾協賛会,1903年8月
ブレスニッツ・フォン・シダコッフ著／田原禎次郎訳／後藤新平序『露国の闇黒面』民友社,1904年1月
後藤新平『征露日誌』1904年2月1日～12月31日
後藤新平「台湾談」『台湾協会会報』76,台湾協会,1905年1月
後藤新平述「赤十字社事業に就いて」,日本赤十字社台湾支部編『日本赤十字社台湾支部長後藤新平閣下演説筆記』(邦文及漢訳文),1905年4月
ブレスニッツ・フォン・シダコッフ著／田原禎次郎訳／後藤新平序『光栄之日本』博文館,1905年7月
後藤新平『大国民唱歌』通俗衛生茶話会,1905年11月
後藤新平序／田原禎次郎述『蒙古征欧史』台湾日日新報社,1905年12月
後藤新平「篤志看護婦人会事業に就て」[1905年]
後藤新平序／高岡熊雄著『普魯西内国殖民制度』台湾日日新報社,1906年7月
後藤新平「東洋協会大会演説」『東洋時報』101,東洋協会,1907年2月
　同上「東洋協会の過去と将来」『東洋時報』103,東洋協会,1907年4月
　同上「営口日本領事館の席上挨拶　後藤新平氏演」『東洋時報』106,東洋協会,1907年7月
　同上「在留官民諸君に告ぐ　後藤新平氏演」『東洋時報』107,東洋協会,1907年8月
Yosaburo Takekoshi, with preface by Baron Shimpei Goto, translated by George Braithwaite, *Japanese rule in Formosa,* Longmans, Green, and Co., 1907.
大隈重信・後藤新平序／山崎梅処訳『ルーズヴェルト全集』実業之日本社,1907年
後藤新平述／鉄道院編「忘年会に於ける後藤総裁の演説」[1908年]12月
後藤新平「台湾誌」,大隈重信編『開国五十年史』下巻,開国五十年史発行所,1908年
　同上「独逸ニ於ケル鉄道ノ特別組織及其財政」1909年1月
エチ・キ・エヂアトン著／永井柳太郎訳／大隈重信・有賀長雄序,後藤新平序言『英国殖民

発展史』早稲田大学出版部，1909年2月
後藤新平作歌／山田源一郎作曲『大国民之歌（楽譜）』如山堂書店，1909年10月

1910〜14年

後藤新平「後藤総裁ノ訓示」1910年4月
　同上「日本帝国国有鉄道」1910年11月
　同上「第38章　通信交通上の現実問題」，報知社編輯局『明治商工史』報知社，1910年
　同上「44年度鉄道予算内容ニ就キテ」1911年1月
後藤新平述／立石駒吉編『後藤新平論集』伊藤元治郎，隆文館，1911年1月
後藤新平『処世訓』如山堂，郁文舎，1911年5月
　同上「長閥と其の将来（長閥攻撃は弱者の声）」『新日本』1-2，冨山房，1911年5月
金子堅太郎・後藤新平序／杉山其日庵訳述『盲目の翻訳——英国小説』国光印刷出版部，1911年9月
ヨゼフ・オルツェウスキー著／後藤新平訳『官僚政治』冨山房，1911年12月
後藤新平作歌『大国民唱歌』1912年1月
後藤新平「永井柳太郎君に答ふ」『新日本』2-3，冨山房，1912年3月
後藤新平著／田中収吉編『青年訓』（附録・後藤男爵の半生）宝文館，1912年3月
後藤新平「朱舜水全集序」『東洋時報』164，東洋協会，1912年5月
　同上「鉄道青年会員に告げ，併せて大隈伯に対ぶ」『雄辯』大日本図書，1912年5月
　同上「官僚政治を論ず」『新日本』2-5，冨山房，1912年5月
フリードリッヒ・パウルゼン著／後藤新平訳『政党と代議制』冨山房，1912年6月
後藤新平「大なるかな我党の使命」『新日本』3-3，冨山房，1913年3月
　同上「立憲同志会員諸君ニ質ス」1913年5月
　同上「諸名士の桂公観（桂公逝去）後藤新平述」『東洋時報』181，東洋協会，1913年10月
　同上「立憲同志会退会始末大要」1913年12月
　同上「1909年設立　独国ハンザ同盟大要」1913年
　同上「立憲同志会員諸君ニ質ス　立憲同志会退会始末大要」1914年1月
　同上「政治の科学化」『新日本』4-5，冨山房，1914年4月
　同上「根本は国民の自覚に在り」『新日本』4-6，冨山房，1914年5月
　同上「東亜共同経済機関設立案」1914年8月
　同上『日本植民政策一斑』［1914年］

1915〜19年

後藤新平「文装的武備論」『新日本』5-1，冨山房，1915年1月
　同上「東洋協会専門学校第13回卒業式　後藤男爵演説」『東洋時報』199，東洋協会，1915

年4月
ハンス・デルブリュック著／後藤新平訳／上杉慎吉解題・評注『政治と民意』有斐閣，1915年4月
後藤新平「如何に満蒙を開拓すべきか（満蒙経営の大本を論ず）」『新日本』5-7，冨山房，1915年7月
  同上『日本植民論』（公民同盟叢書，第8）公民同盟出版部，1915年9月
  同上「1909年設立　独国ハンザ同盟大要」1915年
  同上『日本膨脹論』（通俗大学文庫，第3編）通俗大学会，1916年2月
パウルゼン著／後藤新平訳『政党政策と道徳』通俗大学会，1916年3月
後藤新平「大戦後の新文明」『新日本』6-4，冨山房，1916年4月
  同上「時局に関する意見の大要」1916年6月
  同上「講演　学俗接近の生活」『台湾時報』83，東洋協会台湾支部，1916年8月
  同上「師友の地再遊の所感」（東洋協会植民専門学校に於ける講演筆記）『東洋時報』216，東洋協会，1916年9月
  同上「自治制の消長に就て」『現代大家論集』公益通信社，1916年9月
  同上「帝国労働自衛協会設立趣意書　附　提唱，会則」1916年9月
  同上「台湾視察談」（第6巻），明治聖徳記念学会『明治聖徳記念学会紀要　第6-10巻』明治聖徳記念学会，1916-18年
  同上「憲政会ノ前身ト欽定憲法　附　本問題ニ関スル桂公手翰」1917年3月
  同上「日本民族の膨脹」『皇道』4-42，皇道会，1917年7月
  同上「知己児玉大将」『雄辯』大日本図書，1917年7月
後藤新平述／菊池暁汀編『青年の力』水野書店，1917年10月
後藤新平「世界的に創立せられし政治的大研究所」『新日本』8-1，新日本社，1918年1月
  同上「日本国民は須く日本を解すべし」『新日本』8-3，新日本社，1918年3月
  同上「帝国の青年諸君に警告す」『戦後の研究百人一話』冨山房，1918年5月
  同上「地方長官ニ対スル後藤外務大臣ノ訓示（大正7年5月14日於官邸）」1918年［5月］
  同上「世界の変局に対する日本の国際的地位」『新日本』8-10，新日本社，1918年10月
  同上「全的革命の機運に順応すべき国民的経綸」『新日本』8-11，新日本社，1918年11月
後藤新平／菊地暁汀編『修養の力』東盛堂書店，1918年
後藤新平「師友の地再遊の所感」『植民講話』二松堂書店，1919年1月
森孝三編／後藤新平監修『ビスマルク演説集』上巻，ビスマルク演説集刊行会，1919年1月
後藤新平『自治生活の新精神』新時代社，1919年2月
  同上「自治団綱領草案釈義」1919年3月
森孝三編／後藤新平監修『ビスマルク演説集』中巻，ビスマルク演説集刊行会，1919年4月
森孝三編／後藤新平監修『ビスマルク演説集』下巻，ビスマルク演説集刊行会，1919年6月
後藤新平著／三戸十三編『後藤男修養』日本書院，1919年6月
後藤新平「世界に於ける日本の地位　附東洋協会の責務」『東洋時報』254，東洋協会，1919

年11月
後藤新平著／野中春洋編『自治の修養』（袖珍名家文庫，第5編）東亜堂，1919年
後藤新平『帝国阿片政策統一論』1919年

1920年

アーネスト・チー・ウキリアムス著／後藤新平訳『英国の改造と貿易』後藤新平，1920年1月
後藤新平「都市の改善と市民の覚悟」『都市公論』3-1，都市研究会，1920年1月
　同上「国際聯盟と東洋協会」『東洋時報』257，東洋協会，1920年2月
　同上「東洋協会の責務」『東洋時報』260，東洋協会，1920年5月
　同上「大調査機関設立ノ議」1920年5月
　同上「仮の独逸帝国経済会議」1920年10月
　同上「文明生活と自治精神」『東洋時報』266，東洋協会，1920年11月
　同上『自治生活の新精神』内観社，1920年12月
　同上「欧米漫遊所見」，財団法人明治聖徳記念学会『財団法人明治聖徳記念学会紀要　第13-15巻』明治聖徳記念学会（第14巻），1920年-21年
　同上「婦人と自治」，石川六郎編『婦人問題講演集　第1-10輯』民友社（第5輯），1920-23年
　同上「大調査機関と国家の二大急要問題」［1920～21年］

1921年

後藤新平「抜本的更始一新の必要と自治の真精神」『東洋時報』268，東洋協会，1921年1月
　同上「現業員に対する予の主張」『柴電』大正10年1月号，東京市電気局共済組合，1921年1月
　同上「都市改善と都市研究会の使命」『都市公論』4-1，都市研究会，1921年1月
　同上「自治制度と紳士税」『都市公論』4-2，都市研究会，1921年2月
　同上「文明的の注意」『紫電』大正10年2月号，東京市電気局共済組合，1921年2月
後藤新平訳「紐育市々政調査会ノ大要」（図13枚），1921年3月
後藤新平「市政に就いて」（未定稿・謄写版），1921年4月
　同上「無党派聯盟ノ大要」1921年4月
松高元治著／書簡・後藤新平『天誅事件と改造政治』立憲少壮改進党，1921年4月
［後藤新平］「新事業及其財政計画綱要──所謂八億円計画──大正10年5月13日発表」1921年5月
後藤新平「自治第一義」1921年5月
後藤新平述／永田秀次郎述／東京市役所編『訓話』1921年6月

後藤新平「現代の自治生活」『都市公論』4-6，都市研究会，1921年6月
　同上「紐育市政調査要目の報告――紐育市市政調査会ノ大要補足」1921年7月
　同上「欧米各国に於ける科学的調査研究の趨勢」前書，1921年8月
後藤新平訳『英国首相官邸の姿鏡』1921年8月
後藤新平「欧米各国に於ける科学的調査研究の趨勢」1921年8月
　同上「奉迎　東宮殿下帰自欧洲恭賦三十韻」『東洋時報』276号，東洋協会，1921年9月
後藤新平訳『英国首相官邸の姿鏡　続』1921年9月
後藤新平「東京市の新計画に就て」『都市公論』4-9，都市研究会，1921年9月
　同上「東京市の新計画に就て　附　新事業及其財政計画の綱要　路面改良計画其他」1921年9月
後藤新平談「苦学時代の追憶」『紫電』大正10年10・11月号，東京市電気局共済組合，1921年10・11月
　同上「自治生活の新精神」『講習会講演集』（仏教聯合会）の第4回，鴻盟社，1921年10月
　同上『日本植民政策一班』拓殖新報社，1921年10月
　同上「都市計画と自治の精神」『都市公論』4-12，都市研究会，1921年12月
［後藤新平］，日本書院編『後藤男爵真男児の鉄腕』日本書院，1921年

1922年

後藤新平「新転機に立つ植民政策　附・東洋協会の新使命」『東洋』25-1，東洋協会，1922年1月
　同上「市民は自治市民試験に及第せり」『東京評論』2-1，1922年1月
　同上『江戸の自治制』二松堂書店，1922年3月
　同上「東京市政ノ現在及将来ニ就テ」（摂政宮殿下へのご進講）1922年5月
　同上「自治は人類の本能」『都市公論』5-5，都市研究会，1922年5月
　同上『英仏米首相官邸之姿鏡』大日本雄弁会，1922年6月
　同上「東京市政調査会寄附に関する安田勤倹翁の真意」1922年6月
　同上「市政振作の根本義」東京市吏員講習所，1922年8月
　同上「自治生活の新精神」民力涵養協会，1922年11月
　同上「都市計画と自治の精神」，都市研究会編『都市計画講習録全集　第1，2巻』都市研究会（第1巻），1922年
　同上「東京市政ニ関スル意見書」1922年

1923年

後藤新平「日露関係に就ての所見　ヨッフエ氏来遊の情由」1923年2月
　同上「露国最近ノ政情　過激主義ノ変遷」［後藤新平］1923年2月

同上「後藤子爵メルクーロフ氏の来翰に答ふ　附　メルクーロフ氏書翰（参照）」[1923年2月]
同上「ヨッフェ氏は何故日本に来たか」『実業の日本』実業之日本社，1923年3月
後藤新平編『訓誡和歌集』館森鴻，1923年4月
後藤新平「日露国民的交渉の正系」1923年4月
　同上「日露内交渉の顛末」[後藤新平] 1923年5月
　同上「巻頭言」『東洋』26-6，東洋協会，1923年6月
　同上「対露私見」『改造』5-6，改造社，1923年6月
　同上『国家衛生原理』第3版 [後藤新平]，1923年8月
　同上「日露予備交渉或問」1923年8月
東京市政調査会編「後藤内務大臣提案『帝都復興ノ議』」1923年9月
後藤新平「帝都復興論」『都市公論』6-11，都市研究会，1923年11月
ビーアド著 [後藤新平訳]『東京市政論』東京市政調査会，1923年12月
後藤新平「帝都の大震災と自治的精神の涵養」「帝都復興計画の大綱」『都市公論』6-12，都市研究会，1923年12月
　同上「大調査機関の設立を望む」，貯金局編『郵便貯金十億円記念講演集』貯金局，1923年
　同上「後藤内務大臣訓示要旨（大正12年11月13日）」1923年
ウイリアム・イ・ボラー述／後藤新平訳「露西亜承認問題」（米国上院議会速記録）1923年

1924年

後藤新平「清浦首相ニ呈スルノ書」（草案）（大正13年1月8日附），1924年1月
　同上「自治第一義の提唱」『人間味』1-1，人間味社，1924年2月
後藤新平述／少年団日本聯盟編「少年団運動ノ使命」1924年2月
後藤新平「政治の倫理化を提唱して　全国の青年諸君に告ぐ」[1924年2～3月]
　同上「新露西亜の研究」『東洋』27-3，東洋協会，1924年3月
後藤新平「国難来」内観社，1924年4月
　同上『自治生活の新精神』[小野法順] 1924年4月
　同上「政治の倫理化と青年の覚醒」『日本及日本人』46，政教社，1924年4月
後藤新平述「復興の既往及び将来」『帝都土地区画整理に就て [第1輯]』東京市政調査会，[1924年4月]
後藤新平「世界の平和は東方より」『人間味』大正13年5月号，人間味社，1924年5月
　同上「日露問題に就て」1924年5月
　同上「復興の既往現在及将来」『都市公論』7-5，都市研究会，1924年5月
　同上「時局に関し訪者の質疑に答ふ」1924年6月
　同上「都市計画と相互的精神」『都市公論』7-6，都市研究会，1924年6月
　同上「帝都東京ノ復興ニ就テ——桑港ジャパン雑誌ニ寄稿原稿」[1924年6月]

後藤新平「対露交渉と日露協会」(大正12年3月上旬総裁宮殿下に上陳の趣旨)，1924年7月
後藤新平述「帝国国防に関する私見」1924年7月
後藤新平「帝都復興とは何ぞや」，東京市役所編『区画整理と建築』(帝都復興叢書　第7輯) 帝都復興叢書刊行会，1924年7月
後藤新平『日本膨張論』大日本雄弁会，1924年9月
後藤新平編「普魯西王国貴族院令改正法案」1924年9月
後藤新平「『市制』自治と政党政治の関係」『都市公論』7-10，都市研究会，1924年10月
　同上「予が市長の推選を辞したる理由」1924年10月
　同上「予が市長去就を明らかにし併せて二百万市民の愛市心に愬ふ」(謄写版) [1924年10月]
後藤新平述／少年団日本聯盟編「少年団指導者に与ふ」(少年団日本聯盟パンフレット　第1輯)，1924年12月
フオン・ブラウエル述／森孝三訳／後藤新平序『ビスマルク公外交機略』拓殖新報社，1924年
後藤新平「復興の既往及び将来」，工政会編『帝都土地区劃整理に就て』工政会，1924年
　同上「復興倶楽部は何が故に起りし乎──其の目的・使命及其の本質的意義」[1924年]

1925年

後藤新平『自治三訣處世の心得』安國協會出版部，1925年1月
　同上「東洋文化の根本問題」『東洋』28-1，東洋協会，1925年1月
　同上「普選以後に備へよ」1925年1月
　同上「日露復交と太平洋政策の確立──『東洋の日本』『世界の日本』より『日本の世界』へ」『外交時報』41-4，1925年2月15日号，外交時報社，1925年2月
　同上「日露国交快復に就て」『東洋』28-3，東洋協会，1925年3月
　同上「都市計画と地方自治──といふ曼陀羅」『都市公論』8-3，都市研究会，1925年3月
　同上「無線放送に対する予が抱負」1925年3月
　同上「普選に備へよ」普選準備会，1925年4月
森成美編／後藤新平ほか『満蒙宣伝号』日満通信社，1925年5月
後藤新平「大陸発展のために」『東洋』28-6，東洋協会，1925年6月
　同上「自治団綱領草案」1925年6月
　同上「アメリカに於ける移民問題」『東洋』28-9，東洋協会，1925年9月
　同上『公民読本述作の趣意』宝文館，1925年9月
日露協会編「講演会速記録」(後藤新平会頭の開会の辞)，1925年10月

1926年

後藤新平「御大婚二十五年祝日奉祝の辞」，東京放送局編『ラヂオ講演集　第2輯』日本ラヂオ協会，博文館，1926年1月
同上『公民読本　少年の巻』東京宝文館，1926年1月
同上『公民読本　成人の巻』東京宝文館，1926年1月
同上『公民読本　青年の巻』東京宝文館，1926年1月
同上「人生と燃料問題」『燃料協会誌』40，燃料協会，1926年1月
同上「内憂外患の諸相を直視せよ」東亜同志会，1926年1月
同上「自治の三訣」『安田同人会』17，1926年2月
同上「自治的労働自衛」『三越講演集』第1輯，三越石垣会，1926年3月
同上『自治三訣処世の心得』安国協会，1926年3月
同上「帝都復興と建築資料」，東京放送局編『ラヂオ講演集　第3輯』日本ラヂオ協会，博文館，1926年5月
同上「我国民性と科学」，東京放送局編『ラヂオ講演集　第4輯』日本ラヂオ協会，博文館，1926年5月
同上「普選に直面して政治の倫理化を提唱す」1926年5月
同上「普選に直面して政治の倫理化を提唱す」『政治倫理化運動の第一声』普選準備会，1926年6月
同上「普通選挙と自治」，佐藤藤三郎編刊『大衆の前に』1926年6月
同上「政界革新教化運動　普選準備会綱要」普選準備会，1926年9月
同上『政治の倫理化』大日本雄弁会講談社，1926年9月
同上「財団法人日独文化協会設立趣意書」1926年10月
同上「ボーイ・スカウトに就いて」，日本放送協会関東支部編『ラヂオ講演集　第10輯』日本ラヂオ協会，博文館，1926年11月
同上「いやさか」，日本放送協会関東支部編『ラヂオ講演集　第11輯』日本ラヂオ協会，博文館，1926年12月
同上「普選準備会員諸君に申す」1926年12月
同上「自治的自覚を促す」，政治教育協会編『政治教育講座　第1-3号』政治教育協会，1926年
同上『政治の倫理化を提唱して——全国の青年諸君に告ぐ』1926年
同上「政治の倫理化とは何ぞ」1926年

1927年

後藤新平「昭和の新時代を迎へて国民に愬ふ」『日本及日本人』116，政教社，1927年1月

同上「倫理化運動と政党関係」小谷保太郎，1927年1月
後藤新平ほか『新露西亜観——紀念出版』露西亜通信社出版部，1927年3月
後藤新平ほか「座談　後藤新平を囲む座談会」『文藝春秋』文藝春秋，1927年4月
後藤新平「政治の倫理化を提唱す」，井沢水葉編『現代名士大講演集』恒星堂，1927年5月
　　同上「男女霊肉一如の思想」『体性』8-5，体性発行所，1927年5月
　　同上「政治倫理化運動の一周年」政教社，1927年6月
　　同上『道徳国家と政治倫理』政教社，1927年12月
　　同上『自治の修養』忠誠堂，1927年
　　同上「科外　自治的自覚を促す」，政治教育協会編『政治教育講座　第2-5巻』政治教育協会，1927-28年
　　同上「露西亜より帰りて」『日露協会報告』22-36，日露協会，1927-28年
　　同上「第1輯　開会の辞」『日独文化講演集　第1-9輯』日独文化協会，1927-35年
後藤新平編著「明倫大学」明倫大学校友会［1927］

1928年

後藤新平「全国の有権者に檄す」1928年2月
　　同上「総選挙に直面して——2月16日放送講演速記」［1928年2月］
後藤新平述・前田多門述「ロシアより帰りて」『朝日民衆講座』第6輯，朝日新聞社，1928年3月
後藤新平「三十年の回顧」『東洋』31-7，東洋協会，1928年7月
　　同上「義公生誕三百年に際して」『水戸光圀卿——生誕三百年記念講演』楽天社，1928年10月
　　同上「普選市会の大誕生に臨みて市民諸君の愛市心に訴ふ」1928年
後藤新平開講の辞／日本両親再教育協会編『子供研究講座　第1巻』先進社，1928年
後藤新平ほか序／藤岡啓著『満蒙を新らしく見よ』外交時報社，1928年
後藤新平「政治の倫理化」［1928年］
　　同上「名誉と義務の最高嶺に立てる新東京市会議員諸氏に寄す」［1928年］

1929年

［後藤新平］「わが一生一代の大事件」『キング』大日本雄弁会講談社，1929年1月
後藤新平「相馬事件」第1回〜第6回（連載），『講談倶楽部』大日本雄弁会講談社，1929年1月〜6月
　　同上「自治生活の新精神」『成人大学』第1輯，延長大学出版部，1929年2月
　　同上「経済的国難来る（米貨の極東猛進に対して如何なる対策あり耶）」1929年3月
三戸十三編／後藤新平『後藤伯爵国民訓』日本書院，1929年4月

後藤新平「所懐一則」[1929年]

1940年代

後藤新平「台湾経営上旧慣制度の調査を必要とする意見」東亞研究所第六調査委員会，1940年6月

ルウカス原著／[後藤新平訳]『アデン及其の附近』南洋経済研究所出版部，1942年10月

田中末広編／後藤新平著「原理篇　日本民族膨脹論」『先覚諸家南方建設論選集』帝国書院，1943年

後藤新平著／中村哲解題『日本植民政策一斑　日本膨脹論』（明治文化叢書）日本評論社，1944年12月

1960年代

後藤新平「国家衛生原理」『現代日本思想大系　第26　科学の思想2』筑摩書房，1964年

1970年代

後藤新平「台湾誌」，大隈重信撰『開国五十年史』（明治百年史叢書）下巻，原書房，1970年

後藤新平著／大野木克彦編『都市問題』63-2（後藤新平　主要論文・講演集／東京市政調査会50周年記念特集），東京市政調査会，1972年2月

後藤新平『国家衛生原理』創造出版（複製），1978年11月

Yosaburo Takekoshi ; with preface by Baron Shimpei Goto ; translated by George Braithwaite, *Japanese rule in Formosa,* Southern Materials Center (Reprint. originally published : London : Longmans, 1907)，1978年

後藤新平「大正国民の新目標」『日本大雑誌復録』大正篇，流動出版，1979年

1980年代

水沢市立後藤新平記念館編『後藤新平文書目録　マイクロフィルム版』（冊子）水沢市立後藤新平記念館，1980年

　同上『後藤新平文書　マイクロフィルム』（88巻）水沢市立後藤新平記念館，[1980年]

後藤新平撰述「海水功用論　付海浜療法」，吉原瑛編・解説『近代体育文献集成　第27巻』（明治15〜22年刊の合本複製）日本図書センター，1983年2月

後藤新平「政治の倫理化」『現代のエスプリ』218，至文堂，1985年9月

1990年代

後藤新平『後藤新平著述図書』拓殖大学図書館，[1990年]
　同上「救済事業の理想」『社会「福祉教育」論の生成』(『社会教育基本文献資料集成』第2巻，複製)大空社，1991年1月
　同上「立憲同志会諸君ニ資ス・立憲同志会退会始末大要」『立憲同志会資料集』(大正3年刊の複製)第4巻，柏書房，1991年
　同上「国家衛生原理」，滝沢利行編『近代日本養生論・衛生論集成　第9巻』(明治22年刊の複製)大空社，1992年1月
　同上「衛生制度論」，滝沢利行編『近代日本養生論・衛生論集成　第8巻』大空社，1992年1月

2000年代

[後藤新平著]／拓殖大学創立百年史編纂室編『後藤新平——背骨のある国際人』拓殖大学，2001年4月
後藤新平「婦人と自治」，石川六郎編『婦人問題講演集　第3巻』(民友社大正10年刊の複製)日本図書センター，2003年1月
　同上「国家衛生原理」「東京市政論」「日本膨張論」「政治の倫理化」，小路田泰直監修『史料集公と私の構造4 (後藤新平と帝国と自治)』(複製)ゆまに書房，2003年4月
　同上「科外　自治的自覺を促す」『政治教育講座　第3巻』日本図書センター，2004年3月
　同上「日露国交恢復に就て」『ロシアと拓殖大学』拓殖大学，2005年1月
後藤新平・徳富蘇峰／高野静子編著『往復書簡後藤新平‐徳富蘇峰』(後藤新平の全仕事)藤原書店，2005年12月

2　後藤新平関連文献一覧

1900年代

雪山外史『斬馬剣――当代名士之半面』鳴皋書院，1902年5月
竹越与三郎『台湾統治志』博文館，1905年9月
後藤新平夫人述／台湾日日新聞社編『教訓百人一首』1906年9月
奥村梅皐「満鉄総裁・後藤新平」『日本及日本人』政教社，1907年3月1日
大阪朝日新聞社編『人物画伝』有楽社，1907年
田原天南（禎次郎）『後藤男爵』(1)～(7)（手書），？年-1907年
雲閑人「教育家としての後藤男爵」『日本及日本人』政教社，1908年1月1日
二葉亭四迷「入露記」『東京朝日新聞』1908年7月8～14日
摩天楼主人『現代の風雲児』昭文堂，1909年9月

1910年代

「人物短評　男爵後藤遞相」『新小説』，1910年10月
杉山茂丸「後藤新平論」『太陽』博文館，1911年2月1日
中野正剛『八面鋒――朝野の政治家』博文館，1911年
永井柳太郎「後藤男訳官僚政治」『新日本』2-2，冨山房，1912年2月
　　同上「後藤男爵の答弁を読む」『新日本』2-4，冨山房，1912年4月
「人物画伝，後藤新平」『雄辯』大日本図書，1912年5月
後藤矢峰「後藤男爵腕白物語」『武侠世界』武侠世界社，1913年1月
豫章学人「政界の雷獣，後藤新平」『太陽』博文館，1913年12月1日
野村胡堂『後藤新平男』春陽堂，1914年8月
鵜崎鷺城「15策士論」『日本及日本人』政教社，1914年9月20日
墨堤隠士『大臣の書生時代』大学館，1914年
宿利重一『人物評論公開状』大日本雄弁会，1915年
吉野鉄拳禅『党人と官僚』大日本雄弁会，1915年
河瀬蘇北「寺内内閣の四天王」『新小説』，1916年11月
早川鉄治ほか「後藤新平論」『中央公論』31-12，中央公論社，1916年11月
馬場孤蝶「後藤内相書」『新小説』，1916年12月
「政治家の奥様」『日本一』南北社，1917年3月
九華農人「後藤新平論」『日本及日本人』政教社，1918年2月11日

五楼生「後藤男少年時代の逸話」『日本評論』，1918年2月
早川鉄治「後藤内相の為めに弁ず」『日本評論』，1918年4月
小此木信六郎「後藤新平」『太陽』博文館，1918年6月1日
「後藤外相の言論指導事件」『中央公論』33-6，中央公論社，1918年6月
「腕白小僧が内閣の副総理」『武侠世界』武侠世界社，1918年6月
鵜崎鷺城『当世策士伝』東亜堂書房，1918年
朝比奈知泉編『明治功臣録（黄の巻）』明治功臣録刊行会，1918年
恵美東臺「政界の惑星後藤男の帰朝」『日本一』南北社，1919年10月
山口四郎（菜花野人）『後藤新平論』統一社，1919年5月

1920年代

室伏高信ほか「後藤新平と尾崎行雄」『中央公論』35-2，中央公論社，1920年2月
三戸十三編『後藤男爵　真男子の鉄腕』日本書院，1920年9月
「後藤新平の加州排日論を評す」『日本及日本人』政教社，1920年11月1日
都市研究会『米国戦時ポスター説明書──会長男爵後藤新平閣下蒐集』都市研究会，1920年
鷺城学人「後藤新平東京市長」『日本及日本人』政教社，1921年1月15日
堺利彦／室伏高信「後藤新平論」『改造』3-2，改造社，1921年2月
三宅雪嶺「今後の後藤新平子」『解放』5-1，大鐙閣，1923年1月
赤松克麿「芝居の打てる政治家」『解放』5-1，大鐙閣，1923年1月
尾池義雄「政治生活の回轉期と後藤」『解放』5-1，大鐙閣，1923年1月
「諸家の後藤新平観」『日本及日本人』政教社，1923年3月1日
「後藤新平子の蔭に潜む，和子夫人の内助」『現代』大日本雄弁会，1923年4月
前田蓮山「浪漫的な後藤新平」『太陽』博文館，1923年6月1日
三宅雪嶺「市長を辞し日口問題に肝煎す」『中央公論』中央公論社，1923年6月
山口四郎（菜花野人）『後藤新平論』千珊閣書店，1923年7月
独白馬「政界縦横記」『現代』大日本雄弁会，1923年8月
Charles A. Beard, "Japan's Statesman of Research", *The American Review of Reviews,* 68 (September, 1923)
鈴木春一・小田大泉著『人気の焼点に立てる後藤新平』復興社，1923年11月
憲政公論社編『後藤新平』憲政公論社，1923年
鵜崎露城「ヨッフェと後藤子」『日本及日本人』政教社，1924年2月1日
武村秀雄「政治の科学化と子爵後藤新平卿　附録　大調査機関設立ノ議』1924年2月
Charles A. Beard, "Goto and the Rebuilding of Tokyo", *Our World,* 5 (April, 1924)
前田蓮山『政治は人格なり』新作社，1924年
遠藤草刈「名士の腕白時代」『キング』大日本雄弁会講談社，1925年1月
吉野作造「後藤子爵の新運動」『中央公論』41-5，中央公論社，1926年5月
荒木武行『後藤新平とこれを繞る人人』実業之日本社，1926年7月

田端玩紳「後藤新平と脂」『女性』プラトン社，1927年7月

「後藤新平の手相」『サンデー毎日』大阪毎日新聞社，1927年12月25日

長嶋隆二『政界秘話』平凡社，1928年10月

東京朝日新聞社政治部編『その頃を語る』東京朝日新聞発行所，1928年

満鉄社員会編「後藤満鉄総裁就職情由書──後藤伯爵薨去追悼紀念トシテ」，1929年4月

池田宏「我国都市行政の大恩人としての後藤伯爵を憶う」『都市問題』8-5，東京市政調査会，1929年5月

岡本瓊二『一世の風雲児　後藤新平』第一出版協会，1929年5月

『都市問題』後藤伯爵追悼号（池田宏「世に所謂八億計画の真相を討ねて後藤伯爵を憶ふ」，猪間驥一「後藤伯と調査研究事業」，大島正徳「後藤伯と自治教育」，岡野昇「国有鉄道に於ける後藤伯爵を憶ふ」，岡実「後藤会長を憶ふ」，栗本庸勝「後藤伯爵と衛生事業──日本性病予防協会と鉄道医事衛生の事ども」，阪谷芳郎「後藤伯爵の薨去を悼む」，佐野利器「後藤伯と帝都復興」，高木友枝「後藤伯と台湾の都市衛生制度」，鶴見祐輔「後藤伯とビアード博士」，長尾半平「故後藤伯の面影」，新渡戸稲造「後藤伯の爲人りに就て」，松木幹一郎「後藤伯と東京市政調査会」，水野錬太郎「後藤伯の偉大なる特性」，吉村万治「後藤伯爵と燃料問題」，堀切善次郎／ほか出席「後藤伯爵追憶座談会」，前田多門「東京市長としての後藤伯爵」，「故伯爵後藤新平年譜」，「後藤伯爵の著作──附，故伯研究上の参考文献」）8-6，東京市政調査会，1929年6月

池田宏「我国都市行政の大恩人としての後藤伯爵を憶ふ」『都市問題』パンフレットNo.10，東京市政調査会，1929年6月

白柳秀湖「後藤新平伯の表裏」『祖国』学苑社，2-6号抜萃，1929年6月

新渡戸稲造「情の人後藤新平」『朝日』1-6号抜萃，1929年6月

鶴見祐輔「人としての後藤新平伯」『婦人公論』中央公論社，1929年6月

鶴見祐輔「後藤新平素描」『文藝春秋』文藝春秋，1929年6月

鉄道青年会編『後藤伯の面影』，1929年6月

安藤盛「後藤新平子の逸話」『騒人』騒人社，1929年6月

沢田謙『後藤新平一代記』平凡社，1929年6月

三井邦太郎編『吾等の知れる後藤新平伯』東洋協会，1929年7月

井東憲『逆説後藤新平伝』大衆社，1929年7月

新渡戸稲造『後藤新平伯を偲びて』岩手学生会，1929年

宇宙社編『後藤伯の追憶』宇宙社，1929年

金光教京町堀少年団編『健児』30号（後藤総長追悼号），1929年

ジャンボリー編輯部編『ジャンボリー』8-5（後藤総長追悼号），1929年

少年団日本連盟編『少年団研究』6-5（故後藤総長追悼号），1929年

伊藤痴遊（仁太郎）「後藤新平」『伊藤痴遊全集　続第8巻　伊東巳代治　田健治郎　後藤新平』平凡社，1929年-31年

1930年代

井上準之助「帝都復興の殊勲者後藤伯を憶ふ」『都市問題』10-5，東京市政調査会，1930年5月

水野錬太郎「東京市民の大恩人後藤伯を偲ぶ」『都市問題』10-5，東京市政調査会，1930年5月

平野真三「故伯爵後藤新平氏の市民追悼式」『都市問題』10-5，東京市政調査会，1930年5月

「第七回後藤伯記念市民賞論文入選者懇話会」『都市問題』（都市教育号）11-1，東京市政調査会，1930年7月

二荒芳徳『世界人の顔』1930年

「後藤新平伯伝記編纂会の創立」『都市問題』12-4，東京市政調査会，1931年4月

「後藤新平伯第三回忌追悼会」『都市問題』12-5，東京市政調査会，1931年5月

「赤露相手の難交渉　後藤伯一世一代の苦心」『雄辯』大日本図書，1931年7月

岩崎徂堂『歴代閣僚伝　壮談快挙　青少年時代編』玲文社，1931年

新渡戸稲造『偉人群像』実業之日本社，1931年

日高南甫『波乱重畳修養立志　歴代大臣物語』カオリ社，1931年

「故後藤伯爵とビーアド博士，ビ博士の来翰」『都市問題』14-2，東京市政調査会，1932年2月

東京市政調査会編「大東京に課せられたる諸問題と其の解決方策——第八回後藤伯爵記念市民賞入選論文集」1932年10月

梅山信太郎『政変闘士政界傍聴』善王閣出版部，1932年

里見弴「大臣の昼飯」『里見弴全集』第2巻，改造社，1932年

白柳秀湖『現代財閥罪悪史』千倉書房，1932年

尾崎行雄「後藤新平伯」『近代快傑録』千倉書房，1934年

徳富猪一郎『蘇翁感銘録』宝雲舎，1934年

鶴見祐輔「後藤新平論」『中央公論』50-4，中央公論社，1935年4月

久木水府楼「政界の巨擘」『現代』大日本雄弁会，1935年10月

鶴見祐輔「連載小説　後藤新平」『日本評論』日本評論社，1935年10月～1936年4月

伊藤痴遊『快傑伝』平凡社，1935年

石川悌次郎『糖界功罪史』啓成社，1935年

山口愛川『波瀾立志大臣』內外出版協会，1935年

故少年団日本聯盟総長後藤伯胸像建設同志会『僕等の総長後藤新平先生』故少年団日本聯盟総長後藤伯胸像建設同志会，1936年

菊池寛監修『日本英雄伝』四，非凡閣，1936年

野依秀市『私の会った人物印象記』秀文閣，1936年

大久保康夫編『偉人を語る』三笠書房，1936年

鶴見祐輔『後藤新平』第1巻，後藤新平伯伝記編纂会，1937年4月
　　同上『後藤新平』第2巻，後藤新平伯伝記編纂会，1937年7月
　　同上『後藤新平』第3巻，後藤新平伯伝記編纂会，1937年10月
沢田謙『後藤新平小伝』後藤家，1937年
正木直彦『回顧七十年』学校美術協会出版部，1937年
山田好文『新聞記者の道草』海外之日本社，1937年
鶴見祐輔『後藤新平』第4巻，後藤新平伯伝記編纂会，1938年7月
後藤新平伯伝記編纂会編『後藤新平伯伝記編纂会報告』1938年10月
水野錬太郎「連載　書簡に偲ぶ面影」『中央公論』中央公論社，1939年7月～
鈴木要吾『高野長英と後藤新平』[1939年8月]
後藤新平伯関係文書処理委員会編『後藤新平伯関係文書』後藤新平伯関係文書処理委員会，
　　1939年

1940年代

有竹修二『歴代逓相の横顔』交通経済社出版部，1940年
信夫清三郎『後藤新平――科学的政治家の生涯』博文館，1941年9月
読売新聞社編「後藤伯爵記念公民館」，1941年12月
金杉英五郎『極到人物観』宮越太陽堂，1941年
郷古潔『故後藤伯の教訓』講談社，1941年
沢田撫松『大臣・大将の少年時代』南海書院，1941年
松下豊治『歴代総裁大臣を通じて観たる鉄道史』交通研究社，1941年
山内義文ほか（正力松太郎・藤原銀次郎・永田秀次郎）講演『後藤新平伯爵追慕講演』読売
　　新聞社，1941年
中原明『日ソ外交秘話――後藤新平ヨッフェー会見記』白林荘，[1941年]
伊藤金次郎『新領土開拓と後藤新平』昭和書房，1942年12月
沢本孟虎『あの人この人』青山書院，1942年
菊地寛「南方経営と後藤新平――大衆明治史読本」『文藝春秋』13-1，文藝春秋，1943年1
　　月
鶴見祐輔『後藤新平伝　台湾統治篇　上』太平洋協会出版部，1943年5月
福田正義『後藤新平』満洲日日新聞社東京支社出版部，1943年8月
鶴見祐輔『後藤新平伝　台湾統治篇　下』太平洋協会出版部，1943年8月
　　同上『後藤新平伝　満洲経営篇　上』太平洋協会出版部，1943年9月
　　同上『後藤新平伝　国務大臣時代前期　上』太平洋協会出版部，1943年12月
沢田謙『後藤新平伝』大日本雄弁会講談社，1943年
畠山晴行著／池田永一治絵『信念に生きる後藤新平』（学習社文庫）学習社，1944年1月
鶴見祐輔『後藤新平伝　国務大臣時代前期　下』太平洋協会出版部，1944年1月

山田克郎『後藤新平』(新日本偉人選書) 鶴書房, 1944年3月
鶴見祐輔『後藤新平伝　国務大臣時代後期　上』太平洋協会出版部, 1944年3月
　同上『後藤新平伝　満洲経営篇　下』太平洋協会出版部, 1944年4月
　同上『後藤新平伝　国務大臣時代後期　下』太平洋協会出版部, 1944年4月
　同上『後藤新平伝　国民指導者時代前期　上　東京市長篇』太平洋協会出版部, 1944年8月
　同上『後藤新平伝　国民指導者時代前期　下　日ソ交渉篇』太平洋協会出版部, 1944年11月
沢田謙『後藤新平伝』大日本雄弁会講談社, 1944年
　同上『回想・後藤新平伯』実業之日本社, 1945年5月
鶴見祐輔『後藤新平伝　国民指導者時代後期　上　帝都復興篇』太平出版社, 1947年3月
　同上『後藤新平伝　国民指導者時代後期　下　政治倫理化運動篇』太平出版社, 1949年
台湾婦人慈善会編『後藤新平伯伝記資料　台湾関係　第1～11巻（手書）』[-1950年]
台湾婦人慈善会編「後藤新平伯伝記資料　写真帖――台湾関係」[-1950年]
後藤新平伯伝記編纂会編『後藤新平伯伝記資料　日本衛生会関係　第1～4巻（手書）』[-1950年]

1950年代

佐口卓「日本社会保険前史の一節　上　後藤新平と社会保険」『社会保険情報』4-3, 社会保険法規研究会, 1950年3月
　同上「日本社会保険前史の一節　下　後藤新平と社会保険」『社会保険情報』4-4, 社会保険法規研究会, 1950年4月
松永安左衛門『淡々録』経済往来社, 1950年
長崎英造「後藤新平と原敬」『文藝春秋』29-7, 文藝春秋, 1951年5月
本多静六「〔後藤新平〕日本人ばなれした日本人――私の見た人と事業2」『実業の日本』実業之日本社, 54-13, 1951年7月
山下亀三郎『沈みつ浮きつ』四季社, 1951年
服部之総「日ソ国交調整の先達――後藤新平の謎」『改造』33-11, 改造社, 1952年8月
　同上「日ソ国交調整の先達――後藤新平の謎　続」『改造』33-14, 改造社, 1952年10月
正力松太郎「一桁はずれた後藤新平」『オール生活』8-10, 実業之日本社, 1953年10月
　同上「後藤新平」, 中村竹二編『人使い金使い名人伝　続』実業之日本社, 1953年
松永安左衛門「後藤新平と山本條太郎」『丸』潮書房, 1954年6月
日本近代史研究会編「後藤新平」『近代日本人物政治史』下巻, 東洋経済新報社, 1956年
糟谷敏英「後藤新平と電気事業　その1回至その8回」『電力新報』3-2～8号, 10号, 電力新報社, 1957年2月～10月
国際情報社編「後藤新平――先見の明あった不屈の政治家（明治の日本人18）」『国際写真情

報』31-6，国際情報社，1957年6月
正力松太郎述／読売新聞社編「後藤さんと私――故後藤伯生誕百年記念講演会」『読売新聞社報』61，読売新聞社，1957年6月
「故後藤新平伯生誕百年記念行事」『都市問題』48-7，東京市政調査会，1957年7月
「"お金ができたら"又おいで」『週刊サンケイ』別冊，産業経済新聞社，1958年6月
「ビーアド博士と後藤伯爵記念市民賞論文」『都市問題』(ビーアド博士記念号) 49-9，東京市政調査会，1958年9月

1960年代

石川順『砂漠に咲く花』私家版，1960年
長岡隆一郎「都市計画と後藤新平」『新都市』15-7，都市計画協会，1961年7月
小野寺伸夫「後藤新平研究序説」『医学史研究』6，医学史研究会，1962年9月
椎名悦三郎「後藤新平を偲ぶ」『民族と政治』民族と政治社，1962年10月
尾崎行雄「生涯稚気を失はなかった後藤伯」『尾崎咢堂全集』7巻，尾崎咢堂全集刊行会，1962年
森秀人「後藤新平の生涯」『思想の科学』5-22，思想の科学社，1964年1月
立野信之「後藤新平　第1部」『文芸朝日』自3-5号至4-3号，朝日新聞社，1964年5月-1965年3月
豊島寛彰「都市づくりの天才・後藤新平」『人物往来』13-6，人物往来社，1964年9月
杉森久英「後藤新平と植民地経営」『中央公論』80-1，中央公論社，1965年1月
吉村公三郎「すれ違った人たち」『朝日新聞』朝日新聞社，1965年3月2日（夕）
細谷千博「大正外交における正統と異端――加藤高明と後藤新平」『日本及日本人』16-2，J＆Jコーポレーション，1965年4月
鶴見祐輔『後藤新平』第1巻，勁草書房，1965年7月
竹内好ほか著「『後藤新平』月報1-4」（(1) 竹内好「原理の一貫性――後藤新平にふれて」，岡田靖雄「相馬事件と後藤新平」，八杉貞利「後藤伯と私」，清野冨美子「新平叔父の思い出」(2) 田島道治「『後藤新平』の再刊について」，尾崎秀樹「南菜園と棲霞伯」，伊藤武雄「後藤新平付」，橘善守「晩年の後藤新平」(3) 磯村英一「故後藤新平に学ぶ」，衛藤瀋吉「満州でうけた教育」，柴田徳衛「後藤新平と都市問題」，杉森久英「『大風呂敷』余談」(4) 十河信二「後藤新平さんの思出」，正力松太郎「後藤さんと私」，井上梅「おねがいごはん」，鶴見和子・鶴見俊輔「お礼のことば」）勁草書房，1965年7月-1967年7月]
小野寺伸夫「後藤新平研究1　郷土史的背景について」『医学史研究』17，医学史研究会，1965年7月
鶴見祐輔『後藤新平』第2巻，勁草書房，1965年9月
山梨勝之進「わすれ得ぬ人々」『人物往来』人物往来社，1965年11月

杉森久英『大風呂敷』毎日新聞社, 1965年11月
杉森久英著／大河内一男・大宅壮一監修『近代日本を創った百人』上, 毎日新聞社, 1965年
前田康博「後藤新平」『現代日本思想大系　第10　権力の思想』筑摩書房, 1965年
岡田靖雄他「相馬事件をとおしてみた後藤新平（シンポジウム・歴史における人間）」『医学史研究』19, 医学史研究会, 1966年2月
鶴見祐輔『後藤新平』第3巻, 勁草書房, 1966年3月
丸山邦男「後藤新平」『人物往来』人物往来社, 1966年3月
服部之総「日ソ国交調整の先達——後藤新平の謎」『黒船前後——服部之総随筆集』筑摩書房, 1966年
鶴見祐輔『後藤新平』第4巻, 勁草書房, 1967年8月
磯村英一『東京を築いた人々——玉川兄弟・渋沢栄一・後藤新平・塚越芳太郎』（さ・え・ら伝記ライブラリー26）さ・え・ら書房, 1967年10月
Tsurumi E. Patricia, "Taiwan under Kodama Gentaro and Goto Shimpei", *Papers on Japan,* 4, Cambridge, Mass.: East Asian Research Center, Harvard University, 1967
野依秀市「後藤新平の巻」『明治の人・大正の人・昭和の人』実業之世界社, 1967年
小野寺伸夫「後藤新平論」『公衆衛生』32-1（特集・明治百年と公衆衛生）, 医学書院, 1968年1月

1970〜74年

徳島康史「都市改造計画, 後藤新平の場合」『諸君！』文藝春秋, 1970年12月
大霞会内務省史編集委員会編「後藤新平の政界革新教化運動」『内務省史』2巻, 大霞会, 1970年
川上武他「後藤新平（1857〜1929年）展望をもった医師（人にみる公衆衛生の歴史3）」『公衆衛生』35-4, 医学書院, 1971年4月
吉川芳秋「後藤新平の若き名古屋時代（愛知県医史資料）」『現代医学』19-2, 愛知県医師会, 1971年11月
三好徹「相馬事件」『歴史と人物』中央公論社, 1971年12月
大霞会内務省史編集委員会編「衛生行政の先覚者2——後藤新平」『内務省史』3巻, 大霞会, 1971年
　同上「内務大臣点描9——後藤新平」『内務省史』4巻, 大霞会, 1971年
江上照彦「満鉄草創記　満鉄を創った後藤新平の怪腕」『歴史と人物』中央公論社, 1972年1月
大野木克彦「後藤新平における自治思想の形成」『都市問題』63-2（主要論文・講演集〔自治, 市政, 復興および都市計画, 第一回普選市会について〕東京市政調査会50周年記念特集）, 東京市政調査会, 1972年2月
水沢市公民館編「水沢市公民館30年史——後藤伯記念公民館」水沢市教育委員会, 1972年3

月

戴国輝「近代日本と中国15　井沢修二と後藤新平」『朝日ジャーナル』14-19，朝日新聞社，1972年5月12日

森嘉兵衛「新時代の旗手――政治の世界」『岩手県の歴史』山川出版社，1972年

藤島宇内「後藤新平から平頂山の虐殺まで（虐殺の地「満州」の旅から帰って4）」『潮』163，潮出版社，1973年1月

永田勇「ドキュメント・歴代東京首長　近代都市建設の大構想」『週刊サンケイ』臨増，産業経済新聞社，1973年7月7日

大野木克彦「公害問題の先駆――後藤新平の『職業衛生法』」『都市問題』65-1，東京市政調査会，1974年1月

Yukiko Hayase, *The career of Goto Shinpei: Japan's Statesman of Research*, 1857-1929, The Florida State University, march 1974.

童門冬二「大風呂敷計画は消えたか」『流動』流動出版社，1974年6月

山野光雄「後藤新平　健康保険の発想（灯をかかげた人びと20）」『健康保険』28-7，健康保険組合連合会，1974年7月

服部之総「日ソ国交調整の先達――後藤新平の謎」『明治の指導者』II，福村出版，1974年

1975～79年

沢和哉「東京駅と後藤新平」『鉄道ピクトリアル』306，鉄道図書刊行会，1975年5月

青木恵一郎「後藤新平」『岩手農業風土人物誌』千城，1975年

溝部英章「後藤新平論――闘争的世界像と"理性の独裁"1」『法学論叢』100-2，京都大学法学会，1976年11月

林正子「伝記にえがかれた後藤新平像　上　戦中・戦後を中心に」『史苑』37-1，立教大学史学会，1976年12月

警察文化協会編「明治維新と国づくり――後藤新平」『警察時事年鑑1976』警察文化協会，1976年

溝部英章「後藤新平論――闘争的世界像と"理性の独裁"2　完」『法学論叢』101-2，京都大学法学会，1977年5月

「グラビア　あゝ懐かしの顔，原北陽ポートレート展より・後藤新平」『週刊サンケイ』産業経済新聞社，巻頭，1977年8月18日

二反長半『戦争と日本阿片史――阿片王　二反長音蔵の生涯』すばる書房，1977年8月

三浦豊彦「労働衛生学史序説15　繊維産業の勃興とその労働，『身体労働論』の翻訳，後藤新平の『職業衛生法』」『労働科学』53-9，労働科学研究所，1977年9月

山田豪一『満鉄調査部　栄光と挫折の四十年』日本経済新聞社，1977年9月

岩淵憲次郎編著『医人後藤新平』水沢写真製版所，1977年10月

星新一「後藤新平（星新一・人物探訪　伝記を読む7）」『別冊小説新潮』29-4，新潮社，

1977年10月

林正子「伝記にえがかれた後藤新平像　下　戦中・戦後を中心に」『史苑』38-1・2，立教大学史学会，1977年12月

三浦豊彦「労働衛生学史序説17　大日本私立衛生会の設立，後藤新平と衛生行政，足尾銅山の発展と労働衛生」『労働科学』53-12，労働科学研究所，1977年12月

草柳大蔵「実録満鉄調査部」『週刊朝日』朝日新聞社，1978年1月20日

三浦豊彦「労働衛生学史序説18　明治初期の衛生行政官と職業衛生（相良知安，長与専斎と後藤新平，長谷川泰）」『労働科学』54-1，労働科学研究所，1978年1月

財津吉文「後藤新平と宮沢賢治（巻頭言）」『新都市』32-10（第30回都市計画全国大会特集号・岩手県特集），都市計画協会，1978年1月

後藤新平顕彰記念事業会編『後藤新平追想録　後藤新平記念館開館記念出版』水沢市教育委員会，1978年9月

阪上順夫「後藤新平の政治倫理化運動に学べ」『月刊新自由クラブ』2-20，1978年11月

星新一「後藤新平」『明治の人物誌』新潮社，1978年12月

後藤新平顕彰記念事業会編『後藤新平顕彰記念事業報告書ならびに寄付者芳名簿』後藤新平顕彰記念事業会，1978年

1980〜84年

水沢市立後藤新平記念館編『後藤新平文書目録　マイクロフイルム版』水沢市立後藤新平記念館，1980年2月

小野寺伸夫「後藤新平研究2　地方衛生組織についての基本発想」『医学史研究』53，医学史研究会，1980年3月

同上「後藤新平研究3　中央衛生組織についての基本発想」『医学史研究』53，医学史研究会，1980年3月

江上照彦「誕生　初代総裁・後藤新平」『満鉄王国──興亡の四十年』サンケイ出版，1980年11月

北岡伸一「外交指導者としての後藤新平」，近代日本研究会編『近代日本と東アジア』（年報・近代日本研究2）山川出版社，1980年12月

川崎房五郎「江戸・東京と都市計画7　後藤新平と震災復興（江戸東京漫筆31）」『選挙』34-10，都道府県選挙管理委員会連合会，1981年1月

三浦正行「後藤新平小論──名古屋医官時代から衛生局長までの若干の検討」（立命館大学・立命館大学法学部創立八十周年記念論文集）『立命館法學』150〜154，立命館大学法学会，1981年2月

尾佐竹猛編集解説「後藤新平」『類聚伝記大日本史　第11巻　政治家篇』（昭和11年刊の複製）雄山閣出版，1981年6月

川崎房五郎「江戸・東京と都市計画6　後藤新平の八億円計画とビアード博士（江戸東京漫

筆30)」『選挙』34-9，都道府県選挙管理委員会連合会，1981年9月
原田勝正『満鉄』岩波書店，1981年12月
三浦正行「後藤新平小論2——公衆衛生論の展開」『立命館法學』159・160，立命館大学法学会，1982年3月
小野寺伸夫「後藤新平（1857〜1929年）（人と業績22）」『公衆衛生』46-4，医学書院，1982年4月
三浦正行「後藤新平小論2——公衆衛生論の展開2」『立命館法學』162，立命館大学法学会，1982年6月
小野寺伸夫「後藤新平研究4」『医学史研究』56，医学史研究会，1982年12月
三浦正行「後藤新平小論2——公衆衛生論の展開3」『立命館法學』163，立命館大学法学会，1983年1月
吉村道男「1920年代後半における日ソ協調の模索——後藤新平の沿海州植民構想を中心に」，細谷千博編『太平洋・アジア圏の国際経済紛争史』東京大学出版会，1983年2月
杉森久英「後藤新平——日本的人脈づくりの原点」『Will』2-5（特集・次の時代を担う人材の育て方——学歴主義の終焉，実力主義の定着が叫ばれるいま，新しく要求される資質とは），中央公論社，1983年5月
「特別資料・後藤新平の政治倫理の演説」（後藤新平「普選に直面して政治の倫理化を提唱す」，岩見隆夫「万人必読の資料（解説）」）『月刊新自由クラブ』7-69，新自由クラブ，1983年5月
持田信樹「後藤新平と震災復興事業——「慢性不況」下の都市スペンディング」『社会科学研究』35-2，東京大学社会科学研究所，1983年
加藤俊彦「後藤新平」『専修商学研究年報』専修大学商学研究所，1984年3月
持田信樹「後藤新平と震災復興事業」「『財団法人東京市政調査会藤田賞』選考経過と授賞論文の概要」『都市問題』75-7，東京市政調査会，1984年7月
斉藤二郎『後藤新平年表』後藤新平記念館，1984年

1985〜89年

及川哲夫編／佐藤明夫レイアウト『絵ものがたり後藤新平』絵ものがたり後藤新平刊行会，1985年7月
小林道彦「後藤新平と植民地経営——日本植民政策の形成と国内政治」『史林』68-5，史学研究会，1985年9月
櫻井良樹「後藤新平——『国民的』官僚政治家」，モラロジー研究所編『日本の近代化と精神的伝統』広池学園出版部，1986年3月
小野寺伸夫「後藤新平研究5」『医学史研究』60，医学史研究会，1986年11月
季武嘉也「大正期における後藤新平をめぐる政治状況」『史学雑誌』96-6，山川出版社，1987年6月

小堺昭三「後藤新平――大風呂敷の異名をとった辣腕政治家」，堺屋太一ほか『一歩先を読む生きかた』（知的生きかた文庫）三笠書房，1987年9月
藤原敬子「福沢諭吉の植民論――後藤新平の台湾統治政策と関連して」『福沢諭吉年鑑』13，福沢諭吉協会，1987年
日野秀逸「後藤新平『国家衛生原理』の理論的源泉（第89回日本医史学会総会抄録）――（一般口演）」『日本医史学雑誌』34-1，日本医史学会，1988年1月
　同上「後藤新平『命価説』に関する研究」『日本医史学雑誌』34-4，日本医史学会，1988年1月
北岡伸一『後藤新平――外交とヴィジョン』中央公論社，1988年6月
日野秀逸「後藤新平の衛生行政論の一貫性について」『日本医史学雑誌』34-3，日本医史学会，1988年7月
越沢明「後藤新平と市街計画」『満州国の首都計画』日本経済評論社，1988年12月
波多野澄雄解説「後藤新平・スターリン会談記録」『軍事史学』24-3，錦正社，1988年12月
佐渡谷勇『実説後藤新平――夢と華麗な行動力』ピアールバンク，1988年
泉秀樹原作／小田悦望作画『後藤新平』（まんが岩手人物シリーズ4）岩手日報社，1989年1月
「マッチ七変化で後藤新平する　ドラマ『大風呂敷』」『ザテレビジョン』角川書店，1989年4月14日
越沢明「後藤新平と震災復興計画」『東京人』4-6，都市出版，1989年8月

1990～94年

長谷川義記「明治・大正期の政治家月旦――国手冴える――竦腕ゆえの明暗の軌跡」『日本及日本人』1598，J＆Jコーポレーション，1990年4月
米田竜二「自由主義者の系譜7　後藤新平――遠眼鏡ひとりで持てば罪つくり」『月刊自由民主』448，1990年7月
鶴見和子「人を助ける　わが祖父，後藤新平が貫いた心得3か条」『致知』致知出版社，1991年1月
田原総一朗「ドキュメント東京大改造」『潮』潮出版社，1991年5月
越沢明「後藤新平と帝都復興計画」『東京都市計画物語』日本経済評論社，1991年11月
　同上「後藤新平と都市計画」『東京の都市計画』岩波書店，1991年12月
藤森照信「書評　越沢明『東京の都市計画』岩波新書」『週刊朝日』朝日新聞社，1992年1月31日
山田豪一「台湾阿片専売史序説――水野遵『台湾阿片処分』と後藤新平『台湾島阿片制度ニ関スル意見』を中心に」『社会科学討究』38-1，早稲田大学社会科学研究所，1992年8月
中島純「評伝『国民啓蒙家』後藤新平　1～20」『東京』Vol.11，122-141（複写），東京自治

問題研究所，1993年2月—1994年10月
「偏愛された逸品　watch　国産時計に『シチズン』と名づけた東京市長後藤新平」『太陽』平凡社，1994年8月
佐野眞一『巨怪伝――正力松太郎と影武者たちの一世紀』文藝春秋，1994年11月
斎藤倫史「学俗一致の後藤新平」（新聞連載のコピー）盛岡市立図書館，1994年

1995〜99年

有山輝雄『近代日本ジャーナリズムの構造――大阪朝日新聞白虹事件前後』東京出版，1995年4月
井野瀬久美惠「後藤新平――日中ソ協調を軸に日本の針路を描く」，朝日新聞社編『二十世紀の千人　第2巻　戦争と革命の中の闘争者』朝日新聞社出版局，1995年4月
越沢明「関東大震災後の『帝都復興計画』に学ぶ　危機に際し『都市計画の父』後藤新平が描いたビジョン」『プレジデント』プレジデント社，1995年4月
八田晃夫『後藤新平略史』玉野総合コンサルタント，1995年5月
鶴見和子「鶴見和子氏が語る　祖父後藤新平」『東京』144，東京自治問題研究所，1995年
笠原英彦「近代日本における衛生行政論の展開――長与専斎と後藤新平」『法学研究』69-1，慶応義塾大学法学研究会，1996年1月
後藤新平記念館編『後藤新平と書――水沢歴史回廊特別企画展　平成8年度』水沢市教育委員会，1996年4月
小林道彦『日本の大陸政策　1895-1914――桂太郎と後藤新平』南窓社，1996年10月
尾崎耕司「後藤新平の衛生国家思想について」『ヒストリア』153，大阪歴史学会，1996年12月
小野寺伸夫「後藤新平研究8　帝都復興計画の基本構想」『医学史研究』70，医学史研究会，1996年12月
土屋隆士・渡辺俊一・小泉秀樹ほか「後藤新平の台湾『市区計画』考」『日本建築学会大会学術講演梗概集（近畿）7373』日本建築学会，1996年
泉秀樹解説，神保美喜案内役「後藤新平」『国家創世記伝――近代日本のグランド・デザインを担った人々』4，ＮＳＢ通信社（制作），［c1996年］
ＩＢＣ制作『セントラルスペシャル「後藤新平」――帝都復興計画に見るビジョンと先見性』ＩＢＣ（岩手放送），1996年
伊原沢周「後藤新平と孫文の第三次広東革命政府」，追手門学院大学編『創立三十周年記念論集　文学部篇』追手門学院大学，1997年3月
「世界が敬愛した明治の偉人たち――東郷平八郎，北里柴三郎，新島襄，伊沢修二，新渡戸稲造，後藤新平（Simulation Report いつから我々は，あの『努力』と『誇り』を失ったのか？　いま想い起こすべき『明治の覇気』）」『Sapio』9-13，小学館，[1997年7年23日]

郷仙太郎『小説　後藤新平』学陽書房，1997年7月

笠原英彦「明治10年代における衛生行政——後藤新平と『日本的』衛生概念の形成」『法学研究』70-8，慶応義塾大学法学研究会，1997年8月

千葉功「小林道彦著『日本の大陸政策1895-1914——桂太郎と後藤新平』」『史学雑誌』106-11，山川出版社，1997年11月

伊藤之雄「小林道彦著『日本の大陸政策1895〜1914——桂太郎と後藤新平』」『日本史研究』426，日本史研究会，1998年2月

加藤茂生「近代都市空間と公衆衛生序論——後藤新平の衛生思想の臨界点へ」『10＋1』12（特集・東京新論），INAX出版，1998年2月

原武史「後藤新平の客死（鉄道ひとつばなし）」『本』23-3，講談社，1998年3月

「ワークショップ『「帝国」の「眼差し」・「しかけ」——後藤新平論』の記録」（飯島渉「問題提起『帝国』の『眼差し』・『しかけ』」，沈潔「後藤新平と満鉄の労働者保護政策」，范燕秋著／五十嵐祐紀子訳「後藤新平と台湾経営——近代国家衛生の視点から」，尾崎耕司「後藤新平・衛生国家思想の国際的契機」）『史潮』44，弘文堂，1998年11月

「特集・後藤新平と保健の科学」（小野寺伸夫「行政家としての後藤新平」，花山寛美「後藤新平——「医」が副職，「政」が主職の英傑」，草原克豪「教育者としての後藤新平」，酒井シヅ「医学史上の後藤新平」，小野寺伸夫「後藤新平の健康観」，長谷川泉「鷗外と後藤新平の出遇とすれちがい」）『保健の科学』40-12，杏林書院，1998年12月

林幸三・大泉英次「後藤新平と植民地土地政策」『経済理論』288，和歌山大学経済学会，1999年3月

笠間啓治「後藤新平の訪ソ——1927/1928年冬モスクワ（3）」『人文社会科学研究』39，早稲田大学理工学部複合領域人文社会科学研究会，1999年3月

黄昭堂主編『後藤新平・新渡戸稲造研究』（現代文化叢書1）現代文化基金會，1999年7月

佐藤全弘「後藤新平と新渡戸稲造——台湾時代を中心に」『月刊日本』3-7（特集・日本よ，アジアのリーダーとなれ！），K＆Kプレス，1999年7月

郷仙太郎『小説後藤新平』学陽書房（人物文庫），1999年8月

新渡戸基金［編］『新渡戸稲造研究』8（後藤新平・新渡戸稲造特集号），新渡戸基金，1999年9月

福田勝幸「後藤新平に現代を学ぶ」『日本文化』1，拓殖大学日本文化研究所，1999年10月

伊藤章雄・郷仙太郎「後藤新平（今次の震災は……絶好の機会なり）」『心に刻む二〇世紀の名言』ぎょうせい，1999年10月

松本健一「国家を支えデザインする意思——後藤新平の一所懸命」『「高級な日本人」の生き方』新潮社，1999年10月

杉森久英『大風呂敷』上下（新版），毎日新聞社，1999年11月

国際開発研究所「第1回『後藤新平記念国際開発作文コンクール』優秀作品」『国際開発研究』1-3，1999年12月

野村明宏「植民地における近代的統治に関する社会学——後藤新平の台湾統治をめぐって」

『京都社会学年報』7, 京都大学文学部社会学研究室, 1999年12月

三宅正樹「山県有朋・石井菊次郎・後藤新平——対ロシア政策の模索」『政経論叢』68-2・3, 明治大学政治経済研究所, 1999年12月

野口友紀子「防貧概念に関する基礎的研究——明治半ばの後藤新平の場合」『東洋大学大学院紀要・社会学研究科』36, 東洋大学大学院, 1999年

2000〜04年

乾修然「近代衛生行政を築いた人達（2）国家衛生原理を構築した第三代衛生局長後藤新平〔含年譜〕」『産業医学ジャーナル』23-1, 産業医学振興財団, 2000年1月

鶴見和子「カイロのお金——後藤新平のアジア経綸」『文藝春秋』78-3（私たちが生きた20世紀　全編書き下ろし362人の物語——わが家の百年）, 文藝春秋, 2000年2月

鈴木一郎「後藤新平と岡松参太郎による旧慣調査（1）——台湾の場合」『東北学院大学法学政治学研究所紀要』8, 東北学院大学法学政治学研究所, 2000年2月

水沢市立後藤新平記念館編『後藤新平追想録　増補改訂版』水沢市教育委員会, 2000年3月

三宅正樹「第5章　後藤新平の『新旧大陸対峙論』」『ユーラシア外交史研究』河出書房新社, 2000年3月

高野静子「連載・徳富蘇峰宛書簡（1）後藤新平（1）　日清戦争後から台湾赴任まで1895.12.24〜1898.7.9」『環』1, 藤原書店, 2000年4月

同上「連載・徳富蘇峰宛書簡（2）後藤新平（2）　台湾民政局長時代　1899.6.24〜1905.12.18」『環』2, 藤原書店, 2000年7月

拓殖大学『後藤新平記念国際開発作文コンクール優秀作品集』, 2000年8月

拓殖大学創立百年史編纂室編「二人の国際派巨人, 後藤新平と新渡戸稲造」『世界に天駆けた夢と群像——拓殖大学百年・小史』拓殖大学, 2000年10月

高野静子「連載・徳富蘇峰宛書簡（3）後藤新平（3）　満鉄総裁時代　1906.11.13〜1908.7.14」『環』3, 藤原書店, 2000年10月

国際開発研究所「第2回『後藤新平記念国際開発作文コンクール』優秀作品」『国際開発学研究』2-3, 勁草書房, 2000年12月

白水浩信「ポリス論の受容と教育的統治の生成——後藤新平『國家衛生原理』を中心に」『神戸大学発達科学部研究紀要』8-1, 神戸大学発達科学部, 2000年

水沢市教育委員会, 後藤新平記念館編『初代満鉄総裁　後藤新平』水沢市教育委員会, 後藤新平記念館, 2000年

矢野俊介「イギリス, オランダの東インド会社と日本の台湾総督府, 南満州鉄道株式会社（満鉄）の歴史的国際比較研究分析と現代的意味の若干の考察と間接統治の解明の具体的成果」『労務研究』54-1, 日本労務研究会, 2001年1月

高野静子「連載・徳富蘇峰宛書簡（4）後藤新平（4）（最終回）　蘇峰の書簡と新平の漢詩」『環』4, 藤原書店, 2001年1月

鈴木一郎「後藤新平と岡松参太郎による旧慣調査（2）満鉄調査部の場合」『東北学院大学法学政治学研究所紀要』9，東北学院大学法学政治学研究所，2001年2月

拓殖大学創立百年史編纂室編『後藤新平——背骨のある国際人』拓殖大学，2001年4月

典厩五郎『陽炎の島』毎日新聞社，2001年5月

矢野俊介「満鉄の創業の現代的意味と初代総裁後藤新平の職能，成果に関する一考察」『労務研究』54-5，日本労務研究会，2001年5月

中島純「資料紹介　後藤新平著『学俗接近の生活』」『曉星論叢』48，新潟中央短期大学，2001年6月

井出孫六「Achievement　歴史の肖像（6）後藤新平（政治家）——首都改造を構想した東京市長の先見性」『Agora』11-6，JALブランドコミュニケーション，2001年6月

「水沢市・須賀川市　後藤新平が繋ぐ橋　すかがわ手づくり市民劇」（新聞記事複写資料）胆江日日新聞社，2001年8月

水沢市教育委員会，後藤新平記念館編『科学的政治家　逓信大臣としての後藤新平』水沢市教育委員会，後藤新平記念館，2001年10月

「小特集・後藤新平と日米関係」（酒井哲哉「後藤新平論の現在——帝国秩序と国際秩序」，George M. Oshiro「後藤新平と新渡戸稲造」，鶴見和子「インタビュー祖父・後藤新平のアジア経綸」，鶴見祐輔「資料後藤新平とマッカドゥ（米・前蔵相）との会見記（1919年）」，後藤新平「資料シベリア出兵の目的（1918年）」，後藤新平「資料寺内首相に呈するの書（1918年）」，後藤新平「資料厳島夜話（1907年）」，西宮紘「後藤新平と日米関係」）『環』8，藤原書店，2002年1月

秋庭俊『帝都東京・隠された地下網の秘密』洋泉社，2002年1月

土屋侯保『第5章　歴史に学ぶ「新首都論」——東京拡大再生の道』かなしん出版，2002年3月

拓殖大学広報室『後藤新平・新渡戸稲造記念国際協力・国際理解作文コンクール優秀作品集』拓殖大学，2002年4月

西宮紘「後藤新平——近代日本・百年の計」『環』9（特集・21世紀・日本のグランドデザイン——歴史上のキーパーソン），藤原書店，2002年4月

五島寧「台北都市計画に見る植民地統治理念に関する研究」『都市計画』51-1（特集・日本都市計画学会と新世紀都市づくりビジョン），日本都市計画学会，2002年4月

千田民雄「後藤新平伯の後任　日露協会会頭斎藤實　後藤伯とは『竹馬の友』」（新聞記事複写資料）胆江日日新聞社，2002年6月

齋藤博康「水道技術者の志後藤新平——近代都市を創った医師」『Civil engineering consultant』216（特集・土木技術者の志），建設コンサルタンツ協会，2002年7月

西宮紘「後藤新平の満洲経略」『環』10（小特集・満鉄の研究），藤原書店，2002年7月

拓殖大学創立百年史編纂室『父後藤新平の思い出——河崎兵衛（学38期卒）とその血縁』，2002年

酒井哲哉「国際関係論と『忘れられた社会主義』——大正期日本における社会概念の析出状

況とその遺産」『思想』945，岩波書店，2003年1月
加藤秀幸「東風生意満山川（本学恩賜記念館所蔵扁額）を後藤新平の揮毫せる社会的背景」『人文・自然・人間科学研究』9，拓殖大学人文科学研究所，2003年3月
中島純「後藤新平『学俗接近』論と軽井沢夏期大学の実践──新渡戸稲造のかかわりを中心にして」『暁星論叢』52，新潟中央短期大学［2003年6月］
及川和彦「公民館・ひと・れきし　わが国第1号の公民館──岩手県水沢市後藤伯記念公民館」『月刊公民館』555，全国公民館連合会，2003年8月
「TAXTIDBIT 浮生若夢・後藤新平・林権助」『International taxation』23-8，268，税務研究会，2003年8月
広瀬順皓・窪寺久子「新たに発見された後藤新平宛書簡（上）伊藤野枝の手紙」『日本古書通信』68-8，2003年8月
　同上「新たに発見された後藤新平宛書簡（下）加藤時次郎の手紙三通」『日本古書通信』68-9，2003年9月
「後藤新平・新渡戸稲造記念　第5回拓殖大学国際協力・国際理解作文コンクール入賞者発表」『国際開発ジャーナル』564，国際開発ジャーナル社，2003年11月
谷ヶ城秀吉「貿易環節の転換と植民地支配──台湾総督府の対岸政策と烏龍茶貿易政策の連関について」『近現代史研究会会報』49，近現代史研究会事務局，2003年12月
竹長吉正「後藤新平とその周辺──漱石『満韓ところどころ』の波紋」『埼玉大学紀要　教育学部人文・社会科学』52-1，埼玉大学教育学部，2003年
小野寺伸夫「後藤新平研究9　基本発想等の中間まとめ」『医学史研究』83（特集・医学関連人物史・人物群像史・団体史1），医学史研究会，2003年
六本木基正『後藤新平と国勢調査』六本木基正，［2003年］
中島純『後藤新平「学俗接近」論と通俗大学会の研究──夏期大学運動の思想と実践』中島純，2004年1月
松田拓「経国済民への道（14）日本円は米国の軍票か？　今こそ後藤新平の構想に学ぼう」『月刊日本』8-2，K&Kプレス，2004年2月
伊能忠敏「鉄路のいしずえ（12）国有鉄道の父，後藤新平」『新線路』58-2，鉄道現業社，2004年2月
東京都公文書館編『都史資料集成　第4巻──膨張する東京市』東京都公文書館，2004年3月
倉数茂「都市空間の系譜学③　背理する〈自我〉」『早稲田文学』早稲田文学会，2004年3月
拓殖大学創立百年史編纂室編『学統に関わる書誌Ⅰ』拓殖大学，2004年7月
野間健「文明維新の時代（4）後藤新平からゾルゲ事件まで（1）」『月刊日本』8-9，K&Kプレス，2004年9月
　同上「文明維新の時代（5）後藤新平からゾルゲ事件まで（2）」『月刊日本』8-10，K&Kプレス，2004年10月
御厨貴編『時代の先覚者・後藤新平──1857-1929』藤原書店，2004年10月

鶴見祐輔著／一海知義校訂『〈決定版〉正伝 後藤新平 1　医者時代　前史〜1893年』藤原書店（後藤新平の全仕事），2004年11月

野間健「文明維新の時代（6）後藤新平からゾルゲ事件まで（3）」『月刊日本』8-11，K＆Kプレス，2004年11月

鶴見祐輔著／一海知義校訂『〈決定版〉正伝 後藤新平 2　衛生局長時代　1892〜98年』藤原書店（後藤新平の全仕事），2004年12月

鶴見和子「石をくほます水滴も」『機』藤原書店，2004年12月

野間健「文明維新の時代（7）後藤新平からゾルゲ事件まで（4）」『月刊日本』8-12，K＆Kプレス，2004年12月

堀切利高「資料紹介後藤新平宛，伊藤野枝書簡」『初期社会主義研究』17，初期社会主義研究会，2004年

2005〜07年

野間健「文明維新の時代（8）後藤新平からゾルゲ事件まで（5）」『月刊日本』9-1，K＆Kプレス，2005年1月

鶴見祐輔著／一海知義校訂『〈決定版〉正伝 後藤新平 3　台湾時代　1898〜1906年』藤原書店（後藤新平の全仕事），2005年2月

拓殖大学創立百年史編纂室『拓殖大学「日露シンポジウム」報告書』拓殖大学，2005年2月

小野泰「内藤湖南の台湾観――後藤新平との接点をめぐって」『東洋史訪』11（台湾史研究特集号），兵庫教育大学東洋史研究会，2005年3月31日

拓殖大学創立百年史編纂室編『永田秀次郎――自然体の伝道者』巻頭言（『拓殖文化』79〔後藤新平伯爵追悼記念号〕昭和16〔1941〕年12月），拓殖大学，2005年3月

青山佾・加藤登紀子・佐野眞一・新村拓・鶴見俊輔・御厨貴「シンポジウム　今，なぜ後藤新平か？」『環』21，藤原書店，2005年4月

田中重光「第7章　台北　日本統治期の後藤新平から蒋介石までの都市計画　1600〜1970年」『近代・中国の都市と建築』相模書房，2005年4月

鶴見祐輔著／一海知義校訂『〈決定版〉正伝 後藤新平 4　満鉄時代　1906〜08年』藤原書店（後藤新平の全仕事），2005年4月

富田武「後藤新平訪ソと漁業協約交渉――日ロ史料の比較検討から」『成蹊法学』61，2005年5月

星亮一『後藤新平伝――未来を見つめて生きた明治人』平凡社，2005年6月

鶴見祐輔著／一海知義校訂『〈決定版〉正伝 後藤新平 5　第二次桂内閣時代　1908〜16年』藤原書店（後藤新平の全仕事），2005年7月

加藤丈夫「『自治三訣』の心」『機』藤原書店，2005年10月

『ロシアと拓殖大学』（ワシーリー・モロジャコフ「桂太郎，後藤新平と帝政ロシア」，ゲンナーディ・ボルデューゴフ「後藤新平とソ連の対日政策」，河上清「露都に於る後藤男」，

満川亀太郎「故伯の日露提携意見書」ほか）拓殖大学，2005年10月

В. Э. Молодякова, *Кацура Таро, Гото Симпэй и Россия — сборник документов, 1907-1929,* составление, вступительнаястатья, подготовкатекстаипримечания．АИРО-XXI／ДмитрийБуланин（Серия "ПерваяпубликациявРоссии"：т. 13）（2005年10月）

玉手義朗「静寂の駅舎　島根県・旧大社駅」『Agora』，2005年11月

鶴見祐輔著／一海知義校訂『〈決定版〉正伝 後藤新平 6　寺内内閣時代　1916〜18年』藤原書店（後藤新平の全仕事），2005年11月

増田寛也「21世紀にこそ求められる真のリーダー，後藤新平」『機』藤原書店，2005年11月

山岡淳一郎「後藤新平　再生と創造の『マネジメント語録』（1〜11）」『Business data』20-252〜21-262，日本実業出版社，2005年11月〜06年9月

宮城洋一郎「後藤新平の防貧論について」，頼富本宏博士還暦記念論文集刊行会『マンダラの諸相と文化　下（胎蔵界の巻）』法藏館，2005年11月

梅原誠「実録・満鉄調査部」『機』藤原書店，2005年12月

許介鱗「後藤新平とその阿片謀略」『植民地文化研究』4，植民地文化研究会，2005年

富田武「後藤新平訪ソと漁業協約交渉――日ロ史料の比較検討から」『成蹊法学』61，成蹊大学法学会，2005年

「小特集『正伝 後藤新平』を読む」（清水唯一朗「早すぎた政治家への遅すぎた評価（第1巻）」，今津敏晃「相馬事件と後藤新平（第2巻）」，村井良太「麗しの島台湾と後藤新平（第3巻）」，西川誠「文装的武備の発見（第4巻）」，千葉功「桂から寺内へ――後藤新平の政治戦略（第5巻）」，牧原出「『病院』から『院』へ――後藤新平の『政治』観」，若月剛史「後藤新平の通信省改革とその影響――逓信管理局を中心に」，佐藤健太郎「『東北』の視角から見た『正伝 後藤新平』」，土田宏成「後藤新平の読書術」）『環』24，2006年1月

草原克豪「教育者，後藤新平」『機』藤原書店，2006年1月

吉田直哉「『放送開始！』あの気宇を」『機』藤原書店，2006年2月

鶴見祐輔著／一海知義校訂『〈決定版〉正伝 後藤新平 7　東京市長時代　1919〜23年』藤原書店（後藤新平の全仕事），2006年3月

西澤潤一「国際関係の先駆者，後藤新平」『機』藤原書店，2006年3月

『後藤新平の会　会報』1（苅部直・下河辺淳・増田寛也・三砂ちづる・森まゆみ「『後藤新平の会』設立記念シンポジウム　21世紀と後藤新平――自治構想と人材登用」，春山明哲「〈研究ノート『後藤新平』の「謎」〉1　孫文と後藤新平」ほか），後藤新平の会，2006年4月

椎名素夫「時代を越える『作品』」『機』藤原書店，2006年4月

高橋通泰『後藤新平――大風呂敷の巨人』高橋通泰，2006年4月

「小特集　21世紀と後藤新平」（ワシーリー・モロジャコフ「シベリア出兵と後藤外交――新しい資料，新たな視点」富田武訳，「『後藤新平の会』設立記念シンポジウム」〔上記『会報』と同内容〕）『環』25，藤原書店，2006年5月

松岡滿壽男「後藤新平を憶う」『機』藤原書店, 2006年5月

平野眞一「後藤新平のルーツ」『機』藤原書店, 2006年6月

鶴見祐輔著／一海知義校訂『〈決定版〉正伝 後藤新平 8 ──「政治の倫理化」時代 1923～29年』藤原書店（後藤新平の全仕事）, 2006年7月

小島英記「男の晩節」日本経済新聞社, 2006年7月

大村智「後藤新平と北里柴三郎」『機』藤原書店, 2006年7月

岩見隆夫「構想力が求められる時代」『機』藤原書店, 2006年8月

篠田正浩「尾崎秀実の肩越しに見え隠れする後藤新平」『機』藤原書店, 2006年9月

吉田瑞男「水沢の三偉人」『機』藤原書店, 2006年10月

ワシーリー・モロジャコフ「後藤新平と日露関係──後藤の対露戦略的構想」『自由』48-11, 自由社, 2006年11月

中見立夫ほか『満洲とは何だったのか』新装版, 藤原書店, 2006年11月

小林道彦「満鉄と後藤新平──文装的武備論をめぐって」（ほか, 関連論考多数）『別冊「環」12 満鉄とは何だったのか』藤原書店, 2006年11月

塩川正十郎「後藤新平, 大人の魅力」『機』藤原書店, 2006年11月

『後藤新平の会 会報』2（加藤陽子・木村汎・榊原英資・塩川正十郎・松田昌士・御厨貴「2006年度『後藤新平の会』公開シンポジウム 21世紀と後藤新平 part2──世界構想と世界戦略」, サーラ・スヴェン「植民地統治と人間崇拝──日本とドイツの植民地における銅像」, 春山明哲「〈研究ノート『後藤新平』の「謎」〉2 孫文と後藤新平その2」,「後藤新平ゆかりの人びと 本多静六・二反長音蔵・星一」ほか）, 後藤新平の会, 2006年12月

渡辺利夫「"国際開発学の父"としての後藤新平」『機』藤原書店, 2006年12月

原敬記念館『原敬と後藤新平』（原敬研究資料）40, 2006年

青山佾「事蹟政治家の器とは──後藤新平に学ぶ」『月刊自由民主』646（特集・春を呼ぶ国づくり）, 2007年1月

ワシーリー・モロジャコフ「ロシアから見た後藤新平」『機』藤原書店, 2007年1月

山岡淳一郎『後藤新平 日本の羅針盤となった男』草思社, 2007年2月

橋本五郎「科学的精緻と宗教的情熱の人」『機』藤原書店, 2007年2月

三宅正樹「第1章 スターリン・後藤新平会談──ユーラシア大陸連合計画はここに始まった」『スターリン, ヒトラーと日ソ独伊連合構想』朝日新聞社, 2007年2月

松原治「後藤新平を憶う」『機』藤原書店, 2007年3月

「特集 世界の後藤新平／後藤新平の世界」（「2006年度『後藤新平の会』公開シンポジウム 21世紀と後藤新平 part2──世界構想と世界戦略」〔上記『会報』2号と同内容〕／ゲンナーディ・ボルヂューゴフ「後藤新平とスターリン──1928年の会談とソ連の対日政策」, ワシーリー・モロジャコフ「ロシア人の目で見た後藤新平」, ウヴァ・ダヴィッド「『植民地』支配戦略としての『文装的武備論』」, 張隆志「植民地近代の分析と後藤新平論──台湾近代史を事例として」, 三宅正樹「後藤新平の外交構想」, 鶴見俊輔「高野長

英，安場保和，後藤新平」，駄場裕司「後藤新平と新聞社」，武田徹「後藤新平と放送の公共性」，清水唯一朗「藩閥，官僚，政党——後藤新平の政治空間」，若月剛史「後藤新平の経済政策構想」，春山明哲「後藤新平研究の回顧と展望・序説——伝記編纂事業と『後藤新平アーカイブ』の成立を中心に」／後藤新平の死をめぐる報道——『ニューヨーク・タイムズ』『イズヴェスチア』『中央日報』『満洲日報』『台湾日日新報』『東京日日』『大勢』『国民』『大阪時事』『都』『読売』『東京毎夕』各紙／同時代人が語る後藤新平——Ｃ・Ａ・ビーアド，新渡戸稲造，大川周明，東海隠史／後藤新平のことば／私にとっての後藤新平——青山佾・岩見隆夫・梅原誠・梅森健司・大星公二・大村智・葛西敬之・粕谷一希・片山善博・加藤聖文・加藤丈夫・河﨑武蔵・草原克豪・小林英夫・榊原英資・佐々木隆男・椎名素夫・塩川正十郎・篠田正浩・下河辺淳・鈴木俊一・中島純・西澤潤一・橋本五郎・平野眞一・福田勝幸・増田寛也・松岡滿壽男・松原治・三谷太一郎・森繁久彌・モロジャコフ・安田弘・養老孟司・吉田直哉・吉田瑞男・李登輝・渡辺利夫）『環』29，藤原書店，2007年4月

藤原書店編集部編『後藤新平の「仕事」』藤原書店，2007年5月

『後藤新平の会　会報』3（李登輝「後藤新平と私」（第1回「後藤新平賞」受賞講演），ワシーリー・モロジャコフ「後藤新平と東支鉄道」，ウヴァ・ダヴィッド「後藤新平とドイツの『科学的植民地主義』」，清水唯一朗「書評・信夫清三郎『後藤新平——科学的政治家の生涯』」，春山明哲「〈研究ノート『後藤新平』の〈謎〉3　孫文と後藤新平その3」，内海孝「後藤新平ゆかりの人びと・拡大版　堤康次郎と後藤新平」ほか），後藤新平の会，2007年6月

IV

主要関連人物紹介

[付] 後藤新平 時代別人脈図

凡　例

*ここでは，後藤新平と関わりのあった無数の人物のなかから，とくに重要かつ興味深い人物206人を選び，簡単な紹介を付した。
*人物の選定にあたっては，おもに『正伝 後藤新平』に登場する人物を中心に選んだが，『正伝』に言及がなくとも後藤と何らかの関係を有していた重要人物も多く取り上げた。
*紹介文作成にあたって依拠した文献，使用した写真の出典は末尾にまとめた。
*付録として，後藤の生涯の各時代ごとにおける人脈の大要を示す図を作成した。

相生由太郎
(あいおい・よしたろう／1867～1930)

福岡出身。東京高商（現・一橋大）卒。日本郵船をへて三井物産に入り、犬塚信太郎の部下となる。田中清次郎に引き抜かれ、満鉄大連港埠頭取締に当たる。田中とともに埠頭取締計画を満鉄総裁後藤新平に示すが否定され、首をかけた二度目の提示で許可。それまで乱雑であった埠頭取締に成功。のち人夫請負いの仕事に転じた。1916（大5）年大連商工会議所会頭となる。満洲財界の救済に尽力。夏目漱石『満韓ところどころ』にも登場。

青木周三
(あおき・しゅうぞう／1875-1946)

岩手出身。第二次桂内閣鉄道院総裁後藤新平のとき、鉄道院倉庫課長であった。当時、鉄道院は購買費節約・用品整理が大々的に行われていた。浅野総一郎は後藤を訪問したり青木のところにしきりに出入したが、セメントの単価の低さから、青木の進言、後藤の決断で浅野セメントからの購入が決定された。のち横浜市長。

青木周蔵
(あおき・しゅうぞう／1844～1914)

山口出身。外交官。藩医青木研蔵の養子となり、洋学医学を修める。維新直前期、長崎の長与専斎の塾に通う。1873（明6）年外務一等書記官となり、ドイツ公使館に勤務したのをふりだしに、一貫して外交畑で活躍。89（明22）年外務大臣となるが、91年、大津事件の責任を負って辞任。1900年再び外相。義和団の乱に触発されて南清情勢が緊張し、厦門出兵がいったん閣議決定されたが、閣外にあった「対外軟」の伊藤博文らによって出兵中止となる。青木も元来「対外軟」で、台湾総督児玉源太郎や後藤の出兵意志はくじかれることになった。この年外相を辞し、06～08年、特命全権大使としてアメリカに駐在。三度、枢密顧問官をつとめる。

阿川光裕
(あがわ・みつひろ／1845～1906)

東京出身。岡田俊三郎のち阿川光裕。官吏。安井息軒の門下で漢籍を学ぶが、孫子呉子の兵法を好む。安場保和に識られ胆沢県に史生（しょう）(明治初期太政官制における文官名のひとつ)として同伴、安場の依頼で後藤を預かり教育。後藤に医学を志し須賀川医学校で学ぶように勧めたのは阿川であった。安場が愛知県令になった時も同県に赴任し、その縁で後藤は愛知県病院に転じ、阿川宅にも寄宿。1896年10月阿川は台湾総督府に転任、後藤と再会し、地域武装勢力対策（「土匪」招降策）に協力、99年9月に休職して東京に帰った。

愛久沢直哉
(あくざわ・なおや／生没年未詳)

北清事変以後、台湾総督府の対岸政策の中心事業として設立された日支合弁会社三五公司の経営を後藤民政官からまかせられた。その事業の柱は、樟脳事業と潮汕鉄道の経営、新架坡植林、源盛銀行、東亜書院など後の満鉄の雛型のようなものであった。しかし、後藤が台湾を去って強力な後盾を失い、清国の朝野の反抗を受けて事業は失敗に帰した。

浅野総一郎
(あさの・そういちろう／1848～1930)

富山出身。33両を懐に上京、横浜で包装用竹皮売買を行う。74（明7）年石炭専業商。やがて渋沢栄一の知遇を得る。83（明16）年深川にセメント工場創業（現在の日本セメントの前身）。98（明31）年浅野セメント合資会社設立を機に安田善次郎と知り合う。渋沢、安田のバックアップでガス、炭鉱、石油、造船、製鉄、東京湾埋立てなど多彩な事業を展開。後藤新平が第二次桂内閣逓相のとき、逓相官邸への訪問客のうち最も早朝に来るのが浅野であった。資金面で安田銀行との結びつきが強く、安田財閥の事業部門的役割を担った。学歴はないとはいえ、事業にかけての勉強ぶりや着眼力・先見性に非凡な才能を発揮した。

荒井泰治
(あらい・たいじ／1861～1927)

宮城出身。仏学塾卒。1880（明13）年上京して中江兆民の塾に学ぶ。翌年、東京横浜毎日

新聞社記者，ついで嚶鳴社に入り改進党本部書記長。のち日銀総裁秘書をへて，90（明23）年鐘淵紡績支配人，94年東京商品取引所常務理事。97年富士紡績支配人。1900（明33）年サミュエル商会台北支店長として台湾に渡る。のち台湾商工銀行頭取，台湾肥料社長。台湾時代，後藤民政長官の読書会に参加。11〜18年貴族院議員（多額納税）。また仙台商業会議所議員を務める。

有松英義
（ありまつ・ひでよし／1863〜1927）

岡山出身。独逸学協会学校（現・独協大学）卒。1888（明21）年高等試験合格。以後，判事，司法省参事官，農商務省参事官，法制局参事官，内務省警保局長を歴任。内務省時代，衛生局長後藤新平の社会政策に関する幕僚の一人であった。1904（明37）年三重県知事に就任。その後再び警保局長，法制局長官兼拓殖局長官。この間，貴族院勅選議員，1920（大9）年には枢密顧問官。

飯野吉三郎
（いいの・きちさぶろう／1867〜1944）

岐阜出身。飛騨山中で神道修行，行者として上京，加持祈祷に信者が集まった。1904（明37）年満洲に渡り翌年3月10日の奉天大会戦など戦局を予言，児玉源太郎大将の信任を得た。日露戦後，児玉の紹介で山県有朋・伊藤博文らの知遇を得，大正年間，東京渋谷区穏田に大邸宅を構え，「穏田の行者」と敬われた。宮中に出仕，皇室の信仰厚かった女子教育者の下田歌子と結んで貞明皇后の信頼を得，皇太子（昭和天皇）の外遊問題に介入した。25(大14)年政争がらみの詐欺汚職事件で失脚。

池田宏
（いけだ・ひろし／1881〜1939）

静岡出身。京都帝大法科大学法律学科卒。内務省に出仕し，地方庁の事務官として各県をまわったのち，1911（明44）年，本省土木局道路課長となる。のちヨーロッパに遊学。帰国後要職を歴任したが，都市計画課長のとき(19年)初の都市計画法を起草した。その翌20（大9）年，後藤新平が東京市長になると三助役の一人として引き抜かれ，いわゆる東京改造8億円計画作成に参画，市政調査会のメンバーにもなった。23（大12）年関東大震災のとき，内務省社会局長官から再度後藤に引き抜かれ，復興計画局長となり復興計画案作成に従事。その後，京都府知事をへて26（大15）年神奈川県知事となり，葉山御用邸で大正天皇の看護にあたる。29（昭4）年退官，専修大，大阪商大，京大で教鞭をとり，また市政調査会理事などを歴任した。

石井菊次郎
（いしい・きくじろう／1866〜1945）

千葉出身。明治〜昭和期の外交官。第一次西園寺内閣の林董外相のもとで次官。大隈内閣外相。1917（大6）年特派大使として石井・ランシング協定に調印，駐米大使となり，シベリア出兵につき寺内内閣外相後藤新平と連携，日米交渉に当たった。18年辞任。その後，国際連盟代表など国際会議の日本代表として活躍。29年枢密顧問官となる。45（昭20）年5月26日の東京大空襲で行方不明となる。

石黒忠悳
（いしぐろ・ただのり／1845〜1941）

福島出身。医学者。陸軍軍医制度・近代医学教育・看護婦養成に功績。西南の役の時，大阪陸軍臨時病院長となり，雇医としてやってきた後藤新平（愛知県病院時代）と知り合う。以後，後藤が内務省衛生局に転ずる時，相馬事件を経て中央衛生会委員となる時，日清戦役直後の臨時陸軍検疫部事務官長になる時など，親身に後藤を後援した。『外科約説』等多くの著訳書あり，医学界の長老として重きをなした。

石塚英蔵
(いしづか・えいぞう/1866～1942)

福島出身。帝大法科卒。内閣法制局参事官、同書記官兼任。後藤が台湾民政長官に赴任した際の台湾総督府参事官長。関東州民政署民政長官などをへて、1906（明39）年関東都督府民政長官、総監府参与官、朝鮮総督府取調局長官、同農工商部長官など歴任。16（大5）年東洋拓殖会社総裁となった。同年貴族院勅選議員。29（昭4）年浜口内閣により台湾総督に任命され、2年後の霧社事件の責任を取り退官。34年枢密顧問官となる。

板垣退助
(いたがき・たいすけ/1837～1919)

高知出身。江戸藩邸詰から山内容堂御用役を務め討幕運動を推進、戊辰戦争で東山道先鋒総督府参謀。維新後は、1871（明4）年新政府参議、73（明6）年征韓論で大久保利通らと対立、西郷隆盛らとともに辞職。翌年江藤新平らと民選議院設立建白書を政府に提出、自由民権運動を推進。81（明14）年自由党を結成、総理となり、翌年遊説中岐阜で刺客に襲われ負傷、愛知県病院長後藤新平の手当を受ける。90（明23）年立憲自由党に参加、翌年自由党と改称して総理となる。96（明29）年第二次伊藤博文内閣内相となり、翌年後藤新平衛生局長に監獄衛生制度に関する意見書を書かせる。98（明31）年憲政党が結成され、隈板内閣内相となるが、4カ月で総辞職、1900（明33）年憲政党解党、立憲政友会の結成を契機に政界を引退、以後社会事業に取り組んだ。

市川方静
(いちかわ・ほうせい/1834～1903)

福島出身。1861（万延2）年坂本数衛門から最上流算学を学ぶ。数学・測量術のみならず天文、易学、鍼治などに関心を示し、73（明6）年初めて測量器を作り「調方儀」と名づけた。その当時、福島洋学校の数学教師をしており、若き後藤新平に数学と測量術を教え、その数学的才能を愛し、内務省測量官費生応募を勧めたが、新平は阿川光裕の叱責により須賀川医学校に転校。79（明12）年市川は福島県属として土木工事に従事、翌々年職を辞し白河で数学・測量術教育にあたる。「調方儀」は「市川儀」と改名、87（明20）年には「方静儀」の名で売り出された。同年、手製の望遠鏡で白河小峰城址で皆既日食を観測、コロナをスケッチした。

伊藤長七
(いとう・ちょうしち/1877～1930)

長野出身。教育実践家。1898（明31）年長野師範学校を卒業後、諏訪、小諸で教える。1901（明34）年東京高等師範学校に入学、卒業後は同校附属中学校に勤務。12（大1）年、朝日新聞連載をもとに『現代教育観』を刊行。19（大8）年東京府立第五中学校（現・都立小石川高等学校）創立と同時に校長となり、「立志・開拓・創作」という自由で伸びやかな校風を確立し、在職のまま没した。17（大6）年後藤新平が設立した信濃通俗大学会の理事となり、木崎・軽井沢・伊勢山田などの夏期大学開設に尽力。木崎夏期大学の第1回講義では「創造的教育の研究」と題して講演、教育革新のため理想主義的・自由主義的な活動を重んじた。21（大10）～22（大11）年欧州に出張、日本の少年少女の手紙一万数千通を配った。

伊藤博文
(いとう・ひろぶみ/1841～1909)

山口出身。吉田松陰の松下村塾に学ぶ。1978（明11）年大久保利通横死後、政府の中枢に位置し、85（明18）年内閣制度を創設、初代首相となり、帝国議会開設等に努力、以後、4回内閣を組織、他方、立憲政友会を創立、総裁となり、1903（明36）年総裁辞任後は元老として最重要政策決定に関与、05（明38）年韓国統監府初代統監。後藤新平は第二次伊藤内閣の時、1895（明28）年7月に児玉源太郎を介して初めて伊藤と会見、以後、種々の建議、

書簡を呈し、特に満鉄総裁在任中の1907（明40）年9月厳島で伊藤に「新旧大陸対峙論」を提示、その実行を伊藤に求めた。伊藤はそれを実現しようと、09（明42）年10月、ロシア蔵相ココフツォフと会談のため渡満、ハルビン駅で安重根に暗殺された。

伊東巳代治
（いとう・みよじ／1857～1934）

長崎出身。官僚、政治家。語学に秀で、兵庫県訳官を経て明治新政府に入り、1882（明15）年伊藤博文の欧州憲法調査に随行。帰国後、伊藤の秘書官として大日本帝国憲法の起草制定に関与した。のち首相秘書官、枢密院書記官長、貴族院勅選議員、第二次伊藤内閣書記官長、第三次伊藤内閣農商務相、枢密顧問官などを歴任。東京日日新聞社社長にも就任。1917（大6）年、寺内内閣下の臨時外交調査委員会では後藤新平（内相・外相）とともにシベリア出兵問題を議した。関東大震災後の復興院総裁後藤新平の帝都復興計画に対しては先頭に立って反対、そのため後藤案は極度に縮小されるにいたった。

犬養毅
（いぬかい・つよし／1855～1932）

岡山出身。政党政治家。『郵便報知新聞』記者などをへて、1910（明43）年立憲国民党を結成。大正政変（第一次憲政擁護運動による、第三次桂内閣の倒閣）において、桂・後藤らの新党立憲同志会に党員の過半を切り崩されたものの、尾崎行雄（政友会）らと護憲運動の先頭に立ち、「憲政の神様」と称された。17（大6）年、寺内内閣時に後藤内相主導で作られた臨時外交調査委員会には参加。23（大12）年、第二次山本内閣の逓相に就任（後藤は内相）。31（昭6）年、首相として戦前最後の政党内閣を組織するが、5・15事件で射殺された。宮崎滔天ら中国大陸浪人の活動を援助し、玄洋社の頭山満と親交をつづけ、革命家孫文やボースらを支援しつづけた気骨あるアジア主義者の顔も知られる。

犬塚信太郎
（いぬづか・しんたろう／1874～1919）

実業家。三井物産門司支店長。満鉄総裁後藤新平がその才を見込み、三井物産総顧問・井上馨に懇請して満鉄理事に引き抜いた。以後8年間満洲の地で活動。秋山真之や山田純三郎らと親しく、孫文の中国革命を支援、1915（大4）年には反袁世凱活動のため孫文と「中日盟約」を結び、外交・軍事・政治・経済上の提携協力を約定したとされる。満鉄では主に営業面に携わり、立山水力電気、大湊興業など各社の重役として活躍した。

井上馨
（いのうえ・かおる／1835～1915）

山口出身。井上聞多。明倫館に学ぶ。蘭学、英学、砲術を修業。尊攘運動、討幕運動に参加。維新後の新政府では、参与、外国事務掛や造幣頭、民部大輔をへて大蔵大輔となり、73（明6）年各省政費増加不可として渋沢栄一とともに辞職、先収会社を興す。75（明8）年元老院議官となり、翌年特命副全権弁理大使として江華条約を結び、同年渡欧、78（明11）年帰国以後、参議兼工部卿、法制局長官、外務卿となり条約改正に尽力。83（明16）年2月岩倉具視に従って熱海に赴いた折、衛生局長代理として岩倉に面会に来た後藤新平に会う。85（明18）年第1次伊藤内閣外相となる。その後、農商務相、内相をへて、98（明31）年第三次伊藤内閣蔵相のとき、衛生局長後藤新平より「台湾統治救急案」を具申され、後藤の台湾統治方針を認める。1901（明34）年組閣の命を受けたが失敗、晩年は元老の一人として政界に臨んだ。実業界では三井財閥の総顧問であった。

井上準之助
（いのうえ・じゅんのすけ／1869～1932）

大分出身。帝大法科卒。日本銀行に入り、栄転を重ね、1911（明44）年横浜正金銀行に入り、13（大2）年頭取。19（大8）年日銀総

裁。23（大12）年関東大震災のとき第二次山本内閣蔵相となり震災手形制度など後藤新平内相とともに救済・復興を手掛けた。翌年貴族院議員。27（昭2）年日銀総裁。29（昭4）年浜口内閣蔵相となり、翌年金解禁を実施したが、世界大恐慌が波及、空前の不況となる。第二次若槻内閣にも留任したが、英国の金本位制停止に伴うドル買いに直面し、解禁政策は破綻。若槻内閣総辞職後、32（昭7）年2月、血盟団員小沼正に射殺された。

今村秀栄
（いまむら・しゅうえい／生没年未詳）

相馬家家臣。御政事御勝手両掛の郡代役を務め、維新後、福島県権典事、福島県須賀川出張所所長をへて、愛知県病院事務長となった。愛知県病院で後藤新平と相親しくなる。その縁で相馬事件にかかわる錦織剛清を衛生局長後藤新平に紹介した。晩年は相馬郡小高町に隠棲。

岩倉具視
（いわくら・ともみ／1825〜1883）

京都出身。岩倉氏の養子。明治維新の功臣。公武合体に務めたのち、討幕運動の宮廷の中心となる。維新後、右大臣。1871（明4）年、制度文物視察と条約改正準備のため使節団をつくり欧米に渡る。帰国後西郷隆盛らの対朝鮮強硬論に反対し、内政優先策を基本とし薩長政権の確立に努めた。83（明16）年2月、肺病患者を集める旅館建設問題で、後藤新平は長与衛生局長代理として熱海に岩倉を訪ねた。

岩佐新
（いわさ・あらた／1868？〜1938）

福井出身。家は代々藩医で、父は明治40年宮中顧問官となり、のちに告成堂病院長となる。新はこれを継ぎ、告成堂および岩佐病院長に。ミュンヘンに留学中、同市に来ていた後藤新平と交流を深めた。

岩永裕吉
（いわなが・ゆうきち／1883〜1939）

東京出身。長与専斎の四男。母親の実弟で日本郵船専務であった岩永省一の養子となる。京都帝大法科卒。1911（明44）年後藤新平の推薦で満鉄に入社、大連本社に勤務。17（大6）年退社、翌年鉄道院総裁秘書官・文書課長に就任。19（大8）年、後藤の欧米旅行に随行。翌年、岩永事務所を開設、外国事情の紹介誌『岩永通信』の発行を始める。23（大12）年国際通信社専務。26年国際通信社と東方通信社が合併して日本新聞連合社が誕生、その専務理事となる。以後米国のAP、英国のロイターなどと対等の通信契約を結ぶのに成功、日本の通信独立に大きな功績を果たす。29（昭4）年広告連合社開業、36（昭11）年、ライバルの電報通信社と合併して同盟通信社が誕生、初代社長に就任。兄に医師の長与称吉、又郎、弟に作家の善郎がいる。

ウィルソン
（Wilson, Thomas Woodrow／1856〜1924）

アメリカ第28代大統領。在職1913〜21年。第一次世界大戦には中立を持したが、17年2月にドイツが無制限潜水艦戦を開始したため参戦、18年1月14カ条平和原則を発表。この年、シベリア出兵問題が起こり、ウィルソンは日本の侵略主義を用心して賛同しなかった。しかしロシア領内のチェコ軍の対ソ反乱を知り、チェコ軍救援を名目として日本などとのシベリア共同出兵に踏み切った。この時の日本の外相が後藤新平であった。終戦後、渡欧してパリ講和会議を指導、国際連盟規約を成立させたが、アメリカ国内では連盟に反対の声が上がり、連盟加盟の遊説をする途上、失意のうちに病没した。

上田恭輔
(うえだ・きょうすけ／1871〜1951)

比較言語学者，植民地政策専門家。米国留学後台湾総督府嘱託となり，総督児玉源太郎の側近となる。鈴木宗言が笞杖刑・指紋法・陪審制度について各国植民地の実情調査に赴くのに同行。日露戦争の際は陸軍奏任通訳として児玉大将に従い，参謀本部に勤務。児玉の急逝ののち満鉄に入社，後藤，中村是公をはじめ歴代総裁の特別秘書を務めた。以後中国陶磁器への関心を深め，陶磁を文化人類学的に考察する数多くの著作を刊行するとともに，満鉄中央研究所内に窯業試験場を作らせた。

内田嘉吉
(うちだ・かきち／1866〜1933)

東京出身。帝大法律学科卒。司法官試補から通信省参事官，高等海員審判所理事官，逓相秘書官，管船局長，高等海員審判所長など歴任。1910（明43）年拓殖局設置で部長兼務。8月台湾民政長官となるが，のち総督安東貞美と意見が合わず辞職，南洋協会設立。16年寺内内閣逓信次官。17（大6）年都市研究会を発足させ，内相後藤新平を会長とする。翌年貴族院勅選議員。23（大12）年山本内閣で台湾総督（在任1年）。26年日本無線電信会社社長。

内田康哉
(うちだ・こうさい／1865〜1936)

熊本出身。帝大法科卒業後外務省に入り，米・英在勤ののち，清国公使館一等書記官，外務次官，清国公使を務める。日露戦争前後は対清工作に従事，オーストリア大使兼スイス公使，アメリカ大使も歴任。1911（明44）年，第二次西園寺内閣の外相に就任。のちロシア大使に赴任し革命に遭遇。帰国後は18（大7）年原敬，21（大10）年高橋是清，22（大11）年加藤友三郎の3内閣の外相となり，講和・軍縮・シベリア出兵などの戦後処理に当たる。原暗殺後，加藤死去後臨時首相。25（大14）年枢密顧問官，30（昭5）年勅選貴族院議員。31（昭6）年南満洲鉄道総裁となり，満洲事変勃発後は，関東軍作戦行動に協力。32（昭7）年斎藤實内閣の外相となり，「満洲国」承認・国連脱退と国際的孤立化の外交を推進した（「幣原協調外交」に対して「焦土外交」と称された）。後藤がヨッフェと私的会談を行っていたときの外相。

エジソン
(Edison, Thomas Alva／1847〜1931)

アメリカの発明家。1879年炭素フィラメント白熱電球を発明し，81年エジソン電気照明会社を興す（後のGE社）。1919（大8）年欧米視察に出かけた後藤新平は，ニュージャージー州オレンジ市にエジソンを訪ねたが，エジソンは日本の山東占領や15年5月の対支通牒について，日本の政策を攻撃的口ぶりで質問した。エジソンは耳が遠く，十分な議論ができなかったため，その翌々日，後藤は手紙を送って弁明した。

袁世凱
(えん・せいがい／1859〜1916)

河南省項城県の人。軍人政治家。北洋新軍をバックに西太后と結んで台頭。辛亥戦争勃発以後は革命軍と国民党に対立しつつ，1913年大総統となる。日本の対華二十一カ条要求を呑み，皇帝になろうとしたが，16年6月に病没した。後藤新平は07年満鉄総裁として西太后に拝謁の帰途，袁世凱と会見，箸を使う民族同士の「箸同盟」を提唱して大いに賛同を得た。また08年には法庫門鉄道問題に関して親書を袁世凱に呈した。

大川周明
(おおかわ・しゅうめい／1886〜1957)

山形出身。五高から東京帝大で宗教学専攻。在学中，松村介石の日本教会（のち道会）に入会。1914（大3）年頃西洋哲学から東洋哲学に思想転換。15（大4）年インド独立運動

家の亡命者ボースやグプタに共鳴。17（大6）年，押川方義の後援で全亜細亜会を組織。18（大7）年満鉄に入社。満川亀太郎らが組織する老壮会に参加。19（大8）年上海の北一輝を迎えて猶存社を組織。同年，満鉄東亜経済調査局編輯課長となる。20（大9）年拓殖大学教授を兼任。主著『回教原論』『二千六百年史』など。ロシア革命や西南アジア独立運動に関心をもつ。25年行地社を組織，雑誌『月刊日本』を出す。軍部中堅幕僚層との交際が始まり，軍人の政治化に影響。5・15事件で古賀清志を通じて資金を供与，35（昭10）年下獄。出所後，満鉄顧問・法大大陸部長を務める一方で大川塾主宰。戦後A級戦犯として逮捕されたが精神に異常をきたし，48（昭23）年不起訴釈放。

大隈重信
（おおくま・しげのぶ／1838～1922）

佐賀出身。明治政府下に1881（明14）年までにいわゆる「大隈財政」を展開して台頭，以後，薩長藩閥と対立，82（明15）年，東京専門学校（現，早稲田大学）を創立，98年6月板垣退助と憲政党を結成，日本最初の政党内閣（隈板内閣）を組織。1907（明40）年早稲田総長となる。14（大3）年，立憲同志会を与党とする第二次大隈内閣を組織，対華二十一カ条要求など日本の中国侵略へ導く役割を演じた。この内閣に対して後藤新平は痛烈な批判をしたが，東京市長時代の8億円計画に対しては，大隈も大いに賛同した。

大倉喜八郎
（おおくら・きはちろう／1837～1928）

新潟出身。18歳で江戸に出て鰹節商店員。のち鉄砲店を開き戊辰戦争で官軍に武器を売り巨利を得る。日清・日露戦争で軍部の御用商人となる。渋沢栄一と親交を結び1878（明11）年東京商法会議所，86（明19）年東京電燈会社，翌年帝国ホテル，内外用達会社など創設，先見性を発揮。98（明31）年大倉商業学校（現・東京経済大）を創立。明治後期から大正期にかけて満洲・朝鮮で各種事業を展開。手掛けた事業は多岐にわたり，大日本麦酒，日本皮革，帝国製麻，東京毛織，大倉鉱業などがある。1924（大13）年隠退，家督を喜七郎に譲る。後藤新平とは日清戦後の「軍夫救護」問題以来の知己であり，大倉組台北支店長賀田金三郎は後藤の読書会のメンバーであった。

大島久満次
（おおしま・くまじ／1865～1918）

官僚・政治家。東京帝大英法科卒業後，衆議院書記官，法制局参事官をへて，1896（明29）台湾総督府民政局参事官となる。ついで同府警視総長，1908（明41）年には民政長官に昇進，12（明45）年神奈川県知事に就任。1901（明34）年12月，一連の「土匪」招降策ののち，警視総長として台湾における最後の「土匪」討滅作戦の采配を振るった。また，台湾での国勢調査では臨時台湾戸口調査部副部長となって尽力した。

大島義昌
（おおしま・よしまさ／1850～1926）

山口出身。大阪兵学寮・大阪陸軍青年学校をへて陸軍少尉となり，1877（明10）年西南戦争に大隊長として従軍。東京鎮台参謀長をへて24年少将，第9旅団長。日清戦争に第5混成旅団長として牙山，平壌に転戦，98（明31）年中将，第3師団長。日露戦争に第3師団を率いて参戦。1905（明38）年大将。その後，関東都督となり，満鉄総裁後藤新平と満洲の三頭政治について議論を重ねる。12（明45）年軍事参議官。20（大9）年退官，予備役。

大杉栄
（おおすぎ・さかえ／1885～1923）

香川出身。外国語学校（現・東京外大）仏語科卒。在学中より足尾鉱毒事件に関心をもち，1905（明38）年より平民社に出入し社会主義

運動に傾斜。06（明39）年東京市電値上反対事件で入獄，08（明41）年赤旗事件で再入獄。この間，幸徳秋水の影響で無政府主義者となる。12（明45）年荒畑寒村と『近代思想』創刊。翌年サンジカリズム研究会主宰，16（大5）年日影茶屋事件を機に伊藤野枝と家庭をもつ。20（大9）年上海コミンテルン極東社会主義者大会，22（大11）年ベルリン国際無政府主義大会に出席。翌年パリのメーデー集会で検束され国外追放。帰国して関東大震災の際，麹町憲兵隊に拘引され伊藤野枝，甥・橘宗一とともに虐殺された。大杉はその『自叙伝』のなかで，伊藤野枝，頭山満，杉山茂丸のつてをたどった末，後藤新平に金を無心しに単身内務大臣邸へ出向き，300円を受け取ったエピソードを語っている。大杉虐殺の報を聞いた後藤は「人権蹂躙だ」と真赤になって怒った，と報じられている。

大谷光瑞
（おおたに・こうずい／1876～1948）

京都出身。浄土真宗本願寺派。1898（明31）年貞明皇后の姉九条籌子と結婚。翌年インド・欧州に外遊，1902（明35）年中央アジア・インドに第一次大谷探検隊を派遣，自らはインドの仏蹟を視察。03（明36）年22世法主・管長となる。08（明41）年第二次楼蘭遺跡探検隊，10（明43）年第三次敦煌探検隊を派遣。神戸六甲山上に二楽荘を建て探検収集品整理のほか学校，園芸試験場，測候所，印刷所など設置。日露戦争には多数の従軍布教使を派遣。探検や教団改革で莫大な財政負担となり，14（大3）年責任をとり法主と管長を辞任。その後，中国，南洋などで農園を経営，大アジア主義を主張して孫文政府の最高顧問にもなった。のち大東亜建設審議会委員内閣参議，内閣顧問などを務め，大連で終戦，戦後公職追放。後藤新平は，明治の末年に神戸二楽荘に光瑞を訪れ，15（大4）年10月11日には旅順で光瑞と面談している。

岡実
（おか・みのる／1873～1939）

奈良出身。1918（大7）年8月，後藤新平外相の主唱で設立した臨時シベリア経済援助委員会委員となる。この委員会は日露協会学校（のちのハルビン学院）を創立。22（大11）年，東京市長後藤の尽力と安田善次郎の財政援助で成立した東京市政調査会の副会長となる。

岡田国太郎
（おかだ・くにたろう／生没年未詳）

陸軍軍医。細菌学者。後藤新平と一緒にドイツに留学。後藤がビスマルクに会って「君は医者というよりもどうも政治家に携わるべき人物に見える」と言われた，と岡田は後藤から聞いたというが，真偽のほどは定かでない。また，岡田は，後藤，北里柴三郎の三人でポツダム宮殿の庭を散歩中に，ドイツ皇帝に会った。このときドイツ語で皇帝と話ができたのは北里であったという。

岡松参太郎
（おかまつ・さんたろう／1871～1921）

熊本出身。東京帝大英法科卒。ドイツ留学後，東京法学院（現・中央大）などで民法を講義。1896（明29）年京都帝大法科新設のために独仏伊に留学，99（明32）年京都帝大教授となる。翌年，台湾民政長官後藤新平に引き抜かれて台湾に赴き，旧慣調査に従事。1907（明40）年満鉄総裁後藤に招かれて満鉄理事に就任。翌年帝国学士院会員となる。13（大2）年満鉄理事と京都帝大教授を辞任。19（大8）年中央大学教授。ベルギーでの万国学士院連合大会から帰国後，病に臥し没す。膨大な「岡松文書」は早稲田大学図書館に寄贈された。著書に『台湾蕃族慣習調査』などがある。

尾崎秀真
（おざき・ほつま／1874〜1949）

岐阜出身。1893年から『医海時報』『新少年』『小國民』『報知新聞』などの編集・主筆・記者を務める。1901（明34）年台湾に赴き，『台湾日日新聞』の記者となる。11年から総督府嘱託を兼任。たえず児玉総督，後藤民政長官の両人に親炙。総督直系の新聞『台湾日日新報』に反対する台南，台中近辺の新聞をまとめるための「種とり」として台湾に呼ばれた，と自ら語る。22年に『台湾日日新報』を退職，台湾総督府史料編纂委員会にて『台湾史料集成』の編集に携わる（31年出版）。また台湾各地の史跡・名勝・自然・文化を調査，『台湾文化史説』を出版。その台湾滞在期間は40年以上の長きにわたった。ゾルゲ事件で有名な尾崎秀実の父。

尾崎行雄
（おざき・ゆきお／1858〜1954）

神奈川県出身。慶應義塾中退。地方紙主筆をへて，1882（明15）年立憲改進党創立に参加。長期にわたり諸政党に関与し，政党政治家人生を歩んだ。後藤が第二次桂内閣通信大臣時代（1908〜11年），尾崎は東京市長（03〜12年）であり，東京の困難を極めた電車市営問題の件で頻繁に通相官邸を訪れた。のち第一次憲政擁護運動の先頭に立ち，桂内閣打倒を唱え「憲政の神様」と称される。だが17（大6）年6月の寺内内閣特別議会では，憲政会が内閣不信任案を提出，陣頭に立つ尾崎は後藤の「秘密出版物問題」を取り上げ激しく攻撃。後藤も激しく反論，議場騒然となる。後藤について，「天才肌」だが「ときどき頓珍漢なこともやる」「稚気満々たる」不思議な人物と評している（『近代怪傑録』）。尾崎は戦後も「議会政治の父」として回想された。

嘉悦氏房
（かえつ・うじふさ／1834〜1908）

熊本出身。横井小楠に学ぶ。維新後は地方の県令を歴任し，地域振興に努力。1882（明15）年，熊本県で九州改進党を結成。93（明26）年には衆議院議員となる。1871（明4）年，安場保和にかわって水沢県大参事として赴任。官命で上京する際，上京の志を果たそうとしていた新平少年が随伴した。嘉悦の口添えで，新平は太政官少史荘村省三の書生となる。しかし荘村に「奥州の朝敵の子」と言われたことに怒り，新平は荘村家を去る。

賀来佐賀太郎
（かく・さがたろう／1874〜1949）

1903（明36）年台湾総督府に赴任。翌年3月後藤新平民政長官に抜擢されて通信局長代理となる。14（大3）年総督府専売局長に就任，後藤の政策を着々と実行に移し，のち出席した国際阿片会議では，台湾における吸飲者激減政策を報告して賞賛された。21（大10）年には田健治郎総督のもとで総務長官に就任。阿片問題に関する星一との関係は，星新一『人民は弱し 官吏は強し』に描かれている。退官後は熱帯産業という会社の社長を務めた。

笠間杲雄
（かさま・あきお／1885〜1945）

東京出身。外交官。新渡戸稲造の教え子。東京帝大法科大学卒業後，文官高等試験に合格し，鉄道院に入る。1918（大7）年，外務省参事官兼外務書記官。ペルシャ，ポルトガル公使などを歴任。19年に後藤新平と新渡戸の欧米遊歴の旅に随行し，その間後藤の日記を記している。38（昭13）年に退官後，44年軍政顧問，45年陸軍省軍務局付となり，翌年の阿波丸事件で戦死した。

勝海舟
（かつ・かいしゅう／1823〜1899）

東京出身。島田虎之助に剣術，永井青崖に蘭学を学ぶ。1850（嘉永3）年赤坂田町に兵学塾を開く。ペリー来航後，識見を幕府に上書。55（安政2）年海防掛視察団に加わり伊勢・大阪湾一帯の防備を調査。長崎の海軍伝習に

派遣される。59（安政6）年軍艦操練所教授方頭取。62（文久2）年軍艦奉行並。翌年将軍家茂の大阪湾視察を案内，神戸海軍操練所設立を許され諸藩士や坂本竜馬ら脱藩藩士を教育。64（元治1）年軍艦奉行。安房守と称するが浪人庇護をとがめられ免職，翌年神戸操練所廃止。66（慶応2）年軍艦奉行に復帰，安芸宮島に出張，長州藩との停戦交渉に成功。幕府でなくなった徳川の新体制で軍事取扱となり，東征軍の江戸城総攻撃前夜，西郷隆盛と会見，江戸無血開城。駿府に移住するが72（明5）年新政府海軍大輔となり東京に移る。のち参議兼海軍卿，元老院議官となるが辞任，以後10年野にあり88（明21）年枢密顧問官。日清戦争には批判的であった。高野長英の著書を集めていた後藤新平は長英の筆跡鑑定のため勝を訪れた。後藤は須賀川時代，たまたま東京に遊んで勝から状況予見の秘訣を学んでいる。

桂太郎
（かつら・たろう／1847～1913）

山口出身。軍人政治家。参謀本部独立に尽力。日清戦役後の1898（明31）年以降各内閣の陸相となり，1900（明33）年の義和団事件には積極的に出兵を策した。翌年第一次桂内閣を組織，日英同盟を締結，日露戦争後の非講和運動に総辞職，08（明41）年第二次桂内閣の時，後藤新平も逓相として入閣，鉄道院総裁を兼任した。その間，韓国を併合，社会主義・無政府主義を弾圧，11（明44）年総辞職。翌年，伊藤博文の遺志を継いで後藤とともに欧米視察に出るが，天皇不予のため帰国，その年第三次内閣を組織，後藤も再度逓相兼鉄道院総裁となるが，護憲運動が広がり，桂も立憲同志会を結成するが，13（大2）年2月総辞職，まもなく病没する。

加藤高明
（かとう・たかあき／1860～1926）

愛知出身。外交官，政治家。1883年より長期の英国留学で親英外交の主張者となった。三菱岩崎彌太郎の長女と結婚。諸内閣の外相となり，1913（大2）年桂太郎の後を受けて立憲同志会の総裁となるが，その際，脱党した後藤新平を嫌うようになった。第二次大隈内閣の外相のとき対華二十一カ条要求を強行。24（大13）年護憲三派内閣を組織，日ソ国交回復，普選法・治安維持法制定などを手がけた。

加藤友三郎
（かとう・ともさぶろう／1861～1923）

広島出身。海軍軍人政治家。日露戦争で東郷司令長官を補佐して，バルチック艦隊を全滅させた。1915（大4）年以降，大隈，寺内，原，高橋是清内閣の海相を歴任，22（大11）年組閣した。後藤新平はヨッフェとの日ソ国交予備交渉を進めるに当って加藤首相と談合確約した。

金杉英五郎
（かなすぎ・えいごろう／1865～1942）

千葉出身。帝大医科大学別課卒。1888（明21）年ドイツ留学。耳鼻咽喉学を修め，エルランゲン大でドクトル・メジチーネを取得。たまたまドイツ留学中の後藤新平と知り合う。92（明25）年帰国，日本橋に開業。同年東京慈恵医院医学専門学校教授。相馬事件に関わり入獄した後藤の世話をする。97（明30）年日本耳鼻咽喉科学会会頭。1921（大10）年慈恵医専が大学に昇格，初代学長となる。同年貴族院勅選議員。23（大12）年の関東大震災で大学が壊滅的打撃を受け，その復興に尽力。後藤を励ます「悪友会」のメンバーであった。

金子直吉
（かねこ・なおきち／1866～1944）

高知出身。20歳で神戸の砂糖問屋鈴木商店に入る。鈴木岩次郎死去で，未亡人鈴木よねは金子直吉・柳田富士松の両番頭に事業継承を委任。1900（明33）年金子は台湾民政長官後藤新平と交渉し，台湾樟脳の販売権を獲得。その後，小林製鋼所（神戸製鋼前身）や米沢の織物工場など買収。第一次大戦では世界中

で投機的買い付けを行い、多くの企業を傘下に収め、海外に支店網を広げる。資金提供は台湾銀行であった。1918（大7）年米騒動のときデマが原因で鈴木商店は焼打ちにあう。第一次大戦後、株価や工業製品価格の下落で大打撃。23（大12）年関東大震災で公布された震災手形割引損失補填令によって損失を穴埋め。27（昭2）年の金融恐慌で台湾銀行は鈴木商店への新規融資を打ち切り、事業停止・清算に追い込まれた。金子の部下高畑誠一は19（大8）年ロンドン支店長のとき、外遊中の後藤の世話に当った。

カラハン
(Karakhan, Lev Mikhailovich／1889〜1937)

ソ連の外交官。ロシア革命時は、トロツキーやヨッフェとともにブレスト・リトフスク和平交渉(1918年)でのソビエト代表団書記を務め、以後外務人民委員代理。ポーランド大使、中国大使、トルコ大使を歴任したが、スターリン大粛清時代の37年に逮捕・処刑された。帝政ロシア時代に締結された中国との不平等条約撤廃を盛り込んだ「カラハン宣言」(1919、20年)は、中国知識人に親ソ意識を生み、中国のマルクス主義化を加速させた。ソ連での後藤の会談相手。

川上浩二郎
(かわかみ・こうじろう／1873〜1933)

新潟出身。工学博士。東京帝大土木工学科卒。台湾総督府技師となり、臨時基隆築港局技師として基隆築港工事に尽力。難破が多かった基隆港に大規模工事を施し、港湾機能の充実に多大な貢献をした。退官後は博多湾築港会社専務取締役となった。

川上瀧弥
(かわかみ・たきや／1871〜1915)

農学博士、植物学者。札幌農学校の本科生であった1898（明31）年、阿寒湖のマリモの名付け親となる。1902（明35）年には『北海道森林植物図説』を刊行。その後台湾に渡り、台湾総督府民政部殖産局のもと、10（明43）年には *A list of Plants of Formosa*（台湾植物目録）を、翌年には『護謨樹之栽培法』をまとめる。台湾新高山山頂で発見した新植物に「児玉菊」「後藤草」という名称をつけた。

菊池忠三郎
(きくち・ちゅうざぶろう／生没年未詳)

1908（明41）年4月、訪露の旅に上る後藤満鉄総裁に随行。12（大1）年10月後藤の台湾再遊に際し佐藤六石、下村宏吉とともに随行。桂太郎の死去直後、後藤の私邸に訪れる政客たちの密談の中で何者かの口述によって『大正未来記』を筆記する。また後藤に命ぜられ、『大阪朝日新聞』と『大阪毎日新聞』との連盟のため、村山龍平、本山彦一と面談するが失敗。15（大4）年9月後藤の満鮮巡遊の旅に中村是公とともに随行。寺内内閣では後藤内相の秘書官の一人となった。

岸一太
(きし・かずた／1875〜1937)

岡山出身。岡山医学専門学校卒。ドイツに遊学、耳鼻咽喉科を修める。1906（明39）医学博士。東京築地で開業。その後台湾に赴き、民政長官後藤新平との親交がはじまる。また、後藤が満鉄総裁のとき、大連に移り、大連病院院長となる。08（明41）年後藤満鉄総裁の訪露にも随行。第一次大戦中、15（大4）年自ら開発した発動機にモーリス・ファルマンの機体をつけた「つるぎ号」製作、つづいて初の国産機「第二つるぎ号」を完成。後藤が東京市長になると東京市嘱託として都市の塵芥処分に関する発明を献策。関東大震災のときは復興院技監に抜擢された。のち医者をやめ、31（昭6）年赤羽航空機製作所を設立するが倒産。

北里柴三郎
(きたざと・しばさぶろう／1853〜1931)

熊本出身。細菌学者。後藤より1年遅れで内務省衛生局に入った。1885（明18）年ドイツ留学、R・コッホに師事。遅れてドイツ留学の後藤に細菌学を教える。ジフテリア・破傷風の血清療法を築く。

92（明25）年帰国，後藤の応援と福沢諭吉の土地提供で芝公園内に伝染病研究所を設立。1914（大3）年，同研究所が東京帝国大学に移管されるにおよび独力で北里研究所を起こす。23（大12）年日本医師会会長，貴族院議員。

国沢新兵衛
（くにさわ・しんべえ／1864～1953）

高知出身。帝大土木学科卒。九州鉄道入社。逓信省鉄道技師などをへて1906（明39）年満鉄設立とともに理事に就任，後藤総裁の下に同社鉄道部の統括者として広軌条を1年で完成させた。さらに同副総裁，同理事長を歴任したのち，20（大9）年高知県から衆議院議員に当選（1回）。25（大14）年帝国鉄道協会会長。28（昭3）年朝鮮京南鉄道会長。37（昭12）年日本運通初代社長に就任。3年後に退任した。

窪田静太郎
（くぼた・せいたろう／1865～1946）

岡山出身。帝大法科卒。内務省に入り，後藤衛生局長の知遇を得る。衛生行政，社会保険，救貧制度につき欧州の先進制度を研究，社会事業の近代化に貢献。1903（明36）年同省衛生局長となる。1900年には桑田熊蔵らと貧民研究会を発足させた。08（明41）年中央慈善協会設立に関与，同協会が21年に社会事業協会となると副会長となり没年まで民間の社会事業育成に尽力。また行政裁判所長官，枢密顧問官など歴任。

辜顕栄
（こ・けんえい／1866～1937）

清国泉州晋江県生れで台中県鹿浜で育ち，早くから独立，商業を営み，台湾が日本の領土となるや，日本のために軍事的に貢献。その後，実業界に入り台北塗葛堀間汽船運転，製脳事業に従事。その後台中知事村上義雄の怒りを買い入獄，島民が騒いだために乃木総督が出獄を命じた。「土匪」対策を思案していた民政長官後藤新平の許へ辜を推挙したのは，後藤のかつての恩師阿川光裕とその盟友白井新太郎であった。辜は後藤に心酔するようになり，「土匪」招降策を進言し保甲制度を復活させ，食塩専売制，砂糖政策など身をもって協力した。1934（昭9）年台湾人として最初の勅選議員となった。また，拓大の監事も務めた。

小泉盗泉
（こいずみ・とうせん／生没年未詳）

宮城出身。1904（明37）年台湾民政長官後藤新平が台北病院に入院中に知り合った「無名の大学者」。それ以来，後藤の腹心として常に影のように就き従い文才を発揮したが，08（明41）年9月1日飄然と姿をくらましたまま行方不明となった。病を得て自殺したと考えられている。

ココフツォフ
（Kokovtsov, Vladimir Nicolaevich／1853～1943）

ロシア・ノブゴロド県出身。法務省，内務省勤務後，1896～1902年大蔵次官として蔵相ウィッテを支え，04～14年蔵相となり，ストルイピン改革に同調し，露仏同盟の強化とドイツとの緊張緩和に努力した。その間，東清鉄道が大蔵省管轄下にあった関係上，満鉄総裁後藤新平と親交をつづけ，09年10月26日，後藤の世界政策を担った伊藤博文と会談直後，伊藤は暗殺された。ストルイピンの死後，11年に首相となったが，14年革命のために解任され，18年フランスに亡命，パリで外遊中の後藤と再会した。パリで死去。

児玉源太郎
（こだま・げんたろう／1852～1906）

山口出身。陸軍軍人。軍制改革にメッケルの戦術を導入。日清戦争では陸軍次官兼軍務局長，戦後は臨時陸軍検疫部長として後藤を事務官長に任命，縦横に腕を揮わせ，その縁で親密になる。1898（明31）年，児玉は第四代台湾総督となるや，後

藤を民政局長（後に民政長官）に任命，台湾統治を遂行させた。その間，陸相，内相，文相を兼任，日露戦争では参謀次長として作戦を指揮，「児玉の要」と評される。06（明39）年参謀総長に就任し，後藤に満鉄総裁就任を説得，その直後に病没した。

児玉秀雄
（こだま・ひでお／1876～1947）

児玉源太郎長男。生地は熊本。東大法科を卒業後，大蔵省に入る。日露戦争中は軍に出向。1905（明38）年韓国統監府に移る。16（大5）年，岳父寺内正毅の内閣で書記官長を務め，後藤内相（外相）らと接触。のちに賞勲局総裁を経て23（大12）年関東長官。29（昭4）年朝鮮総督府政務総監となり，総督斎藤實のもとで軍需資源・電力・港湾などを開発。のち岡田内閣拓相，林内閣逓相，米内内閣内相，小磯内閣国務相，文相を歴任。42（昭17）年陸軍嘱託として南方派遣。戦後公職追放中に死去。

後藤勝造
（ごとう・かつぞう／1848～没年未詳）

長野出身。実業家。横浜で外国貿易の実務を経験したのち，神戸の回漕問屋に身を寄せる。1877（明10）年，蒸気船問屋後藤勝造本店（現・後藤回漕店）を開業し，貿易および海運業に従事。船客相手の旅館も経営して大いに当てた勝造は，やがて神戸の自由亭ホテルの経営を任され，97（明30）年ミカドホテルと改称，神戸を代表するホテルに育てる。その後建物は鈴木商店に売却されたが，米騒動の際焼き討ちにあい，ミカドホテルは神戸駅構内に移転，日本初の列車食堂となった。新平と勝造とは相馬事件時代からの知己で，臨時陸軍検疫部事務官長時代，新平は勝造の宿に止宿した。のち，鬼怒川水力電気株式会社取締役。新平のためにしばしば働き，1910（明43）年には，桂首相および寺内・大浦両相と高橋日銀副総裁との間に生じた重大な経済財政問題救援のため，新平（通信大臣）が私財を提供したその不足分を，勝造が補給した。

後藤猛太郎
（ごとう・たけたろう／生年未詳～1913）

後藤象二郎の嫡男。伯爵。杉山茂丸の親友。8歳のときから外国人の家に預けられ外国語を学び，英仏独の三ヵ国語を自由にこなす。欧州留学に出るが，豪遊して多額の借金をつくり，象二郎から勘当。井上馨が外務省に取り立てるが，その豪放な言動が手に負えず免職。のち事業を手掛けては散財し，杉山の居候になって大借金を少しずつ整理。1903（明36）年頃，杉山の紹介で台湾の後藤新平のもとに身を寄せる。新平は猛太郎を自分の官邸に同居させ，私設秘書として用い，その能力を引き出すことに成功。他人の命令をきかない猛太郎も新平の命には従順であり，新平には「心をつくして恩返しをしたい」と落涙しながら感謝したという。

小松原英太郎
（こまつばら・えいたろう／1852～1919）

岡山出身。慶應義塾に学び，1875（明8）年『評論新聞』編集長となって健筆を振るう。翌年，同紙論説により新聞紙条例にふれ獄に下る。出獄後新聞界に戻ったが，80（明13）年外務省に入り，その後ドイツに3年在留。帰国後内務大臣秘書官となり，89（明22）年埼玉県知事となる。のち内務省警保局長，静岡・長崎各知事，司法次官などを歴任。1900（明33）年野に下り，大阪毎日新聞社長となったが，後藤新平が逓相として入閣した第二次桂内閣で文部大臣に就任し，16（大5）年には枢密顧問官に任命された。第2代拓殖大学学長，東洋協会会長。

小森雄介
（こもり・ゆうすけ／1874～1942）

鹿児島出身。1900（明33）年法科大学卒業後，台湾銀行に入る。05（明38）年からハーバード大学に留学，欧米視察後帰国。台湾銀行本店副支配人となるが，友人床次竹二郎，清野長太郎の説得に応じ，08（明41）年，第二次桂内閣逓相後藤新平の秘書官となる。後藤とは初対面で即日任命された。後藤の「電話度数制案」などの企画立案に関与。のち政友会系の代議士になったが一期で引退，以後フリーの政治家に。大川周明，北一輝，東郷茂徳ら多くの人士が訪れ，「今西郷」などと称された。婦人解放運動に活躍した山路澄子は長女。

近藤廉平
(こんどう・れんぺい／1848〜1921)

徳島出身。大学南校・慶応義塾に学び、1872（明5）年三川商会（のちの三菱商会）に入社、岩崎彌太郎の薫陶をうける。25歳で吉岡鉱山事務長代理となり不採算鉱山を優良事業にする。高島炭鉱外元取締役をへて三菱横浜支店支配人となる。三菱海運が競争相手の共同運輸と合併して日本郵船ができると、三代目社長となり、以来4半世紀社長。1918（大7）年貴族院議員。翌年のパリ講和会議に海軍顧問として出席。そのほか日清汽船、麒麟麦酒、横浜ドック、猪苗代水電など多数の会社に関係。政界の黒幕・杉山茂丸ら6人と後藤新平を応援する「悪友会」をつくり、月に2回会合、後藤を激励した。妻の従子は彌太郎の従妹である。

西園寺公望
(さいおんじ・きんもち／1849〜1940)

京都出身。公卿。明治から昭和にかけて首相、元老として政府の中枢にあり、立憲主義の確立・維持に努めた。伊藤博文創立の政友会の第二代総裁となり、松田正久、原敬を総務として党勢を確立、日露戦争後の1906（明39）年桂太郎から政権を受け、以後交代で政権を担当、桂園時代と呼ばれた。後藤新平は満鉄総裁就任の頃から西園寺と会見するようになり、第三次桂内閣の末、西園寺との会談覚書を後藤が公表したことから、西園寺の心境が変化、後藤を組閣に推すことはなかった。大正末期から最後の元老となり、36（昭11）年の2・26事件以降元老辞退の意向を強め、日独伊三国同盟が結ばれる中で91歳の生涯を閉じた。

西郷従道
(さいごう・つぐみち／1843〜1902)

鹿児島出身。西郷隆盛の実弟。1869（明2）年山県有朋とともに兵制研究のため渡欧、帰国後、兵部権大丞陸軍少将、兵部少輔、陸軍少輔、同大輔と進み、74（明7）年陸軍中将兼台湾蕃地事務都督として台湾に出兵。85（明18）年内閣制成立により海軍大臣となる。海軍の基礎を確立するため山本権兵衛らを抜擢重用。のち内務大臣、枢密顧問官を歴任。96（明29）年伊藤内閣海相のとき、桂太郎、後藤新平らと台湾・南中国を視察。98（明31）年山県内閣内相のとき、台湾事業公債6000円案を引っ提げて上京した後藤新平と憲政党の星亨との仲をとりもった。

斎藤實
(さいとう・まこと／1858〜1936)

岩手水沢出身。後藤新平の幼友達。明治から昭和にかけての海軍軍人政治家。日露戦争後、第一次西園寺内閣から第一次山本内閣までの五内閣の海相。1919（大8）年原内閣のとき朝鮮総督に就任、三・一独立運動をうけ、武力的な統制にかえて文治主義の方針をとった。32（昭7）年の5・15事件後に組閣、内相であった36（昭11）年の2・26事件で殺害された。後藤は、斎藤とは一定の距離を置いて接していたが、晩年の遺言としての国策は斎藤らに託した。後藤の死去の際、葬儀委員長を務めている。

阪谷芳郎
(さかたに・よしろう／1863〜1941)

岡山出身。漢学者阪谷朗廬の四男。東京帝大卒業後、一貫して大蔵省畑を歩く。渋沢栄一次女と結婚。後藤新平の台湾統治を応援。1903（明36）年から06（明39）年まで大蔵次官として日露戦時財政にあたり、第一次西園寺内閣蔵相となるが予算編成をめぐる閣内紛議で辞任。12（明45）年から15（大4）年まで東京市長。17（大6）

年に貴族院議員となってのちは、政府の各種審議会委員をはじめ、帝国発明協会、帝国飛行協会、帝国自動車協会、東京市政調査会、東京統計協会、専修大学、聖路加病院、国民禁酒同盟会など、「百会長」と言われるほど多くの学会・団体・事業の会長を務めた。後藤とは親密な関係にあり、政治の倫理化運動にも参加して各地で講演。満洲事変以後、健全財政論をもって政府の政策をしばしば批判した。

佐久間左馬太
(さくま・さまた／1844～1915)

山口出身。陸軍軍人。父は長州藩士。大村益次郎のもとで西洋兵学を学ぶ。戊辰戦争に従軍、1872（明5）年陸軍大尉となる。佐賀の乱、台湾出兵、西南戦争に参加。日清戦争では威海衛を攻略し占領地総督に就任。近衛師団長、中部都督をへて陸軍大将に任ぜられ、東京衛戍総督などを歴任。1906（明39）年、死せる児玉源太郎の後を継いで第5代台湾総督となるが、台湾を去り満鉄に赴く後藤は引き続きみずからが台湾総督府顧問として台湾統治に関与できることを佐久間に了承させ、後任民政長官には配下の祝辰巳をおいた。その後、「理蕃」政策実行に力を注ぐ。

佐佐木信綱
(ささき・のぶつな／1872～1963)

三重出身。若くして和歌革新で名を成す。1898（明31）年27歳、歌誌『心の華』（のち『心の花』）を機関誌とする結社竹柏会を主宰し、門下から川田順、木下利玄、柳原白蓮、片山広子ら多数の俊秀を輩出。30歳代に鷗外の観潮楼歌会を通じ、与謝野寛、伊藤左千夫、石川啄木、斎藤茂吉らと相知り、山県有朋の常盤会にも参加、御歌所派の人々とも交流した。歌学者としても権威で、とくに万葉学上不朽の業績を残す。後藤新平は逓相時代の1909（明42）年秋、自作「大国民の歌」を公刊するにあたり、信綱に批評修正を求めた。新平孫鶴見和子は、16歳で父祐輔に伴われ信綱を訪ね入門し、第一歌集『虹』には信綱の序が寄せられている。

佐藤安之助
(さとう・やすのすけ／1871～1944)

東京出身。軍人。陸軍士官学校をへて参謀本部に出仕。関東都督府陸軍部附、満鉄奉天公所長嘱託、陸軍歩兵大佐を歴任。1907（明40）年満鉄に入社、長春市街用地150万坪の買収。同年、後藤満鉄総裁の北京訪問に随行。翌年4月、後藤の使者として法庫門鉄道問題に関する書簡を伊集統監に届け、その返事を訪露途上の後藤に奉天で手渡す。同年、後藤逓相が唐紹儀と密談したとき通訳をつとめ会談紀要を作成。のちに後藤がヨッフェと会談中、後藤邸に暴漢が侵入したことを英字新聞で知り、見舞状を出す。東洋協会理事。25（大14）年3月後藤の満鮮の旅に随行、途中で別れて北京に入り、北京政界の情勢を後藤に報告。拓殖大学評議員。

佐野碩
(さの・せき／1905～1966)

中国天津生まれ。母は後藤新平の養女静子、父は佐野彪太。叔父に佐野学。東京帝大法学部中退。在学中、新人会、マルクス主義芸術研究会に加入。1926（大15）年労働争議支援の「無産者の夕」にトランク劇場の一員として初参加・演出。日本プロレタリア演劇同盟（プロット）書記長。28（昭3）年「全線」演出で演劇界に大きな衝撃を与えた。29年（昭4）佐々木孝丸と共訳した「インターナショナル」の歌詞は今でも歌われる。30（昭5）年逮捕され、翌年ソ連に入国、メイエルホリドの演出助手となるが、37（昭12）年スターリン粛清のためソ連人妻子を残して国外追放。39年メキシコに政治亡命、インディオ題材の作品、組合の文化活動、劇場や演劇学校を設立。第二次大戦後メキシコ演劇栄光の時代を創出、死の前日まで活動を続けた。

佐野利器
(さの・としかた／1880〜1956)

山形出身。東京帝大建築学科で辰野金吾に学び、卒業後ドイツに留学。帰国して東大教授となり、建築構造学を主導。耐震構造の世界的な先駆者で、鉄骨煉瓦造の丸善書店(1909年)にそれを適用。学位論文「家屋耐震構造論」において「震度」の概念を提唱した。後藤新平東京市長時代、東京市嘱託や市政調査会メンバーとなり、関東大震災後には復興院建築局長に就任。鉄筋コンクリート建築のパイオニアとして、復興事業では区画整理や小学校建築、同潤会アパートメントの設計などに携わった。都市計画やメートル法の普及、住宅改良、日大高等工学校創設に尽力。東大退官後、清水組副社長を務めた。父の誠一郎は、後藤の須賀川医学校時代、同宿舎であった。

佐野学
(さの・まなぶ／1892〜1953)

大分出身。東京帝大政治学科卒。大学院で農政学専攻。満鉄の嘱託をへて早大講師。新人会、早大建設者同盟、暁民会、文化会など指導。『解放』1921年7月号の「特殊部落解放論」は、翌年の全国水平社創立に大きな影響を与えた。22(大11)年創立の日本共産党に入党、共産青年同盟責任者となる。翌年の第一次共産党事件検挙の直前、ソ連に逃れる。25(大14)年上海テーゼに参加。帰国後『無産者新聞』を創刊、主筆となる。再建にあたり「27テーゼ」で福本イズムを批判、党委員長となる。29年上海で逮捕され無期懲役。33(昭8)年鍋山貞親と「共同被告同志に与ふる書」で転向を声明、コミンテルンに反対して天皇制下一国社会主義を主張、転向者が続出。後藤の女婿・佐野彪太の弟で、後藤とは親族関係にある。

沢柳政太郎
(さわやなぎ・まさたろう／1865〜1927)

長野出身。帝大哲学科卒。森有礼・榎本武揚らの下、1908(明41)年に文部次官を退くまで文部行政に携わる。大谷中学校長、一高校長などを歴任。著書『実際的教育学』は古典的名著。11年(明44)東北大初代総長、13(大2)年京大総長となるが、7人の教授の辞職勧告をめぐって京大沢柳事件が起こり、翌年辞任。以後、帝国教育会会長となり、17(大6)年後藤新平が長野県出身者を集めて創設した通俗大学に参加する。一方でこの年、私立成城小学校を創設し、校長を務めながら、大正期の教育改革運動に指導的役割を果たした。20年代にはしばしば国際的教育学会に日本代表として参加。白鳥庫吉を後藤満鉄総裁に紹介したのも沢柳であった。

塩谷退蔵
(しおのや・たいぞう／生没年未詳)

福井出身。石黒忠悳が東大医学部で教鞭をとっていたときの教え子。後に須賀川病院長兼医学所長となった。学生であった後藤新平を抜擢して内外舎長とし、また、福島県令・安場保和が落馬で脚を折ったときも新平とともに手当した。

司馬凌海
(しば・りょうかい／1839〜1879)

佐渡出身。佐渡の相川学館で学ぶ。12歳で江戸に出、儒者山田寛から漢学を修めるが、医を志して松本良甫・良順に就く。1857(安政4)年松本良順は司馬を誘い、長崎医学伝習所の蘭医ポンペ・ファン・メールデルフォールトに学ぶ。しかし奔放な性格が禍して、4年でポンペのもとを去る。司馬は語学の天才で、独・蘭・英・仏・支の言語に通じた。70(明3)年少博士、71年兵部省病院出仕、文部省助教、73年宮内省五等出仕、75年元老院少書記官、76(明9)年愛知県病院教師・訳官となる。後藤新平は司馬の『衛生警察』『裁判医学』の翻訳を手伝った。77年職を辞し、私立の病院・医学校を設立しようとしたが、肺患

に罹り転地療養,79年東海道戸塚で客死した。

渋沢栄一
(しぶさわ・えいいち／1840〜1931)

埼玉出身。名主の長男で,漢学・武芸を修めながら家業(農業・製藍)に励む。22歳で江戸に出て尊王攘夷思想に触れ,横浜外人館焼討ちを企てるが果たさず,のち一橋慶喜に仕える。1867(慶応3)年慶喜の弟昭武に随行して渡欧,パリ万国博覧会を見る。翌年帰国後,明治政府からの拝借金を基に日本最初の株式会社である商法会所を設立。69(明2)年大蔵省に入るがまもなく退官,実業界に転じ,第一国立銀行を創設,頭取となる。以後,多数の事業を起こし,特に親しい益田孝,大倉喜八郎,浅野総一郎,安田善次郎らといくつもの会社を創立,資本主義実業の基礎確立に大きな足跡を残した。満鉄創立委員にも名を連ね,後藤新平を東京市長に推し,関東大震災後は復興計画案に関して後藤総裁らと政友会との間を調停した。

島安次郎
(しま・やすじろう／1870〜1946)

和歌山出身。東京帝大機械工学科卒。1894(明27)年関西鉄道に入社,1907年に会社が国有化され,翌年鉄道院ができると,後藤総裁のもと運輸部工作課長に抜擢。その後ドイツ留学をへて,寺内内閣内相兼鉄道院総裁後藤新平のもとで工作局長として働く。後藤の命で鉄道の広軌化調査を進め,15(大4)年には「島案」を提出,狭軌と広軌の双方を併用しつつ徐々に改築する計画を示した。横浜鉄道線の原町田駅と橋本駅との間で実験が試みられ成功したが,政友会の広軌化反対で広軌改築は挫折した。広軌東海道新幹線を完成させた島秀雄の父。

下村当吉
(しもむら・とうきち／1856〜1929)

京都出身。内務省技師で各消毒所の消毒汽缶の設計などを担当,衛生局時代の後藤新平の知遇を得る。1895(明28)年日清戦争凱旋兵検疫のため臨時陸軍検疫部が設置された際,その事務官長後藤新平に嘱託され,消毒汽缶設計等の主任となり,限られた時間と障害を乗り越え工事を完成させた。こうして後藤との仲は特に親密となり,以後,後藤が京都に来るときには下村の自宅が常宿となった。1912(大1)年10月,後藤の台湾再遊の際,菊池忠三郎らとともに随行した。

下村宏
(しもむら・ひろし／1875〜1957)

和歌山出身。官僚,ジャーナリスト。東京帝大政治学科卒。逓信省に入り,後藤新平逓相により新設の貯金局局長に抜擢。1915(大4)年台湾総督府民政長官。一方で中央大,早大,東京商大などで財政学を講ずる。21(大10)年朝日新聞社に入社,欧米に特派。翌年,専務に就任し,村山龍平と上野理一の個人経営から資本主義的企業への拡大・整備に努力,全国紙としての基盤を確立した。30(昭5)年副社長。この間,中央放送審議会会員。36年退社。翌年,貴族院勅選議員。43(昭18)年日本放送協会会長。45年鈴木内閣の国務大臣・情報局総裁となり,ポツダム宣言受諾にいたる国論対策,玉音放送実現に大きな役割を果たした。また,拓大学長も務めた。佐佐木信綱門下の歌人としても知られる。号は海南。

シャルク
(Schalk, Emil／1834〜1904)

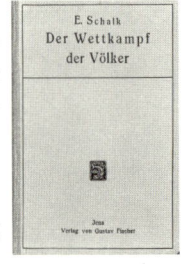

ドイツ人。パリで工学を学ぶ。米国人女性と結婚して渡米,南北戦争を体験し,戦争に関する2冊の本を刊行,好評を博す。工業の経営に携わるとともに,経済問題について新聞・雑誌に寄稿した。死の翌年,1905年に刊行された著書『諸民族の競争』で,アメリカ(新大陸)の強大化を予言,旧大陸のフランスとドイツは同盟をむすび,イギリスを巻き込ん

で新大陸に対峙すべきと説いた。後藤新平の「新旧大陸対峙論」は、シャルクの論文をヒントに考え出されたものである。

徐世昌
（じょ・せいしょう／1855～1939）

河北省天津の人。政治家。清末に東三省総督となり、袁世凱をバックに利権回収を盛んに試み、満鉄総裁後藤新平とはしばしば会談している。1918年には中華民国第四代大総統になった（～22年）。袁世凱とは義弟の関係にあり、北洋軍閥中の文官派長老であった。

正力松太郎
（しょうりき・まつたろう／1885～1969）

富山出身。東大独法科卒。1913（大2）年警視庁に入り、警察署長などをへて第一方面監察官、刑事課長、官房主事兼高等課長。米騒動、普選大会、東京市電ストの鎮圧、第一次共産党検挙などで功をなす。23（大12）年の虎ノ門事件の警備責任を負って翌年免職。これを機に官界を離れ、後藤新平から10万円を借り受けて読売新聞を買収、7代目社長となる。新聞の徹底的大衆化を行い、平日も夕刊を発行して朝日や毎日の対抗紙とした。41年戦時新聞統合を進める政府に徹底反対。一方で大政翼賛会総裁、貴族院議員、小磯内閣顧問となり、敗戦後は公職追放。51年に追放解除されると、52年『大阪読売新聞』発刊で全国紙体制達成。同年「日本テレビ網」を発足させ社長に就任。54年読売新聞社主。翌年衆議院当選、第三次鳩山内閣北海道開発庁長官。56年原子力委員会委員長。科学技術庁長官。57年岸内閣でも同職に就任。生涯後藤の恩を忘れず、41（昭16）年にはかつて借りた金額の倍を水沢に贈り、その金で日本初の公民館が建てられた。

白鳥庫吉
（しらとり・くらきち／1865～1942）

千葉出身。帝大文科大学史学科卒、文学博士。学習院教授・東京帝大教授を兼ねる。1903（明36）年欧米遊学より帰朝、「東洋の研究は東洋人が率先して事に当らねばならぬ」として、アジア学の興起を志す。その端緒に、学会の組織と基礎資料収集をふくむ研究体制の整備のため、政治家実業家に援助を求めてまわったが不振。ところが時の文部次官沢柳政太郎の紹介で満鉄総裁後藤新平に諮ると、即刻快諾をうけ、08（明41）年満鉄本社内に満鮮歴史地理調査部が設けられた。津田左右吉らスタッフとともに実地踏査の上、6年間で『満洲歴史地理』『朝鮮歴史地理』などの成果を挙げるが、中村是公が満鉄総裁を退いたのちの15（大4）年、調査部は不要として廃された。その後も研究を続行。19年帝国学士院会員、24年東洋文庫を開設、以来終生その育成に尽力した。

杉梅三郎
（すぎ・うめさぶろう／生没年未詳）

青木梅三郎とも（青木周蔵の養子）。1907（明40）年満鉄総裁後藤新平の北京訪問に随行。翌年4月、訪露の後藤総裁に随行。12（明45）年7月、後藤と桂太郎の訪露に随行。

杉浦宗三郎
（すぎうら・そうざぶろう／1871～1937）

香川出身。土木技術者。帝大土木工学科卒。雨森宗益の三男、のちに杉浦つねの養子。1894（明27）日本鉄道会社に入り、社命で欧米の鉄道界を視察、帰朝後、1907（明40）年鉄道院技師となる。以後、東京鉄道管理局営業課長兼運輸船舶課長、同研究所主任、理事を歴任。寺内内閣内相兼鉄道院総裁後藤新平のもと、鉄道院工務局長を務める。後藤の命で鉄道の広軌化再調査に入り、線路関係の具体案を作成。技監となってのち実業界に入り、東京瓦斯専務取締役ほか、日本精工などの重役を務めた。次女の春子は後藤新平の長男一蔵の妻。

杉山茂丸
（すぎやま・しげまる／1864～1935）

福岡出身。号は其日庵。大アジア主義を唱え、玄洋社の頭山満、佐々友房らと親交。山県有朋、松方正義、井上馨、桂太郎、児玉源太郎、

寺内正毅らの参謀役を務めた政界の黒幕。後藤新平と親交があり、近藤廉平らと「悪友会」を作って後藤を応援したり、助言を行った。日本興業銀行や台湾銀行の設立に尽力、関門トンネルの必要性を説いた。国家主義者であるが、アナーキストの大杉栄とも親しく援助した。長男は作家の夢野久作、孫はインド緑化の父と言われた杉山龍丸である。

鈴木宗言
(すずき・むねのり／1863～没年未詳)
広島出身。法科大学卒業後、司直の官を奉じ、台湾総督府法院長となる。1907 (明40) 年に入って大審院検事。後藤民政長官の命で各国植民地に派遣され、笞杖刑、指紋法、陪審制度を調査。その建言によって、当時の台湾の実状に見合った笞杖刑が台湾で実施されるようになった。満鉄総裁中村是公の令兄。

スターリン
(Stalin, Iosif Vissarionovich／1879～1953) 
グルジア出身。靴屋の子。神学校時代から社会主義に傾倒、地下活動に従事する革命家として成長。レーニンの信奉者となり、赤軍の政治委員をへて、革命後は政府の民族人民委員、共産党政治局員を歴任。1922年党書記長となり一国社会主義を主張、26～27年、世界革命主義のトロツキーらを追放。28年1月、訪ソ中の後藤新平と会談。のち36年にはスターリン憲法を制定する一方、大規模な反対派追放と党員粛清を実行した。第二次世界大戦終結の際、ヤルタ会談でF・D・ルーズベルト、チャーチルと並んで戦後の国際秩序形成に一役を演ずる。冷戦下ではスターリン主義によるソ連・東欧の抑圧支配を強化した。

西太后
(せいたいこう／1835～1908)
満洲族出身。中国清朝末の同治・光緒年間 (1862～1908) の最高権力者。1852年、咸豊帝の後宮に入り戴淳を生む。61年咸豊帝の死で戴淳が即位 (同治帝)、同年、宮廷クーデターにより先帝の皇后の東太后とともに垂簾聴政を始める。74年同治帝が没し甥で四歳の光緒帝を立て、再び東太后とともに垂簾政治を行った。1900年の義和団の反乱の際、八カ国連合軍の北京占領にあい西安に逃亡、翌年、北京議定書を結んだ。以後、孫文らの革命運動を弾圧しつつ、立憲政治への転換を装った新政に着手。07年5月に北京を訪れた満鉄総裁後藤新平と会見。08年、光緒帝の死の翌日、3歳の溥儀を次の帝位につけることを決定して病死した。

関屋貞三郎
(せきや・ていざぶろう／1875～1950) 
栃木出身。東京帝大法科卒。内務省に入り、台湾総督府参事官、満鉄創立委員、関東都督府民政部庶務課長など植民地での職務をへて、佐賀県・鹿児島県の内務部長を歴任。朝鮮総督府学務局長、静岡県知事を務め、1921 (大10) 年宮内次官となる。33 (昭8) 年宮内次官を辞し、貴族院議員、日銀監事、枢密顧問官。戦後、クリスチャンであったため、外国人宣教師などを介して天皇無罪工作に尽力した。

相馬誠胤
(そうま・ともたね／1852～1892)
中村藩 (福島) 知事をへて慶応義塾に入学。精神に異常をきたし、東京の相馬家本邸に監禁された。相馬家家臣と称する錦織剛清は誠胤を監禁状態から救い出そうと相馬家側に戦いを挑み、精神病者の私的監禁に法的疑問をもった衛生局長後藤新平をまきこんで、いわゆる相馬事件という一世を風靡した怪事件の中心人物となる。側女の東明シゲとの間に一子秀胤を設けた。1892 (明25) 年2月22日急逝。

添田寿一
(そえだ・じゅいち／1864～1929)
福岡出身。東京帝大政治学理財学科卒。法学

博士。1884年，大蔵省主税局御用掛，旧藩主黒田長成に従って渡欧，ケンブリッジ大，ハイデルベルク大に学ぶ。87年帰国，大蔵省主税官，参事官，大臣秘書官，書記官，監督局長などを経て，98年大蔵次官となる。台湾民政長官後藤新平が台湾銀行を設立するときの大蔵次官で，台湾銀行の初代頭取となった。

十河信二
（そごう・しんじ／1884～1981）

愛媛出身。東京帝大法科卒。後藤新平の創始した鉄道院に入る。1923（大12）年帝都復興院総裁後藤新平に望まれ復興院経理局長となるが，収賄容疑で冤罪を蒙り（29年無罪判決），鉄道院に戻って26（大15）年退職。満鉄理事をへて国策会社「興中公司」社長。37年林銑十郎大将の組閣参謀となるが，意見が合わず去る。戦後愛媛県西条市長，鉄道弘済会会長を務めたが，公社となった国鉄で初代から3代目までの総裁が謎の死や事件で引退したのち，第4代総裁に就任。綱紀粛正を図る。59（昭34）年には島安次郎の息子・島秀雄とともに広軌東海道新幹線着工を実現した。しかし予算超過などを批判され，63年退任。

孫文
（そんぶん／1866～1925）

孫中山。号は逸仙。広東省の農家出身。革命家。反軍閥，救国のために何度も武装蜂起を試みては失敗。1900年，厦門出兵をねらう台湾総督府を訪れ，児玉総督・後藤民政長官から武器援助の密約を得る。武装蜂起を策すが，出兵中止によって挫折。22年，国共合作に踏み切っていた上海の孫文のもとへ，日ソ長春会議決裂後のソ連代表ヨッフェが訪れ，露支国交回復につき会談。すると直後，後藤は露支接近による日本の孤立化を恐れ，ヨッフェを日本に招請した。23年，孫文はコミンテルン派遣のボロジンを中国国民党の最高顧問に任命，反軍閥・反帝国主義を公然と掲げ，三民主義と五権憲法に基づく中華民国の建設を定めた。24年11月に訪日し，神戸で「大アジア主義」を講演，日本に対し「西洋覇道の鷹犬となるのか，東洋王道の干城となるのか」と迫った。

高木友枝
（たかぎ・ともえ／1858～1943）

福島出身。帝大医学部卒。在学中から衛生局時代の後藤新平の知遇を得る。福井県立病院長，鹿児島病院長をへて1893（明26）年伝染病研究所勤務。95年の日清戦争凱旋兵検疫では後藤新平の指揮下でコレラ血清療法を行う。内務省衛生局防疫課長を経て，1902（明35）年後藤により台湾に招かれ，台湾総督府医院長兼医学校長，ついで台北病院長，民政部臨時防疫課長としてペスト・マラリアの防遏に尽力。13（大2）年著書『台湾の衛生状態』で医学博士。台湾の衛生医学発展に多大な貢献をした。15年総督府研究所所長，19年から29（昭4）年まで初代台湾電力社長を務めた。

高野長英
（たかの・ちょうえい／1804～50）

岩手水沢出身。幕末の蘭学者。後藤新平の本家の出で，幼少で父を亡くし母方の高野家の養子となる。長崎に留学，シーボルトに学び，後に幕政批判で入牢，脱獄後身をやつして医業に従事したが，捕吏に襲われ自殺した。長英は，後藤の少年時代，謀叛人とされていたが，師の阿川から優れた人物であると知らされ，後藤は後に長英の著述の発掘刊行に努力した。

高橋是清
（たかはし・これきよ／1854～1936）

東京出身。幕府の絵師の庶子で仙台藩足軽高橋是忠の養子に。1867（慶応3）年藩留学生として渡米，翌年帰国，森有礼の書生となり開成学校に入学。文部省をへて農商務省に入り特許局長まで進む。92（明25）年日本銀行に入り95年横浜正金銀行支配人，99年日銀副総裁となり日露戦争外債募集に成功。1905（明

38）年貴族院勅選議員。07年正金銀行頭取として満鉄総裁後藤新平と満洲特殊金融機関設立について談合。11年日銀総裁。13（大2）年第一次山本内閣蔵相，政友会入党。18年原内閣蔵相となり，20年大調査機関案について後藤新平と談合。21年原敬暗殺後，政友会総裁となり内閣を組織するが翌年瓦解。24年第二次護憲運動に加わり，衆議院に移って当選，加藤高明内閣農商務相。25年政友会総裁を田中義一に譲り閣外に去る。27（昭2）年田中内閣蔵相となり金融恐慌の危機を脱せしめて辞任。満洲事変後，犬養内閣蔵相となり景気刺激政策を推進。5・15事件後，斎藤内閣蔵相のとき日本銀行券発行限度を拡大して景気を回復させた。36年岡田内閣蔵相のとき軍事費抑制策を行い，2・26事件で射殺された。

滝浪図南
（たきなみ・となん／生没年未詳）

後藤の名古屋時代，司馬凌海の私塾の塾長をしていた。多年，司馬に就いてドイツ学を学んでいた。リヨンの『衛生警察学』『裁判医術』を司馬が翻訳する際，後藤と交代で筆記に当たった。

竹越与三郎
（たけこし・よさぶろう／1865〜1950）

埼玉出身。政治家，歴史家。号は三叉。慶應義塾で学んだのち，1890（明23）年，徳富蘇峰の民友社に入り『国民新聞』記者となる。著作は『格朗（クロムウェル）宮』『新日本史』など。日清戦争後，蘇峰の国権主義をよしとせず国民新聞を退社。96（明29）年，雑誌『世界之日本』の主筆。98年西園寺公望文相の秘書官を務め，1902（明35）年には立憲政友会から衆院議員となり，連続5回当選。04（明37）年，台湾島を視察し，その見聞を『台湾統治志』に著した。児玉源太郎・後藤新平による台湾統治の進捗状況をつぶさに描いている。

田島道治
（たじま・みちじ／1885〜1968）

愛知出身。東京帝大法学部卒。寺内内閣のとき鉄道院総裁後藤新平秘書を務めたあと，第一次大戦後の後藤の欧米旅行に随行。のち金融界に入り，愛知銀行常務，全国金融統制会理事，日銀参与。戦後，大日本育英会会長，貴族院議員，教育刷新委員会などをへて，1948（昭23）年芦田首相に請われて宮内府長官となる。翌年宮内府は宮内庁となる。安倍能成ら文化人の知己をもち，彼らを呼んで進講，徳川夢声らとの放談会で国民と皇室を結ぶ実績を挙げ53年退任。のちソニー会長となる。

龍居頼三
（たつい・らいぞう／1856〜1935）

東京出身。台湾時代の後藤の秘書。総督府文書課長。太政官・枢密院に奉職後，時事問題を論じ新聞界に入る。1896（明29）年官を辞して日報社理事となり新聞経営に当たるが，98年第三次伊藤内閣で農商務大臣伊藤巳代治に抜擢され秘書官となる。のち欧米を漫遊。満鉄の創立にあたって秘書役長となり，1907（明40）年後藤に随伴して北京に入る。12（明45）年7月，後藤と桂の訪露に随行，『随行日乗』を記した。満鉄理事・東京支社主任。東洋協会幹事，理事を歴任。

館森鴻
（たてもり・こう／1862-1942）

漢学者。本名は万平，号は袖海。1895（明28）年，臨時陸軍検疫部事務官長後藤新平の秘書となった。さらに後藤の台湾民政長官時代にも秘書を務めた。尾崎秀真とともに『鳥松閣唱和集』（台湾日日新報社，1906年。鳥松閣は台湾民政長官官邸書斎のことで，当時の長官は後藤新平）なる漢詩集を編んでいる。

田中義一
（たなか・ぎいち／1864〜1929）

山口出身。陸軍軍人。在郷軍人会を創立。各内閣の陸相を務め，政友会総裁となり，1927（昭2）年政友会内閣を組織，普選干渉，3・15事件を起こし，治安維持法を死刑法化，ま

た張作霖を利用して満蒙分離策を推進，張作霖爆死の犯人処罰に関して天皇に食言を叱責され，総辞職，ほどなく急逝。後藤は田中に頼まれ，日ソ漁業条約の斡旋や，政友会と政友本党（床次竹二郎）との提携斡旋などにかかわった。

田中清次郎
（たなか・せいじろう／1872〜1954）

三井物産長崎支店長をへて香港支店長となったとき，満鉄理事に引き抜かれた。後藤総裁が訪露のとき鉄道連絡の口約束がしてあったのを受け，後藤の命で1908（明41）年，10年の露都協商に満鉄代表として出向，日・鮮・満鉄道の連絡運輸条約を締結。1925（大14）年3月，後藤の満鮮の旅に随行。この頃，日露協会幹事であった。後藤の最後の訪ソに際し，日本政府と交渉の衝に当たり，自らも随行した。

田原禎次郎
（たはら・ていじろう／1863〜1923）

山形出身。ジャーナリスト。号は天南。独逸学協会学校（現・獨協大学）卒。同協会会長の北白川宮能久親王に見いだされたのち，後藤新平に才を見込まれて台湾に招かれ，『台湾日日新聞』創刊時の主筆となる。1904（明37）年，日露開戦直前に翻訳したドイツ人シダコッフ著『露国の暗黒面』には後藤が序を寄せ，05年末執筆の『蒙古征欧史』にも後藤が序を寄せた。その後中国問題に関わり，18（大7）年には北京に京津日日新聞（日華新聞）社を創設。19（大8）年，第一次大戦が終結するとベルサイユ講和会議に出席して報道に携わった。後藤についての膨大な手記原稿「後藤男爵」がある。没後，その墓石には後藤の筆で碑文が刻まれた。

張作霖
（ちょう・さくりん／1875〜1928）

奉天（遼寧省）海城県の軍人。奉天軍閥の総帥。辛亥革命前後に身を起こし，軍閥間の抗争をへて1919年には黒龍江省・吉林省も含めた東三省全域を勢力圏におく。日本と相互利用の関係を保ちつつ，満州の覇者として君臨。反共を掲げ，1927年北京に安国軍政府を作ったが，蔣介石の国民革命軍による北伐に敗れ，奉天に逃れる途中の28年，関東軍参謀・河本大作大佐によって爆殺された。後藤は張に阿片政策を授け，北京には進出せぬようにと警告していた。

珍田捨巳
（ちんだ・すてみ／1856〜1929）

青森生まれ。1900（明33）年，ロシア兼スウェーデン，ノルウェー駐在特命全権公使。01（明34）年11月外務総務長官，08（明41）年6月ドイツ駐在特命全権大使に任命され，小村寿太郎外相の下，税権回復の条約改正交渉にあたり，11（明44）年日本ドイツ通商航海条約に調印。同年米国駐在大使，16（大15）年英国駐在特命全権大使。英国大使在任中，ベルサイユ講和会議に全権委員として参加。寺内内閣の外相だった後藤がシベリア出兵に断を下したとき，英国とのパイプ役に専念したのが珍田大使であった。退官後，20年枢密顧問官，21年宮内省御用掛となり，東宮大夫，皇后宮大夫を経て，27年5月，侍従長に就任。

堤康次郎
（つつみ・やすじろう／1889〜1964）

滋賀出身。実業家・政治家。西武グループ創業者。早稲田大学政経学部在学中から会社を経営する一方，後藤に近しい植民政策学の永井柳太郎と親交を結ぶ。1913年（大2）桂太郎主唱の立憲同志会創立運動に奔走するなか後藤と出会い親炙。卒業後，永井が編集主任を務めていた大隈重信の雑誌『新日本』にか

かわり，日露問題に関する書を公刊。14（大3）年永井が公民同盟会運動を起こし，公民同盟叢書の出版を開始するとそれに従い，16（大5）年には『新日本』の社長となる。その間種々の事業を試みたが，18（大7）年に軽井沢，翌年に箱根の土地開発に着手，さらに伊豆半島とともに東京近郊の開発に乗り出し，大泉・小平・国立などの学園都市化を推進。28（昭3）年多摩湖鉄道を創立，また日本初の有料自動車専用道路事業も手がける。45（昭20）年競争相手の西武鉄道を合併，翌年西部鉄道と改称した。政界には24（大13）年の総選挙で初当選，憲政党に属し，斎藤内閣で拓務政務次官。戦後公職追放となったが，のち追放解除されて衆議院議員も務める。その事業のスタートであった軽井沢開発の際，後藤は堤に助言を与え，また財界の大物藤田謙一を紹介するといった重要な世話をした。堤は敬服する後藤揮毫の書を自宅玄関に掲げていたという。

鶴見祐輔
（つるみ・ゆうすけ／1885～1973）

岡山出身。東京帝大法科政治学科卒。内閣拓殖局をへて鉄道院勤務。その後，後藤新平の秘書・通訳を務め，後藤の長女愛子と結婚。24年（大13）渡米して排日感情鎮静の遊説を行う。25年末に帰国，26年後藤の政治の倫理化運動に参加応援。28年以降衆議院議員に当選4回。海外の対日世論緩和のために家族を伴いオーストラリア，米国など歴訪。太平洋会議など多くの国際会議に出席して外交に尽力。28年に書いた『英雄待望論』は50万部を超すベストセラー。『後藤新平』4巻を発表。「国際派自由主義者」と呼ばれた。40（昭15）年米内内閣内務政務次官，翼賛政治会顧問。戦後，日本進歩党幹事長。46～50年公職追放。53年参議院議員。翌年，鳩山内閣厚相。著書に『ナポレオン』『母』『ビスマルク』など。長女は社会学者鶴見和子，長男は哲学者鶴見俊輔。

寺内正毅
（てらうち・まさたけ／1852～1919）

山口出身。元帥陸軍大将，政治家。フランス流の軍術を学ぶ。第一次桂内閣，第一次西園寺内閣，第二次桂内閣の陸相を歴任。伊藤博文暗殺後の1910（明43）年には韓国統監を兼任し，日韓併合を断行した。同年朝鮮総督府が設置されると陸相を辞任して初代朝鮮総督に就任。16（大5）年，大隈内閣の後を受けて内閣を組織すると，後藤は内相として入閣，鉄道院総裁を兼任した（のち外相）。18（大17）年にはシベリア出兵を宣言，まもなく米騒動で総辞職した。その頭の形がビリケン人形にそっくりであるとして，寺内内閣は「非立憲」とひっかけて「ビリケン内閣」と揶揄された。山県閥で，官僚型・武断政治型の政治家として知られる。

田健治郎
（でん・けんじろう／1855～1930）

兵庫出身。各地で司法・警察関係の地方官を務め，1890（明23）年後藤象二郎逓相の勧めで逓信省に入り，のち逓信次官となる。政友会結成に参加，1901年総選挙で当選。翌年脱党。同年大浦兼武逓相下に次官となり，山県閥の一員となる。06年貴族院勅選議員。16（大5）年寺内内閣逓相となり後藤新平内相（のち外相）を助ける。19年文官として初の台湾総督に就任。23年第二次山本内閣農商務相となるが，火災保険問題で辞任。26年枢密顧問官。実孫にニュースキャスター・参議院議員の田英夫がいる。

唐紹儀
（とう・しょうぎ／1860～1938）

広東省香山（中山県）の人。米国コロンビア大卒。袁世凱直系の官僚。1907（明40）年清国では東三省政治改革があり，総督徐世昌とともに東三省巡撫に就任，満洲経営をめぐって満鉄総裁後藤新平とわたりあう。満鉄に併

行した法庫門鉄道建設計画を策謀したりした。累進して郵伝部尚書になる。辛亥革命に際しては、袁世凱側代表として革命側と平和交渉にあたり、のち袁世凱臨時大総統下で初代国務総理（首相）となった。またのち、袁世凱直系をはなれ、孫文の護法運動にも参加。蔣介石には非協力であったため、国民党特務に暗殺された。

徳富蘇峰
（とくとみ・そほう／1863～1957）

熊本出身。猪一郎。蘆花の兄。父一敬は横井小楠の弟子。熊本洋学校をへて同志社に入り、新島襄の薫陶を受け、キリスト教の洗礼を受けるが、1880（明13）年同校中退、熊本に帰り自由民権結社相愛社に加盟。82（明15）年大江義塾を開き自由主義を標榜する実学教育を行いながら文筆活動を準備。この間、東京、高知に旅行、板垣退助、中江兆民、田口卯吉らの知遇を得る。86（明19）年『将来之日本』を出版、文名を高め、一家を挙げて上京、蘇峰親子は勝海舟の邸内の借家に住み、勝の影響を強く受けた。翌年、民友社を創立、『国民之友』を発刊。90（明23）年『国民新聞』を創刊。日清戦争開始前後から膨張主義へと移る。三国干渉後、挙国一致・軍備増強を叫ぶようになる。蘇峰は安場保和とも交流があり、その女婿の後藤新平と相識り、95（明28）年後藤を大隈重信に紹介。97（明30）年松方内閣内務省勅任参事官となり、「変節」の非難を浴びる。翌年『国民之友』は廃刊。その後、山県有朋、桂太郎に接近、機務に預かったため日露講和のときと大正政変のときの二度、新聞社が民衆に襲撃された。1913（大2）年桂の死で政治の機務を離れ、『近世日本国民史』の著作をはじめる。23（大12）年の関東大震災で新聞社は全焼、29年には新聞を手放すが、この頃からファシズムに傾斜、日米開戦宣戦の詔勅起草にあずかり、大日本言論報国会・大日本文学報国会の会長に就任、43年には文化勲章を受章（46年返上）。戦後は公職追放、52年解除。後藤は生涯、蘇峰との親交をつづけた。

床次竹次郎
（とこなみ・たけじろう／1866～1935）

鹿児島出身。原敬内閣内相兼鉄道院総裁のとき、後藤新平が推し進めてきた鉄道の広軌化計画を打ち切った。原の没後、1924（大13）年清浦奎吾内閣を支持して政友会を分裂させて政友本党を結成、総裁となる。26（大15）年、後藤新平の仲立ちで政友会総裁田中義一と会見、政友会と政友本党とを提携させる。28年には新党倶楽部を組織するが、のち政友会に復帰。その後、犬養内閣鉄道相をへて岡田啓介内閣逓相となるが、党議に反して政友会から除名され、逓相在任中に急逝。

土肥樵石
（どひ・しょうせき／1842～1915）

熊本出身。時習館に入る。和田耕雲に書を学ぶ。かたわら元田永孚の門に入り経書を学ぶ。元田が東京に出たあと、竹崎茶堂に招かれ日新堂で書を教える。元田に促されて上京、宮内省に奉仕、華族女学校で書を教える。1904（明37）年、05年嘉納治五郎が早稲田の地に開いた清国人のための弘文書院の卒業証書の書き手となる。官を辞し、神田猿楽町で書道を教え、門人数千人と伝え、草書と仮名が絶妙であった。後藤新平は土肥に書を師事、台湾時代の公の書は土肥の手になるという。

長尾半平
（ながお・はんぺい／1865～1936）

新潟出身。1885（明18）年麹町（高輪）教会で受洗。東京帝大土木科卒。98年後藤新平により、埼玉県土木課長から台湾総督府土木局長に抜擢される。以後、鉄道院技師、九州鉄道管理局長、鉄道院理事、中部鉄道管理局長と鉄道畑を進むが、1920（大9）年後藤東京市長により東京市参与・同電気局長に抜かれる。30（昭6）年衆議院議員。日本国民禁酒同盟理事長、教文館初代社長、

和光学園園長となる。夏目漱石との交友が深かった。

長島隆二
（ながしま・りゅうじ／1878～1940）

埼玉出身。東京帝大法科大学卒業後、大蔵省試補となり、1903（明36）年欧米各国に派遣され、ロンドンに駐在して日露戦争中の海外財務の事務に当たった。06（明39）年帰国、翌年理財局国庫課長となる。満鉄創立にあたって、大蔵大臣阪谷芳郎の下で満鉄十年計画の大蔵省案を作成。第二次桂内閣後藤逓相のとき、桂首相秘書として後藤を助け、東京市の私立電車会社の市営化に尽力成功した。煙草専売局事務官兼大蔵省書記官、内閣総理大臣秘書官などを歴任。1914（大3）年7月、後藤とともに箱根に行き、東洋銀行設立案を練る。のち「支那問題」解決や普選運動に奔走、新党づくりに励み、中立の立場を保って尾崎行雄らと行動をともにした。桂太郎の女婿。

仲小路廉
（なかしょうじ・れん／1866～1924）

山口（周防）出身。大阪府立開成学校卒。東京地方裁判所検事、東京控訴院検事、司法省参事官、逓信省官房長、内務省土木局長など歴任。その間、司法制度調査のため米・英を視察。長州閥につらなり桂太郎・寺内正毅の知遇を得る。1904（明37）年内務省警保局長となり翌年の日比谷焼打事件対策に腐心。06年第一次西園寺内閣のとき通信次官となり鉄道国有法成立に尽力。10年臨時発電水力調査局長官兼任。翌年、第二次桂内閣退陣に伴い貴族院勅選議員。12年第三次桂内閣農商務相、内閣総辞職で辞任。この年桂の新党運動に参加するが、桂の死後、後藤新平らと脱党。16年寺内内閣農商務相となるが米騒動で内閣退陣とともに辞任。23年枢密顧問官。翌年1月、脳溢血で急死。

永田秀次郎
（ながた・ひでじろう／1876～1943）

淡路島出身。三高卒。洲本中学校長をへて官途につき、京都府警察部長など歴任。1916（大5）年三重県知事、ついで寺内内閣後藤新平内相・水野錬太郎内務次官の下に警保局長となる。退官後、貴族院勅選議員。後藤が東京市長に就任すると三助役の一人として登用される。23（大12）年後藤の後を継いで東京市長となり関東大震災後の復興に努めた。26（大15）年後藤が政治の倫理化運動をはじめるとそれに参加。30年東京市長に再選され市域の拡張を実現、一方で建国会顧問となり、また第三代拓大学長後藤の後を継いで第四代拓大学長となる。36（昭11）年広田内閣拓相、39年阿部内閣鉄道相、翌年大政翼賛会顧問、42年陸軍軍政顧問としてフィリピンに赴任。帝国教育会長。青嵐と号する俳人で、後藤新平にはその死まで側近であった。

中村是公
（なかむら・ぜこう／1867～1927）

山口出身。柴野姓から養子になって中村姓となる。官吏、第二代満鉄総裁、鉄道院総裁、貴族院議員。大学時代は夏目漱石が同級生。後藤新平より3年早く台湾に赴任。後藤民政長官の下では土地調査の仕事で後藤の信頼を得る。後藤が満鉄総裁になると、副総裁に抜擢され、満鉄の具体的な仕事は総て任された。後藤が第二次桂内閣に入閣後、満鉄総裁に就任、後藤の経営方針を忠実に実行した。後に国有鉄道広軌改築事業にも参画した。

長与称吉
（ながよ・しょうきち／1866～1910）

長与専斎の長男。東京帝国大学医科大学をへてドイツ・ミュンヘン大学に留学、ドイツ婦人と結婚して現地に腰をすえる。父専斎は、称吉をドイツ婦人と別れさせ帰国させてほしいと、当地に留学する後藤新平に依頼。ドイツ語があまり話せない後藤は、そのドイツ婦人と筆談の上、ついに称吉と別れさせることに成功する。ドクトル・メディツィーネの学位を得、7年間の留学をおえて帰国後、称吉

は後藤象次郎の娘と結婚。長与胃腸病院を開設したのち，胃腸病研究会を創設し会長となった。大日本私立衛生会会頭。

長与専斎
（ながよ・せんさい／1838〜1902）

長崎出身。医師・衛生行政家。近代医療の確立に貢献。1871（明4）年岩倉遣欧使節に加わり欧米の医学教育・医療制度を視察。76（明9）年，初代内務省衛生局長となった。後藤新平はその建議によって長与に認められ，愛知県病院長から衛生局に転じ，ドイツ留学を在任のまま認められ，92（明25）年11月，衛生局長となった。

新元鹿之助
（にいもと・しかのすけ／1870〜没年未詳）

台湾総督府鉄道技師。技師長谷川謹介の下で10年間技師として働く。台湾縦貫鉄道の完成に尽力。後藤が台湾を去ってからも17年務め，最後の6年間は鉄道部長。有名な阿里山の森林鉄道にも尽力。

西川漸
（にしかわ・すすむ／生没年未詳）

徳島出身。相馬事件予審判事。予審廷で西川が，「錦織を庇護してやらねばならぬ義理があるのか」と問うと，被告後藤新平は，「さかりをば見る人多し散る花の跡を訪ふこそ情なりけれ」と答えた。のちに後藤が逓信大臣兼鉄道院総裁として徳島を訪れたとき，弁護士となっていた西川と再会。差出された西川の名刺の裏には，後藤の歌が記されてあった。

錦織剛清
（にしごり・たけきよ／生年未詳〜1920）

相馬家旧臣。各地を流浪し，東京に出て画業，骨董などを生業とした。相馬誠胤不法監禁のことを聞き，それを解くために相馬家側と戦い，衛生局長後藤新平もまきこみ，いわゆる相馬事件を起こした。1888〜89（明21〜22）年頃は義人として世に知られたが，4度目に入獄した1894（明27）年頃から人気は消散した。

二反長音蔵
（にたんちょう・おとぞう／1875〜1950）

大阪出身。農民。17，8歳の時，内地での大規模ケシ栽培阿片製造の必要を建白。後藤衛生局長の目に止まり，試作許可を受ける。改良を重ねて優秀品種を産み，かつ増産体制の整備にも努める。音蔵は「大日本罌粟栽培阿片製造奨励会長」の立場で各地から招請。明治末には「阿片王」の異名もとる。新平は大阪の音蔵宅を何度も訪ね，各種課題を依頼し激励。交流は長期にわたり，新平危篤時，京都の病院に駆け付けた音蔵は悲嘆号泣。当時は新平の助言のもと満洲で薬用阿片事業を手掛けていた。なお大正期には製薬の実業家・星一と交流。台湾総督府から阿片精製仕事の独占許可を得ていた星の事業を大幅に支えた。

新渡戸稲造
（にとべ・いなぞう／1862〜1933）

岩手出身。農業経済学者，教育家。1881（明14）年札幌農学校卒業。東大在学中に米国ボルチモア，ジョン・ホプキンズ大学に学ぶ。同窓に後のウィルソン大統領。この頃クエーカー教徒となる。99（明32）年農学博士。1901（明34）年台湾総督府に後藤民政長官によって招かれ，糖業政策を推進。後藤の欧米視察に同伴して練達した語学を駆使。20年から7年間，国際連盟事務局次長となった。一高校長，東大教授を歴任。帰国後，太平洋問題調査会の理事長として「太平洋の橋」になろうとした。著書に『武士道――日本の魂』などがある。夫人は米国のクェーカー教徒であり，後藤夫人と欧米旅行をした。

野田豁通
（のだ・ひろみち／1844〜1913）

熊本藩士。維新後の1869（明2）年，胆沢県に大参事安場保和，史生阿川光裕らとともに

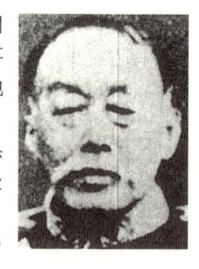

少参事として赴任。71 (明4) 年には弘前県大参事に任命され、県庁所在地を弘前から青森に改めるとともに、県名も青森県とした。83 (明16) 年、後藤新平が安場の娘和子と結婚するとき媒酌人をつとめた。

ハウス
(Edward Mandell House／1858～1938)

1912 (大1) 年ウィルソンの大統領当選を助け、信任厚い助言者となる。第一次世界大戦に際し大統領特使として渡欧、和平工作に当たり、合衆国参戦後は講和計画立案や休戦交渉で活躍、パリ講和会議でアメリカ代表団および国際連盟規約起草委員会のメンバーとなった。後藤新平は19 (大8) 年の欧米視察旅行で同年8月2日にグリーン・ウッド・ゲートにハウスを訪問歓談した。

長谷川謹介
(はせがわ・きんすけ／1855～1921)

山口出身。大阪英語学校卒。井上勝に認められ鉄道寮に入る。1878 (明11) 年京都・大津間鉄道工事建設事務にあたる。これは日本人による最初の鉄道工事竣工。83年工務省1等技手。84年欧州出張。86年技師となる。その後、天竜川・長良川および揖斐川橋梁を完成、また後藤新平の引き抜きで台湾縦貫鉄道を完成。この間、92年いったん官を辞し日本鉄道技師、99年臨時台湾鉄道敷設部技師長・運輸長・汽車課長をへて1902 (明35) 年台湾総督府鉄道部長となる。18 (大7) 年鉄道院副総裁を務めた。

長谷川泰
(はせがわ・たい／1842～1912)

新潟出身。医師、教育者。江戸医学所に学び教師となるが、戊辰戦争時には長岡藩の軍医として従軍。東京医学校校長、長崎医学校校長をへて、1876 (明9) 年、野口英世をはじめ明治の西洋医の大半を養成した私立医学校、済生学舎 (現・日本医科大学) を本郷に創立。のち衆議院議員。92 (明25) 年の議会で、医師免許を改定して漢方医復活を目論む山田泰造らに、後藤新平、石黒忠悳、清浦奎吾らとともに論戦を挑み、漢方医復活運動を粉砕。北里柴三郎の伝染病研究所設立にも貢献。相馬事件で無罪となった後藤のために雪冤会を催す。中央衛生会委員長。後藤の後を継いで内務省衛生局長となった。

バーバンク
(Burbank, Luther／1849～1926)

アメリカの植物育種家。カリフォルニア州サンタ・ローザの農場で3000種をこえる新品種を育成した。バーバンクジャガイモ、種なしスモモ、とげなしサボテン、芳香ダリアなどの育成は彼の名を世界に広め、著書に『方法と発見』(1914～15)、『植物はいかに馴化されるか』(1921) などがあり、スタンフォード大で植物進化の講師を務めた。オランダの植物学者H・ド・フリースは「無類の偉大な天才」と称賛した。19 (大8) 年、後藤新平は欧米視察の際、サンタ・ローザに寄ってバーバンクと親しく会談した。

浜口雄幸
(はまぐち・おさち／1870～1931)

高知出身。帝大法科政治学科卒。大蔵省に入る。日露戦争中、煙草専売局で煙草の製造専売を軌道にのせ、1906 (明39) 年満鉄創立にあたり総裁後藤新平に理事就任を懇請されるが辞退。07年専売局長官。12 (大1) 年後藤が第三次桂内閣逓相になると通信次官に就任、護憲運動で内閣倒壊後、桂の立憲同志会に入党、桂の死後、後藤は脱党するが浜口は残る。14年第二次大隈内閣大蔵次官。翌年衆議院議員。16年以降憲

政会に参加。24年加藤高明内閣蔵相。加藤の急死で若槻内閣内相。27年田中義一内閣成立で憲政会は政友会本党主流と合同、立憲民政党を結成、総裁となる。29年田中内閣が失政で総辞職、浜口は民政党内閣を組織、幣原外交を復活、軍縮・緊縮財政・金解禁を行い国民に節約を訴えた。30年第2回普選で民政党は大勝、海軍軍司令部に反対してロンドン海軍軍縮条約に調印、政友会は軍部・右翼と呼応して統帥権干犯と攻撃、11月右翼に狙撃されて重傷を負う。翌年の議会に登院したものの、再起できず内閣を若槻に譲りまもなく没した。

林権助
(はやし・ごんすけ／1860〜1939)

会津藩士。明治・大正期の外交官。1899（明32）年駐韓公使となり、朝鮮に対するロシアの影響を排除するために対露強硬論を唱え、日露開戦と同時に朝鮮植民地化工作を進め、日韓議定書、第一次・第二次日韓協約はすべて彼の在任中に結ばれた。北京公使のとき、西原借款問題が起こり、時の外相後藤新平とともに反対し中止させた。その後、駐英大使をへて、1934年枢密顧問官となった。

林茂香
(はやし・しげか／1858〜没年未詳)

大日本私立衛生会雑誌編纂者。私立衛生会副会頭でもあった長与衛生局長の巡視にしばしば随行、衛生局技師後藤新平と親交があった。1895（明28）年臨時陸軍検疫部事務官長後藤新平の秘書となる。以後、衛生局長以降、後藤の秘書を長く続けた。

林董
(はやし・ただす／1850〜1913)

千葉出身。明治期の外交官。英留学後、榎本武揚軍に投じ、敗北後一時禁錮となるが、陸奥宗光に見出され、岩倉使節団に随行、1891（明24）年外務次官となり条約改正に尽力、日清戦争では陸奥外相を補佐、駐清公使をへて駐英公使のとき、日英同盟締結に功があった。1906（明39）年第一次西園寺内閣外相となり、満鉄創設に際して後藤新平から満洲経営の主力を満鉄総裁におくか否かの『情由書』をつきつけられた。日仏協商、日露協商を締結、11年第二次西園寺内閣逓相となった。

原敬
(はら・たかし／1856〜1921)

岩手出身。司法省法学校中退、新聞記者を経て、1882（明15）年外務省御用掛。天津領事、駐仏公使館一等書記官歴任後、農商務省に入り、92年第二次伊藤内閣陸奥外相の下に外務次官。退官して『大阪毎日新聞』主筆、同社社長を務める。1900（明33）年立憲政友会が結成されると入党、幹事長。同年10月の第四次伊藤内閣で通信大臣。第一次・第二次西園寺内閣および第一次山本内閣の内相を歴任。大隈内閣による15年総選挙で政友会が第二党に転落すると総裁として活路を模索、翌年寺内内閣が成立すると中立を保つ。17（大6）年臨時外交調査会メンバーとなり、同会でシベリア出兵計画に反対した。米騒動で寺内内閣が倒れると、18（大7）年9月政党政治家として初めて首相となり、爵位を持たぬため「平民宰相」と称された。原は後藤新平の大調査機関構想の必要性を認め、規模を小さくした案を後藤に示したが実現しなかった。21（大10）年11月、東京駅頭で19歳の少年に襲われ急逝した。

ハリマン
(Harriman, Edward H.／1848〜1909)

アメリカの著名な鉄道業者。ユニオン・パシフィック鉄道社長。アメリカ資本の鉄道と汽船による世界一周計画の一環として、1905（明38）年、南満洲鉄道の買収を試みるが、小村寿太郎らの猛反対によって失敗した。

バルトン
(Burton, William Kinnimond／1856-1899)

英国人。衛生工学家。1887（明20）年日本に招請される。後藤新平が内務省衛生局技師の

時代，函館の水道をバルトンとともに設計した。後藤によって台湾に招かれ，基隆水道，台湾の下水道などの設計にあたる。バルトンの弟子の佐野藤次郎は，讃岐山地に五連アーチ式マルチプルダムを設計した。

坂西利八郎
(ばんざい・りはちろう／1871～1950) 
和歌山出身。1891（明24）年陸士2期，1900年陸大14期。少佐，最終階級は中将。1902（明35）年，参謀本部員として清国にわたり，04年袁世凱顧問となる。日露戦時中は清国が日本に協力するよう立ち回る。満鉄に併行する法庫門鉄道建設計画が唐紹儀の策謀で起こったとき，後藤新平は第二次桂内閣逓相就任草々，坂西陸軍中佐に袁世凱宛て親書を託し，計画中止を働きかけた。23（大12）年には黎元洪の顧問となる。つねに中国で働きつづけ，「坂西機関」のトップとして対中国謀略活動を担当，いわゆる「支那通」の育成に努めた。退役後は貴族院議員。

ビーアド
(Beard, Charles Austin／1874～1948) 
アメリカの政治外交史学者。20世紀初頭で最も影響力をもった歴史家と評される。コロンビア大学教授として数々の重要な著作を世に出していたが，第一次世界大戦への米国の参戦に異を唱えて処分され，大学を追われる。のち市政の腐敗を防ぐため設立されたニューヨーク市政調査会の専務理事に就任。後藤は東京市長になると，鶴見祐輔を介してビーアドを招致，その助言によって東京にふさわしい市政調査の設立を実現した。関東大震災後の帝都復興計画を立てる際にもビーアドを呼んで助言をうけた。都市計画の専門家でもないビーアドが後藤の招聘に応じたのは，「アメリカはアジアを植民地とすべきでなく，友好的関係をつくるべき」という外交上の信条に裏打ちされた実践であった。後藤亡きあとの日本によるアジア侵略には批判的であった。

肥後八次
(ひご・やつぐ／1875～没年未詳)
鹿児島出身。東京帝大独法科を卒業後，1899（明32）年内務省に入る。以後，通信省参事官，九州通信局長，郵便振替貯金局長などを歴任。1917（大6）年に通信省電気局長となり，第二次桂内閣逓相後藤新平のもと，その科学的な発電水力事業の実現に尽力。肥後によれば，後藤は台湾での大規模な水力工事，貯水池の構築，一大灌漑事業の実地の成功経験に基づき，また日本の資源不足を考慮しつつ，水力発電による動力供給に邁進したのであって，電気事業法の制定とあわせて，日本電気事業界の恩人だとする。22（大11）年には官を退き，住友電線製作所の常務取締役に就任。

ビスマルク
(Bismarck, Otto Eduard Furst von／1815～1898) 
プロイセンのユンカー出身。ゲッティンゲン，ベルリン大学に学び，プロイセンの官吏をへてプロイセン連合州議会議員。その後，ドイツ連邦プロイセン公使，ロシア大使，フランス大使を歴任。1862年プロイセン首相となり鉄血政策をとり，普墺戦争（66）に勝利，国内の憲法紛争を収拾，71年普仏戦争に勝利してドイツ統一を完成。ドイツ帝国初代宰相（71～90）となる。宰相在任前半は自由貿易政策をとり，カトリック的分邦主義と争い帝国の統一性を強化。後半は，社会保険制度，社会主義者鎮圧政策，保護関税政策をとり，外交ではフランスの孤立化とロシアとの友好を基本に幾多の同盟・条約の体系を作り上げ，ドイツの国際的安定と向上をはかった。しかし皇帝ウイルヘルム二世と対立，90年辞職。この直後ドイツ留学した後藤新平はビスマルクに面会し，著書『衛生制度論』を贈ったといわれる（岡田国太郎

談）。後藤はビスマルクに傾倒，その社会政策，外交政策は彼に強い影響を与えた。

人見一太郎
（ひとみ・いちたろう／1865～1924）

熊本出身。評論家・実業家。徳富蘇峰の大江義塾に学ぶ。のち民友社社員となり，国民新聞社で蘇峰を助ける。日清戦争後の1897（明30）年退社，蘇峰の紹介で台湾に移り，後藤民政長官の援助で渡仏，パリに滞在。博覧会で日本を紹介。体験を『欧洲見聞録』（民友社，1901年）に書き記す。ちなみに，人見が滞仏中に聖書の一節を蝋菅に録音したものが，日本人の声の記録で現在最古とされている。帰国後，後藤の導きで実業界に転じ，砂糖事業を研究。鈴木商店に入り，中国雲南省の大理に製糖所を興した。1902（明35）年，後藤の欧米外遊の際に随行。

平田東助
（ひらた・とうすけ／1849～1925）

山形出身。旧姓伊東。大学南校卒。1871（明4）年岩倉遣外使節団に随行。太政官書記官，法制局参事官，枢密院書記官長をへて98（明31）年法制局長官，01年第一次桂内閣農商務相。第二次桂内閣の内相。1922（大11）年内大臣。貴族院議員。枢密顧問官。後藤とは，第二次桂内閣，大隈内閣，寺内内閣の時期，おもに外交問題に関して関係をもった。「山県老公の懐中に飛び込み，なんでもかでも知りつくしている男」（後藤）であるため，大隈内閣の対中国政策を批判する際，後藤は平田を使って山県の意見を引き出し，政局打開に有利に働かせようと試みた。

福沢諭吉
（ふくざわ・ゆきち／1834～1901）

大分（中津）出身。1854（安政1）年長崎に出て蘭学を学ぶ。翌年適塾に入り，長与専斎と知り合う。58（安政5）年藩命で江戸に出府，中津藩中屋敷で蘭学塾を開く。60（万延1）年幕府の遣米使節に従者として随行，61（文久1）遣欧使節・67（慶応3）遣米使節の一員として欧米の文化に接し，『西洋事情』を刊行。68年幕府に御暇願出し慶応義塾を開く。そして『学問のすすめ』『文明論之概略』を著し，73（明6）年明六社を組織，79年東京学士会院初代会長となる。82年『時事新報』創刊。85年「脱亜論」を発表，中国・朝鮮という「悪友」でなく列強に伍することを唱えた。さらに保険の紹介や知識の普及に大きな役割を果たした。慶応義塾拡張期の87年，福沢は塾長人選問題で長与専斎の紹介により後藤新平と面談した。また，北里柴三郎の伝染病研究所用地として芝公園内の所有地を提供した。後藤は，台湾時代，福沢にたびたび『時事新報』記者の派遣を要請している。

藤田謙一
（ふじた・けんいち／1873～1946）

青森出身。明治法律学校（現・明大）卒。大蔵省勤務。1896（明29）年有名な煙草企業岩谷商会支配人となる。後藤新平は台湾の煙草を専売にすべきか否かを藤田に相談。台湾塩業専務をへて，第一次大戦期から大日本塩業，日活，東洋製糖，東京護謨（ゴム）など数多くの企業の重役を歴任。20（大9）年，野にあった後藤が「大調査機関設置案」を原首相に提起したとき，藤田は後藤の代理として原の代理の横田千之助と交渉を重ねた。また後藤の東京市長就任に先立って横田と図り，後藤と原首相の密談をお膳立てした。28（昭3）年貴族院勅選議員，初代日本商工会議所会頭。同年国際労働会議日本代表。翌年の売勲疑獄事件で有罪ののち，財界を退くが，晩年は初期の西武グループ諸事業発展に寄与した。数々の社会事業，育英事業でも知られる。

藤原銀次郎
（ふじわら・ぎんじろう／1869～1960）

長野出身。慶応義塾卒。松江日報に入社。三井の指導者中上川彦次郎に見出され三井銀行に入る。1897（明30）富岡製糸場支配人。99

年三井物産台北支店長となり，民政長官後藤新平が主宰する読書会のメンバーとなる。1911（明44）年経営難の王子製紙専務取締役となり，苫小牧で集中大量生産方式を採用して成功，20（大9）年社長となり，業界の激烈な競争の末，29（昭4）年富士製紙，33（昭8）年樺太工業を吸収合併，独占的大王子製紙が誕生。38年一線を引退。40年米内内閣商工大臣，44年小磯内閣軍需大臣となる。39年設立の藤原工業大学は慶応義塾に寄付され慶応理工学部となった。藤原は後藤の西洋館のある邸宅を譲り受けた。

二葉亭四迷
（ふたばてい・しめい／1864～1909）

東京出身。尾張藩士の子に生まれたが，早くから維新の志士肌的気性を育て，ロシアの南下政策に警戒感を抱く。1881（明14）年東京外語露部に入学，ロシア文学に親しむ。89年，言文一致体の小説『浮雲』を発表，新文学の担い手としての名が定まる。『浮雲』第三編が挫折，文壇を去り，内閣官報局雇員となる。99（明32）年，東京外語教授に就任するが，「実業」をめざし，大陸に渡るが挫折し，1903（明36）年帰国。翌年，大阪朝日新聞東京出張員となる。08（明41）年，特派員としてシベリア経由でペテルブルグに赴く。旺盛な記者活動をつづけ，日露両国民の相互理解に努めるが，翌年肺結核が高じ，帰国の途中，ベンガル湾上で生涯を閉じた。08年，訪露から帰国した満鉄総裁後藤新平に敦賀で出会い，後藤像を『東京朝日新聞』連載の「入露記」に描く。

祝辰巳
（ほうり・たつみ／1865～1908）

山形出身。東京帝大法科卒。大蔵省に入る。同僚に若槻礼次郎がいた。沖縄県収税局となる。1896（明29）年台湾総督府に移り，殖産局長となる。98年新任の児玉源太郎総督と後藤新平民政局長の下で，税務局長中村是公と

ともに台湾事業公債6000円案を作成。後に財務局長となる。1906年後藤民政長官が満鉄総裁となって台湾を去るや，児玉の後任の佐久間左馬太総督の下に民政長官となり，後藤が立てた計画を忠実に実現，08年在職中に病死した。

星一
（ほし・はじめ／1873～1951）

福島出身。東京商業学校（現・一橋大）卒。コロンビア大卒。1911（明44）年星製薬を設立。後藤新平の知遇を得て大正期に台湾産阿片の払下げを独占，モルヒネの製造をはじめ巨利を得る。またペルーにも薬草園を開く。大正末期，星製薬の台湾阿片払い下げ独占と経理の実情を国会で厳しく追及され，第一次加藤高明憲政会内閣の時，星製薬への払い下げが中止となり，31（昭6）年破産宣告。衆議院議員には08年に当選（政友会），37年以降3回当選。また，星製薬に教育部をおき，22（大11）年独立させて星製薬商業学校（現・星薬科大学）を設立した。

星野錫
（ほしの・しゃく／1854～1938）

兵庫出身。姫路藩校に学ぶ。1873（明6）年景締社で印刷工となる。87年米国留学，アートタイプ（コロタイプ）写真版印刷を日本人で初めて習得。帰国後，90年第3回内国勧業博覧会に写真版印刷絵画出品入賞。画報社設立，『美術画報』等雑誌発行，写真入り新聞創刊に協力。96年，東京印刷株式会社設立，社長となる。1907（明40）年満鉄総裁後藤新平に請われ『満洲日日新聞』創刊。12年衆議院議員。東京商業会議所会頭，東京事業組合連合会長，大日本製糖・日本陶料・東亜石油などの取締役。23年関東大震災のとき，後藤内相の指揮下，物資供給の任にあたった。

細川千巌
（ほそかわ・せんがん／1834～1897）

愛知出身。名古屋東本願寺嗣講。南条文雄を

凌ぐとさえ言われた大谷派学僧の泰斗。後藤新平が愛知県病院時代，師のローレッツの代診で千巌を診察したのがきっかけで，議論に及び，千巌は後藤の科学者としての議論に対して真俗二諦の説を披瀝した。後藤の記憶によれば，それは「真如法性の理体が無明の因に依って俗体と化す」ことであったという。後藤の一生の指導原理となり深く影響された。

堀内次雄
（ほりうち・つぎお／1873〜1955）

医師，教育者。1895（明28）年，三等軍医として台湾の日本軍に配属された際，台北ではコレラが流行。コレラと赤痢患者で溢れかえる陸軍病院の伝染病棟を見て，細菌学を学ぶことを決意。翌年軍を退役して東京に戻り，ペストの研究に没頭。同年台北病院に赴任。後藤民政長官は台湾に衛生制度を確立するに当たり，台湾医学校設立と公医制度を採用したが，堀内は医学校創立事務に関与し，のち1915（大4）年，校長に就任した。以後22年間在任。台湾の医学教育に40年の長きにわたって尽力，台湾人学生らにも援助を惜しまず，高木友枝とともに現地人にも慕われた。公医制度は，初期には120名の医師を内地から呼び各地域に配したが，医学校卒業の台湾人医師が増すとしだいに整っていった。

堀内文次郎
（ほりうち・ぶんじろう／1863〜1942）

長野出身。陸軍中将。台湾総督児玉源太郎の副官。後藤民政長官が宴会の席で松村務本少将と喧嘩をしたときの仲裁役。この事件をきっかけに，軍人から民政への横槍が入らないようになった。

本多静六
（ほんだ・せいろく／1866〜1952）

埼玉出身。林学者。東京山林学校（現・東大農学部）卒。ドイツに私費留学，ミュンヘン大学で国家経済学博士号取得。ミュンヘン在留中，同じく留学中の後藤新平に会い，以後，親交が続く。1900（明33）年東京帝大農科大学教授。植林・造園・産業振興に活躍。外遊のたびに後藤，北里柴三郎に新知識を披露。23（大12）年関東大震災のとき後藤内相に41億円復興計画を提示。27（昭2）年定年退職。父の晋六は，後藤の須賀川時代，長禄寺で後藤とともに参禅した。

前田多門
（まえだ・たもん／1884〜1962）

大阪出身。東京帝大法科大独法科卒。寺内内閣の後藤新平内相秘書官となる。都市計画課長などをへて1920（大9）年後藤東京市長により三助役の一人に抜擢される。23年から3年間ILO政府側委員としてジュネーブに就任。仏大使館参事など務めて退官。28（昭3）年『東京朝日新聞』論説委員。38年退社。ニューヨーク日本文化会館館長となるが，太平洋戦争勃発で帰国。以後，新潟県知事，貴族院勅選議員。45年東久邇宮内閣文相，幣原内閣文相。46年公職追放で辞任。50年追放解除後，日本育英会会長，社会保障審議会会長，ユネスコ国内委員会委員長など活動は多彩。仏文学者の前田陽一，精神科医の神谷美恵子の父。

牧野伸顕
（まきの・のぶあき／1861〜1949）

鹿児島出身。大久保利通の次男。1871（明4）年岩倉遣米使節団に随伴，留学。79年外務省に入る。翌年ロンドン公使館在勤，憲法制度調査の伊藤博文に仕える。第二次伊藤内閣で文部次官。イタリア公使。オーストリア公使のとき，外遊中の後藤新平と新渡戸稲造に初対面。第二次西園寺内閣農商務相，第一次山本内閣外相，枢密顧問官，貴族院議員を歴任。第一次大戦中，臨時外交調査委員会委員として後藤らのシベリア自主的出兵論に反対。1919（大8）年パリ講和会議に全権として実務を担当。21年宮内相，25年内大臣。30年ロンドン軍縮条約締結を支援，国際連盟脱退を阻止するために政党を排除した重臣会議を提唱。2•26事件では襲撃されたが助かった。吉田茂は女婿。

増田次郎
(ますだ・じろう／1868～1951)

静岡出身。尋常小学校卒後、静岡県志太郡役所給仕。独学して普通文官試験合格。内務省に入り衛生局長後藤新平の知遇を得る。後藤が逓相のとき大臣秘書官となり、のち、後藤とともに立憲同志会に加わり、1915 (大4) 年静岡県郡部から選出されて衆議院議員。しかし18年の選挙には立候補せず実業界に転身、新興の木曽電気興業 (福沢桃介) の常務に就任。同社中心の企業合同で5大電力会社の一つ大同電力が21年に設立されると、その常務となり、28 (昭3) 年社長となる。39年国策会社として設立された日本発送電初代総裁。

益田孝
(ますだ・たかし／1848～1938)

新潟出身。三井財閥創業期の経営者。1874 (明7) 年井上馨とともに先収会社を起こす。井上の政府入りで同社は三井組国産方と合体、76年三井物産となり、雇われ社長として日本最大の貿易会社に育てる。三井財閥の近代化に貢献した中上川彦次郎が1901年亡くなると、三井合名の最高経営者となる。また、渋沢栄一、大倉喜八郎、浅野総一郎、安田善次郎らと組み、いくつもの会社を作り、近代資本主義の基盤確立に貢献した。益田は満鉄創立委員会に渋沢、大倉、浅野、安田らとともに名を連ねている。

松岡均平
(まつおか・きんぺい／1876～1960)

法学者、貴族院議員。帝大法科大学政治学科を卒業後、1901 (明34) に文部省嘱託となる。03年には帝大法科大学助教授となり、08 (明41) 年満鉄東亜経済調査局設立に関与。欧米留学をへて、15 (大4) 年、初代岡松参太郎を継いで第2代東亜経済調査局長となる。26 (大15) 年満鉄を去り、のち新設の三菱経済研究所所長に就任。拓殖大学学監・評議員。長女の純は三島通陽に嫁す。

松岡洋右
(まつおか・ようすけ／1880～1946)

山口出身。1893 (明26) 年渡米、苦学してオレゴン州立大卒。帰国して外交官試験合格、領事官補として上海赴任。関東都督府外事課長となり満蒙問題に関心、満鉄総裁後藤新平が旅順偕行社で軍人の多い聴衆に「満洲に来て見ると皆が軍人病に罹っている」と一喝したことに強い印象をもつ。1918 (大7) 年後藤が外相のとき、書記官を務めた。その後、ロシア、米国に在勤後、本省政務局を最後に21 (大10) 年外務省退官、同年、同郷の田中義一の推薦で満鉄に入社、理事をへて27年副総裁。30年政友会から衆議院議員となり「満蒙生命線」を唱え幣原外交を攻撃、世論を満蒙問題の武力解決の方向へ導いた。33年国際連盟総会が満洲国否認のリットン報告書を採択したため抗議退場、同年、日本は連盟を脱退。帰国後、政党解消運動を進め全国を遊説、独・伊との提携による世界新秩序建設を説く。35年満鉄総裁となり、華北へ進出を図るとともに、社内に大調査部を設置。40年近衛内閣外相となり、「大東亜共栄圏」建設を提唱。同年、日独伊三国同盟条約締結、41年日ソ中立条約締結。帰国後、日米交渉に反対して同年外相更迭。戦後A級戦犯として出廷中、病状悪化、東大病院で死去。

マッカドウ
(McAdoo, William Gibbs／1863～1941)

米ウィルソン内閣の大蔵長官兼鉄道局総裁を務め、第一次大戦の困難な戦時財政に手腕を発揮した。ウィルソン大統領の女婿で、1919年外遊中の後藤と会談。後藤はこの前蔵相と、金融市場の動向、米国の投資の方法や先行き、労使問題、また当時巷間にあった日米衝突論などについて懇談した。「俊敏酷薄」だが、「今まで遇った米国

IV 主要関連人物紹介

人の中で，一等の人物」とは後藤の評。

松木幹一郎
（まつき・かんいちろう／1872〜1939）

愛媛出身。帝大法科卒。逓信省に入り，後藤により鉄道院秘書課長に引きぬかれる。1911（明44）年東京市電気局長となるが，15（大4）年電灯事業停滞の責めを負い阪谷芳郎市長とともに辞任。翌年，山下総本店総理事。22年後藤が創始した東京市政調査会の理事に就任。23年関東大震災のとき復興院副総裁となる。29（昭4）年台湾電力社長。

松田武一郎
（まつだ・たけいちろう／生没年未詳）

工学博士，鉱山学者。1890（明23）年，九州筑豊の三菱鯰田炭鉱所長に就任。1907（明40）年，後藤満鉄総裁が岩崎男爵に懇願して満鉄に引き抜き，撫順炭鉱長として経営の一切をまかせた。満鉄は撫順炭鉱に莫大な投資をおこない，松田の努力が開発を推し進め，後に東洋一の近代的な巨大炭鉱へと発展，満洲の一大財源，日本の主要な燃料源となった。なお，新渡戸稲造とは同級生で知己であった。

松室致
（まつむろ・いたす／1852〜1931）

福岡出身。司法官僚。司法省法学校をへて判事・検事の経歴を積む。相馬事件のときの控訴審裁判長。のちにみずから語ったところによれば，この裁判で陪審判事たちの意見は後藤新平有罪に傾いていたが，松室が押し切って無罪としたという。1906（明39）年に検事総長に就任。大逆事件も担当。12（大1）年，第三次桂内閣の法相として入閣するも，内閣は短命に倒れ，帝室会計監査局長官となる。16（大5）年寺内内閣が成立すると，後藤が法相に薦め入閣した。のち枢密顧問官。13（大2）年に法政大学学長に就任。28（昭3）年，治安維持法の最高刑に死刑が追加される改悪案が議会で問題になると，強硬に反対した。

丸山鶴吉
（まるやま・つるきち／1883〜1956）

広島出身。寺内内閣の後藤内相により，警視庁保安部長であった丸山は洋行を命ぜられる。丸山とともに洋行を命ぜられた堀田貢は京都府内務部長であったが，地方官の洋行の道を開いたのは後藤内相である。丸山は警察官であったため英国でスパイと間違われた。後藤内相は丸山から警察事務について詳細な報告も受けていた。1926（大15）年4月後藤は政治の倫理化運動を起こしたが，丸山もこれに参加，各地を講演して廻った。

三島通陽
（みしま・みちはる／1897〜1965）

東京出身。祖父は明治の警視総監三島通庸。学習院退学後，文部省に入る。1920（大9）年日本初の少年団（ボーイスカウト）を創設。22（大11）年には東京市長後藤新平を総裁に推挙し，赤坂離宮に英皇太子を奉迎。同年少年団日本連盟と改称，後藤を総裁，のち初代総長に戴く。25（大14）年後藤が満鮮の旅に上る際，随伴し，京城少年団を検閲。後藤の死去後，同連盟総長を務め，一生をボーイスカウト育成に尽力。61（昭36）年ボーイスカウト国際大会でブロンズ・ウルフ賞を受けた。戦前は貴族院議員，戦後は参議院議員。

水科七三郎
（みずしな・しちさぶろう／1863〜1940）

統計学の専門家。1903（明36）年9月，後藤新平民政長官の命により台湾で実施された日本最初の国勢調査で，臨時台湾戸口調査部主任として第一線で活動。06（明39）年2月『台湾十年間之進歩』を編纂刊行。のち拓殖大学で教鞭をとった。

水野錬太郎
(みずの・れんたろう／1868〜1949)

東京出身。帝国大学英法科卒。第一銀行，転じて農商務省，内務省に入り，参事官，秘書官，神社局長，土木局長，地方局長を歴任。1912（大1）年貴族院勅選議員。翌年，内務次官となり，寺内内閣では，後藤新平内相下の内務次官として実質的な事務に携わり，18年後藤が内相から外相に転じたとき内相に就任。以後，朝鮮総督府政務総監，加藤友三郎内閣内相，清浦内閣内相兼帝都復興院総裁。27年田中義一内閣文相のとき久原房之助の入閣に反対，「優諚降下」を理由に文相留任を声明，非難されて辞任。その後，協調会会長，産業報国連盟会長，興亜総本部総理などに就任。戦後はA級戦犯として逮捕されたが47年釈放。

宮尾舜治
(みやお・しゅんじ／1868〜1937)

大蔵省で煙草専売存立事務にあたる。1900（明33）年台湾民政長官後藤新平に引き抜かれ，台湾総督府に移り専売局長となる。諸外国の植民統治・熱帯産業の調査研究とマニラの富籤の研究に外遊，帰国後，台湾彩票の責任者となる。その後，関東都督府民政長官をへて愛知県知事，北海道庁長官。23（大12）年帝都復興院副総裁となり総裁後藤新平を補佐。退官後，東洋拓殖会社総裁などを務め，34（昭9）年貴族院勅選議員。晩年は市政革新同盟に加わり，東京市会議員となった。

宮本百合子
(みやもと・ゆりこ／1899〜1951)

東京出身。小説家。建築家中条精一郎の長女。日本女子大中退。早くから文学に傾倒し，坪内逍遥の紹介で1916（大5）年，『中央公論』に処女作を発表，作家生活に入る。18年には父に従って渡米，ニューヨークで結婚したが，帰国後の24年に離婚。27（昭2）年，湯浅芳子とともにソビエトに渡り，30年に帰国すると日本プロレタリア作家同盟に参加，翌年共産党入党。宮本顕治と結婚するが，たび重なる当局の弾圧で検挙，拘置され，38（昭13）年には執筆禁止となる。戦後は新日本文学会の結成に参加した。父方の祖父，旧米沢藩士の中条政恒は，福島県権令安場保和によって典事に任命され安積開拓事業に携わった官吏であり，須賀川時代の後藤は郡山の開墾場を訪ねて彼の世話になった。宮本のエッセー「明治のランプ」（39年）には，私塾を開いていた政恒とその子・精一郎が後藤と関係をもっていた点がふれられている。また自伝的小説「二つの庭」で宮本は，27年にソビエトに渡る際，旅券の裏書きを依頼するため，父とともに"藤堂駿平"（＝後藤新平）邸を訪れたエピソードを描いている。"藤堂"は，在来の政治家と違って「自由な寛濶な雰囲気」をもっていた。また宮本の最初の小説が雑誌に載った際，それを読んで反物を贈ってきた老婦人があり，それが"藤堂"の母親（利恵）であったことを明かしている。

目賀田種太郎
(めがた・たねたろう／1853〜1926)

東京出身。大学南校入学後，ハーバード大法学部卒。文部省出仕。1875（明8）年渡米。以後，司法省をへて83年大蔵省に入り，91年横浜税関長，94年主税局長。税務監督局を創設して税官吏を養成する一方，関税自主権についての条約改正に尽力。1904年韓国財政顧問，同年貴族院勅選議員，10年財政監査長官。23年枢密顧問官。法律家としては1879年横浜米国領事裁判所代言人，のち東京代言人組合会長。81年横浜裁判所判事。専修大学の前身，専修学校を創設。後藤新平が日露協会会頭のとき副会頭を務めた。

モット
(Mott, John Raleigh／1865〜1955)

アメリカ・ニューヨーク州リビングストン・メナー出身。YMCA指導者。1895年世界学

生キリスト教連盟を結成。YMCA関係の要職を歴任。来日は10回に及び，1946年ノーベル平和賞を受賞。07年，後藤は来日中のモット博士ら万国キリスト教学生連盟大会の出席者を小石川後楽園に招待して演説，その答辞を述べたモット博士と親しくなり，その交情は終生続いた。

本野一郎
（もとの・いちろう／1862〜1918）

佐賀出身。外交官，外務大臣。読売新聞創業者・本野盛亨を父にもつ。フランス留学ののち外務省に入り，フランス公使，ベルギー公使を歴任。1906（明39）年ロシア公使となり，日露戦争後の日露協約締結に尽力。16（大5）年には寺内内閣の外務大臣に就任，ロシア革命に対しシベリア出兵を強硬に主張。後藤はこの人物の後を継いで外相となり，シベリア出兵に踏み切った。

森孝三
（もり・こうぞう／1874〜没年未詳）

独逸協会学校専修科を出て渡欧，ベルリン大学卒業。のち市政調査会参事，昭和金鉱取締となる。後藤新平の読書上の秘書で，台湾時代，ヨゼフ・オルツェウスキー著『官僚政治』を翻訳，後藤がそれに序文をつけて後藤の名を冠して1911（明44）年出版。翌年7月，桂太郎と後藤の訪露に随行。23（大12）年1月，後藤東京市長の命でアドルフ・ヨッフェを迎えに神戸に直行，後藤・ヨッフェ会談にドイツ語通訳として加わった。26（大15）年3月，後藤や駐日ドイツ大使ゾルフらとともに日独協会を再興。また，24（大13）年秋，ドイツから来日したハーバー博士と交誼，それが契機となって27（昭2）年日独文化協会が成立。同年12月，後藤の訪ソに随行したが，このとき故伊藤公のステッキを携えていた。29（昭4）年3月30日，後藤の絶筆「帝力於吾曷為者……」を与えられた。

森御蔭
（もり・みかげ／生没年未詳）

満鉄社員。1908（明41）年4月，訪露途上の後藤満鉄総裁をハルビンで見送る際，北満の事情・露支関係などを微細に報告。そのときハルビン新市街の一大楼屋を買うようにと後藤に命ぜられた。のち18（大7）年4月設立のハルビン商品陳列館の館長となった。

安田善次郎
（やすだ・ぜんじろう／1838〜1921）

富山出身。明治・大正期の実業家で銀行王と呼ばれ，安田財閥の祖。1858（安政5）年江戸へ出て銭両替商に奉公。62（文久2）年鰹節商に入婿，銭投機に失敗し離縁。64（元治1）年銭両替商安田屋として独立。80年安田銀行設立。次第に一大金融網を築き上げ，1912（大1）年安田系企業を統轄する合名会社保善社を設立。浅野総一郎，雨宮敬次郎らの事業を援助。後藤新平が東京市長のとき都市研究会の会合で意気投合，東京市政調査会設立に資金提供を約した直後，大磯の別荘で右翼・朝日平吾に刺殺された。その後安田家から資金が提供され，日比谷公会堂建設や市政調査会が設立された。

安場保和
（やすば・やすかず／1835〜1899）

熊本出身。横井小楠の門下，「四天王」の一人。1869（明2）年に胆沢県に大参事として就任の時，後藤新平の将来性を直観，学僕とし，後に阿川光裕に預けた。その二女和子は後の後藤夫人である。70（明3）年酒田県大参事，翌年熊本藩少参事を経て，大蔵大丞・租税権頭。同年岩倉使節団に加わり欧米視察に出たが，一行から別れて早く帰国。その後福島県令，75年愛知県令，86年福岡県令として地方行政に尽した。80年，85年に元老院議官，92年には貴族院議員に任

ぜられた。

柳田國男
（やなぎた・くにお／1875～1962）

兵庫出身。農政学者，民俗学者。東京帝大法科大政治学科卒。農商務省に入り，法制局参事官，宮内省書記官，内閣書記官記録課長をへて貴族院書記官長を最後に1920（大8）年官界を辞任。翌年，東京朝日新聞社客員。22年論説委員となり，その間，21～23年国際連盟常設委任統治委員としてジュネーブに滞在，欧州各地を旅行。31（昭6）年以降，日本民俗学の体系化のため著作に専念。49年日本民俗学会初代会長。51年文化勲章受章。新渡戸稲造と親交があり，「郷土研究会」を主宰。後藤新平が第二次桂内閣逓相のとき新設した貯金局局長に抜擢した下村宏は，柳田の「有志談話会」のメンバーだった。また，柳田は，後藤の通俗大学の評議員であり，講演も行った。

山県有朋
（やまがた・ありとも／1838～1922）

山口出身。吉田松陰の松下村塾に伊藤博文らと学ぶ。明治政府では官治の中心となり，西南戦争では徴兵軍を率いて士族中心の西郷軍を鎮圧した。1887（明20）年保安条例を公布，議会開設に備えて官治的性格の強い地方自治制を採用。2回内閣を組織，1900（明33）年義和団事件収拾後に退陣。以後元老として首相の選定・重要政策決定に参画。伊藤暗殺後は元老として権勢をほしいままにし，諸内閣の死命を制した。後藤新平は台湾の公債発行問題から山県と接するようになり，以後，しばしば書簡のやりとり，建白，会談を行った。山県の政党嫌いは文官任用令改正や軍部大臣現役武官制の規定などに現われ，終生変わらなかった。

山崎亀吉
（やまざき・かめきち／1870～1944）

東京出身。実業家。1892（明25）年，東京浅草に貴金属装身具店・清水商店を開業。1918（大7）年尚工舎時計研究所を設立，懐中時計の国産化をめざした。尚工舎はスイスから機械専門書を取り寄せ，技術や理論を教える時計学校も設立，技術者の養成に尽力。24（大13）年に懐中時計第1号を完成すると，山崎（貴族院議員）と親交のあった後藤新平が命名を任され，「市民に広く愛され親しまれるように」と「シチズン」の愛称を与えた。後藤の死の翌30（昭5）年，尚工舎時計研究所はシチズン時計株式会社と改称，山崎は会長に就任。なお，清水商店は26年には山崎商店と改称し銀座に移転。K18やK24などの品質保証諸規定を日本で初めて立案した人物でもある。

山崎周作
（やまざき・しゅうさく／1857～1881）

のちに為徳。斎藤實と後藤新平とともに水沢の三秀才と称され，若き後藤の親友。満15歳で県庁給仕から抜擢され，熊本洋学校でジェーンズについて学ぶ。のち東京開成館をへて草創期の京都同志社に入学，新島襄の薫陶を受けキリスト教に帰依したが，満24歳で夭折。日本人として最初の社会学原論を書いたとされる。

山田純三郎
（やまだ・じゅんざぶろう／1876～1960）

青森出身。孫文の恵州蜂起（1900年）に参加して捕虜となり処刑された山田良政の弟。東奥義塾卒。1900（明33）年南京同文書院に入学，良政に孫文を紹介される。純三郎の証言によれば，その後まもなく良政，孫文，平山周は台湾に渡り，中国革命のための援助を時の総督児玉源太郎と民政長官後藤新平に依頼，孫文と後藤を引き合わせた。後藤は孫文に武器援助の密約を与え励まし，そのと

きの言葉が孫文に終生日本人に対する信頼感を保たせたと伝えられる。良政の死後，04（明37）年には日露戦争に陸軍通訳官として従軍。07年満鉄に入社し，後藤総裁秘書となる。09年上海に駐在。11年辛亥革命の際，孫文を香港に出迎える。この頃より孫文の同志・側近の役割を務める。13（大2）年孫文・桂太郎会談に同席。25年3月孫文死去のとき，唯一の日本人として臨終に立ち会った。国民政府顧問。27年『上海毎日』社長。47年に日本に帰国した。

山本権兵衛
（やまもと・ごんべえ／1852〜1933）

鹿児島出身。海軍軍人政治家。海軍の改革・地位向上に努め，「権兵衛大臣」と評され，1893（明26）年海軍を陸軍から独立させた。98年より三代内閣の海相，1913年第一次山本内閣を組織するがシーメンス事件で総辞職。23年第二次山本内閣を組織，後藤新平を内相兼復興院総裁として関東大震災の善後処理をしたが虎ノ門事件で総辞職。近代海軍の建設者として「海軍の父」と評せられた。

山本悌二郎
（やまもと・ていじろう／1870〜1937）

新潟出身。品川弥二郎に師事，独逸学協会学校（現・独協大）を経て，給費生として独，英に留学。帰国後，二高教授から実業界に転じ日本勧業銀行鑑定課長，台湾製糖常務取締役となり，同社長を務めた。台湾製糖は台湾の殖産事業の一環として後藤新平民政官が創立させたもので，これを機に後藤の知遇を得る。さらに十数社の重役に就任。1904年衆議院議員，以後11回当選（立憲政友会）。田中義一内閣，犬養内閣で農相。国体明徴運動を推進，大東文化協会副会頭。36年議員辞職，政友会顧問となる。

横井小楠
（よこい・しょうなん／1809〜1869）

熊本出身。1837（天保8）年藩校時習館居寮長となる。39年江戸に遊学するが，翌年酒失の故をもって帰国を命ぜられる。学問の建直しをはじめ，のちの実学党の起りとなる研究会を主宰。51（嘉永4）年遊歴の旅に出，二十余藩を歩き，のち攘夷論から開国論に転ずる。58（安政5）年福井に赴き松平春嶽に迎えられ，井伊直弼大老に就く。60（万延元）年には福井藩の藩政改革を指導，『国是三論』を執筆。62（文久2）年には春嶽に政事総裁就任を進言，勝海舟らと共和政治を主張。64（元治元）年，井上毅との対話『沼山対話』を，65（慶応元）年，元田永孚との対話『沼山閑話』を録する。68（明治元）年上京して徴士参与を拝命したが，翌年刺客におそわれ落命。その弟子たちによる実学党政権は熊本藩に西洋の文物を取り入れ，文明開化に努力した。後藤新平の師である安場保和の師。

横井時雄
（よこい・ときお／1857〜1927）

熊本出身。横井小楠の長男（次男とする説もある）。熊本洋学校でジェーンズの教えを受け，熊本バンドの一員としてキリスト教徒となり，同志社英学校で学んだのち，今治教会，本郷教会の牧師となる。1897（明30）年同志社の社長となるが，新神学の影響を強く受け，しだいに正統的信仰を離れ，同志社辞任後，キリスト教界を去り，経済界さらに政界に転じた。後藤新平が満鉄総裁から逓相に転身した1909（明42）年，鉄道院総裁として製作した『東亜英文案内』を"マシュウ・アーノルドの文体"で英訳したのは横井であった。

横井信之
（よこい・のぶゆき／1847〜1891）

名古屋鎮台病院長，のち愛知県病院長。西南戦争での多数の負傷兵を治療するため設けられた大阪陸軍臨時病院（院長・石黒忠悳）の副長の一人で，後藤新平の力量を買い，一時，鎮台病院に抜く。愛知県病院長を辞した後任の病院長兼医学校長には後藤が就いた。

横山安武
（よこやま・やすたけ／1843〜1870）

薩摩藩士，儒学者。正太郎。森有礼の実兄。陽明学を考究し，実践的精神に深い感銘を受

ける。早くから西郷南洲が嘱望していたが、当路大臣の驕奢、時政の弊に憤慨、弊事十条を陳じた諫書をつくり、集議院の門扉にはさみ、津軽邸門前で自刃した。この報を聞いた後藤新平少年は横山の建白書の写しを手に入れ、懐中にしてしばしばこれを読み感激したという。

ヨッフェ
(Ioffe, Adolf Abramvich／1883～1927)

ソ連外交官。十九世紀末より革命運動に参加、メンシェヴィキ左派に属したが、1917年ロシア革命で僚友トロツキーとともにボルシェヴィキに合流。18年ブレスト‐リトフスク講和会議の首席代表、次いでドイツ、中国、オーストリアの各大使を歴任した。20年の党内論争で反対派に味方。後藤新平は、ヨッフェを病気療養の名目で23年日本に招き、日ソ国交の予備交渉を重ねた。後に党を除名され、神経の病とスターリン体制への絶望から自殺を選んだ。

林維源
(りん・いげん／1837～1905)

厦門の富豪。もと台湾における大事業家として全島に威を振るったが、台湾が日本の統治下になったため、厦門に帰って福建省一帯に勢力を扶植した在野の人物。後藤民政長官は、1900(明33)年4月、福建省に出張した際、林と会談、台湾銀行厦門支店経営の後援を頼むと同時に、鼓浪嶼の林の別荘を貰いうける約束をした。

ルーズベルト
(Roosevelt, Theodore／1858～1919)

アメリカ第26代大統領。在職1901～09年。積極的に活動する大統領の型をつくったとされる。カリブ海地域への勢力強化を行う一方、

05年の日露戦争調停とモロッコ紛争解決の尽力などでノーベル平和賞を受ける。また08年には諸国への海軍示威のためにアメリカ艦隊世界一周を敢行。対米日本人移民問題に関する日米紳士協約を締結した。後継者のタフト大統領には批判的となり、12年の大統領選で民主党のウィルソンに敗れ、第一次世界大戦におけるウィルソンの中立政策や参戦後の14カ条新国際秩序構想・国際連盟案に批判的であった。後藤新平は、その積極的かつ豪快で無頓着な性格から国の内外で和製ルーズベルトと称された。

レーモンド
(Raymond, Antonin／1888～1976)

チェコ出身の建築家。フランク・ロイド・ライトの助手として1919(大8)年帝国ホテル建設の折に来日。22年に独立して東京に事務所を開き、星一の依頼による星商業学校(現星薬科大学)本館(24年竣工)を初めとして、数多くのモダニズム建築を手がける。後藤新平は麻布の自宅の洋館の設計を依頼し、高齢だった母・利恵のためにエレベーターを設置したが、完成前に母は死去した。

ローレッツ
(Roretz, Albrecht von／1846～1884)

オーストリア貴族出身。1876(明9)年5月、愛知県病院・医学校教師として雇われた。元々オーストリア公使館付医官であった。事実上の院長・校長として愛知県病院・医学校の基礎を定めた。著述に『皮膚病論一般』『コレラ病予防報告』『コレラ病新法』がある。電気焼爍法・顕微鏡技術学・裁判医学を講義、院校内に汚水排導を構造、精神病院(癲狂院)を設置。後藤新平

はローレッツに師事、特に裁判医学への目を開かれ、後に相馬事件に関与する遠因となった。80（明13）年4月まで在任、石川県病院に転任となった。

若槻礼次郎
（わかつき・れいじろう／1866〜1949）

島根出身。東京帝大法科卒。水野錬太郎と東大同級。大蔵省に入り、主税局長、大蔵次官をへて1911（明44）年貴族院勅選議員。翌年、桂太郎、後藤新平に随伴して訪露、明治天皇崩御に急いで帰国。第三次桂内閣蔵相となり桂結成の立憲同志会に入党。14（大3）年第二次大隈内閣蔵相。16年憲政会（加藤高明総裁）に入党。24年加藤高明護憲三派内閣内相となり、翌年、普選法を成立させると同時に治安維持法を制定。26（大15）年加藤死去後、憲政会総裁となり、第一次若槻内閣を組織、内相を兼任。翌年、金融恐慌が起こり、台湾銀行救済案が否決されて総辞職。同年立憲民政党顧問となる。30年ロンドン海軍軍縮会議首席全権として海軍の反対を押し切り条約調印、時の浜口首相が狙撃され、翌年、浜口内閣が総辞職すると、民政党総裁となって第二次若槻内閣を組織するが、満洲事変以降、閣内不統一で総辞職。34年初の重臣会議に列席。重臣和平派として重きをなした。

渡辺精吉郎
（わたなべ・せいきちろう／生没年未詳）

日本鉄道会社の駅夫からのたたきあげの技師。満鉄線の狭軌を広軌に改めるに際し、狭軌の運転を休まずに改築するに当って、軌道の分岐点における切替計画に天才的なアイデアを発揮した。その工夫には専門の技師博士も及ばなかったという。

■文章作成にあたり依拠した資料 （一部）
『岩波西洋人名辞典』岩波書店、1981年
『平凡社大百科事典』1995年
『国史大辞典』吉川弘文館、1979-1997年
『大正人名辞典』日本図書センター、1989年
『現代日本　朝日人物辞典』朝日新聞社編、1990年
『新潮日本人名辞典』新潮社、1991年
『日本人名大辞典』講談社、2001年
『日本近現代人名辞典』吉川弘文館、2001年
『20世紀日本人名事典』日外アソシエーツ、2004年
国立国会図書館「近代日本人の肖像」ウェブサイト

■写真の出典・提供 （一部）
国立国会図書館「近代日本人の肖像」ウェブサイト／後藤新平記念館／東京市政調査会／歴代知事編纂会編『新編　日本の歴代知事』歴代知事編纂会、1991年／山口昌男監修『日本肖像大事典』上中下、日本図書センター、1997年／『拓殖大学六十年史』拓殖大学六十年史編纂委員会、1960年／伊藤博子氏（伊藤長七）／二反長半『戦争と日本阿片史』すばる書房、1977年／里見脩『ニュース・エージェンシー』中公新書、2000年（岩永裕吉）／千代田区立図書館ウェブサイト（内田嘉吉）／読売新聞西部本社『大アジア燃ゆるまなざし　頭山満と玄洋社』海鳥社、2001年（大川周明）／V・モロジャコフ『ロシアと日本障害を越えて〔露文〕』ASTREL（カラハン）／関屋友彦『使命感に燃えた三人男』紀尾井出版、2001年（幸顕栄）／『悲劇の先駆者　ドキュメント日本人 2』学芸書林、1969年（佐野碩）／佐野学著作集刊行会編『佐野学著作集』1、佐野学著作集刊行会、1957年／沢柳礼次郎『吾父　沢柳政太郎』大空社、1987年／日本医科大学ウェブサイト（長谷川泰）／建設博物館ウェブサイト（バルトン）／稲葉克夫著・弘前商工会議所編『藤田謙一』弘前商工会議所、1988年／杉山其日庵『続　百魔』大日本雄弁会、1926年（杉山茂丸）／田原純一氏ウェブサイト（田原禎次郎）／藤原銀次郎述・下田将美編『藤原銀次郎回顧八十年』大日本雄弁会講談社、1949年／星薬科大学ウェブサイト（星一）／本多静六博士顕彰事業実行委員会編『本多静六の軌跡』、2002年／法政大学大学史資料委員会編集『法政大学　1880-2000』法政大学（松室致）／『神谷美恵子著作集別巻　神谷美恵子・人と仕事』みすず書房、1983年（前田多門）／加藤恭子『昭和天皇「謝罪詔勅草稿」の発見』文藝春秋、2003年（田島道治）／外崎克久『ポトマックの桜』サイマル出版会、1994年（珍田捨巳）／吉野源太郎『西武事件』日本経済新聞、2005年（堤康次郎）／福山誠之館同窓会ウェブサイト（丸山鶴吉）／奥州市水沢小学校ウェブサイト（山崎周作）／保阪正康『仁あり義あり、心は天下にあり』朝日ソノラマ、1992年（山田純三郎）／犬塚孝明『若き森有礼』KTS鹿児島テレビ、1983年（横山安武）
──ほか多数の資料を利用させていただきました。記して謝意を表します。

第二次山本内閣時代 1923～

復興審議会
- 首相　山本権兵衛
- 副総裁　宮尾舜治
- 蔵相　井上準之助
- 陸相　田中義一
- 海相　財部彪
- 農商相　田健治郎
- 通相　犬養毅
- 鉄相　山之内一次
- 岡田敬次郎
- 平沼騏一郎
- 伊集院彦吉
- 高橋是清
- 加藤高明
- 青木信光
- 和田豊治
- 江木千之
- 大石正巳
- 伊東巳代治
- 渋沢栄一
- 市来乙彦

復興院主部下
- 副総裁　宮尾舜治
- 経理部　松木幹一郎
- 土木局長　十河信二
- 官房長　太田円三
- 計画局長　金井清
- 技師　池田宏
- 物資供給局長　佐野利器
- 建築局長　稲葉健之助
- 土地整理局長　直木倫太郎
- 技師　松木幹一郎
- 岸信一
- 山田博愛
- 顧問　星野錫
- ビーアド

第二回欧米視察 1919

- 米　バーバンク　エジソン　バンダーリップ
- フォード　マッカドゥ　タフト　ハウス大佐　フーバー
- ゲーリー　モット
- 英　セシル　リー　ジョージ五世　グレー
- カーゾン
- 仏　ココフツォフ　ピション　クレマンソー
- ベルギー国王

東京市長時代 1919～

- 嘱託　東京市助役　前田多門
- 渡辺錬蔵
- 美濃部達吉
- 永田秀次郎
- 池田宏
- 岡実
- 佐野利器
- 一木喜徳郎
- 小林丑三郎
- 岸一太
- 市政調査会主メンバー
  - 副会長　岡実
  - 松木幹一郎
  - 池田宏
  - 佐野利器
  - 安田善次郎（善之助）
  - 阪谷芳郎
  - 顧問　ビーアド
  - 佐藤功一
  - ソ連全権　ヨッフェ
  - 外相　内田康哉

寺内内閣時代 1916～

- 首相　寺内正毅
- 外相　本野一郎
- 蔵相　勝田主計
- 陸相　大島健一
- 海相　加藤友三郎
- 司法相　松室致
- 文相　岡田良平
- 農商相　仲小路廉
- 逓信相　田健治郎
- 内閣書記官長　児玉秀雄
- 枢密顧問　牧野伸顕
- 国民党総裁　犬養毅
- 政友会総裁　原敬
- 外交調査会
- 平田東助
- 伊東巳代治
- 内相秘書官　塚本清治
- 内相　後藤新平
- 内閣秘書官　前田多門
- 法制局長　有松英義
- 外相秘書官　菊池忠三郎
- 外務次官　幣原喜重郎
- 警保局長　永田秀次郎
- 内閣次官　水野錬太郎

外務省
- 駐米大使　石井菊次郎
- 外交官　松岡洋右
- 珍田捨巳
- 駐英大使　長英吉代
- スウェーデン公使　日置益
- 北平駐在公使　林権助
- 出淵勝次
- 永松松三
- 松平恒雄

鉄道院
- 総裁　中村是公
- 副総裁　島安次郎
- 経理　森本邦治郎
- 杉浦謹介
- 工作局長　田島道治
- 秘書官　岩永裕吉
- 技師　長谷川謹介
- 都市計画研究会　内田嘉吉
- 都市計画法　池田宏
- 米駐日公使　ローランド・エス・モリス

満鉄時代 1906～

- 副総裁　中村是公
- 鉄道技師　国沢新兵衛
- 行政・土木　清野長太郎
- 理事　久保田政周
- 経理・金融　久保田勝美
- 法律・旧慣　野々村金五郎
- 撫順炭鉱　菊池忠三郎
- 岡松参太郎
- 営業　松岡武一郎
- 佐藤安之助
- 秘書　星野錫
- 新聞　高橋是清
- 通訳　
- 参謀総長　児玉源太郎
- 元老　山県有朋
- 内相　原敬
- 陸相・創立委員長　伊藤博文
- 首相　寺内正毅
- 外相　林董
- 西園寺公望

主な部下
- 関東都督　大島義昌
- 都督府官吏　松岡洋右
- 公使　林権助
- モット博士
- 東亜経済調査局　松岡均平
- 韓国統監　沢柳政太郎
- 大連病院長　岸一太
- 文相次官　北洋実業界
- 歴史地理調査部　白鳥庫吉
- 正金銀行頭取　高橋是清
- 蔵相　チース博士
- 東三省総督　徐世昌
- 露駐日財務官　ココフツォフ
- 皇帝　ニコライ二世
- 中佐　坂西利八郎
- 露皇帝　ウィルレンキン
- 中佐　唐紹儀
- 公使　龍居頼三
- 上田恭輔
- 菊池忠三郎
- 少佐・通訳
- 袁世凱
- 東二省総督

第二次桂内閣時代 1908～

- 首相・蔵相　桂太郎
- 大蔵次官　若槻礼次郎
- 海相　斎藤実
- 元老　伊藤博文
- 首相秘書　小村寿太郎
- 山県有朋
- 長島隆二
- 政友会党首　西園寺公望
- 露大使　唐紹儀
- ウィルレンキン
- マレビッチ
- 清国大臣　仲小路廉
- 通信次官　平井晴二郎
- 総務部長　小松謙次郎
- 通信官　森孝三
- 満鉄副総裁　国沢新兵衛
- 中村是公
- 増田次郎
- 小森雄介
- 図師民嘉
- 計理部長　野村龍太郎
- 書記長　肥後八次
- 水力電気　下村宏
- 貯金局長　小松謙次郎
- 建設部長　野村龍太郎
- 司法相　平田東助
- 内相　平田東助
- 陸相　寺内正毅
- 農商相　大浦兼武
- 工務局長　小松原英太郎

通信省

鉄道院
- 副総裁　平井晴二郎
- 中村是公
- 満鉄総裁　松木幹一郎
- 経理部　森本邦治郎
- 書記長　山口準之助
- 調査部　岩崎彦松
- 保健課　北海道　植村俊平
- 業務調査会議委　野村弥三郎
- 常盤病院　長尾半平
- 内記英訳　大道良太
- 案内記事　浅野総一郎
- セメント　横井時雄
- 経理　十河信二
- 井上正進

後藤新平 時代別人脈図

*右上から、時計回りで時代の継起を表す。

少年団
- 三島通陽
- 三島章道
- 二荒芳徳

修業時代 1857～

漢学の師
- 武下節山

友人
- 山崎周作

主君
- 留守邦寧

愛知県大参事
- 胆沢県大参事
- 安場保和

愛知県少参事
- 胆沢県少参事
- 野田豁通

愛知県十一等出仕
- 阿川光裕

水沢県大参事
- 阿川光裕

史生
- 塩谷退蔵

須賀川病院長
- 野田豁通（病院寮舎賄い）

寄宿先
- 嘉悦氏房

数学者
- 市川方静

木邨一貫

福禄寺参禅仲間
- 桜井弥六

太政官少史
- 本多晋三

荘村省三

政治の倫理化運動 1923～

- 丸山鶴吉
- 長尾半平
- 宮尾舜治
- 永田秀次郎
- 沢柳政太郎
- 新渡戸稲造
- 鶴見祐輔
- 阪谷芳郎
- 小林丑三郎

放送局

理事長
- 岩原謙三

常務理事
- 新名直和

- 山田忠正
- 豊田豊吉
- 鈴木正吾
- 森下国雄
- 作田高太郎
- 沢田謙
- 石井満
- 伊藤長七

最期の訪露 1927, 28

文化協会
- ルナチャルスキー

東洋事務
- カラハン

首相
- ルイコフ

大統領
- カリーニン

外務人民委員
- チチェリン

党書記長
- スターリン

独駐日大使
- ゾルフ

愛知県病院時代 1876～

愛知県令
- 安場保和

愛知県十一等出仕
- 阿川光裕

愛知県病院長
- 国貞廉平

鎮台病院長
- 横井信之

教師
- ローレッツ

副教師・訳官
- 司馬凌海

同僚
- 石川訥

大阪軍臨時病院
- 滝浪図南

病院事務長
- 今村秀英

大阪陸軍臨時病院長
- 石黒忠悳

名古屋東本願寺嗣講
- 細川千巌

自由党員
- 板垣退助

自由党総理
- 内藤魯一

衛生局時代前期 1883～

右府
- 岩倉具視

宮内省御用掛
- 鎌田栄吉

肥田浜五郎

東大医学部学生
- 高木友枝

文部省
- 福沢諭吉・桃介

慶應義塾
- 林茂香

私立衛生会雑誌編輯
- 野田豁通

結婚媒酌人

内務卿
- 山田顕義

内務大輔
- 芳川顕正

有松英義

窪田静太郎

内務省 衛生局

局長
- 長与専斎

石黒忠悳

長谷川泰

北里柴三郎

杉本鉇之助

ドイツ留学時代 1890～

衛生行政学
- スクルツェッカ

衛生学
- ペーテンコーフェル
- コッホ

統計院主管
- 北里柴三郎

金杉英五郎

留学生
- 長与称吉
- 本多静六

秘書
- シュミット

長与専斎

グットスタット

ビスマルク

岡玄卿

宇野朗

岩佐新

三好退蔵

岡田国太郎

万国医学会会員

牧師
- スピンネル
- アルント

悪友会

医師
- 金杉英五郎

芝浦製作所
- 岩原謙三

室田武文

岡崎邦輔
- 策士

加藤正義
- 炭鉱汽船

近藤廉平
- 三菱

杉山茂丸
- 政界黒幕

実業界

- 渋沢栄一
- 益田孝
- 大倉喜八郎
- 浅野総一郎
- 安田善次郎
- 藤原銀次郎

衛生局時代後期（衛生局長）1892～

内務大臣
- 板垣退助

大蔵大臣
- 井上馨

内務参事官
- 水野錬太郎

都筑馨六

窪田静太郎

有松英義

宮入慶之助

衆議院議員
- 長谷川泰

軍人請負業
- 大倉喜八郎

凱旋兵検疫 1895

内務大臣
- 伊藤博文

首相
- 小松宮殿下

征清大総督
- 後藤勝造

運輸通信官
- 寺内正毅

宿舎主人
- 高木友枝

コレラ血清
- 阪谷芳郎

大蔵主計官
- 中丸信知

財務局
- 石丸言知

庶務課長
- 林茂香

秘書
- 瀧大吉

技師・建築
- 下村宏吉

機関長
- 石黒忠悳

野戦衛生長官
- 児玉源太郎

検疫部長

相馬事件 1883～

- 今村秀英
- 錦織剛清
- 大警士 村上楷朝
- 金杉英五郎
- 北里柴三郎
- 加藤尚文
- 予審判事 西川漸
- 裁判長 浅浅義男
- 松室致
- 湯浅義男

台湾時代 1898～

台湾総督
- 児玉源太郎

総督府官
- 阪谷芳郎

総督副官
- 堀内文次郎

総督秘書
- 横沢次郎

総督側近
- 新渡戸稲造

首相
- 西郷従道

陸相
- 桂太郎

大蔵省
- 上田恭輔

大蔵省
- 阪谷芳郎

陸相
- 桂太郎

内相
- 西郷従道

首相
- 山県有朋

首相
- 大隈重信

憲政本党
- 星亨

主な部下
- 土木局 長尾半平
- 殖産・糖務局 新渡戸稲造
- 運輸通信局 長谷川謹介
- 鉄道局 祝辰巳
- 土地・税務局 中村是公
- 売局 宮長芳郎
- 専売局 賀来佐賀太郎
- 医院・医学校 高木友枝
- 旧慣調査 岡松参太郎
- 秘書 堀内次雄
- 愛久沢直哉
- 森孝三
- 館森鴻
- 小泉盗泉
- 阿川光裕
- 県治課長秘等
- 土匪招降等
- 幸顕栄

- 孫文 革命家
- 岸一太 医師・発明家
- 牧野伸顕 オーストリア公使
- 田原禎次郎 記者
- 尾崎秀真
- 内藤虎次郎
- 佐久間左馬太
- 後藤猛太郎 後任総督
- 山本梯二郎
- 陳中和
- 人見一太郎 象二郎嗣子
- 林維源 糖業
- 星製薬 星一
- 厦門商業 藤原銀次郎
- 大倉組台北支店長 賀田金三郎
- 三井物産台湾支店長

後藤新平

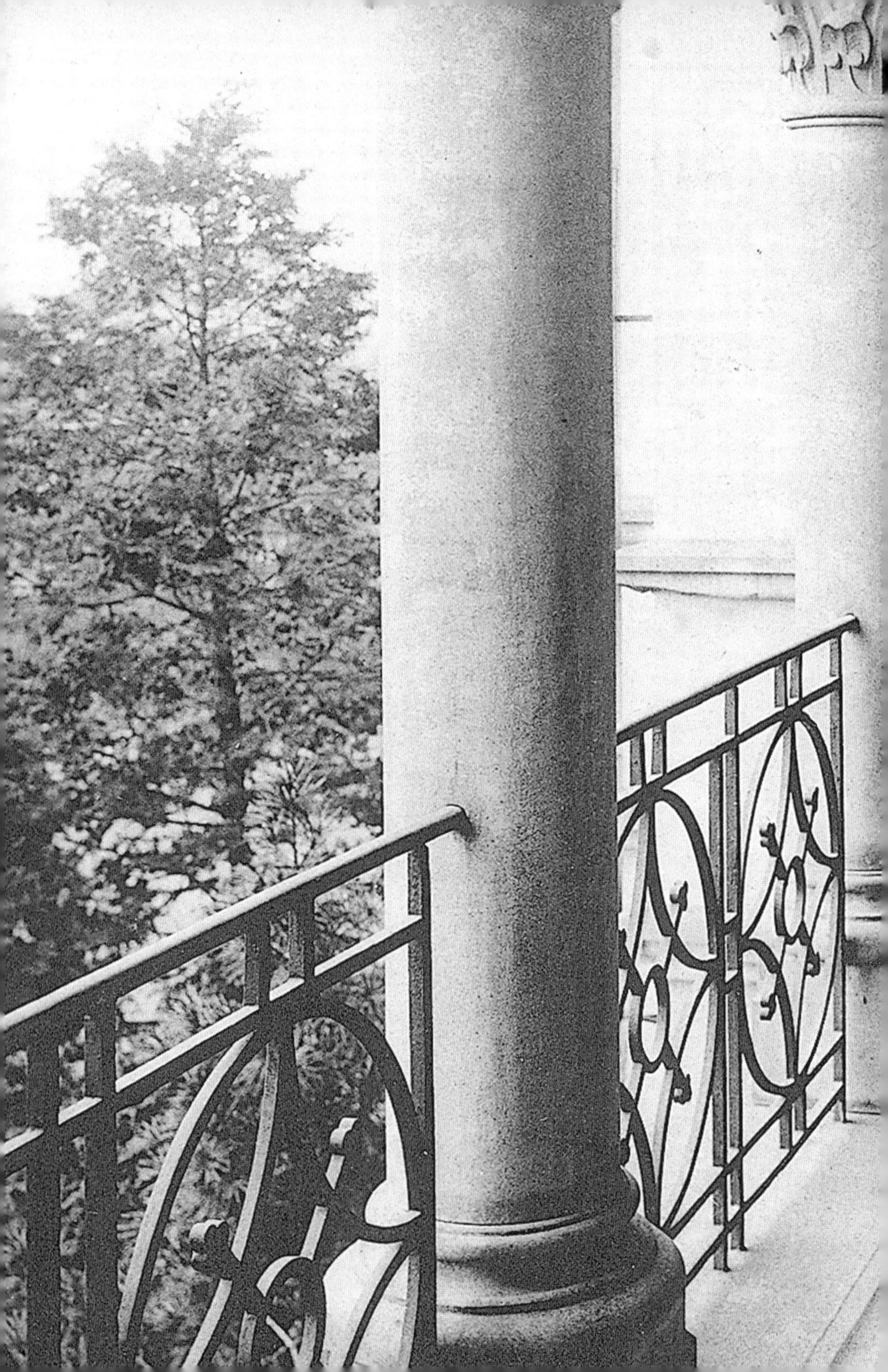

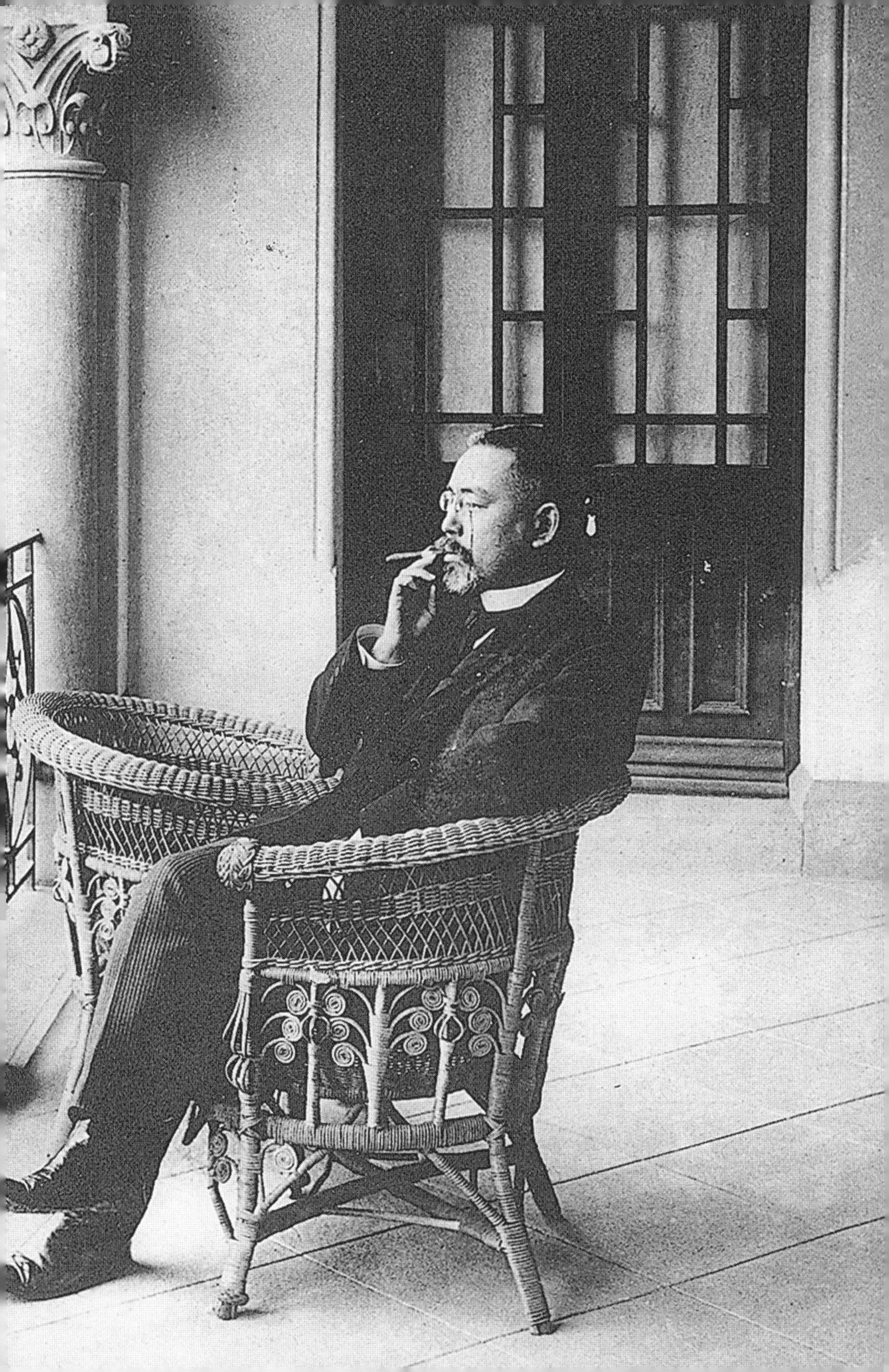

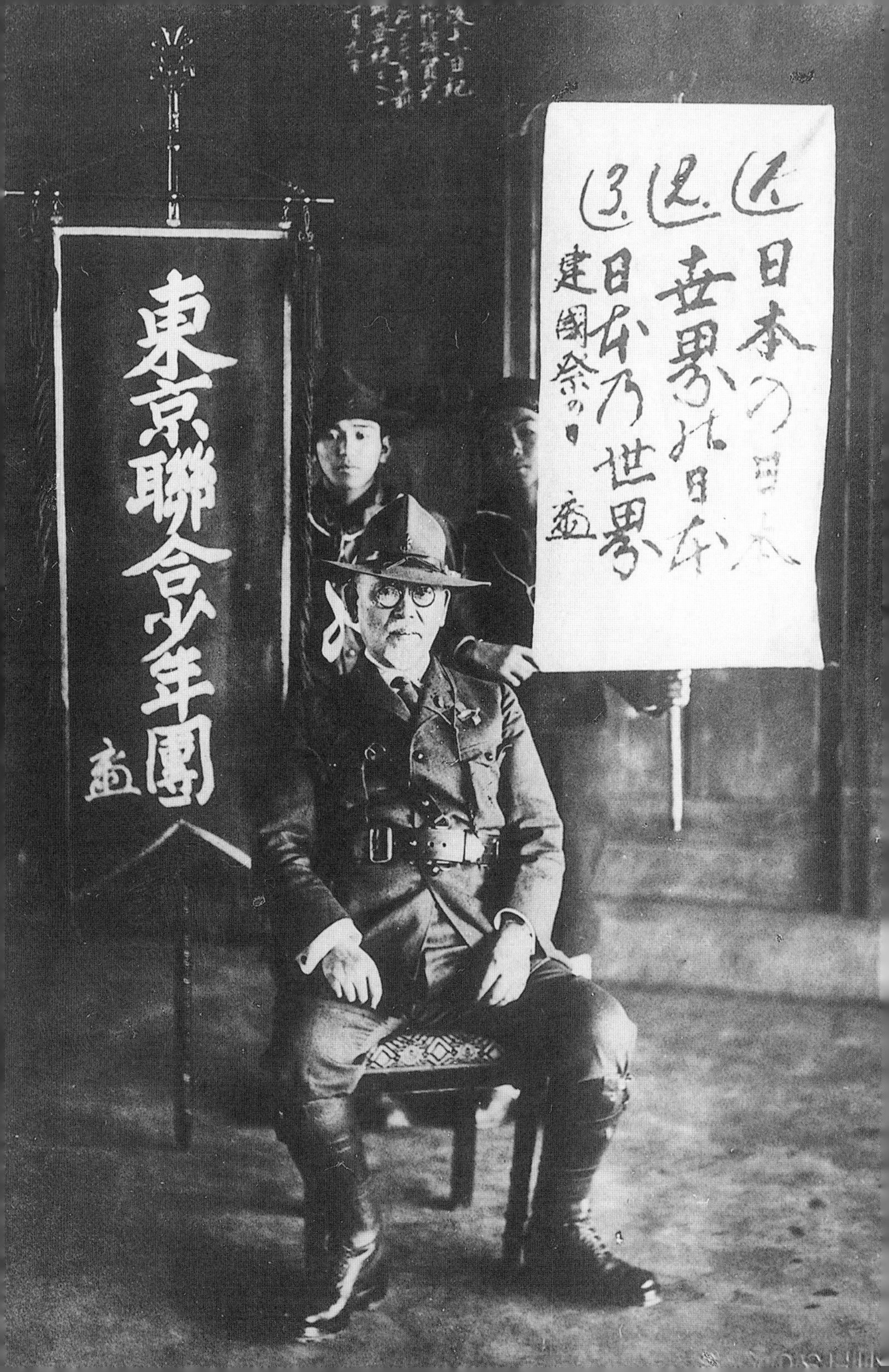
東京聯合少年團
日本の日本
世界の日本
日本の世界
建國祭の日

V

『正伝 後藤新平』全人名索引

1　日本人名
2　外国人名

凡　例

＊本索引は，『正伝 後藤新平』本巻 8 巻に登場する人物名を網羅した，全巻索引である。
＊登場人物は，「1　日本人名」「2　外国人名」に分け，それぞれ五十音順に並べた。
＊「④242」は，「第 4 巻の 242 頁」を示す。
＊『正伝 後藤新平』において姓のみ記述されている人物については，できるかぎり名前を調査したが，最終的に不明のまま残ったものは，（　）に職業や肩書を入れることで対応した。
＊外国人名は，姓をカナ表記，名はイニシャル表記とした。名が不明なものについては，（　）に職業や肩書を入れた。
＊「Ⅳ 主要関連人物紹介」で取り上げられている人物は太字にした。

索引作成協力＝プロログ

1　日本人名

あ 行

ア

相生由太郎　④242-244, 246-247, ⑦195
藍原治　①363
相原尚褧　①316, 328
青池ゆき　①53
青池林宗　①53
青木梅三郎（→杉梅三郎）
青木周三　⑤195, 199, 211-212
青木周蔵　①425, ③551, 559, 585-586, 595, ⑧483
青木信光　⑤388-390, ⑧213, 315, 321
青木宣純　④542
青木八重八　②195
青田綱三　②44, 73, 89, 95, 102-105, 115, 118, 130-132, 181, 187, 223
青山胤通　②136
赤池濃　⑥118-121
赤羽友春　②42
赤羽（台湾銀行厦門支店長）　③517, 536
阿川光裕（岡田俊三郎）　①120, 123-126, 129, 134, 144-146, 148, 150, 155, 163, 165-171, 177-179, 181, 194, 197, 205-206, 216-217, 221-222, 229, 299, 396, 408, 509, 511, 599, ②155, 254, 271, ③107, 125-130, 137, 412, ④616, ⑥320
安芸喜代香　①315
秋田介平重成　①29
秋山定輔　⑤719
秋山正作　②252

愛久沢直哉　③473, 610-611, 613, 629, 635, 638-639
芥川龍之介　⑥538
明智光秀　③678
浅井（愛知県病院三等当直医）　①224
浅井（加藤首相秘書官）　⑦601, 653, 713, 715, 718, 721, ⑧80
浅田宗伯　①457
浅野総一郎　④81, ⑤100, 212, 525, 723, ⑦474, 477
浅野忠純　④490
浅野長勲　②13, 21, 81-82, 104, 118
浅羽靖　⑤361, 363
朝日平吾　⑦480, 482
朝比奈知泉　②329, ③30, 735, ⑥33
浅山忠愛　⑧679
朝山（愛知県病院医学所教員専務）　①225
足利尊氏　①29, 33, 38, ⑧444-445
足利義持　①38-39
東胤城　②72
麻生慶次郎　⑦541
麻生太吉　④81
安達金之助　⑤239
安達謙蔵　⑤713, ⑥197
足立盛至　①227-228
足立寛　②291
安達峯一郎　⑦113, 124, 130
阿弖流為（蝦夷軍）　①29
穴原万平　⑧517
安倍貞任　①29, 32
安倍宗任　①29, 32
安倍頼時　①29, 31-32

阿倍泰二郎　①530, 554
阿倍泰三　①530
阿部伊勢守　①58, 62-63
阿部次郎　⑥538
阿部浩　⑦314, 334
阿部泰蔵　①317
天野雉彦　⑦463
余目久右衛門　①90
天児屋根命　①45
雨宮敬次郎　⑤298, ⑦477
天利庄次郎　⑦567
荒井賢太郎　④80, 82
荒井泰治　③423, 670, ⑤680
新井由三郎　②139-140
新井（東京市参事）　⑦387
荒川邦蔵　①593-594, 596, 654
荒川（内務省県治局長）　③30
荒木貞夫　⑥567
荒木孟　⑧161, 191
荒木寅三郎　②252
荒木（東京市道路局総務課長）　⑦363
荒巻（台湾総督府鳳山庁警務課長）　③466
有泉朝次郎　③482
有島生馬　⑥538
有島武郎　⑥538
有栖川宮威仁（親王）　④229, ⑤688
有松英義　①475, ②408, 519-520, 576-577, ⑥42, 125, 144, 254, 353, 600
安藤信太郎　①198
安藤正純　⑦605, 607

イ

井伊直弼　①25

V 『正伝 後藤新平』全人名索引

飯田義一　④90-91
飯田宏作　②199, 203, 214-215, 230
飯塚巌　①12
飯塚直彦　⑧678, 681, 683
飯野吉三郎　③806
家斉（徳川十一代将軍）①52
家光（徳川三代将軍）①39, 41
生井（参謀長）　③165-166, 168
井口一郎　①12
池内宏　④337-338, 341-342
池田謙斎　①425
池田謙三　④81
池田宏　①7-8, ⑥136, ⑦320, 336-338, 341, 363-364, 375, 401, 443, 445, 485, 495, 512, 566-567, ⑧193, 206
池田（台湾駐在軍連隊長）③32
夷吾（管仲）　①398
伊左衛門（嶋倉）　①229
伊沢文景家（左近将監、藤原）①29, 33, 36-39
石井栄三　①225
石井菊次郎　④80, ⑤844, 859, ⑥355-356, 472-473, 482, 518-519, 531, 539, 542, 544, 547, 557-558, 563, 575-577, ⑦40-41, 52-53, 81, 156
石井邦猷　①418
石井梧桐　①287
石井省一郎　①418
石井常英　②238
石井満　⑧459
石川昭光　①34
石川石代　⑤308, 310, 315
石川一角　②18
石川栄昌　②95, 115, 118, 131-132

石川桜州（桜斫、桜所）①242, ②45
石川詢　①346, 355-356, 363
石川大和　①42
石川（愛知県病院七等医）①225
石黒忠悳　①7, 231, 238-247, 255, 260, 344, 395-396, 419, 458, 474, 488, 523, 545, 556-557, 571, 579, 583-585, 587-590, 593, 596, 652, 667-668, 671-672, 682, ②14, 135, 154-155, 255, 257-260, 262-263, 265-266, 269-280, 282-284, 308, 347, 349-350, 357, 373-375, 378, 380, 391, 603, 628-629, ③24-25, ⑤387, ⑦17
石田忠宗　②65
石塚英蔵　③39, 75-76, 90, 670-671, 804
石丸言知　②288, 324, 326, 367, ③574, 579
石母田宗頼　①29, 35
石本恵吉　⑥538
石本新六　④80, 82, ⑤387
伊集院彦吉　⑤786, ⑥442, ⑧34, 37, 40, 142, 149, 151, 213, 387, 394
石渡敏一　②238
出石（陸軍中佐）②346, 353, 357
泉鏡花　⑥538
泉田胤正　②95, 115, 131
井関盛良　①227
磯貝静蔵　③122
磯部亮通　③173-174
磯部四郎　②60
磯村豊太郎　⑧322
磯村（在ロンドン外交官）⑤584
井田孝平　⑥590
板垣退助　①248, 311-326, 328-329, 656, ②136, 499,

⑥347, 440-441
板垣鋒太郎　①318
板倉勝達　②16
市川方静　①154, 161-162, 166
一木喜徳郎　⑤387, 389-390, 834, 844, ⑥30-31, 36, 119, 121, ⑦358-359
伊知地光定　②70
一条天皇　①36
市来乙彦　⑧153, 213
一海知義　①4
井筒屋善助　②102
井出謙治　⑥584
井出正章　①255
伊東瑞渓　①60
伊東巳代治　①7, 211, ③803, 826, ⑤36, 478, 770-771, 858, ⑥191, 237, 350, 418, 421-424, 430, 432-433, 436, 440, 442, 445, 512, 517, 535, 551, ⑦17, 37, 39, 41, 82, 134, ⑧151, 153, 171-172, 213, 275-278, 281, 286, 291-294, 299, 302, 304-306, 311-313, 315, 319, 321-323, 328-329
伊藤玄泰　①129
伊藤仁太郎　①654
伊藤大八　④210, 343, ⑤355, 388-390
伊藤長七　⑧459
伊藤述史　⑦140
伊藤博邦　④544, 559
伊藤博文（春畝公）①1-2, 391, 425, 448, 455, 611, 693-694, ②70, 140, 256, 321, 372, 392-396, 401, 406-408, 411, 424-428, 433-434, 451-452, 475, 489, 512-513, 528, 585, 590, 594, 603-604, 627, 629, 637, 647-649, 661, ③20, 50, 87, 89, 112, 243-248, 313, 593-596, 721-722, 730-732,

736, 803, 810, 826, ④16, 18-20, 22-24, 26, 28, 158, 178-179, 290-293, 297, 305, 307-308, 362, 467, 487-494, 496, 498, 500-501, 504, 507, 510-514, 517-518, 520-521, 523-524, 528-529, 541, 543, 550-555, 557-558, 561-562, 577-578, 598, 617, 619, 626, 628, 643, ⑤24, 30, 39-40, 42, 43, 157, 408, 426, 428-429, 476, 499-500, 561, 571-572, 584, 597, 621, 636, 638, 724, 746, ⑥211, ⑦140, 147, 197, 568-569, 617, 645, ⑧171-172, 540, 542-543, 564, 567, 569, 573, 604, 617, 649
伊藤文吉　　⑤576, 663-664, ⑧540
伊藤方成　　①437-438
井戸川忠　　②85
稲垣長次郎　⑧666
稲葉岩吉　　④337-338, 341-342
稲葉健之助　⑧206
犬養毅（木堂）①7, ⑤359, 608-610, 658-660, 677, 679, 686, 713, 725, 774, ⑥190-192, 196-199, 201-202, 232, 313, 418, 421-422, 424-426, 429-430, 432, 442, 445, 551, ⑧141, 149, 151, 213, 278, 321, 336, 387, 394, 493, 497
犬塚信太郎　①198, 475, ④87-89, 91, 105, 115, 210, 242-243, 631, ⑤89, 155, 591
井野次郎　　④489
伊能嘉矩　　③386
井上円了　　②149
井上馨（聞多）①119, 481, 437-438, ②135, 380, 520, 649-650, 661, ③50, 209-210, 245, 258, 359-360,

648, 803, ④18, 89-91, 115, 117, 183, ⑤44, 58, 210-211, 426, 429, 532, 770-772, 774, 777, 784-786, 788, 832-834, 836, 838, ⑧683
井上角五郎　　④81, ⑤344
井上勝之助　　⑤653, 784
井上匡四郎　　⑥584
井上準之助　⑦509, ⑧148, 150, 190, 213, 231-232, 254-258, 260, 277, 299-301, 312-313, 321, 323, 336, 387, 394, 528
井上正進　　⑤270
井上仁郎　　④266
井上哲次郎　⑦363
井上登美太　②187
井上勝　　　④80, ⑤239, 298
井上聞多（→井上馨）
井上（東京市電気局長参与）⑦335, 360
猪間驥一　　③484
猪股（満鉄総裁秘書代理）④620
井原（在チチハル領事）⑤591
今井周三郎　　③249, 296, 680, 684, 734-735
今井（東京市長秘書）⑦335
今井（台南知事）③348
今村繁三　　⑤777
今村秀栄　①326-327, 405, 416, ②22-25, 27-28, 91, 133, 181
今村信行　　②86
入江貫一　　⑥142
入江為守　　⑦551
入沢達吉　　⑦604-605, ⑧116, 484, 679
岩城隆邦　　②72
岩城（愛知県病院六等医）①224
岩倉具視　①426, 434-435, 437, 439, 514-515, 519, ②21, 54, 524, ③599, ⑦202,

岩佐新　　①597, 616, 623, 626
岩佐純（一等侍医）②13, 31-32, 42-43, 45, 104, 118
岩崎彦松　　⑤186, 315
岩崎弥太郎　④249, ⑤478, ⑥346, ⑦534, 537
岩下清周　　④81, 101, ⑤568, 584, 591
岩田徳義　　①313
岩田（岩手県知事代理警務長）⑤534
岩永裕吉　①8, ⑥45, 403, ⑦55, 88, 108-109, 144, ⑧557
岩原謙三　　③651, ④26, ⑧495
岩村高俊　　①418
允恭天皇　　①28

ウ

上田有沢　　③404
上田恭輔　①7-8, ③199, 202, 342, 422, 425, 427, ④12, 112-113, 183, 193-196, 208, 216, 221-222, 231, 264, 321, 349, 354, 359, ⑤591, 852
上田仙太郎　⑦113
上野専一　　③517, 553-554, 556, 573-574, 579, 594, 597, 629
上野為成　　③94
上原寅太郎　③568
上原勇作　　⑤604
植松（満鉄）⑤591
植村俊平　　⑤186
宇佐美勝夫　⑦394, 496, ⑧241
牛場卓蔵　　④81
臼井哲夫　　②104, ⑤525, ⑥186, 566-568, ⑦400, ⑧563
内田嘉吉　①475, ③688, ④80, ⑤99, 421, 426, ⑦328
内田軍之丞　①80

内田康哉　⑤570, ⑦37, 39, 41, 509, 578, 605, 607, 614-616, 622, 628, 705, 710, 713-714, 716-718, 723, 747, 751, 756-757, ⑧34-35, 37, 40, 42-43, 88, 90, 96, 152, 154, 156	⑤613, 693, 696-697, 709-710, 713-714, 716-717, 720-721, 726, 731-732, 742, 748, 752, 797-798, ⑥190, ⑧213, 315, 328	大沢界雄　⑤298-299, 301, 388-390
	大内丑之助　③400, 482, 648-651, 654-655, ⑥77	大沢謙二　①682
		大塩平八郎　①54-55
	大浦兼武　⑤19, 21-22, 37, 40, 352, 442-444, 525, 547, 563, 608, 640, 670, 679, 709-713, 717, 726, 742-743, 748, 752, 772, 788, 834, 843-844, 853-854, ⑥282	大島久満次　③77, 185, 463, 479, 670, ⑤421, 426, 447-448, 458-459
内田定槌　③655		大島健一　⑥28, 276, 418, 600
内田弥太郎　①59-60		
内田（教員講習所講師・文部監修官）　⑦453		大島義昌　③835, ④53, 61, 68, 72, 76, 120-121, 145-147, 160-161, 167, 514-515, 609, ⑤39, 478, 851
内海忠勝　③648	大岡育造　②13, 65, 70, ③803, ④81-82, ⑤359, 384, 626, 666-667, 670, ⑥277, 279, 281-282, 290-291, 294-296, 298-300	
宇野朗　①635, 638, 681		
梅謙次郎　③30		大島（東京地方裁判所長）　②104-106
宇山道碩　②344		大田綺　②44
エ	大久保利通（甲東）　①513-515, 519, ③70, 668, ⑥37, 50	太田卯兵衛　①316, 321
江川太郎左衛門（英竜）　①54, 59-60, 63		太田円三　⑧205-209
		太田資美　②13
江木千之　②380-381, ⑥323, ⑧213, 276, 294, 301, 315, 321, 328	大隈重信　①136, 481, 512, 518-519, 579, ②425, 427, 451, 513, 637-638, ③105, 214-215, 221, 225-227, ④350, 401, ⑤292, 349, 560, 624, 678-679, 711, 713-714, 716, 724, 770-776, 778, 780, 782-785, 788, 794, 797-798, 800, 803-804, 809, 811-812, 817-818, 828, 834, 838-844, 846, 859-862, 864-873, 880-882, ⑥15, 19, 24-25, 32, 61, 72-73, 142, 187, 190, 200, 205, 214, 217, 236, 239, 245, 279-281, 369, 377, 535, ⑦30, 56, 392-396, ⑧478, 687	太田為吉　⑦20, 22
		大滝新十郎　②42
		大竹貫一　②428
江木翼　⑤230, 421, 424, 430, 655, 687		大谷嘉兵衛　④81
		大谷喜久蔵　⑥568
江木衷　②149		大谷光瑞　⑤560
江口襄　②13, 118-119, 122, 205-206		大谷吉隆　①34
		大津麟平　③482
恵沢正利　②60-61		大塚能　②119
枝徳二　③468		大塚惟精　⑥125
江藤新平　①426		大塚素　④258
江南哲夫　①167		大槻信治　⑥182
榎本武揚　①477		大槻松之丞　①90
江橋栄　②52		大槻吉直　②102, 119
江原素六　②428, 492		大鳥圭介　③136
江間孛通　②288		大貫千代　②15, 20
江間俊一　②195		大野東人　①28-30
江馬春熙　②240		大野盛郁　⑥247
遠藤勝助　①52-53		大橋新太郎　⑧294, 306-307, 311
遠藤養林　①50	大久米命　⑧524	
遠藤吉方　②95, 115, 118, 131-132	大倉喜八郎　②387, ③30, 277, 648, ④80, ⑤478, 525, ⑥395, ⑦317	大藤（寺内朝鮮総督副官）　⑥28
オ		大道良太　⑤186, 250-253, 388, 522, 524, ⑧563
応神天皇　③455	大崎義隆　①34, 40	
大井包高　⑦686	大迫貞清　②38	
大井憲太郎　②141	大迫元繁　⑦463	大海原重義　⑦313, 319-320, 327, 334-335
大石正巳　②637, ④80, 82,		

大村清一　⑦363
大村享之進（武純）　①424
大村純熙　①424
大村益次郎　①51
大村（医門政治家）　①490
大森治豊　②479
大森房吉　⑧215-216
大山巌　③735, 804, 810, 825-826, ④18-19, 24, 222, ⑤771, 838, 882
大山卯次郎　⑦28-29
大山（仙台駅長）　⑤534
岡玄卿　①635, 638
岡捨巳　①153
岡胤信　③296
岡実　②491, ⑥584, ⑦358, 495
岡崎邦輔　④26, ⑤608, 610-611, 672
岡崎謙　⑤679
岡沢米太郎　②195
岡沢（在厦門参謀）　③565, 588-589
小笠原貢藏　①54
小笠原富二郎　③382, 389
岡田彬　①227
岡田国太郎　①600, 602, 616, 620, 623-624, 626, 628
岡田俊三郎（⇒阿川光裕）　①120, 123
岡田竹五郎　⑤354, 388, 390
岡田晴橋　②118-119, 121, 130, 132, 185-186, 205, 207
岡田文次　⑥44, 125, 128
岡田泰胤　②65, 184
岡田良平　⑥28, ⑦17
緒方洪庵　①423
緒方維準　①242
緒方正規　②291
緒方（在ノボ・シビリスク領事）　⑧640
岡野敬次郎　④79, 82, 85, ⑤102, 104-105, ⑧149, 151, 213, 321, 336, 394

岡野昇　⑥158, ⑧194
岡野寛　②94, 98, 112-113, 132, 179-180, 187, 195-196, 207, 209, 216
岡部長職　④80, ⑤16, 19, 21
岡部綱紀　②26, 102-103
岡松参太郎　①475, ③75, 472-473, ④87-88, 91-92, 99, 328-329, 355-356, 585, 589, 631, ⑤89
岡村（満鉄技師）　⑤591
岡本一平　②393
岡本（宮内庁事務官）　⑧686
小川郷太郎　⑦392
小川平吉　⑤99, ⑦196, 585
沖野（工学博士）　③100, 296
奥繁三郎　⑤387, 389-390
奥保鞏　⑥535
奥田正香　④81
奥田義人　④80, ⑥41, ⑦339, 390
奥村郁太郎　①255
奥山十平　③384, 419-420, 514
小倉開治　①350
おコウ　③246
小此木信六郎　①154, 159
尾崎敬義　⑥538
尾崎秀真　⑤63, 104, 109, 383, 385-387
尾崎元治郎　⑧517
尾崎行雄　①579-580, ②637, ⑤23, 291-292, 525, 608-611, 639-640, 658, 660, 672, 725, 754, 774, 843, 873, ⑥196, 202, 230, 267, 271-273, 275, 281, 290-291, ⑦224
長田偶得　⑤56, 66
長田秀雄　⑥538
長田幹彦　⑥538
尾佐竹猛　①315, 326
小沢（愛知県病院五等医）　①225

小沢（台湾派遣軍副官）　③514
押川則吉　⑤388
織田信親　②72
織田信敏　②13, 16, 40, 103, 118, 187
織田信長　①40, ③83, 678-679
織田万　③473
小田切万寿之助　⑦113
尾立（在台北検察官長）　③670
落合謙太郎　⑦140
乙姫（→留守乙姫）
小野英次郎　⑦79
小野富弥　①111
小野法順　⑧207, 562, 667-668, 670-672, 674
小幡勘右衛門　①50, 70, 81
小幡俊次郎　①111, 121
小幡篤次郎　①481
小幡酉吉　⑦394-395, 585-586, 705
小幡（写真師）　②251
小浜為五郎　③166
小尾範治　⑧517, 521
お秀（→坂野秀）
於保庫一　⑤306

か　行

カ

海江田（昭和天皇侍従）　⑧685
貝島太助　④81
改野（満鉄理事）　⑤852
嘉悦氏房　①134, 138-139
加賀美（事務官）　⑧80
香川敬三　②21, 103
賀来佐賀太郎　①7-8, 475, ③398-399, 401, 463, 465, 467, 469, 678, 688-689, 713, ⑤155
賀来倉太　③386, 673
加古鶴所　②288
河西健次　④325

葛西清重　①33, 37
葛西晴信　①34
笠原敏郎　⑧192, 307
笠間杲雄　⑦16, 18, 22, 29, 37, 45, 53, 55, 88, 108
梶井正　②289
柏山明宗　①34
迦葉　⑤797
梶原仲治　⑥584
賀田金三郎　③175-176, 423
片岡静輔　②195
片岡直温　④81, ⑤197, 359-360, 367, 369, 464, 466, 710, 720-721, 752, ⑥192-193, 195, 197
片貝治四郎　③567, 569
片山国嘉　②13, 96, 105, 118-119, 204-205, 207, 209, 214-215, 217, 220-224, 229, 231, 233-234
片山潜　⑦596
片山秀太郎　⑧473
勝海舟　①62-63, 141, ②29, ③70-72
桂加奈子　⑤567
桂太郎　①419, ②140, 329, 393, 395, 513, 589, 627-630, 635-636, 647-649, ③20, 30, 38, 87, 89, 101, 116, 127, 218-221, 226-227, 243-248, 250, 261, 277-278, 313, 431, 491, 493-496, 498-501, 514, 559, 561-564, 571, 579-580, 584-585, 642, 721, 731-732, 734, 736, 745, 748, 756, 760, 762, 765, 784-785, 803-804, 808-811, 825-826, ④18, 24, 29, 117, 182-184, 338, 372-373, 421, 512-515, 521-524, 531, 551, 590, 598, 617, 643, 661, ⑤16-25, 36-41, 43, 45-49, 53, 56-57, 79-82, 84, 88, 93, 96, 105, 152, 172, 210, 273, 275, 293, 295, 299, 342-343, 352, 366,

381-383, 385, 387-388, 395, 400, 402-403, 407, 409-410, 421, 423, 425-426, 428-429, 431, 433, 437, 440-444, 446, 448, 462, 464, 466, 469, 474, 477, 499, 501-504, 509, 513, 525, 537-538, 540, 547, 556, 560-572, 574, 577-579, 581-585, 587, 590, 592, 594-597, 603-614, 616, 618-622, 624-629, 632-633, 636, 638-643, 645-647, 649-651, 653-656, 662-664, 666-667, 669-672, 674, 676-679, 688-691, 693-697, 708-717, 719-720, 724-727, 731-735, 737-741, 743-749, 752, 754, 835, ⑥35, 211, ⑦113, 147, 472, 549, 551, 568, ⑧479-480, 483, 542-543, 560, 564, 568, 573, 617
加藤外松　④431
加藤照卿　②52
加藤高明　②433, ③731, ④19, 62, 102, 401, ⑤584, 608, 626, 640-643, 645-647, 649-650, 653-658, 666, 674, 679, 686, 707-714, 717, 719-721, 724-728, 730, 740, 742, 747-748, 752, 770, 773-774, 776, 778, 780, 783, 785-786, 802, 817-818, 834, 843-844, 859, 866, 868, 871-873, 877, 879-880, 882, ⑥14-15, 19, 21-22, 24, 61, 189-190, 192, 199-200, 215, 280, 377, 411-412, 415, 421-422, 425-430, ⑦198, 393, ⑧133, 140-141, 144, 213, 278, 317-318, 320-321, 647
加藤敬　①363
加藤友三郎　②433, ④80,

⑤844, ⑥28, 418, 432, 441, 443, 445, 447, ⑦223, 402, 409, 444, 496, 509, 516, 569, 583-585, 600-601, 615, 622, 704-705, 710, 712, 730, ⑧37, 53, 64, 78-79, 84, 87-88, 90-91, 96-97, 131-132, 134, 140, 152
加藤尚志　②233, 519, ③461
加藤房蔵　⑥22
加藤正義　④26, ⑦313, 317
加藤与之吉　④362-363
加藤（台湾総督府事務官）　③378
加藤（内田臨時首相秘書官）　⑧152
金井延　②491
金井清　⑧205-207, 390
金沢（大阪選出代議士）　⑥249
金子圭介　③670
金子堅太郎　④184, ⑦462
金子（中佐）　③564
金杉英五郎　①621-622, 656, 682, 688-689, 695, ②61-62, 146, 153-154, 157-158, 162-163, 173-175, 241, 252, 289-290, ④25-26
金原明善　②155-156
加納久宜　⑤118
加納（医師）　④51
鹿子木小五郎　③77, 400, 803
樺山資紀　①518, ②432-434, 513, 585, 603, 623, 627-628, 637, 639-640, ③20, 38, 116, 207, 282, 483
鎌田栄吉　①419, ⑤105, ⑧533
鎌田勝太郎　④81
鎌田（建築請負業・在台湾）　③192
上岡美枝　①314
神蔵国次郎　⑦453
神月徹宗　⑧684

上遠野（海軍書記） ③673	神戸挙一 ⑦544	⑦519, 748, ⑧113
亀井（駐支日本武官） ④542	神戸（法学博士・市吏員講習所講師） ⑦363	紀朝臣古佐美 ①29
亀谷巌 ①363		木下宇三郎 ④80
賀陽宮（殿下） ⑧507	桓武天皇 ①30	木下周一 ③122, 136, 452
河合栄治郎 ⑤567	**キ**	木下新三郎（大東） ③387, 423
河合鈰太郎 ③383, 389	木内重四郎 ②491, ⑥247-248	木下淑夫 ⑤233, ⑥584
河井継之助 ①658-659, 662	菊池義郎 ⑥522	木幡利英 ②19
河合保四郎 ⑤209	菊池九郎 ①167-168	君尾（勤王芸者） ③246
川井（台北教会牧師） ③448	**菊池忠三郎** ①8, ④581, 585, ⑤597, 645, 719, 757, 848, ⑥45	木村鋭市 ⑥578-579
河上清 ⑦29, 42-43, 55, 73, 156, 161		木村栄 ⑤534, 536
		木村誓太郎 ⑤118
河上謹一 ④81, 101	菊地有英 ①224	木村匡 ③378
川上浩二郎 ③296-297, 300	菊地侃二 ①277	木村久太郎 ③391-393
	菊地武夫 ②195	木村弥惣左衛門 ②102
川上操六 ②269, 274, ⑤298	木越安綱 ⑤608	木村陽二 ③389
川上瀧弥 ③490	**岸一太** ③712, ④585, ⑤40, 158, ⑥202, ⑦361, 541, ⑧206	木村吉晴 ①34
川上俊彦 ④342, 521, 585, ⑤583-584, ⑥584, ⑦589, 680, ⑧96, 98, 107-109, 112-113		木邨一貫 ①148, 150-151, 154-155, 161, 165, 167-168, 194, 217
	岸小三郎 ②195	
	岸田吟香 ①173	木本尺蠖 ①154
	岸辺福雄 ⑦463	清浦奎吾 ①583, 586, 667-668, 672-673, ②433, 640, ③648, 826, ⑤36, 770-772, 833, 858, ⑦17, 223, 496, 509, ⑧133, 153-154, 411, 416
川上元治郎 ②252	岸本辰雄 ②195	
川上（ニューヨークで面会） ⑦53	岸本豊太郎 ④82	
	木曾宗夫 ④490	
川上（大阪毎日新聞） ⑦699	喜田精一 ②288	
川口鬻 ①441	**北里柴三郎** ①417-418, 475, 561-562, 573, 581, 586, 593, 618-622, 626, 635, 638, 642, 645, 675, 679-683, 685-689, 692, 695, ②158, 163, 165, 233, 252, 291, 305-306, 359, 529, 545, 560-562, 567, ③24-25, ⑤440, ⑦541	
川崎卓吉 ⑦337		清田龍之介 ⑤568, 584
川路左衛門尉聖謨 ①63-64		清野謙次 ①8, 12, ⑧679
河島醇 ⑤352		清野富美子 ①12
川田（警視主事） ③30		桐島像一 ⑦313-314, 317, 319, 321, 323, 326-327, 459, 555, 557, 562, ⑧241
川原茂輔 ⑤388-390, 525		
川村応心 ②238		欽明天皇 ③455
川村健太郎 ②344		**ク**
川村（通信省官吏） ⑤156	北島多一 ⑦541	九鬼隆一 ⑤37
川目亨 ②223	北白川宮成久 ⑥346	楠木正家 ①33
閑院宮載仁（親王） ⑤849, ⑥346, ⑦556, 636, ⑧482	北白川宮妃富子 ③376	楠正成 ⑥151, ⑧444-445
	北野元峰 ⑥346	楠瀬幸彦 ③100, 150-151
菅公（菅原道真） ⑧444	北畠顕家 ①29, 33, 38-39	工藤則勝 ②98, 116, 235
韓国国王（高宗） ④535, ⑤428	北村正信 ⑦529	久邇邦久 ⑧563
	木戸孝允 ①425	国貞廉平 ①270, 328, 337, 374
神田徳力 ②102	木藤（訪露同行） ⑤568, 587	
神田鐳蔵 ⑦468		
菅野屑太（虎太） ②26, 93, 156, 183	鬼頭（後藤対外関係秘書）	**国沢新兵衛** ④87-88, 91, 105, 222, 229, 360, 631,

⑤85-88, 91, 569-570, 584, 591, 673
久邇宮朝彦王　②82
久邇宮邦彦　⑧483-484
久野（愛知県病院七等医）
　①225
九戸政実　①34
久原房之助　⑧537-541, 556-557, 569-570, 594
久保悦造（警察医）
　②222-223
久保寿一　⑤675
久保（駐露日本大使館付）
　⑤579
窪田静太郎　①475, ②407, 479, 483, 488-490, 511, 519, 528-529, 545, 562, ⑥125, ⑦335, 534
窪田（渡河領事館）
　④432-433
久保田勝美　④87, 99, 105-106
久保田政周　④87-88, 91, 105, 122, 628, 631, ⑤32, 34, 89, ⑥38-39, 41, ⑦314
窪谷逸次郎　④80
久保山吉郎　①191
熊谷喜一郎　⑥121
熊谷幸之輔　①350
熊谷（台湾外事課嘱託）
　③514
隈川宗雄　①154, ②207, 252
熊野昇　⑦344
久米金弥　②263, 266, 284, 380
久米正雄　⑥538
倉田軍治　②126, 128
倉田軍次郎　②128
倉田百三　⑦89
倉知鉄吉　④80, ⑤430, ⑧536
倉矢信之介　①224
九里孫次郎　②288
栗林宇一　⑦453

栗林己巳蔵　④364
栗原亮一　④81, ⑤462, 466
栗原（給仕）　⑦44
栗本庸勝　⑧489-490
栗本（警視庁）　⑤270
久留島武彦　⑦463
来栖三郎　⑦39, 43
黒川秀行　②289
黒木為禎　④13
黒須龍太郎　⑤713
黒田礼二　⑧572
黒田清隆　①477
黒田甲子郎（鹿水）
　③22-23, ④230, 248
黒田如水　③428
黒田（宮内省事務官）　⑧687
桑田熊蔵　②491, ⑤136
郡司（通訳官）　⑤591

ケ
景行天皇　①28-29
玄恭（高野家）　①52

コ
小泉信吉　①481
小泉盗泉　③427-430, 481-482, 807
肥塚龍　⑤713
鯉登（大尉）　③563
皇后（陸下）（昭憲皇后）
　①239, 651-652, ③488
皇后（陸下）（香淳皇后）
　⑧686-687
幸徳秋水　⑤136
河野広中　⑤674, 693-696, 709-710, 716, 726, 742, 752, ⑥190, 249, 347
河野（訪米同船、大佐）
　⑦147
神鞭知常　②637
小坂梅吉　⑦565, 567
小柴博　⑧507
小島烏水　⑦99
小島重蔵　②68
小関三英　①52
後醍醐天皇　①33
児玉源太郎　①205, ②258,

265-266, 269-270, 273-280, 282-284, 287, 289, 315-318, 325-329, 350, 352-354, 373, 382, 392-396, 513, 516, 647-649, 661, ③20-31, 34-39, 50, 53, 57, 61-63, 67-68, 75, 79, 84, 87, 90, 92-93, 98, 102, 104, 108-110, 122, 124, 130, 134-135, 138-140, 144-145, 147-155, 159, 163, 174, 178, 185-186, 194, 205, 209-213, 217-218, 220-221, 231-232, 239, 243-250, 284, 286, 291, 299, 319, 344-346, 352-353, 357, 376, 389, 404, 423, 427, 431-432, 444, 450, 452, 469, 472, 480, 489-490, 500-503, 505-508, 514, 537, 540, 543, 545-546, 550, 560-563, 565, 567, 571, 573-574, 578-582, 588, 590-593, 595-601, 605, 608, 642, 672, 675, 686, 690, 692-694, 720-722, 724, 728, 730-735, 745-747, 801-802, 804, 806-810, 824-831, 834, 839, ④12-14, 16, 19, 24, 26, 28, 31, 34-35, 38, 41, 46, 50-53, 57-59, 62, 71, 79, 88, 111, 122, 126-127, 133, 157, 161, 181, 193, 196, 206, 240, 266, 290, 346, 352, 502-505, 507, 600, 618, ⑤17, 38-39, 43, 79, 82, 409, 449-450, 457, 597-599, 638, 851, ⑥32-35, ⑧479, 566
児玉史郎　③323
児玉秀雄　①7, ③694, ⑥32, 42, 232, 351, 426, 428-429, 551, 608, ⑧563
児玉恕忠　②288, 300, 325-327, 353
小寺謙吉　⑤713
後藤一蔵　①10, 548-549,

633, ②133, 153, ③695, 703, 710, 718-719, 799, 802, 841, ⑤478, ⑥340-343, 346, 348-349, 538, ⑦16-18, 27, 37-38, 43-44, 55, 154, 596, 598, 609, ⑧118, 207, 562, 681, 687

後藤和子（新平夫人）　①-1, 153, 509-512, 517, 519-523, 529, 536, 539-541, 546-547, 551-552, 554, ②13, 361, 366, 645, ③82, 87, 403, 461, 463, 467, 676-681, 695, 697, 699-704, 706-707, 713, 715-717, 841, ④84, ⑤476, 526, 529-530, 534, 567, 597, 779, 835, 855, ⑥209, 339, 341-344, 346-348, ⑦36-38, 44, 139, 669, ⑧687

後藤勝造　②314, ③331, ⑤444-445, 548

後藤実崇（十右衛門）　①25, 28, 48, 70, 82, 85, 87, 89-98, 104, 106, 109-110, 113, 117-118, 127, 144-145, 188, 264, 277, 280, 282, 298, 410, ⑤536

後藤実治　①50, 70, 81
後藤実房　①49-50, 69-70
後藤実慶　①50
後藤実喜　①49-50, 69-70, 80, 82
後藤秀一　①315
後藤象二郎　①318, 323, 477, 628, ②425, ③690
後藤惣助　①397
後藤猛太郎　③690, 803
後藤初勢　①48, 88, 97, 539, 541, 545-547, 553-554, ②155, ③716, ⑤534, 779, ⑥339
後藤彦七（椎名）　①81, 97, 116, 158, 222, 252, 280, 286-291, 366, 410, 522, 539-543, 553-554, ②156,

166, 199, ⑤756
後藤広　①482-483
後藤文夫　⑥125
後藤基清　①69-70
後藤基実　①69-70
後藤基之　①69
後藤利恵子（坂野利恵）　①70, 88, 96-98, 280, 523, 532, 538-539, ②135, 163, 166, 229, ⑤534, ⑥339, ⑦664-666, 669
後鳥羽天皇　①33
近衛篤麿　②389
近衛文麿　⑧505
小橋一太　⑦317
小早川隆景　③842
小林丑三郎　⑦358-359, 363, ⑧459
小林源蔵　⑤388
小林浪五郎　②126, 155, 186
小林礼学　⑧667
小林（政治家）　⑥249
小牧三百吉　⑦363
小松謙次郎　⑤95, 169, 862, ⑧487
小松緑　⑤430
小松宮彰仁　②273, 283, 317-318
小松原英太郎　⑤19, 21-22, 40, 442, 568, 856-857, 860, 868, ⑦567, ⑧480
小村寿太郎　②515, ③784, ④183-184, 187-188, 470, ⑤19, 21, 100, 366, 429, 442, 476, 478, 495, 502-503, 525, 608, ⑦560
小室信夫　①315
小森七兵衛　⑦361
小森雄介　⑤81, 96, 99, 105, 127, 156-157
小山松寿　⑥299
小山武　⑧517
小山トキ　②132, 179, 181, 187, 195-196
後冷泉天皇　①31

近藤達児　⑦313
近藤芳樹　①92
近藤陸三郎　④81
近藤廉平　④26, 80, ⑦317, 319, 326-327

さ 行

サ

西園寺公望　①629, 635, 638, ③811, 834, ④18, 24, 26-28, 31, 38, 50, 52, 56-57, 59, 62, 68, 76, 103-104, 115, 128, 145, 184, 260, 470, 515, 630-631, 635, 638, 642-643, 656, ⑤17-18, 20, 32-35, 45-47, 49, 56-57, 77, 80, 122, 152, 171-172, 186, 240, 381-383, 403, 406, 446, 537, 547, 565, 581, 588, 592, 594-595, 597, 603-605, 610-611, 614, 616-617, 619-621, 626-629, 632-635, 637-638, 641, 643, 645-647, 649-650, 653-664, 666-667, 669, 674, 676-677, 691, 837-839, 882, ⑥41, 442, 535, 610-611, ⑦105, 111, 197-198, ⑧131, 133, 559

西園寺八郎　⑤646
西郷菊次郎　③162-167
西郷隆盛（吉之助、南洲）　①130-131, 140, 142-143, 519, ③70
西郷従道　①142-143, ②140, 627, 629, 637, ③89, 101, 219, 221-223, 284, 295, 313, 559, 591, 593-594, ⑤37, 683
斎藤久米之助　②25-26, 83-84
斎藤貞雄　①105
斎藤参吉　③63, 178, 386, 807
斎藤二郎　②114, 116, 137
齊藤隆夫　⑦196

V 『正伝 後藤新平』全人名索引

斎藤博　⑦122, ⑧540, 557, 569-570
斎藤實　①7, 35, 101, 105-106, 121-122, 125-127, 131, 144, 278, 330, ②515, ③72, 249, 418, 648, ④18, 307, ⑤19, 21, 525, 608, 640, 660, ⑧468, 472, 663-665, 687
斎藤正毅　②195
斎藤万吉　①154
斎藤道四郎　①363
斎藤（東京市理事）　⑦533
嵯峨天皇　①30
酒井三太郎　②289
酒井忠亮　⑤388
酒井（汽船飛鳳ノ持主）　③587
榊俶　②13, 72, 75, 79, 96, 103-105, 118-119, 203, 207-209, 221-224
榊田（政友会代議士）　⑤686
坂田快太郎　②142-143
阪谷芳郎　①7, ②274, 316, 515, 521, 529, ③24-25, 215-217, 392, 648, 669, ④18, 51, 56, 99, 184, 201, 207, 217, 234, 396, 600-601, 609, 613, ⑤77, ⑦53, 352, 390, 495-496, 502-503, 528-529, ⑧214, 247, 427-428, 533
坂野おえい　①305, 309
坂野嵯峨麿　①188
坂野長安　①50, 70, 96, 115, 153, 301
坂野長三郎　①301-302, 306, ②166
坂野秀（お秀）　①291, 294, 300-305, 307-310
坂野利恵（→後藤利恵子）
坂上田村麻呂　①29-30
坂本金弥　⑤752
阪本釥之助　①419
阪本恒雄　⑦604-605, ⑧116, 118

相良知安　②259
柵瀬軍之佐　③423, ⑤694
作田高太郎　⑧459
佐久間左馬太　③291, 387, 824, 826-828, 831-834, 839-841, ④26-27, 35, 38-39, 47, 52, ⑤421-422, 447
佐久間象山　①490, ②29, ⑤280
桜井郁次郎　①288
桜井純造　②21, 28-29, 35-36
桜井勉　①418
桜井時太郎　⑦453
桜井弥六　①211
桜井（愛知県病院二等医）　①224
佐倉広則　①230, ②60, 103
酒匂秀一　⑧639
佐々木照山　③128
佐々木惣一　⑥435
佐々木高行　⑦560
佐々木東洋　②279
佐々木復介　①264, 295
佐々木政吉　①681, ②75, 79, 104
佐々木吉三郎　⑦463
佐々木（台湾総督府技師）　③654
佐佐木信綱　⑤520
定九郎（忠臣蔵）　⑤672
佐竹義堯　②21, 23, 40
佐竹義理　②72
佐々友房　②424, ④81-82
佐藤市郎次　③379
佐藤功一　⑦527, 529
佐藤信　⑧537, 565
佐藤進　②104
佐藤楚材　①286
佐藤泰然　①230
佐藤民之助　①241
佐藤虎之丞　①530
佐藤尚武　⑤583, ⑥567-568
佐藤泰仲　①316

佐藤安之助　④360, 363, 420-421, 424, 430, 542-544, 550-551, 553-555, 559-561, ⑤480, 484, 489, ⑦122-123, 139, 609-610, ⑧471, 475, 536, 539
佐藤竜三郎（龍三郎）　①301, 303, 306, 309
佐藤六石　⑤597
佐藤（内務省官房主事）　⑥128
里見惇　⑥538
佐野静子　①520, 531, 536, 539, 548, ②135-136, 366, ③674, 704
佐野誠一郎　①181
佐野常民　①468
佐野常羽　⑧517, 523
佐野利器　①181, ⑦358, 449, 525, 529, ⑧206
佐野彪太　①520, ②136, ⑥202, 341, ⑦603-605, ⑧116, 533-534, 666, 679
鮫島武之助　①651-652
佐和正　②36, 50-51
沢三伯　①63
沢田謙　①11, ⑧459
沢辺文洋　①47
沢村繁太郎　③514
沢柳政太郎　④338, 340, ⑧458-459, 466
三条実美　①239
三条（宮内省事務官）　⑧687

シ

椎名芝山　①47-48
椎名彦助　②199
椎名辨七郎　①97, 545-546
椎名ミユキ　②155
塩田治右衛門　①210
塩谷退蔵　①147-148, 175, 213, 217, 245-246, ②25-26, 83
志賀直道　②26, 39, 44, 51, 55, 65, 89, 95, 102-103, 115, 118, 131-132, 181

重松（台湾民政局雇員）　③673
幣原喜重郎　⑥349, 409, 522-523, 551, 577, ⑦41
柴藤（台湾大稲埕警察署長）　③32
品川弥二郎　①430, 642, 646, ②513
東明シゲ　②59-60, 82, 86-87, 96-97, 104, 106, 113
東明タケ　②104
柴四朗　⑤387
司馬凌海（盈之）　①216, 224, 228-236, 242, 244-246, 248, 269, 274, 397, 416, 424, 486, ②22, ③716
柴田家門　③592, ⑤430, 441, 608
柴田外記　①29, 35
柴田承桂　①419
柴田（法制参事）　③30
柴山秀子　⑤584
渋沢栄一　④80, 82, 183, 198, ⑤478, ⑦30, 56, 315, 317-319, 321-323, 509, ⑧213, 312, 318-319, 321
渋谷彦一郎　②288
渋谷正真　①175
島倉敏之　①225
嶋倉栄助　①229
島田三郎　②13, 65, 70, 588, ⑤99-100, 293, 455, 457, 468, 640, 674-675, 684, 693, 697, 716, 752, ⑧381, 384-385
島津久光　①61, ②26
島津斉彬　①61
島村他三郎　⑦363
島村（台北警察署長）　③32
島安次郎　⑤250, ⑥158, 161-163, 168, 177-178, 180, 182-184
清水恭　②161, 188
下条康麿　⑥535
下平（海軍大尉）　③565

下村当吉　②280, 291-292, 299-300, 308, 361, 519, ③442, 804, ⑤597, 855-856
下村宏　⑤97, 134-136, 144, 156, ⑥184
釈宗演　①629
庄崎（嘉義朴仔脚支署長）　③185
荘司正　⑧674-675
荘田平五郎　①481, ④81
勝田主計　⑤295, ⑥28, 39, 95, 99, 115, 192, 392-393, 397-398, 568
聖徳太子　⑧435-437
小楠公（楠正行）　⑧523
聖武天皇　①28
荘村省三　①134, 136-143, 176
昭和天皇　⑧524
白井権八　①190
白井新太郎　③128-130, 132, 137
白石直治　⑤388-390
白石宗直　①34-35, 39, 41, 69
白石宗実　①34
白川義親　①34
白河天皇　①36
白鳥庫吉　④337, 341-343
白根専一　①418, 593, ②378, 512
白仁武　④638, ⑤850, 852
神野勝之助　⑥584
新名直和　①8, ⑧495
神武天皇　①28, ②649, ⑧523-524, 667
親鸞　⑦89, ⑧444
真龍斎貞水　⑤366

ス

綏靖天皇　③455
末永一三　④364, 591
末広重恭（鉄腸）　①686, 690-691
末松謙澄　①686, ③22-23, ⑤858

菅之芳　②141-142
菅原通敬　⑧664
菅原林司　①93, 115
杉梅三郎（青木梅三郎）　④424, 430, 585, 620, ⑤568, 577, 579
杉文三　⑤306
杉浦重剛　⑦551, 560
杉浦宗三郎　⑥158, 161, 163, 179
杉田伯元　①50
杉山茂丸　③646-647, 690, 826, ④25-26, 28, 30, 581, 618-620, 623-624, 626, 628, ⑤36, 39, 43-44, 210, 434, 436, 579, 583, 587, 589, 593, 680, ⑥24, 566-567, ⑧533
図師民嘉　⑤185
崇神天皇　①28
鈴木伊十　③104
鈴木甲蔵　①226
鈴木喜三郎　⑧563
鈴木重遠　②428, 451
鈴木春山　①52
鈴木正吾　⑧459
鈴木真一　①555, 598, ②61-63, 141-142
鈴木晴聰（清聡、清聰）　②87, 103, 106, 119
鈴木孝之助　①350, ②217
鈴木紀　②103
鈴木貞順　②103
鈴木藤三郎　③353
鈴木俊安　①201
鈴木馬左也　④81
鈴木万次郎　①668, 670-671, 673, ③29
鈴木宗言　③77, 200-202, 670
鈴木宗泰　①228
鈴木和五郎　①111
鈴木（商店）　④349, ⑤723-724
鈴木（赤坂憲兵分隊長）　⑥346

セ

清野長太郎　④87, 91, 105, 212, 631, 660, 662, ⑤38, 89, 157, ⑥245-247
青嵐宗匠（→永田秀次郎）
関達三　⑦363
関秀三郎　①224
関直彦　⑥196
関一　⑤351
関宗喜　④80, 82
関義幹　②39, 103
関口（福建語通訳官）　③579
関根斎一　⑧537, 563, 565, 569
関屋貞三郎　③77, 110, ④80, ⑧158
瀬古（三井物産ニューヨーク支店長）　⑦74
摂政宮（裕仁皇太子）　⑦546, 566, ⑧155, 324, 394, 408, 521
瀬戸大炊　①41
瀬野馬熊　④337-338
芹沢孝太郎　②199
千家尊福　④80
仙石貢　④81, ⑤248, 350, 359-360, 387, 389-390, 710, 720-721, 742-743, ⑥159-160

ソ

相馬京（誠胤婦人）　②12, 20, 29, 42, 53
相馬孟胤　②244
相馬胤紹　②119
相馬胤真　②119
相馬順胤　②18, 20, 82, 86, 89, 92, 94, 106, 114-115, 118, 120, 130-131, 181, 187, 235, 239, 244
相馬誠胤　②12, 15-21, 23-24, 27, 30-32, 36, 39-44, 50-56, 59-74, 77, 81-82, 85-89, 91-92, 94-98, 102-103, 105-106, 112-113, 116, 118-125, 130, 132, 138, 181-186, 204-205, 207-209, 215, 221-224, 230, 235, 239, 243-244
相馬花子　②20
相馬秀胤　②82, 92-93, 97, 106, 112-113, 175, 181-184, 244
相馬充胤　②15-16, 20, 40, 50, 53, 72, 97
添田寿一　③252, 261-262, 538, 606, 648, ④80, ⑥36, 160-161
曽我祐準　④80, ⑤350, 387, 389-390
曾我尚祐　⑦504
十河信二　⑧205-208, 667
曾禰荒助　①693, ④490, 494, 518, ⑤42, 425, 428-429, 434-436
曾根静夫　②635-636, 647, ③23, 36, 104, 313
園田孝吉　④81
園田安賢　②106, 147

た 行

タ

田井（厦門進攻連合陸戦隊指揮官）　③586
大正天皇　①421, ⑤366, 855, 857, ⑧518, 524
平重成　①29, 31
高井敬義　③141
高尾亨　④423, 425
高岡玄真　①457
高木兼寛　①419, 682
高木友枝　①329, 350, 420, 448, 475, ②163-164, 325, 358-359, 361, 562, ③21, 75-76, 309, 315, 318, 431-433, 436-440, 464-465, 467, 469, 485, 839
高崎親章　③277, 803
鷹司熙通　⑤653
高島秋帆　①63
高島鞆之助　①518, ②637, 639-640, 648
高杉良弘　⑦52
高田早苗　⑤844, 872
高津慎　③381
高梨哲四郎　②195
高野要　①63
高野玄斎　①50-51
高野元端　①50
高野湛斎　①50-51
高野長英　①35, 48-67, 69-70, 81-82, 89, 245, 397, ②250
高野融　①59
高野雪子　①58-59
高野美也　①50, 52, 82
高野六郎　⑦541
高橋健三　②637
高橋是清　②433, ④81, 184, 186, 188-190, 192, 217, 367, 369-372, 385, ⑤295, 350, 444, 495-496, ⑥445, ⑦201, 203, 207-209, 402, 712, ⑧37, 40, 131, 137, 139-141, 144, 213, 278, 315, 317, 321, 328, 416
高橋順蔵　①154
高橋庄之助　②195
高橋信吉　③468
高橋新吉　④81
高橋直一　①153, 191
高橋文之助　②118
高橋義雄　①681, 692
高橋善一　⑦597
高畑誠一　⑦104, 142
高平小五郎　③784
高松宮　③223, ⑤366, ⑧524, 667
高柳柳之助　①62
高山甚太郎　④346
財部彪　⑤387, ⑧134, 146, 150, 213, 387, 394, 668, 671-673, 675-676
瀧大吉　②288, 292, 295
瀧兵右衛門　④82, 101
瀧川政次郎　①11

滝川長教　②238
滝浪図南　①225, 234, 355-356, 363, ②22
田口運蔵　⑦588, 596, 730
田口鼎軒　③214
武井守正　④80
竹内寛平　①281-282
竹内綱　①315-316, 323, 325, ④81
竹内徹　④80
竹内正志　③229
竹内正信　①425
竹越与三郎　③60-62, 188, 201, 265-266, 307-308, 314, 426, 437, 441
武下節山　①47-48, 100, 106, 108-109, 114, 116, 119, 126, 170, 303-304
武田孝敬（亀五郎）　①120, 127
武谷水城　②288, 347
武智直道　③353
武富時敏　⑤359, 387, 389-390, 693, 752, 844, ⑥196
竹村勘忍　⑦541
武山厳　①316
田子一民　⑥125
田沢鐐二　⑦538
田島道治　①8, ⑥45, ⑦16, 18, 37, 47, 55, 88, 97, 104, 108-110, 123, 134, 139, 144, 156, 161, ⑧232
田尻稲次郎　④86, ⑤307, ⑦312, 314, 342, 390-391, 567
多田部純太郎　②18
龍居頼三　③194, ④178, 363, 422, 424, 521, 595, 616-618, 623-628, ⑤568, 571-572, 574, 576, 578-579, 582-583, 586, 590, 614
田付七太　⑤568
立見尚文　③141, 144-145, 149-151, ④610

伊達安芸　①39, 41, ②90
伊達顕孝　①41
伊達安房　①42
伊達景宗　①39-40
伊達筑前　①42
伊達千広　①92
伊達綱宗　①39, 41
伊達綱村　①39, 41
伊達輝宗　①40
伊達藤五郎　①43
伊達尚宗　①39-40
伊達晴宗　①39-40
伊達政景　①39-40, 45, 69-70
伊達政宗　①29, 34-35, 38-41, 46
伊達宗景　①39, 41, 69
伊達宗城　①60-61
伊達持宗　①39-40, 69-70
伊達慶邦　①43
伊達斉義　①43
館森鴻（袖海）　②256, 318, ③24, 43, 102, 126, 420, ⑦668
田中義一　③746, ⑥159, ⑦223-224, 579, ⑧150, 159, 213, 257-258, 336, 387, 394, 426, 532, 536-541, 544, 556-557, 559-561, 618-620, 622-623, 626-627, 629, 647, 659
田中源太郎　④82
田中三郎　⑦454
田中純　⑤538
田中正平　⑤306
田中清次郎　①7-8, 11, 475, ④87-91, 105-106, 115, 210-212, 215, 220, 231, 234, 242-244, 266, 322, 364, 521, 591-593, ⑤89, 155, ⑥402, ⑧471, 533-535, 556-557, 559, 563, 565, 567, 569, 591, 611, 618, 681
田中善立　②254-255, ⑥316, 318, 321

田中宗平　①363
田中都吉　⑦710, 751, ⑧557, 571, 618-619, 623-624, 633-634, 636-640, 650
田中富士太　⑤388
田中政明　⑥584
田中光顕　③489, ⑤532
田中芳雄　⑦541
田中隆三　⑤686
田中（愛知県病院二等当直医）　①224
田中（米原駅助役）　⑧675
田辺金三郎　②288
田辺定義　①8, ⑦337
田辺淳吉　⑦527
田辺良顕　①418
谷景尾　③161-162
谷干城　③101
谷重喜　①323
谷信敬　③161, 174, 482
谷（弁務、通訳）　③162-163, 166, 174, 579
谷口長太郎　①12
谷崎潤一郎　⑥538
種瀬千里　①227
田埜俊貞（田野）　①299, 363, ②23
田原良純　①447, ②118-123, 205-206
玉水（日露協会学校幹事）　⑧473
田村怡与造　③735, 746-747
田村義三郎　③176
多米英之丞　④490
丹波（同仁会理事、医博）　⑦394

チ

千越（高野家）　①50, 52-53
千阪高信　①149-150
秩父宮　⑤366, ⑧521
中条精一郎　⑦527
中条政恒　①149-150, 517
千代　①116
長三洲　①51

長慶天皇　①38
珍田捨巳　②515, ⑥126, 442, 451, 473-475, 478-481, 512-514, 522-523, ⑦111, 132-133, 138, 144, 146

ツ
塚本小四郎　⑤306
塚本清治　⑥31, 116, 127
次田大三郎　⑥125
付岡兵助　①115
辻岡精輔　①447
津下弘　②288
津田一郎　①225
津田左右吉　④337-338, 341-342
土谷全次　②251
土屋寛　①374, 378
土屋正直　⑧687
土屋光春　③574, 581
都筑馨六　②380-381, ③648, 803, ⑤784-785, 832, 836
角田秀松　③294
角田真平　②62, 65-66, 69, 118, 199
坪井次郎　②291
坪上貞三　⑦139
坪谷善四郎　⑦314-315, 326-327
鶴見愛子　②525, ③674, 695, 703, 718-719, ⑤534, 597, 855, ⑥538, ⑦89, 139, ⑧562
鶴見和子　①1, ⑦139
鶴見祐輔　①4, 8, 12, ⑤538, ⑦48-50, 100, 146-147, ⑧459, 537

テ
手島（在厦門少主計）　③586
出淵勝次　⑥410, ⑦53, 81, 156
寺内正毅　①258, ②243, 345-352, 354, 356-357, ③243, 290, 563-564, 648, 732, 827, ④18, 51-53, 76, 79, 101, 145, 198-199, 266, 268, 274, 360, 531, ⑤18-21, 32, 47, 49, 77-81, 122, 152, 171-172, 186, 240, 342, 352, 403, 406, 425-426, 429, 431, 436, 440, 444, 525, 560, 597, 603-605, 617, 619-620, 638, 717, 719, 734-735, 754, 770, 772-773, 782-783, 839, 853-855, 868-871, 873, 876, 881-882, ⑥14-17, 19, 21-28, 32-37, 41, 43, 46, 59, 72, 77, 140-142, 179, 186, 189-192, 199-201, 203, 208, 211, 214, 232, 237, 253, 269, 281, 305, 315, 324-325, 337, 349-351, 353, 369, 371, 373-374, 392-394, 397-398, 411, 416, 418, 421-426, 428-430, 453, 462, 518, 535, 544, 551, 566-568, 584, 598-601, 608-611, ⑦16-17, 162, 536, 636, ⑧422, 482
寺尾亨　⑥380-381
出羽ノ海　⑥347
田健治郎　⑤105, 860, 863, 870, ⑥25, 28, 95, 232-233, 253, 350, 607, ⑧149, 260, 315, 336, 387, 394
天海僧正　③428

ト
戸井（寺内内閣時の議員）　⑥295
土井逸史　①60
土居通夫　④81-82
東宮（殿下）（→大正天皇, 裕仁親王）　④515, ⑦555-557, 560, ⑧522, 525-526
道家斉　④79
東郷茂徳　⑦727
東郷平八郎　①211
東郷実　③41-42, 85
東条操　⑦453
藤堂（検事長）　③277-278

頭本元貞　①693-695, ③653
頭山満　①518
土岐嘉平　⑥121-122
徳川家達　⑤770, ⑦509
徳川家康　①35, 93, ③428, ⑦324, 504-505, 691
徳川家慶　①54, ②379
徳川慶喜　①114, ②29, ④253
徳田秋声　⑥538
徳大寺（公, 明治天皇側近）　⑤595
徳富蘇峰（猪一郎）　③669, 700, ⑤22, 24, 38, 442, 520, 540, 592-594, 596, 608-609, 635, 637, 732, 768, 795, 798, ⑥343, ⑦465, 496, 502, 504
徳富（高島子爵輩下）　②639
得能良介　①437
徳見常雄　③368
床次竹二郎　⑤157, 229, 248, 371, 673, ⑥180-181, 183, ⑦317-319, 323, ⑧426, 526-528
床次正精　②195
戸沢正実　②72
利仁（藤原鎌足八世後, 鎮守府将軍）　①69
戸田光則　②13, 20-21, 31
栃内曽次郎　⑥551
戸塚文海　②13, 20, 29-30, 32-33, 35, 45, 53, 72, 97, 104, 118
土肥慶蔵　⑧489
土肥樵石（直康）　⑥345
飛田金次郎　⑧668-669, 674
富沢正太郎　①168, 170, 177, 213, 408, 529, 536, 540
富田鉄之助　①687
富田久助　②102
富田幸次郎　⑥276
富田深造　②17, 55, 63, 65
富田鉄之助　⑤358

富永和気子　③707
外山国彦　⑦454
豊川良平　④82, ⑤387, 389-390
豊島捨松　③517, 524, 551-552, 557, 559
豊田豊吉　⑧459
豊臣秀次　①34
豊臣秀吉　①29, 34, 39-40, 45, ②247, 294, ③428, 678-679, ④180, ⑤83, ⑦691
豊臣秀頼　⑦324
鳥居忠文　⑤387
鳥居耀蔵　①54, 58, 64

な 行

ナ

内藤湖南（虎次郎）③31, 105
内藤之厚　③141
内藤虎次郎（→内藤湖南）
内藤魯一　①314, 316, 319, 323
内藤（中野療養所事務長）⑦538
内藤（警部）　②221-222
直江兼続　①39-40, 70
直木倫太郎　⑧206
中井常次郎　②13, 42, 47, 53, 56, 72, 87, 89, 95-96, 103, 105, 115, 118, 132, 208, 222-224
仲井愛蔵　②126, 128
永井久一郎　①434
永井次郎　②70
永井松三　⑥410, 512, ⑦98, 100, 103, 747-748, 751-752, 754, 756-757, 759
永井（秘書官）　⑥557
長井長義　⑧483
長尾三十郎　③653
長尾秋水　①240
長尾半平　①7, 240, 475, ③61, 72, 75, 77, 80, 86, 107-108, 177, 286, 295, 298-299, 394-396, 424, 426, 446-448, 463-465, 467-469, 685, 710-712, ⑤31-32, 257, 421-422, 526-527, ⑥538, ⑦336, ⑧205, 390, 459
長尾半平夫人　③710-711, 713
長岡外史　⑧251
長岡義之　②255
中上川彦次郎　①481
長崎（愛知県病院五等医）①224
長沢鼎　⑦27
中島信行　①318, 323
中島真雄　③514
中島正武　⑥567
中嶋正司　②238
長島隆二（長嶋）　④201, ⑤22, 40, 80, 293-294, 424, 443, 446, 606, 637, 749, 777-779, ⑦52
長島鷲太郎　⑤387, 465-467, 469, 471
仲小路廉　①475, ④80, 82, ⑤74-75, 77-83, 106, 111, 118, 126-127, 157, 169, 354, 387, 608, 725, 727, 734-735, 833, ⑥22, 28, 38, 44, 429, 592, 600, 607, ⑦314, ⑧388, 392, 487
中田太一郎　②64
中田直温　③177
永田秀次郎　①7-8, 475, ③87, ⑥42, 44, 141-142, 228-230, 232, 538, 592, 608-609, ⑦320, 322, 324, 336-338, 345, 358, 452-453, 456-457, 461-462, 557, 564-568, 573-574, ⑧205, 458-459, 461, 494, 509-510, 514, 526, 563
中臣鎌足（→藤原鎌足）
中西清一　⑤229, 430, ⑦328
中西（愛知県病院六等医）①225
中西（京都府立病院, 医学博士）⑧679
中野春截　①363
中野武営　④81-82, ⑤387, ⑥584
中橋徳五郎　③398-399, ④81, 101, ⑤387, 389-390, ⑦17, ⑧526-528
中浜東一郎　①477, 573, 591, 593, ②291
中村啓次郎　⑤680
中村純九郎　⑤156
中村是公　①411, 475, ②515, ③75-76, 212, 305, 308-309, 323, 357-358, 364-366, 614, 670, 688, 713, 839-841, ④83-84, 86-89, 91, 99, 101, 105-106, 117, 119-122, 203, 210-212, 244, 328-329, 343, 364, 380, 388, 521, 592-593, 661, ⑤37, 84-85, 87-88, 91-92, 157, 422, 492, 673, 756, 848-850, 852-853, ⑥44-45, 150, 181-182, 353, ⑦574, ⑧204-205, 278, 388, 392-393
中村利恭　①405, ②133, ③803
中村雄次郎　④80, ⑤852
中村（清国北京公使館付海軍少将）④430-431
長森（東京地裁検事局検事）②119, 203
中山龍次　⑤882
長与称吉　①627-628
長与専斎　①230, 240, 338-339, 344-345, 367-368, 391-393, 395-396, 400, 404, 418-419, 421-429, 431, 434-435, 437, 446-448, 468, 474, 476, 480, 487, 523, 556, 571, 581, 586-591, 593-594, 596, 598, 618, 626-627, 653, 667, 674-675, 677-678, 680,

V 『正伝 後藤新平』全人名索引　241

682-683, 688, ②30, 147, 154, 271, 284, 378, 476, 513-514, 558, 628, ③107, 318, ④616, ⑤82
長与中庵　①422-423
長与俊達　①422
長与又郎　①7
名倉弥五郎　①241
名越勝治　②118, 133-134
名須川陸次郎　①188
夏秋亀一　④581-582, 588-589, 591, 598, ⑤568, 573, 575, 579, 583-584, ⑥566-567
夏目漱石（金之助）　④84, 211, 242, 246
奈良坂源一郎　①350
楢原陳政　③262
楢本（中隊長）　③32
成田千里　⑦453
成良親王　①29, 33
南条文雄　①272
難波大助　⑧405, 408
南部千里　①224

二

仁尾惟茂　④100, ⑤387
新島襄　①126
新元鹿之助　③284-287, 290, 292, 387, 641
二階堂保則　⑦330, 363
西大助　⑤388
西徳二郎　①517
西川漸　②93, 134, 158-162, 166, 175-179, 188, 200
西内善右衛門　②65, 86, 102, 119
錦織えつ子　②125
錦織儀助　②18
錦織剛清　①153, ②18-21, 26-29, 39-40, 43, 50-53, 60-63, 65, 67, 70, 82-83, 85-95, 97-98, 101, 103-106, 112-114, 116-117, 123-127, 129, 132-134, 137-139, 155, 175-176, 178-187, 195-196,

204, 207-209, 223, 234-235, 238-239, 243, 526
西田龍　②106
西野（大蔵省）　⑧158
西原亀三　⑥280-281, 392-395, 397-399
西村輔三　②155, ⑤445
西村丹次郎　⑤99
西邑（宮内省事務官）　⑧686
西山柳（リウ、おリウ）　②18, 20, 44, 86, 89, 95, 115, 118, 130, 132, 181
二条（公爵）　⑤771
日持　⑦690
日蓮　⑤83, 689, ⑦690, ⑧444, 465
新渡戸稲造　①7-8, 475, 693, ②381-382, ③64, 67-70, 75-77, 81, 109, 186-187, 326, 343-346, 348, 364, 422, 447, 646-652, 654-656, 659, 667-670, 681, 686-687, 690-693, 701, 708-709, 715-716, ④98, 253, 258, ⑤155, 232, 437, 477, 757, ⑦16, 18-19, 37, 43, 46, 55, 74, 79, 88-90, 101, 103, 105, 108-110, 122-124, 129, 132-133, 144, 155, ⑧458
新渡戸万里子　③68, 656, ⑤232, ⑦37, 44, 55
蜷川新　⑦504
蜷川（台湾総督府電信技師）　③563
二宮尊徳　②20, 25-26, 83
二宮尊親　②117

ヌ

縫田（ニューヨークで晩餐同席）　⑦53
沼浪竜蔵　①287-288, 290

ノ

野上豊一郎　②241
乃木希典　②635-636, 647-648, ③20-21, 28, 36, 38, 40, 62, 104, 116, 129, 138,

284, 313, 316, 500, ⑦100, 560
野口明　⑧535
野口（警務部長）　⑥346
野口（二等軍医）　②344
野坂元隆　④490
野崎敬三　②103, 105-106
野沢源次郎　③373
野田卯太郎　④81, ⑤96, 354, 371, 374-378, 384, 387, 389-390, 525, 854, ⑥232, ⑧192
野田豁通（大造）　①120-122, 139, 512, ②235
野々村金五郎　④87-88, 105-106, ⑤89
野間五造　③229
野間清治　⑧447
野村政明　③261
野村弥三郎　⑤186
野村靖　①425, ②263, 378, ④117, ⑤134
野村龍太郎　④80, 210, 343, ⑤185
則村（後藤内）　①69-70

は 行

ハ

芳賀貞賢　②195, 199
芳賀矢一　④85
萩原守一　④362, 620
萩原（監獄医）　②174
羽倉外記　①54
峡（台湾総督府事務官）　③484
橋本圭三郎　⑤387, 389-390
橋本左内　①513-514
橋本綱常　①514, 518, ②45, 104
橋本昌世　②288
橋本（帝国大学学生）　④85-86
芭蕉　⑤238
長谷川明高　②61-64, 70

長谷川謹介　③75, 77, 285, 288, 383, 389, 673, 840, ⑤186, ⑥147, 179
長谷川泰　①231, 419, 448, 666-667, 669-672, 682, 685, 688, ②13, 37, 42-43, 47, 53, 118, 136, 252-253, 265, 291, 384, 476, 521, 543, 556, 566, ③30
長谷川為治　③277
畑英太郎　⑤568
畑良太郎　⑤584
畠山重忠　①36
蜂須賀謙吉　①225
服部一三　⑤568
服部金太郎　①7
服部（愛知県病院七等医）①225
鳩山一郎　⑧251
鳩山和夫　②431, ⑤351, 358
花井卓蔵　⑤470-471, 474, ⑥196
花井虎一　①54
花香恭法　①63
花田忠市郎　⑧523
花田（財部大将付副官）⑧671
花淵善兵衛　①86
浜（京都府立医科大学医士）⑧673, 676
浜尾新　①388, ⑦551, 560, ⑧153
浜口雄幸　④99-100, ⑤683, ⑥39, 45, 196
浜口吉右衛門　⑤388, 444
浜野昇　①686, ③29
浜野（台湾民政局技師）③673
早川順養　①363
早川庄太郎　⑦565, 567
早川雪洲　⑦30
早川千吉郎　④81, ⑥584
早川養順　①224
早川龍介　①668
林紀　①242

林権助　④422, 424-425, 538, 542, 556, 616, 618, 626, ⑥392-393
林茂香　①213, 476-477, 548, 554, ②295, 299-300, 303, 308, 313-314, 324-328, 346, 372, 378, 488, 512-513, 515, 517-518, 522, 527, 545, ④659
林忠夫　③165
林董　④18, 68, 121, 184, 515, 642, 653, ⑤35
林民雄　③373
林徳門　②288
林友幸　①687
林有造　③223
林大学頭煌　①54
林田（台湾民政局属）③673
早速整爾　⑥277-279, 281-282
原郁次郎　①154, 159
原敬　②433, ③247, 352, 826, ④31-32, ⑤79, 264, 381, 385, 611, 613, 636, 646, 656, 666, 685-686, 724, 790, 797, 859, ⑥39-41, 182, 192, 237, 312-313, 418, 421, 445, 536, 551, 611, ⑦16, 41, 105, 134, 162, 196-200, 202-203, 207-210, 215, 217, 219-220, 222-223, 231, 317-319, 321-324, 395, 400-402, 465, ⑧131, 137, 337, 563
原晋一　②143
原六郎　④81
原田貞夫　②252
原田務　②186-187
原田豊　②53, 56-57
明宮殿下（大正天皇）①421
春山作樹　④453
坂西利八郎　④431, 542, 563-565, 573, ⑤569
坂東勘五郎　⑤354

ヒ

日置益　⑤784, 786,

802-803, 811, ⑥411-413, 415
東久世通禧　②13, 19, 83, 96, 113
引地興五郎　⑧565, 667
肥後八次　⑤108-110, 122, 126-127
土方久元　①418, 687, ⑤772
肥田浜五郎　①435, 438-439
日高憲明　④510
人見一太郎　③649, 651, 654
日比野雷風　⑥347
兵藤芳矩　②236-237
日吉又男　③567
平井晴二郎（晴次郎）④80, ⑤174, 185, 253, 257, 301, 388, 403, 673
平井（寺内首相主治医）⑥599
平岡信敏　⑦454
平岡（東京市局長）⑦335
平川信吉　②288
平木照雄（白星）⑤522, 524
平島松尾　①153
平田東助　③217-218, ⑤19, 21-22, 40-41, 135-136, 291, 293, 352, 442, 474, 525, 547, 605, 635, 770, 772, 778, 856-858, 860-861, 863, 873, ⑥14-19, 21-22, 24-26, 37, 190, 418, 421, 432, 551, ⑧140, 156
平沼駿一郎　⑤843, ⑧145, 149, 151, 213, 336, 387, 394
平沼専蔵　⑤445
平野順作　①240
平山増之助　②118-123, 205-206
広虎一　②288
広岡宇一郎　⑤525
広沢二三郎　⑤100
広瀬淡窓　①51

V 『正伝 後藤新平』全人名索引

広瀬（海軍大佐）　③565, 570-572
広橋経泰　①33
裕仁親王（皇太子）　⑦546, 555, 557, 560-562

フ

深作（博士，教員講習所）　⑦453
深野一三　②640
福岡孝悌　①323
福沢桃介　①479-480, ⑤43, 525, 533
福沢諭吉　①167, 287, 424, 479-481, 681-683, 685-687, 692, ②15, 118
福島安正　③804, ④17, ⑤570
福田久松　①668
福田雅太郎　③746
福田又一　⑦565, 567
福地桜痴　①287
福永（東京市内務部長）　⑦568
富士太郎　③136
藤井較一　⑤387, 389-390
藤岡元礼　②45
富士川游　②14, 234
藤田謙一　③331, 333, 696, ⑦199, 201, 203, 207-210, 321-322
藤田虎力　④80, 591
藤田四郎　④80
藤田圭甫　①281
藤田伝三郎　③352, 389, 803, ④81, ⑤447, 449-451, 455-458, 468
藤田平太郎　③277
藤田茂吉　①579
藤田（軍医正）　③564
藤波言忠　②373-374
藤波（憲法，市民講座博士）　⑦462
伏見宮内府（殿下）　⑤594, 654, 658
伏見宮博義　⑧484

伏見若宮（殿下）　④544
藤村作　⑦453
藤村義朗　⑧405
藤村（秘書官）　③647, 649-652
藤山雷太　⑦317, 319, ⑧252
藤原家景（→伊沢家景）
藤原兼仲　①36
藤原兼信　①36
藤原鎌足（中臣鎌足）　①36, 45, 68-70, 106
藤原清衡　①29
藤原銀次郎　③423, 670, 697-698, 806
藤原時平　⑧444
藤原登任　①29, 31
藤原麻呂　①29-30
藤原道兼　①36
藤原泰衡　①29, 32-33
藤原（立憲同志会）　⑤713
二葉亭四迷　④594-595
二荒芳徳　⑧513, 517-518, 563
船田中　⑧154
富美（後藤家？）　③718
古市公威　⑤387, 389-390
古川市兵衛（古河）　②102, 139
古川阪次郎　⑤185-186, 229, 300, 315-316, 370, ⑥38, 45, 150, 159
古沢経範　①419
古谷久綱　④521
古谷（茶業組合）　③650

ヘ

弁慶　⑦749

ホ

帆足清華　②195-196
北条氏恭　②13, 16, 40, 72, 85, 103, 118
祝辰巳　③75-76, 212, 291, 383, 385-387, 479, 610, 614, 639, 673, 688, 713, 803, 839, 841-842, ④84, 425, ⑤451
星亨　①694, ②13, 114-116,

136-137, 139-140, ③221-224, 229
星一　③646, 650, 652-653, 655, 674
星野錫　④364, ⑧162
細井修吾　②216
細川千巌　①228, 272-274, 496, ③52
細川幽斎　⑦504
細川（候, 細川家）　①141, 514, ③352
細野猪太郎　③105-106
堀田正養　④80, 82, ⑤358
堀田摂津守正衡　①93
堀田貢　⑥126
堀啓次郎　①7
堀三之助　④585
堀六郎　①154
堀内次雄　③439-441
堀内利国　①238
堀内文次郎　③30, 34, 84, 111, 141-143, ⑦393
堀切善次郎　⑥118-119, 121, 125, ⑧194
堀切善兵衛　⑥289
堀籠胆水　①39, 47-48, 91-92, 94, 110, ⑦668
本田春雄　①92
本田（市視学，教員講習所）　⑦453-454
本多熊太郎　④424, 429-430, ⑤573, 591
本多晋　①198
本多静六　①198
本多正信　⑦504
本多政以　⑤388
本間（茶業会社）　③649, 651

ま 行

マ

前島密　⑤134
前田円　②133
前田多門　①8, ⑥30, 42, 45, 99, 119-120, 124, 140, ⑦336-338, 341, 343, 345,

359, 361, 394, 448, 454, 512, 531, 534, 537, 540, 542, 566-567, ⑧136, 537, 563, 565, 611, 615
牧（警保）　③30
巻菱湖　①108
牧野伸顕　③667-670, ⑥418, 421, 432, 442, 551, ⑦113, 133, ⑧140, 156
馬越恭平　④82, 101
政景（→伊達政景，留守政景）
政忠（小泉）　③429
政宗（→伊達政宗）
馬島俊平　①269
増田次郎　①7, ④620, ⑤40, 363, 366, 524, 528, 530-533
増田（東京市電気局）　⑦533
益田孝　③262, ④81, ⑤387, 389-390
町井鉄之介　②195
町田重備　⑧487
松井慶四郎　⑥442, 451, ⑦121
松井啓夫　③377
松井等　④337-338, 341-342
松浦武雄　⑧676-678
松浦武三郎　②60-61
松尾臣善　③262, ⑤478
松岡均平　④332, 334
松岡勇記　①425
松岡洋右　④200, 265, ⑥380, 578-579
松岡（台湾県治課長）　③514
松方幸次郎　④81, ⑤568
松方正義　①518, 651, ②147, 425, 427, 433-434, 451, 637, 639-640, 646-647, ③25, 215, 219, 258, 261, ④18, 117, ⑤605, 676, 770, 777-778, 783, 785, 832, 838, 858, 882, ⑥350, 421, 610, ⑦160, ⑧131
松木幹一郎　⑤185, 205, 208, 229, ⑦495, 515, 517,

520, 524, 526-527, ⑧205-207
松木直亮　④521
松木（逓信省）　⑤156
松崎英太郎　⑦567
松下寿酔（壽酔）　①62, 64
松島虎之助　②134
松島肇　⑤576, ⑦579-580
松田源治　⑤659, ⑦196
松田武一郎　④248-250, ⑤91
松田太郎左衛門　①34
松田正久　③214-215, 224-225, ④638-642, 656, ⑤35, 381, 611, 613, 643, 645-646, 658-659
松田道一　⑤584
松平春嶽　①513
松平恒雄　⑥410, ⑦580, 584, 601, 618, 624-625, 629-630, 649, 658, 677, 686, 695, 704, 710, 715, 717, 721, 728, 737, 740, 742, 744, ⑧108
松平正直　④80
松永安左衛門　⑦139
松原（代理公使）　⑦140-141
松前氏（北海道）　⑦691
松村務本　③141-146
松村（石川県警察部長）　⑥122
松室致　②13, 104-105, 238, 241-243, ⑤608, ⑥28, 600
松本吉次　⑧675
松本良順（順）　①229-230, 239, 242-243, 424, ②13, 52, 118
松本良甫　①229
松本（内務省衛生局参事官）　②547
真鍋（医学部教授）　⑧679
間野（愛知県病院七等医）　①225
間宮林蔵　⑦691
馬屋原彰　③101

丸岡莞爾　①419
丸山新蔵　②144-146
丸山鶴吉　⑥125-127, ⑧459
丸山（愛知県病院二等医）　①224
丸山（台湾阿里山踏査）　③389

ミ

三浦観樹　⑤532, 860, ⑥422, 429
三浦盛徳　⑤686
三浦（医学博士）　⑧679
三浦（少将）　③805
三川（市吏員講習所，技師）　⑦363
三河守重家（二郎重家）　①39-40
三島通庸　②66, 69-70
三島通陽（章道）　⑧471, 511-514, 517, 563
三島弥太郎　④80, ⑤864
水科七三郎　③479-480, 484
水野遵　②586-588, 590, 636, ③23, 262, ⑧479
水野越前守　①55, 58
水野忠精　①62
水野錬太郎　①475, ②380, ③73, 211, 477-478, ⑥38-43, 118, 135, 138, 210, 228-230, 238, 352, 538, 592, 609, ⑦496, 568, 578, 590, 605, 608, ⑧152-154, 479
水野（中佐）　④422
水野（市嘱託）　⑦454
水町袈裟六　⑥584
道臣命　⑧523-524
三井（男爵）　⑤478
箕作省吾　①35
三土忠造　⑤344
源義家　①32
源義経　①32
源頼朝　①29, 32-33, 36-37, 39
源頼義　①27, 29, 32

V 『正伝 後藤新平』全人名索引

箕浦勝人　④81、⑤693、752、844
美濃部俊吉　⑥584
美濃部達吉　⑦358
三村徳太郎　①350
宮入慶之助　②408、519-520、576-577
宮尾舜治　①475、③75、77、110、139、268、276、279、334、373-374、473、713、⑤421-423、⑧205、207、241、252、254-255、264、301、459
宮川保之　①154、191、197、②248-249、255
宮川（医学博士）　⑦91
三宅碩夫　②195
三宅秀　①344、440-441、476、②53、56-57、104
三宅（医師の未亡人、広島検疫部下宿先）　②365
宮地茂春　①314、316
宮田久助　②26
宮原民平　⑧480
三好重彦　③514、705
三好退蔵　①629、②243

ム

陸奥宗光　②13、72、137、139-140、256、258、528
武藤金吉　⑤459
武藤浪重　②195
宗景（→伊達宗景）
宗直（→白石宗直）
宗城（→伊達宗城）
村井吉兵衛　④82
村上巧児　⑧322
村上彰一　④215
村上先（台湾総督府、元塩水港庁長）　③148
村上楯朝　②66、68-69
村上義雄　③122、129、136、173-174、176、452
村上（県吏、福島洋学校幹事）　①159
村川（博士、教員講習所）　⑦453
村野常右衛門　⑤843
村山龍平　②313、⑤757
室田義文　④26、521

メ

明治天皇　①102、201、②372-373、563、③414、488-489、599、④103、128、202、523、657-658、⑤29、400、563、576、603、⑥213、326、⑦22、24、31、46、547、550-551、⑧560、564
目賀田種太郎　⑥584、587、⑦652
銘苅正太郎　⑧667

モ

毛利（一等軍医）　②340、344
最上徳内　⑦691
最上義光　①39-40、70
茂木恭一郎　①58
持地六三郎　③473、673
持地ゑい子　③705、709、714
望月小太郎　⑤784-785、⑥294、⑧141
本居内遠　①92
本居大平　①92
元田永孚　①514
元田肇　②428、④81、⑤371、378、380、454、461、465、469、471、525、639-640、658、⑥200-201
本野一郎　⑤234、576-579、581、583-585、587、592、⑥25-26、28、192、348、350-352、362、378-379、392-393、405、418、426、451、453-454、456、462、472、518-519
本山彦一　①511-512、⑤757、760
森有礼　①130
森孝三　①611、③418、421、689、⑤524、549、568、573-574、584、⑦593-595、598、686、⑧26-27、118、484、486、537、560、563、565
森猛熊　⑧35、70
森藤吉郎　②89、195
森文次郎　②126-127、155、186
森御蔭　④585
森林平　①553
森岡昌純　①255
森下国雄　⑧459
森田思軒　⑥538
森田茂吉　③262
森田（内務省秘書）　③30
森野（在サンフランシスコ）　⑦27
森村市左衛門　①683
森村宜民　①286
森本邦治郎　⑤197、203、207、213、230、388、⑥153、158、184
森本駿　⑤454、464
守屋善兵衛　④365
守屋栄夫　⑧663
森山守次　④364
森脇天涯　⑦667
門馬尚経　①153、191

や 行

ヤ

柳生一義　③468、670
八代六郎　⑤844
安居修蔵　②243
安井息軒　①123、125、145、③412
安川敬一郎　④81
八杉貞利　⑧537、563、565、582、584、586、654
安田善次郎　④81、⑤723-724、⑦392、396-400、467-471、473-480、482-487、495、506、508、529
安田善次郎(二代目)　⑦529
安田善之助　⑦481、483
保田光則（渚舎）　①92、94、⑦668

安場一平（→安場保和）
安場カツ（和子）　①509
安場末喜　①153, 521, 555, ⑧481
安場友子　①153, 521, 539, ③707
安場久子　①510, 512-514
安場保和　①2-3, 120-121, 123-125, 133-134, 136, 149, 153, 163-164, 166, 173, 216, 228, 269, 298, 331, 334, 337, 339, 509-519, 521, 547, 552, 583, ②28, 155, 157, 163-165, 199, 255, 271, 637-641, 645-646, ③24, 283, 700, ⑥320, 344
泰衡（→藤原泰衡）
安広伴一郎　⑤387, 430, 465, 468-469, 471
矢田長四郎　⑦52, 83
谷田（台湾軍参謀長）　③401-404
箭内亘　④337-338, 341-343
柳見仙　①241
柳沢光邦　②72
柳沢保恵　⑤105, 387, 389-390, ⑦313-314, 317, 321, 323, 326-327, 496, 502-503, 505, 573
柳下士興　①441, ②155
柳田卯三郎　②249-250
柳谷謙太郎　②103
柳沼源六　①281, 553
矢野恒太　⑦317
山内太一　⑦454
山内（鉄道院主事）　⑤344
山岡鉄舟　②21
山鹿素行　⑤83
山県有朋　①242, 517, 557, ②71, 513-514, 582, ③20, 101, 215, 217-221, 239, 245-246, 559, 561, 591, 593, 595-599, 648, 673, 803, 806, 808, 810, 826-827, 831-832, 834, ④18-19, 24, 26-29, 38-39, 43, 47, 49-50, 52, 57, 59-60, 62, 68, 76, 87, 184, 513, 515, 617-618, 623, ⑤21, 24, 39, 43-44, 157, 382, 426, 434-435, 564-566, 588, 594-595, 604-605, 628, 635, 637, 679, 770-773, 777-778, 782-783, 785, 832, 834, 849, 857-858, 863-870, 873, 876, 881-882, ⑥15, 25, 141-142, 232, 346, 350-351, 421, 423, 535, 551, 566-567, 609-610, ⑦141, 319, 321, 372, 393, ⑧604
山県伊三郎　④184, ⑤77-78, 849
山県治郎　⑥118-119, 133, 136, 143
山形要助　③297
山岸譲　①153
山極勝三郎　①681
山口淳　②86, 94, 112, 134, 175, 179-187, 195-196, 234-235, 238-239, 243
山口吾三　⑤510, 512
山口準之助　⑤185, 306, 308-310, 315
山口透　③706
山口秀高　⑤377, 439
山口宗義　②634-635, ④86
山座円次郎　④80, 82
山崎四男六　⑤387
山崎周作　①121, 125-126, 132, 144, 278, 330
山崎戦次郎　①126, 132
山崎多七　②118
山下秀実　③423, 670
山下松太　③466
山階宮　⑧507
山田顕義　①418, 431, 680, ②103
山田有誠　②119
山田喜之助　②105
山田源一郎　⑤521
山田重兵衛　②179-180, 187, 195
山田泰造　①666-669, 673
山田忠正　⑧459
山田博愛　⑧192-193, 206, 231, 233, 245, 254
山田寛　①229
山田（外交調査会幹事）　⑥551
日本武尊　①28-29, ⑧523
山中サノ　②183
山中立蔵　①225, 295
山中（少将）　③185
山根正次　②87, 97, 118-119, 182, 205, 222-223
山之内一次　④80, 82, 413, ⑤185, 354-355, 388, ⑧142, 151, 213, 387, 394
山室軍平　⑦463
山本竟山　③482
山本権兵衛　①475, ②515, ③295, 559, 585, 595, 648, 731-732, ④19, 24, 307-308, ⑤426, 443, 605, 610, 655, 660, 662-664, 667, 669, 672-673, 676-677, 697, 710, 717, 724, 770, ⑦223, 346, 585, ⑧131, 133-134, 136, 139-151, 154-155, 159-160, 166, 171-172, 213, 215, 235, 246, 258-259, 261, 264, 276, 301, 321, 323, 334-336, 352, 388, 393-394, 408-409
山本三郎　⑤568
山本条太郎　③224
山本せい（おせい）　①117, 166
山本達雄　⑤604, 858
山本悌二郎　③352, 356-360, 433, ⑤679, ⑧484
山本正勝　③402-404
山本三仲　①166
山本安夫　⑧133-134, 142
山屋他人　⑥159

ユ

湯浅倉平　⑤532, ⑥44, 229
湯浅義男　②195-197, 200, 204
結城豊太郎　④82, ⑧241
湯川寛吉　⑤156
行岡庄兵衛　②102
湯目補隆　②205, 220, 233, ③21, 138, 191

ヨ

与市兵衛（忠臣蔵）　⑤672
横井小楠　①2-3, 121, 163-164, 513-514, ⑤238
横井時雄　⑤238-239, 458-459
横井信之　①238, 244-246, 261-262, 264-265, 283, 299, 349, 354
横井宗也　①62
横沢次郎　②587, 589, 629, 634, 636, 647, ③34, 36, 89, 145, 164, 174-175, 245, 247-248, 250, 312, 319, 481, 559-560, 567, 574, 580, 595, 600
横田香苗　③319-320
横田千之助　⑦199-201, 203, 208-210, 215, 219-220, 222, 319, 322-323
横手千代之助　⑦541
横山勝太郎　⑦316
横山虎次　③481
横山慶朝　②121, 132
横山安武　①130-131
横山（庁長）　③466-467
横山（前代議士）　⑦147
吉井幸蔵　⑤388
吉植庄一郎　⑤388-390
芳川顕正　①418, 460, ②103, 513, 528, 589-590, 603-604, ④117, ⑦372, ⑧430, 442
吉川（西原借款代表者）　⑥398
芳沢謙吉　⑧112
吉田迂一　②291
吉田公宗　②288
吉田十一　⑧563
吉田種穂　①48
吉田長叔　①50
吉田良三　⑦363
吉田（市技師）　⑦454
吉谷覚寿　②149
慶喜（徳川）　①114, ②29
吉弘（少佐）　③136
吉山眞棹　⑦363
米田虎雄　③599-600
米山梅吉　⑥402

ら行

ラ

頼山陽　①32, 281, ⑤83

ル

留守顕宗　①39-40, 69-70
留守家明　①38
留守家任　①38-39
留守家継（→新左衛門尉）　①38
留守家業　①38
留守家広　①38
留守家政　①38
留守家元　①38
留守乙姫　①38
留守景福　⑤534
留守邦命　①41, 89-93
留守邦寧　①39, 41, 43, 111, 116
留守重家　①39, 40
留守政景　①39-40, 45, 69-70
留守宗利　①29, 35, 39-41, 46
留守宗衡　①41, 90
留守村儀　①41
留守村景　①39, 41
留守村任　①39, 41
留守村利　①41
留守村福　①41, 43
留守村善　①41

留守郡宗　①39-40
留守持家　①38-40

ロ

蝋山政道　⑦509

わ行

ワ

和賀親忠　①34-35
若槻礼次郎　①7, ④80, 82, 101, ⑤200, 295, 358, 387, 425, 430, 563-564, 568, 572-573, 577, 608, 639, 742, 748, 752, 844, ⑦526, ⑧426
若林成昭　⑦386-387, 565
若宮貞夫　⑥584
和気清麿　⑤873, 877
鷲尾正五郎　⑦16, 26
和田清　④337
和田豊治　⑧213, 322-323
和田彦次郎　④80, 82
渡辺嘉一　⑤388-390
渡辺崋山　①52-53, 55
渡辺勝三郎　⑧160
渡辺喜八　②85
渡辺国武　②512, ③648, 731-732
渡辺洪基　①687, ②79
渡辺精吉郎　④220-221
渡辺専次郎　④91
渡辺直賢　②195
渡辺千秋　⑤565, 568
渡辺銕蔵　⑦358, 361, ⑧251
渡辺徹　⑦453
渡辺登　①54
渡辺義直　②126, 128
渡辺渡　④80
渡辺（中佐）　③564, 579
綿貫吉直　②38
亘理重宗　①39, 41
和辻哲郎　⑥538

2 外国人名

ア行

ア

アインシュタイン, A. ⑧439
アスクィス, H. H. ⑤636
アーノルド, M. ⑤238
アービング, W. ③711, ⑦75
アファナシェフ, M. ⑤571
アルチョーモフ（ザバイカル鉄道長官） ⑧569
アルベール一世 ⑦130
アルント（ベルリンの牧師） ①629-630
アレキサンダー一世 ⑦106
アレクセイ（大公） ③763
アレクセーエフ, E. I. ⑤776
アルベール一世 ⑦130
安重根 ④521, ⑤584
アンダーソン, L. ⑦81
アントニー, M. ①318
アントノフ, V. ⑦596, 670, ⑧35
アントリック（シエーリング社理事） ③658-663, 665-666

イ

イエス・キリスト ⑤518
イズボルスキー, A. ⑤234, 501
インマン（カリフォルニア州上院排日案提出者） ⑦43

ウ

ウィッテ, S. Y. ④29, 519, 582
ウィードフェルド（東亜経済調査局） ④333, ⑤513
ウィリアム二世（→ウィルヘルム二世）
ウイリス, W. ①231
ウィルソン, W. ①490, ②582, ④401, ⑥332, 362, 530, 544-545, 548-549, 551, ⑦23, 30, 55, 60, 72, 79, 92, 94, 106-108, 136-138, 155-157, 159, ⑧425, 438
ウィルソン（労働長官） ⑦82
ウィルヒョー, R. L. K. ①490, 616
ウィルヘルム二世（ウィリアム二世, 新帝, ドイツ皇帝） ①600, 620, ②270, 372, ④287, 306, 505, ⑤513, 523, 586
ウィルレンキン, G. ④581-582, ⑤494-495, 498
ウインツェリー（ウエンツリー, ウェンツェル）, A. ④586, 589-590, ⑤583-584, 594
ウェード, T. F. ③18
ウェルズ, H. G. ③424
ウォーカー, F. A. ⑦155
ウォストローチン, S. ⑥565
ウォルコット, C. D. ⑦81
ウラジミール（大公） ⑦691

エ

栄（漳州道台） ③528
エオロフスキイ（外交官） ⑦592
エゴロフ, E. ⑤583
エジソン, T. A. ⑤519-520, ⑦26-27, 57, 75
エスマルク, D. ①562
エッチンゲル（医者） ⑧117
エドワード七世（ウェールズ公） ①642-644, 650, ⑤641
エマーソン, R. W. ③699, ⑤520, ⑦155
エマニエル一世 ③16
エリオット, C. W. ⑦55, 155
エルキントン, A. ⑤232
エルドリッチ（中央衛生会） ①467
袁世凱 ②582, ④23, 364, 398-399, 403, 406, 431-432, 477-480, 495, 518, 562-563, 566-567, 569-570, 572-573, 575-579, ⑤498, 570, 778, 784-786, 803, 810, 858, ⑥278
延年 ③519, 521, 528

オ

オイケン, R. ⑤513
王安石 ③195
王烏猫 ③137
王雲漢 ③101
王羲之 ⑤60
王研 ③180
王樹翰 ⑧473
王胚 ③181
王陽明 ①92
黄国鎮 ③137, 186
黄茂松 ③185
オスマン, G. - E. ⑦374, ⑧389
オゾールニン（駐ハルビン・チタ政府代表） ⑦579
オーブライアン, T. J. ⑦81
オラノフスキー, V. ④17
オルツェウスキー, J. ⑤549, 553
オルフ（米国人） ①167

オレンジ公ウイリアム
　　⑦141
オロゴツキー，P.　⑥571

カ 行

カ

柯鉄　③137, 155, 184-186
何礼之　①419
カークウッド（台湾総督府顧問）　③90
カージン（対日漁業交渉団）　⑦760
カーゾン，G.N.　⑦100-101
カニンガム，W.　⑦143
ガービン（『オブザーバー』主筆）　⑦100
カブール，C.B.　①26
カーメネバ（カメネバ），O.　⑧540, 615-616
ガモフ，I.　⑥571
カーライル，T.　③711, ⑤520
カラハン，L.　⑦618, 625, ⑧112-113, 117, 571, 576, 586, 591, 602-604, 614, 620-621, 623-626, 629-630, 633-636, 638-640, 643-644, 654
カリニン，M.　⑧593-594, 654
ガルトン（万国衛生及民勢会議総理）　①642
簡義　③155
簡大獅　③130, 135, 137, 176-177, 180
韓愈　①398
ガンツブルク（フランス銀行家）　⑦122
カント，I.　①496

キ

ギチョウ（ドイツ海軍医監）　①346
キッチナー，H.　⑧260
キプリング，R.　④254
キャッスルレー，H.R.S.　⑦106

ギューリック，L.　⑦72, 467
許応騤　③521-522, 524, 526-528, 537-539, 551, 631
許廷光　③348
許由　③181
凝海　④342
キンダー（清国・関内外鉄路総弁）　④422
ギンツェ（東清鉄道）　⑤571

ク

瞿鴻禨　④423, 425, 428, 430
グチコフ，A.　⑦113
クーツ，B.　①643
グットスタット（プロシア統計院主管）　①563
グッドノウ，F.J.　⑦159
グナイスト，R.v.　⑦327
クナックフース，H.　⑤523
クラーク（ウェールズ皇太子侍従）　①643
グラッドストーン，W.E.　⑧434, 440, 446
グラント（露国ハルビン総領事）　⑧473
グラント，U.S.　①472
グリーン，Sir C.　⑥512, ⑦133
クールベー，A.　③37
クルペンスキー，V.　⑥522, 564
グレー，E.　⑤790, ⑥126, ⑦137, 142-143
クレマンソー，G.　①490, ⑦107-108, 116, 124, ⑧440
クロウ，C.　⑦134-135
グローシアス，H.　⑦141
グローブナー（地学協会）　⑦81
クロポトキン（クロパトキン），P.A.　③763, ④194, ⑤350
クローマー（クロマー），E.B.　③199, ④113
クローリー，H.　⑦75

クンツ（博士, 宝石研究）　⑦59

ケ

啓（塩法道台）　③523
慶親王奕劻（清国王朝）　④364, 423, 495, ⑤481
ゲデス，A.　⑦133
ケーリー（鉄道経営）　⑦74
ゲーリー，E.H.　⑦52, 74, 83, 154
ゲールツ（横浜司薬場）　①346
ゲルハルト，K.C.　①561
ケルベッチ，S.　④236
ケレンスキー，A.　⑥304, ⑦114
阮振　③184, 186
ゲーンズボロー，T.　⑦88

コ

顧維鈞（中国国際連盟代表）　⑦94, 518
辜顕栄　①36, ③128-130, 132-137, 322, 334, 347, 351, 470
胡国廉　③622
呉広　⑧440
呉子（呉起）　①123
呉俊陞　⑧473
伍廷芳　⑥379
呉湯興　②585
呉理卿　③621
孔子（仲尼）　①398, 631, ③456
光緒帝　④422, 429
ココフツォフ，V.　①2, ④519-521, 582, 589-590, 597-598, ⑤234, 237, 382, 495, 578-581, ⑦113, 115, 121, 124
コスチュコフスキー（ロシア外務省儀礼局）　⑧641, 643
ゴスレル（プロシア文相）　①637
ゴッチェル（ドイツ帝国国務

大臣）　①637
ゴッドキン（イギリス外務省）
　⑦134
コッホ，R.　①561-562,
　616-619, 674-675, 680-683,
　②567, ⑤496
コブデン，R.　⑦613
コルチャック，A.　⑥564,
　573, ⑦117, 150
ゴールドスミス，O.　③711
コルラジ（万国衛生及人口会
　議イタリア代表）　①645
コンノート，A. W. P. A.
　⑥599

サ 行

サ

蔡玉屏　③348
蔡国淋　③459
蔡南生　③326
蔡（天津道台）　④431
載沢　④430
サイツ，ドン　⑦74, 80
ササノフ，S.　⑤583
サミュール（葉たばこ買入商）
　③334, ④393
サリスベリー（→ソールズベ
　リー）
サロン，S.　⑦596, 598, 730
サンクウィッチ（フランス公
　使）　②71

シ

施肇基　④407, ⑦588
シェークスピア，W.（沙翁）
　④246
ジェラール，B.　⑤779
シェルバツスコイ（オムスク
　政権外務次官）　⑦122
シーザー，J.　①318, ③565,
　④180
シッフ，J.　⑤495-496,
　⑦83, 154
シドモアー，E.　③68, ⑦81
ジノビエフ，G.　⑦612
シーポフ，I.　④554, 636,

　⑤234, 583-584
シーボルト，A. v.　①239,
　651
シーボルト，P. F. v.　①51
釈迦（釈尊）　①631, ②200,
　③455, ⑤797, ⑦353, ⑧519
シャフツベリー　⑦105
シャルク，E.　④501-503,
　505
ジャンヌ・ダルク　⑦125,
　129
朱家宝　④423, 430
周長齢　④422, 431
粛親王（善耆）　④430
朱子　①48, 92, ③456
シュタイン（スタイン），L. v.
　①461, 488
シュタインメッツ，C. P.
　⑦74-75
シュミット（後藤新平ミュン
　ヘン時代のドイツ人秘書）
　①597
シュルツ（プロシア陸軍軍医）
　①239
舜　①371
徐世昌　④137, 142, 148,
　403, 405, 412, 423, 430, 432,
　477-480, 482-484, 555, 563,
　566, 568, ⑤478, 480-481,
　492, 569-570, 803, ⑦111-112
徐宗幹　②584
徐禄　③137, 161, 180
徐（福州府知府）　③523
蔣介石　⑦589
章宗祥　⑥378
ジョージ五世　⑤641, ⑦104
ジョルダン，M.　⑤786
ジョンソン（海軍少将）
　⑦24
ジョンソン（ニューヨーク機
　関車会社社長）　⑦83
シラー（シルレル），F. v.
　①523, ⑦139
振貝子（清国皇族）　④137,
　142, 412, 423

清国皇帝（→光緒帝）

ス

鄒嘉来　④423, 425, 430
スクリパ（スクリッパ），J. C.
　②53, 56
スクルツェッカ（スクウェッ
　カ，衛生行政学）
　①561-562, 564, 572
スターリン，I.　①2, ⑧553,
　573-575, 577-578, 582,
　584-586, 591, 603-604,
　630-633, 649, 654-655
スターリング（インディア・ハ
　ウスの午餐会ホスト）
　⑦83
ステホミルフ（ロシア陸相）
　④599
ストルイピン（ストリピン），
　P.　④588, ⑤382
ストレーゼマン，G.　⑧485
ストレート（アメリカ奉天総
　領事）　⑦80
ストーン，M. B.　⑦75-76,
　83-84
スピンネル，W.　①629
スペンサー（スペンセル），H.
　①313, 492-493, ③53, 193,
　339
スマイルズ，S.　①155
スマッツ（スマッソ），J. C.
　⑦92

セ

盛宣懐　⑤481-482
西太后　④405, 411, 422,
　426-427, 429, 489, 495, 518,
　⑤30, 530
セシル，R.　⑦99
セプトン（在台湾アメリカ人
　女性中学教師）　③448
セメノフ（セミヨノフ），G.
　⑥520-521, 562, 569, 571,
　⑦222, 579
詹阿瑞　③185
詹番　③181
占鰲　④404

V 『正伝 後藤新平』全人名索引 251

ソ

蘇雲梯　③348, 361
蘇東坡　⑤284
宋公明　③114
宋秉畯　⑤429
曾国藩　⑥79
曹汝霖　④425, ⑤813, ⑥394
曾氏（子輿）　③456
荘子　①428, ⑦242
ソーヤー, H.　⑦155
ソールズベリー, 3rd Marquis of（サリスベリー）
　⑤540, 636
ゾルフ, W.　⑧484-486, 533, 559-560, 563
孫科　⑦518
孫文（孫逸仙）　⑦518, 581-582, 589, 656, ⑧577
孫葆瑨　③606
孫子　①123, 125, ⑥512
孫（漳州知県）　③528

タ 行

タ

ダーウィン, C.　①492, 645, ③53, 193, ⑧438
沢公爺（清国要人）　④423
ダニエルス, J.　⑦84
タフト（Tuft）, W. H.　⑤61, 515, ⑦44, 159-160
ダブルデー, F.　⑦73-74
タレーラン, C.M.de　⑦106
潭延闓　④432
段祺瑞　⑥392, 399, ⑧476
段芝貴　④324, ⑤489
ダンマパラ（インドの高僧）
　①629

チ

チェスター（イギリス新聞記者）　⑦144
チェンバレン, J.　⑤414, 636
チース（ドイツ経済学者、東亜経済調査局）　④327-329,

333-334, ⑤510-511, 513
チチェリン, G.　⑦618, 692, ⑧95, 583, 586-587, 591-593, 635-636, 638, 643, 654-655
チムマーマン, A.　⑦69
チャイルド, R. W.　⑦79
チャーチル, W.　⑤636, ⑦116
チャーチル, R.　⑤540, 636
張（布政使、布政司）
　③522-523, 538, 539, 546
趙括　①345
張京堂　③619, 640
張作相　⑧473
張作霖　④324, ⑤810, ⑧472, 474-476, 545-546, 577, 584, 592
張三石　①226
趙爾巽　④324
張之洞　③543-544, 546, ④477
張錫鑾　④324, ⑤810
趙盛京　④137
張大猶　③186
張仲景　①364
陳秋菊　③130, 137, 155, 161-162, 172-174, 176, 180
陳勝　⑧440
陳水　③181
陳中和　③100, 361, 385-386, 414, 467-468
陳苑者　③173, 181
陳宝琛　③543, 622
陳木火　③162

ツ

ツインガー, S.　⑦141

テ

程頤（程朱）　①92
程伊川　⑦550
鄭吉成　③137, 155
鄭芝龍　③16
鄭成功　③16-17, 113, 179, 321, 342, 460
鄭文流　③137, 161, 180

ディクソン, G. L.　⑦30, ④430
鉄良　④405, 430
デニキン, A.　⑥573, ⑦117
デニソン（外務省顧問）
　③88
デビス（在台湾アメリカ領事）
　③646
デューイ, J.　①3
テーラー, N.　⑦143
デルハイト, D. v.　⑦535
デルベル, P.　⑥571
デルンブルヒ, B.　⑤350

ト

杜甫　⑤238
ドイツ皇帝（→ウィルヘルム二世）
ドイル, C.　⑤779
唐継尭　⑥379
唐紹儀　④137, 148, 326, 403, 423, 425, 430-431, 477-480, 482-484, 489, 536-538, 542, 563, 566, 568, 577, ⑤62, 478-484, 486, 488, 490-492, 494, 498, ⑥346
ドウソン（政治学者）　⑦72
ドブガレフスキー, V.
　⑧538
トーマス, J.　⑦150
ド・ヨング　⑦140
ドリーシュ（ドレーシュ）, H. A. E.　⑤513, ⑧439
トリヤピン〔トリャピーツィン〕, J　⑧109
トルストイ, L.　③449
トロスケ（鉄道技師）　⑤337
トロッキー（トロッキー）, L.
　⑦77, 115, ⑧613
ドン・キホーテ　④642

ナ 行

ナ

那桐　④423, 425, 430
ナポレオン・ボナパルト（I

世）①155, 662-663, ③74, 762, ④180, 642, ⑤779, ⑦106, 111
ナポレオン三世　⑦374, ⑧389

ニ

ニコライ二世　④589, ⑤30
ニュートン, I. （ネウトン）①645, ⑧438

ネ

ネスフィールド（Grammar 著者）⑦146
ネッセルロード, K. ⑦692
ネベルスコイ, G. ⑦691

八行

ハ

パイフェル, R. ①562
バイロン, G ⑦105, 139
ハーイン（日ソ漁業交渉ソ連代表）⑦755
ハウス, E. M. ②582, ④401, ⑥531, ⑦79, 136-138
パウルゼン, F. ⑥243, ⑦332, ⑧443
白渓龍　③181
バクメチェフ, J. ④581
パーシング, J. J. ⑦29
パスツール, L. ①616, ②567
バターフィールド・スワイヤ ④393
ハックスレー, T. H. ③53
ハーディング, W. G. ⑦162
バトラー, N. M. ⑤670, ⑦83, 507
ハーバー（日独文化交流）⑧484
バーバンク, L. ⑤519-520, ⑦26-28
ハミルトン, A. ⑦60
ハムスポーン（電気工業中央会社相談役）⑤252
ハムリン（リザーブ・ボード局総裁）⑦82

ハリス（Harris）③803
ハリマン, E. H. ④182-184, 187-191, 208, ⑤299-300, ⑦85
バルツアー（ドイツ植民局）⑤338
バルトン, W. K. ③438
バルフォア, A. J. ⑥362, 479, 481, 512, 514, ⑦100
ハーレー（アメリカ船舶院総裁）⑦82
ハーンショー（Hearnshaw）, F. J. C. ⑦145-146
バンダーリップ（ワンダリップ）, F. A. ⑦75-76, 79, 83
バンナム（サンフランシスコ復興）⑧396

ヒ

ビーアド（ビアード）, C. A. ③89, ④327, ⑤108, 238, 478, ⑦80, 466, 506-510, 514-515, 517-518, 520-523, 610-612, ⑧161, 216-217, 230, 294, 387-388, 392, 486
ビクトリア（女皇）①650
ピション, S. ⑦116, 122
ピストル（衛生制度学）①564
ビスマルク, O. ①26, 156-157, 472, 490, 571, 599-606, 608, 610-611, 613-615, ②384, 455, 490, ③789, ④263, 452, ⑤135, 260, 475, 520, ⑦583
ヒューズ, W. M. ⑦108
ヒューズ, C. E. ⑤518, ⑦79, 94
馮玉璋　⑥379
ビラード, O. G. ⑦79
ヒール（海軍軍医）①239
ヒルコフ, M.（公）④113

フ

ファル, W. ①506
フィリップス（アメリカ国務次官）⑦156
フェルプス, G. S. ⑤517
フォーク（デーリーメール記者）⑦103
フォッシュ, F. ⑥451
フォード, H. ⑦47-48, 51
フォレー（清国・関内外鉄路総弁）④422
ブカナン, G. ⑦113-114
プチャーチン, E. B. ⑦691
プチロフ, A. ⑥576-577
ブッケマン（東京府病院教師）②45
ブッドレル（ドイツ樟脳商）③326
フーバー, H. C. ⑤108, ⑦76, 121, 145, 147-148, 162, 166
フヒーラン（アメリカ上院議員）⑦43
フヒルショー, R. ①677
フホドール（万国衛生及民勢会議ハンガリー代表）①645
ブライス, J. ⑦98-99
ブライト, J. ⑥613-614
ブラウエル, v. ①611
ブラウン, A. J. ⑦83
プラタプ ⑦609
プラトン ⑤760, 764
フランクリン, B. ①525
ブリアン, A. ⑤477
ブルータス ⑧293
フレデリック（プロシア王）③345
フレミング（弁護士）⑦33
フレンケル, B. ①621-622
ブロウアルドル（万国衛生会委員長）①645
プロスカウエル（コッホ助手）①562
フロスト, スタンレー ⑦84
ブロッカア（イギリス憲法学者）⑤763
フロリンスキー, D. ⑧571

V 『正伝 後藤新平』全人名索引　253

文王　⑤738

ヘ

ヘイ，J.　④184
ベーカ（陸軍長官）　⑦156
ペタン，P.　⑦129
ベッケンドルフ，A.　⑤496
ペッテンコーフェル（衛生学者）　①616
ヘップバーン（チューズ・ナショナル銀行頭取）　⑦72,83
ペーテルセン（ハンブルク市長）　⑧485
ベーデンパーウェル，Sir R.　⑧511,516
ペトロフ，A.　⑦579
ベニジーロス（パリ平和会議ギリシャ代表）　⑦108
ペリー，M. C.　①113
ペリクレス　⑧165,167
ベル，A. G.　⑦82
ベルギー王（→アルベール一世）
ベルツ，E. v.　①436,467,②75,79,104
ベルトロー（フランス外務省通商局長）　⑦124
ベンサム，J.　①493,③193

ホ

ボイトニー（中央衛生会委員）　①467
ホイーラー（博士，札幌農学校）　⑦155
ポクレウスキー　⑦115
ポコチロフ，D.　④362，⑤488
ポーター，R. P.　⑤511,513
ホッブス（ホッベ），T.　①501
ボードウィン（長崎のオランダ医）　①424-425
ホブソン（合信），B.　①241
ホフマン（プロシア医学者）　①231
ボルク（アメリカ国務次官）　⑥362,⑦81
ポルグレーヴ（経済学者）　④246
ホルトマン（漁業交渉，査証官長）　⑦759
ホルワット，D.　⑤584，⑥363,564-568,570
ボロディン，M. M.　⑦589
ポンペ，v. M.　①230-231,242,424

マ 行

マ

マイヤー（在台湾英国人医師）　③88-90
マイヤー（仏領トンキン採貝業務名義人）　③621
マキアベリ，N.　①603,④263
マクドナルド，C. M.　④20
マコーネル（カナダ農商務次官夫人）　⑦37
マサリック，T. G.　⑥530
マスティン（マンチェスター消費協同組合）　⑦135
マチニック（ニューヨーク鉄道車輛自動車）　⑦52,73-74,83
マツオキン，N.　⑧35
マッカドウ，W.G.　⑦59-60,64,71-72
マッグレガー（大連に商社出店）　④393
マッセー（『ネーション』主筆）　⑦75,79
マホメット　④505
マルクス，K.　①495,③339,⑤764,⑦613,⑧439
マルコニー，G.　⑧492
マルチーネ（ドイツ軍医）　①346
マレビッチ，M.　⑤494,499,785
マンスフェルト，C. G. F.　①425

ミ

ミッチェル（イギリス議会）　⑦133
ミード（Miad）（在シカゴ教授）　⑦44
ミード夫人　⑦44
ミュレル（プロシアからの医学教師）　①231-232
ミュンヒ，W.　⑦551,560-561
ミラー（『ニューヨーク・タイムズ』主筆）　⑦79
ミラー，R. S.　⑥557-558
ミル，J. S.　①493
ミルコフ，P.　⑦113
ミルナー，A.　⑦116

ム

ムッソリーニ，B.　⑧350,583
ムラビヨフ，N.　⑦692

メ

メシウス，B.　⑤517
メーソン，G.　⑥371-373
メッテルニヒ，K. W. L. v.　⑦106-107
メルクロフ，S.　⑦594
メンリニコフ，B.　⑧571

モ

孟子　①107,③456
モット，J. R.　③89,367,④257-258,263,⑤477,514,516-520,⑦27,83,100,154,⑧486,494,668
モトレー，J. L.　①156,⑤520
モリス，R. S.　⑥361-362,522,545,548-549,551,563,⑦48
モリソン，G. E.　④430,542,546,⑤786
モールス，R. C.　④258

ヤ 行

ヤ

ヤコブ（博士）　⑤513

ヤコブレフ（チタ管区執行委員会長）　⑧569
ヤブロウスキー（対日漁業交渉代表）　⑦760
ヤンソン, J.　⑦580

ユ

ユデニッチ, N.　⑥573
ユーリン, I.　⑦579

ヨ

葉（俠官県知事）　③523
楊岐珍　③517-519, 577-578, 521
楊士驤　④478
楊（洋務局長代理）　③522, 552
楊（漳州副将軍）　③528
ヨッフェ, A.　①2, ④522, 524, 580, 658, ⑤509, ⑦445, 565, 568, 570, 575, 577-578, 580-601, 603-609, 612, 614-615, 617-618, 623-625, 629-630, 635-636, 649-653, 656-657, 659-660, 662, 666, 669-671, 677, 679, 682, 685-686, 695, 703-706, 708-715, 719-723, 727-735, 743, 747-762, ⑧15, 20, 26, 30-31, 34, 45, 54-55, 58, 64, 67, 78-92, 96-97, 100-102, 107-109, 112, 114, 116-119, 132-133, 142, 166, 535, 542-543, 610, 612-614, 616, 650
ヨッフェ, V.　⑦596, 598
ヨッフェ夫人, M.　⑦596, 598
ヨングハンス（愛知県病院医師）　①227-228

ラ行

ラ

頼票　③181
ライン, J. J.　③658
ラッサール, F.　⑦583
ラーテナウ, W.　⑤249-250, 254, ⑦92
藍鼎元　②584
ランシング, R.　⑥355-356, 362, 547, ⑦53, 81, 156
ランファン　⑧396

リ

李阿成　③162
李王（韓国皇帝）　⑤430, ⑥432
李伍　③180
李鴻章　②585, 594, ③19, 112, ⑤478, 776
李容九　⑤429
リー, K.　⑦135
陸栄廷　⑥379
陸象山　①92
陸宗輿　⑤569, 778
陸徴祥　⑤803, 811
リース, Sir J.　⑧497
リステル, J.　①321-322
リットン, E. G. B.　⑤779
リップマン, W.　⑦75
リトビノフ, M.　⑧586
リヒテンシュタイン, J. II.　①239
劉永福　②585, ③173
劉簡善　③180
劉崇傑　⑥518, 521
劉銘伝　③18, 217-218, 282, 304-305, 326
劉（鬪県知事）　③523
劉（漳州知府）　③528
劉（福建省総督）　③544
梁（営口道台）　④432
リヨン（『衛生警察』著者）　①234, 397, ②22
林維源　③517, 528-530, 532, 534-536
林火旺　③137, 162-164, 166, 168-169, 171-172, 180
林毅陸　⑥199
林少花　③137, 162, 166
林少猫　③137, 184, 186
林清秀　③137, 180
林則徐　②584
林朝俊　③137, 162, 166
林朝棟　③326
林添丁　③186
林目俊　③162
林李成　③155, 160, 173
リンカーン, A.　①26, 155, ⑦45-46

ル

ルイコフ, A.　⑧593, 595-597, 654
ルーカス, Sir C. P.　②654
ルジニー　①651
ル・ジャンドル　③19
ルーズベルト, T.（テオドール）　③672, 675, 784, 791, ⑤518, ⑥48, ⑦22, 27, 72-73, 85-86, ⑧437
ルソー（ルッソー）, J. J.　①323-324, ⑤764
ルター, M.　⑧444
ルート, E.　⑦154, 159
ルナチャルスキー, A.　⑧615-616
ルナール（フランス軍少佐）　⑦128
ルニョール（フランス大使）　⑤785
ルーマニア皇后　⑦111
ルロア＝ボーリュー　③48, 266

レ

レー, イー　⑦142
レーニン, V.　⑤108, ⑥304, 363, 450, 530, ⑦76-77, 115, 150-151, 612-613, ⑧118, 612
レビン（ヨッフェ秘書）　⑦596, 749, 751, 756, 762, ⑧16
レン, Sir C.　⑧390, 396
聯芳　④423, 425, 430

ロ

盧阿爺　③176
呂運亨　⑦657
蘆錦春　③180
ロー, S.　⑤761

ロイド・ジョージ,D. ⑦101, 107-108, 116, ⑧81, 260
ローウェル, L. ②386, ⑤760, 762, ⑦155
老子 ⑦480-481
ロシア皇帝（→ニコライ二世）
ローズ, S. ①633-634, ④113
ローズベリー, A. P. P. ⑤540
ローラン, C. ⑤253
ロルフ（サンフランシスコ市民） ⑦24
ローレッツ（老烈）, A. v. ①216, 223, 228, 233, 239, 245-246, 248, 261-263, 266, 269, 272, 274, 295-300, 333, 336, 338, 346, 363, 416, 486, ②22-23, 27, 33, 271
ロング, B. ⑦82

ワ 行

ワ

ワシントン, G. ①155
王仁 ③455
ワーレン, C. B. ⑦509

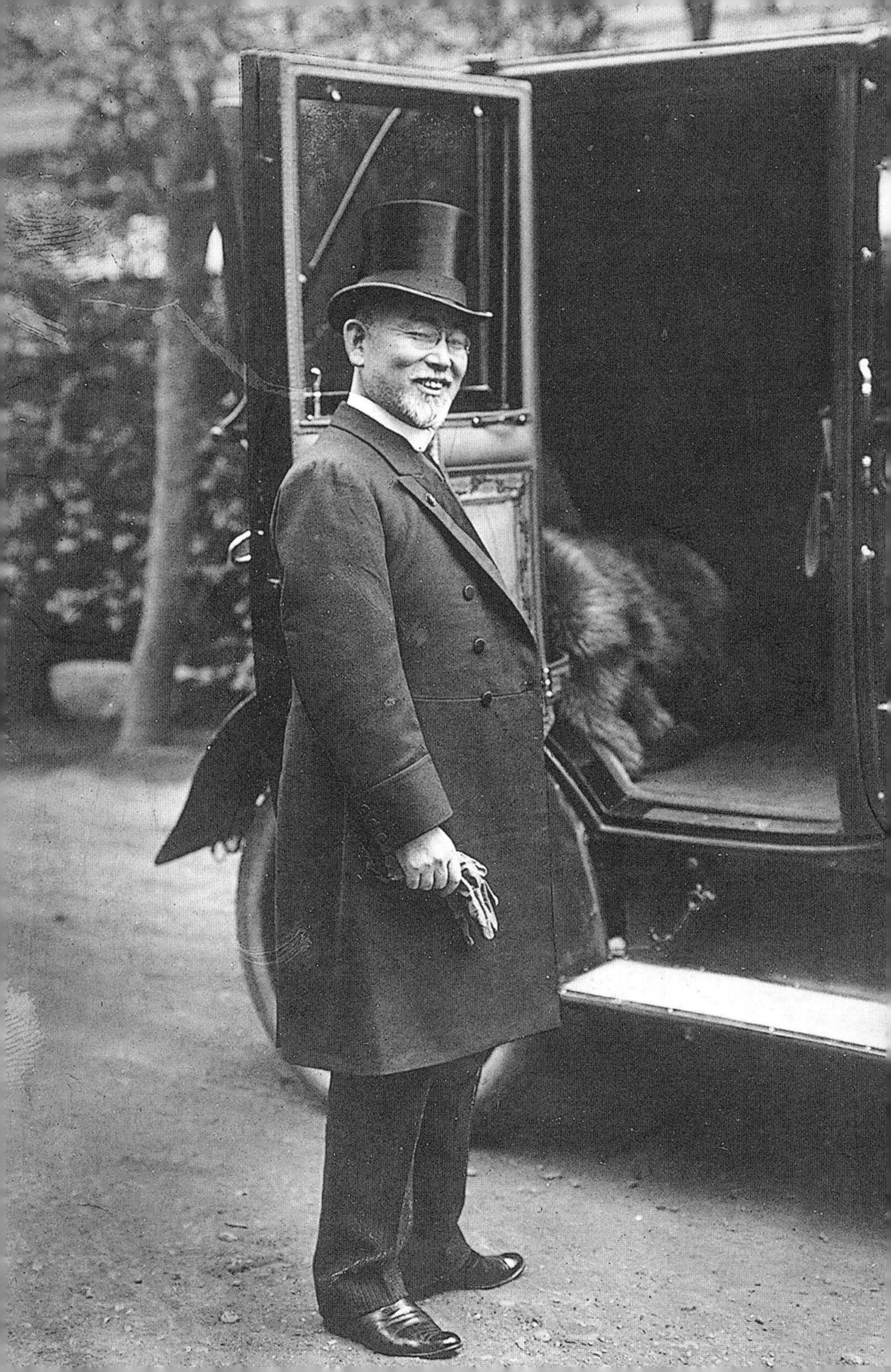

Ⅵ

地　図

幕末期の東北諸藩／水沢周辺
現在の水沢／慶応二年の水沢
1905 年頃の台湾
1906 年頃の満洲
『復興都市計画一覧図』
後藤新平・外遊旅程一覧

水沢周辺

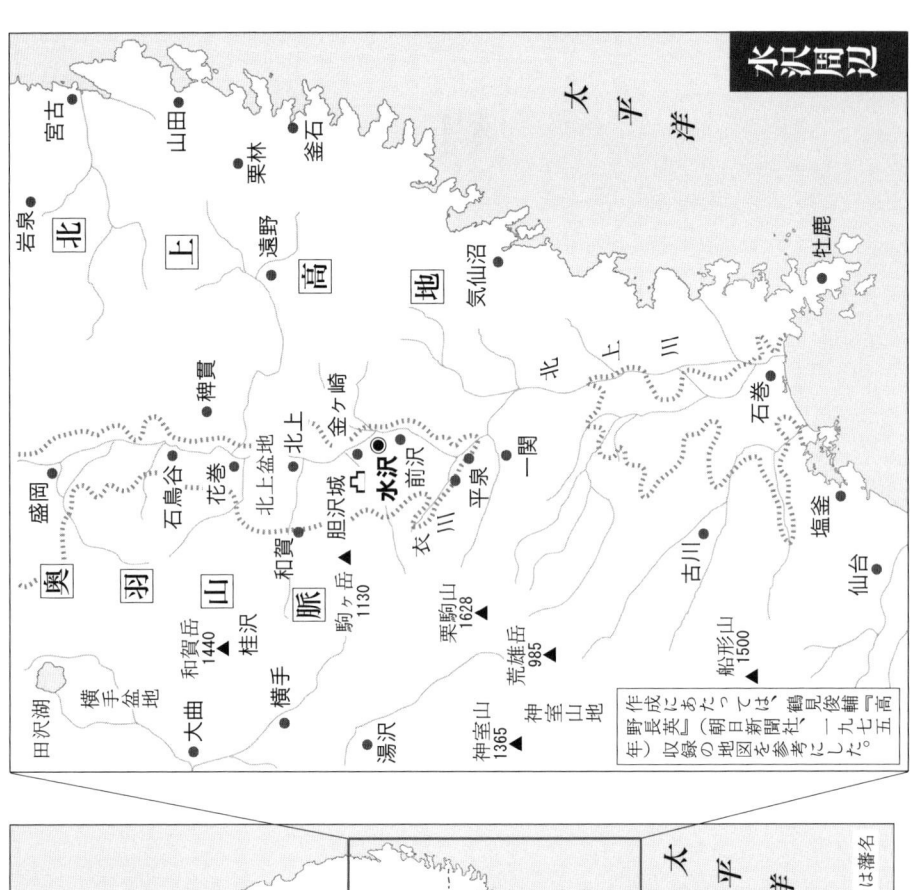

太平洋

宮古
岩泉
山田
栗林
釜石
遠野
気仙沼
牡鹿
石巻
塩釜
仙台
古川
一関
平泉
前沢
金ヶ崎
水沢
胆沢城
北上
花巻
石鳥谷
神貫
盛岡

北上高地
北上川
衣川

奥羽山脈

田沢湖
横手盆地
大曲
横手
桂沢
和賀岳 1440
駒ヶ岳 1130
栗駒山 1628
荒雄岳 985
船形山 1500
神室山 1365
神室山地
湯沢

北上盆地

作成にあたっては、高橋輔見・鶴見俊輔編『朝日新聞社』収録の地図を参考にした。（一九七五年・野長英二）

幕末期の東北諸藩

太平洋

● は藩名

八戸
陸奥
陸中
黒石
弘前
松前
久保田（秋田）
南部（盛岡）盛岡新田
陸中
陸前
水沢
一関
岩崎
仙台
羽後
亀田
本庄
矢島
松山
新庄
庄内
天童
山形
上山
米沢
新発田
村上
黒川
三日市
村松
新潟
新発田
長岡
与板
三根山
椎谷
高田
越後
佐渡
日本海

羽前
米沢新田
会津
二本松
福島
相馬
白河
棚倉
守山
三春
二本松
岩代
須賀川
磐城
磐城平
湯長谷
泉
下手渡
長瀞
磐城

現在の水沢（奥州市水沢区）

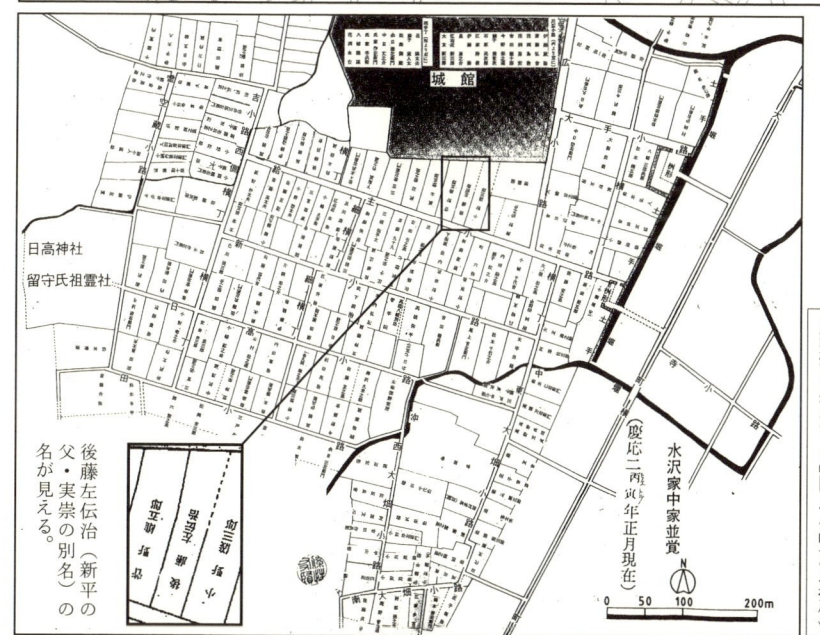

乙女川
東北本線
箕作省吾旧宅
山崎為徳旧宅
市役所
後藤新平記念館
後藤伯記念公民館（日本初の公民館）
斎藤實記念館（旧宅）
大町川
日高神社
高野長英誕生地
後藤新平生家
長光寺
留守家祖香社
増長寺
大林寺
高野長英生家
水沢カトリック教会
大安寺
水沢駅
駒形神社
水沢公園

作成にあたっては，鶴見俊輔『高野長英』収録の水沢地図をベースに，現在の情報を適宜付け加えた。

点線で囲まれた部分は水沢城跡を示す（下図の，黒く塗られた「城館」部分）。その周囲と南側一帯の城下に，水沢藩留守氏の家中をなす臣たちは家屋敷をなしていた。高野長英，斎藤實，後藤新平はいずれもそこから輩出した。

慶応二年の水沢

城館
日高神社
留守氏祖霊社
水沢家中家並覚
（慶応二寅年正月現在）
0 50 100 200m

「水沢家中家並覚牒」（慶応二年）をもとに，「城館南方の家屋敷を中心に地籍図や古図を資料とし，現状地図に屋敷割を復元した」図。（小幡茂氏提供）

後藤左伝治（新平の父・実崇の別名）の名が見える。

一九〇五年頃の台湾

台湾海峡

太平洋

基隆
台北
桃仔園
新竹
苗栗
シルビヤ山
台中
深坑
宜蘭
蘇澳
花蓮港
彰化
南投
斗六
阿里山
嘉義
新高山
塩水港
蕃薯寮
卑南山
台南
台東
鳳山
阿猴
霧頭山
打狗
恒春
澎湖島

訂正再刷臺灣詳密地圖

『訂正再刷台湾詳密地図』（後藤常太郎編集，大阪，明治38年5月20日発行。右はその一部の縮小）をもとに作成。

一九〇六年頃の満洲

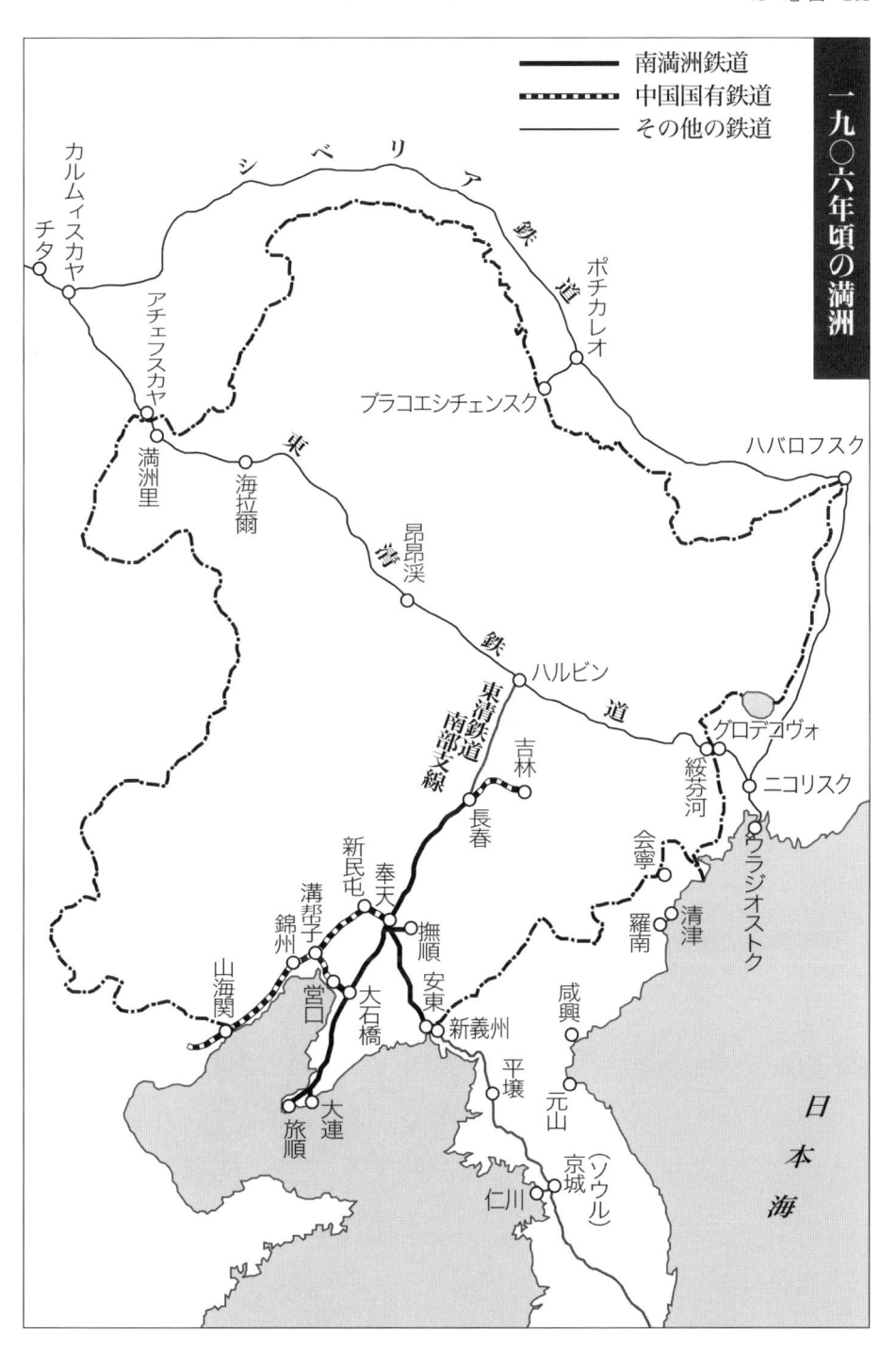

― 南満洲鉄道
▬▬ 中国国有鉄道
― その他の鉄道

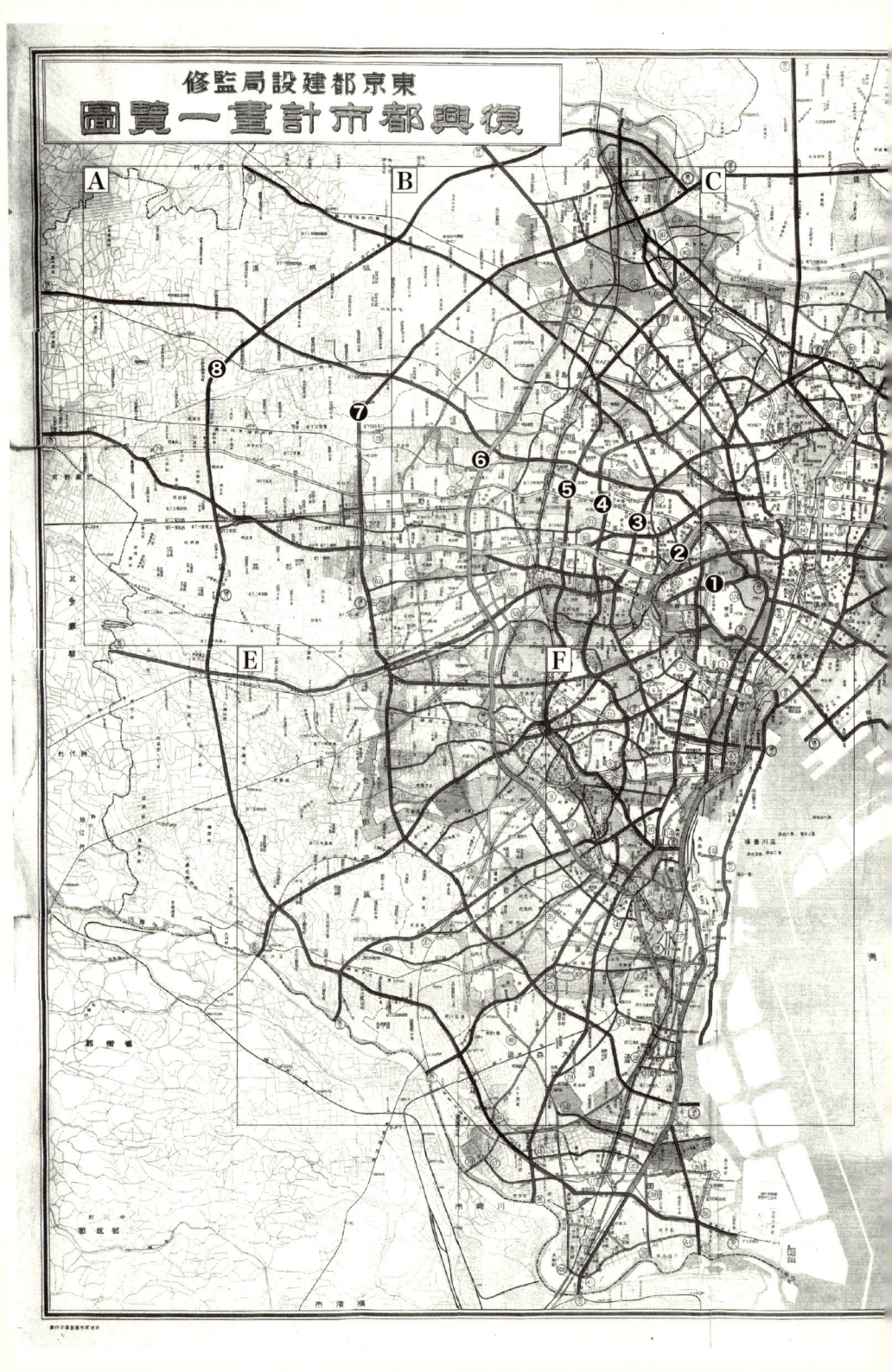

東京都建設局監修
復興都市計画一覧圖

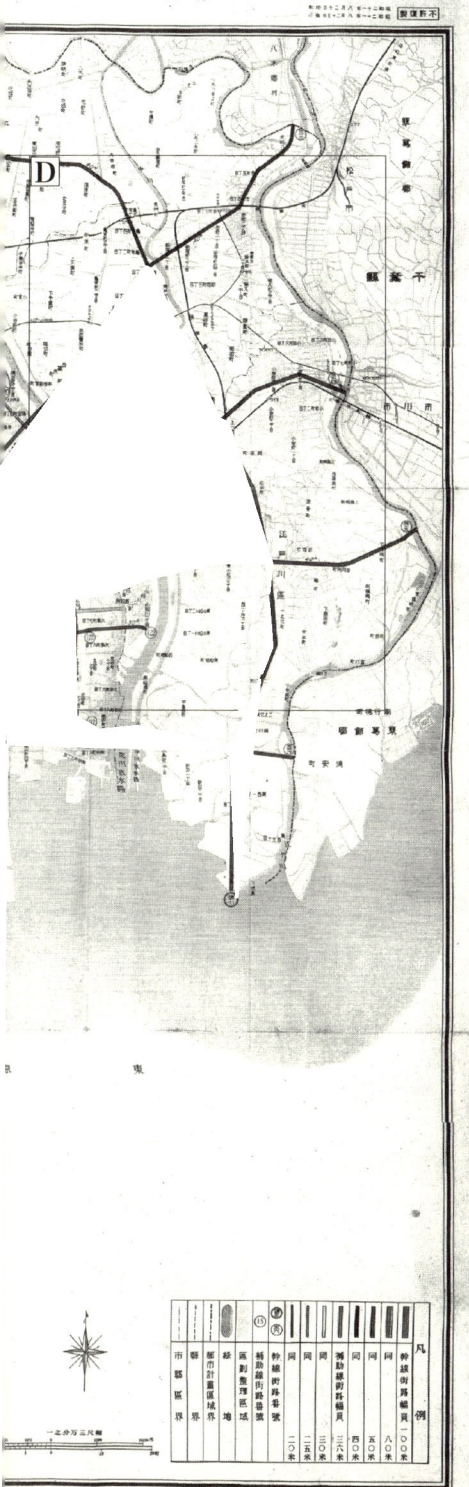

『復興都市計画一覧図』

昭和21年8月25日発行　1084mm×1188mm
（平成5年の復刻版。東京都建設局提供）

第二次大戦直後，空襲で焦土と化した東京の再建にあたり東京都建設局が作成したもの。関東大震災後の後藤新平による復興計画が下敷きになっている。

しかし，首都の復興に消極的なマッカーサーの占領政策は，この計画の実現を許さなかった。下は表紙図。

環状道路の構造
❶環状一号線　　内堀通り
❷環状二号線　　外堀通り
❸環状三号線　　外苑東通り・言問通り・明治通り・三ツ目通り
❹環状四号線　　外苑西通り・不忍通り
❺環状五号線　　明治通り
❻環状六号線　　山手通り
❼環状七号線　　環七通り
❽環状八号線　　環八通り

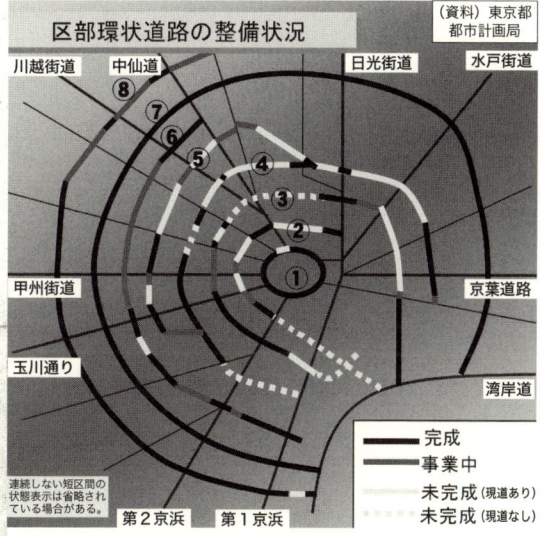

後藤新平の都市計画は，環状道路構造をつくって東京の骨格にするというもので，世界的にも他に類をみないものだった。

上は，1927（昭和2）年に計画決定された後藤新平の道路計画をベースに，2000（平成12）年3月末時点での道路整備状況を表した図。

環一から環八のうち，後藤の時代から現代にいたるまでに環として完成したものは，環七・環八だけであり，他は寸断されたままの状態にとどまっている。

（図は青山佾氏提供。ただし，部分的な修正を加えた）

A

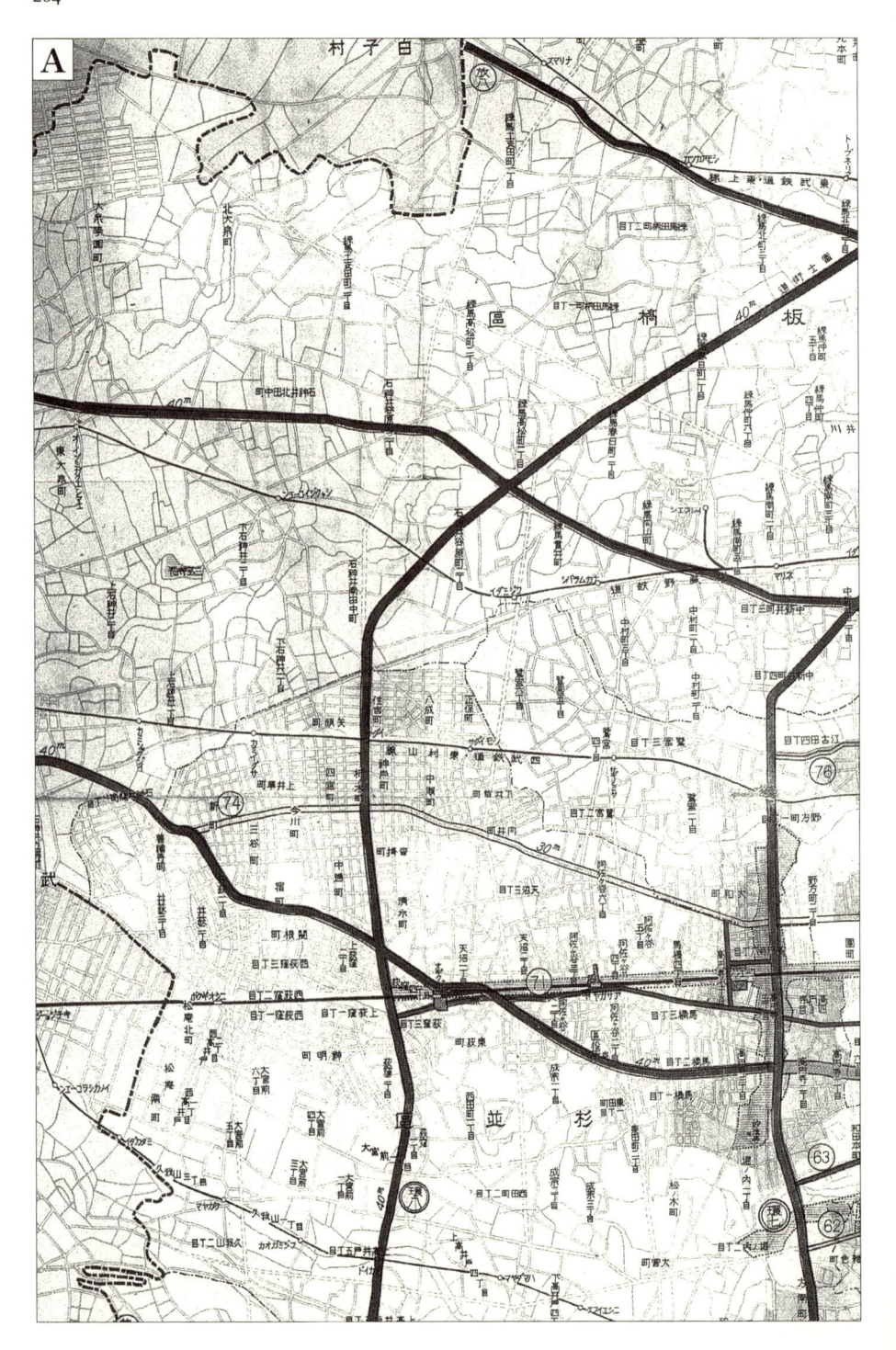

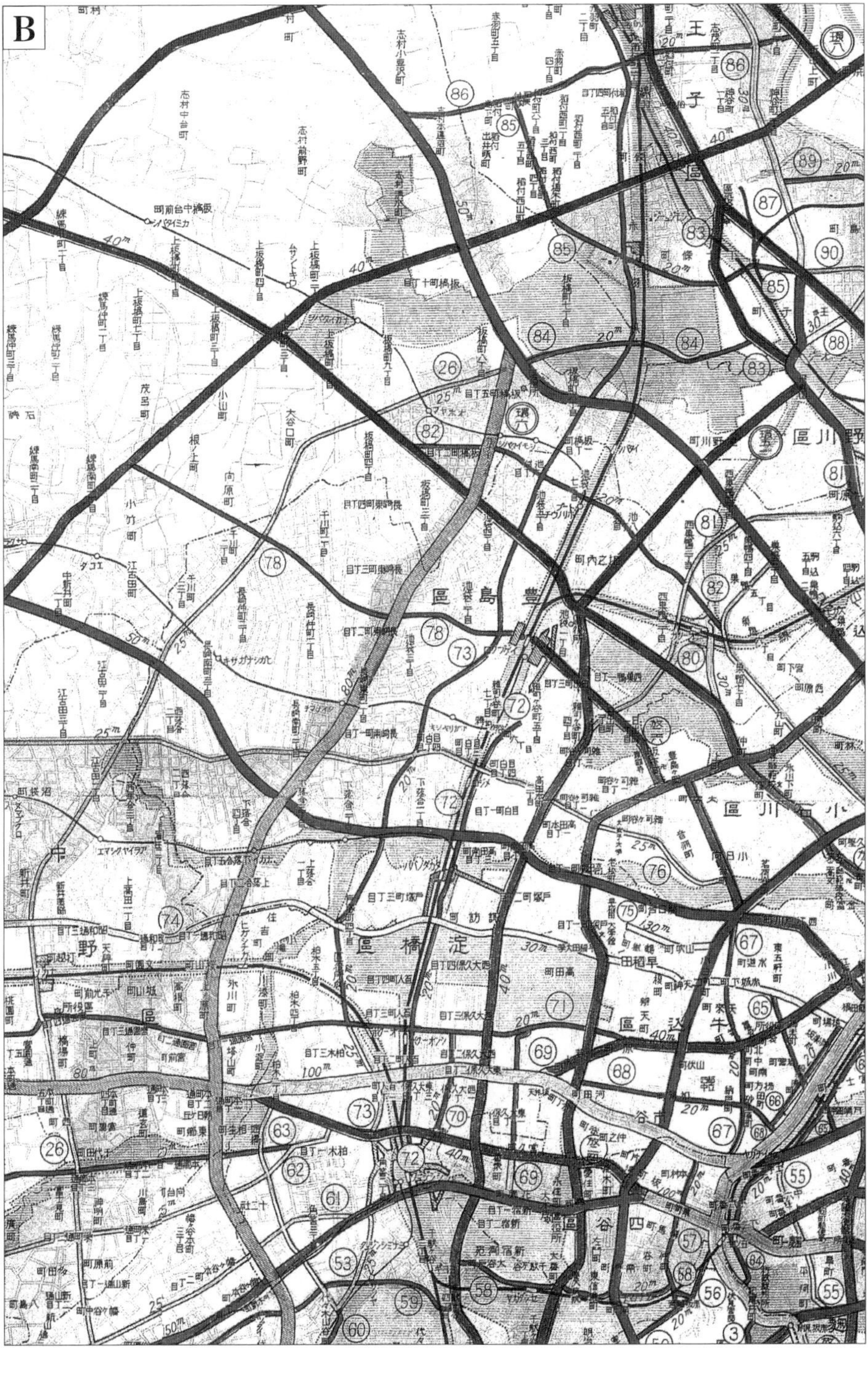
B
豊島區
淀橋區
牛込區

C

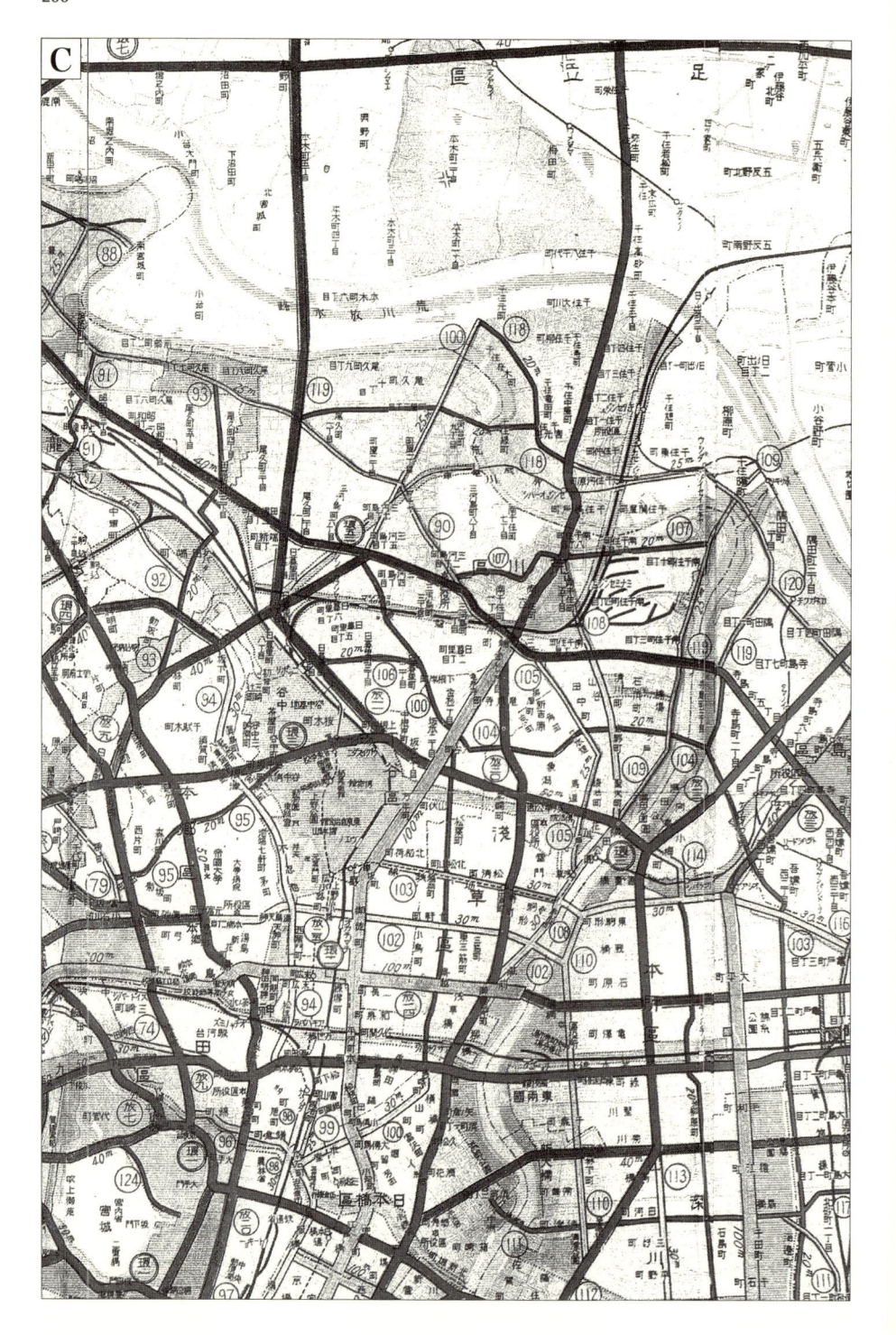

D

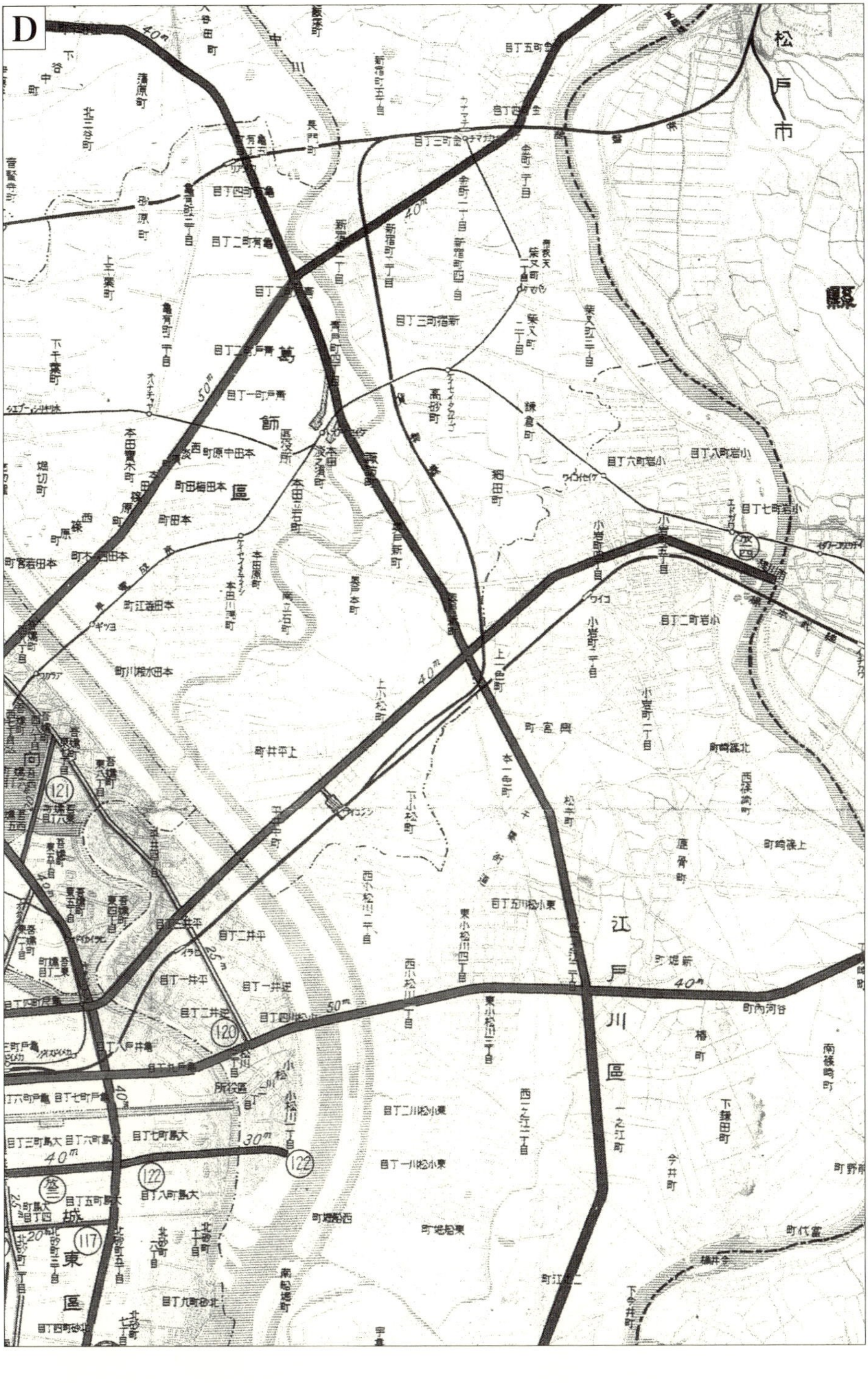
葛
飾
區
江
戸
川
區
松
戸
市
目丁五町金
目丁三町金
目丁四町有亀
目丁二町有亀
目丁三町宿新
目丁二町戸青
目丁一町戸青
町原中田本
町田梅田本
町田本
町木四田本
町宮若田本
町江西田本
町川堀水田本
町井平上
町宮興
目丁六町岩小
目丁八町岩小
目丁七町岩小
目丁二町岩小
町崎篠北
町崎篠上
目丁五川松小東
目丁二井平
目丁一井平
目丁一井逆
目丁二川松小東
目丁一川松小東
町内河谷
町堀新
町堀船西
町堀船東
目丁七町島大
目丁六町島大
目丁三町島大
目丁八町島大
目丁五町島大
目丁九町砂北
目丁四町砂北
町代富
町野鹿
40m
50m
30m
25m
20m
121
120
122
117

E

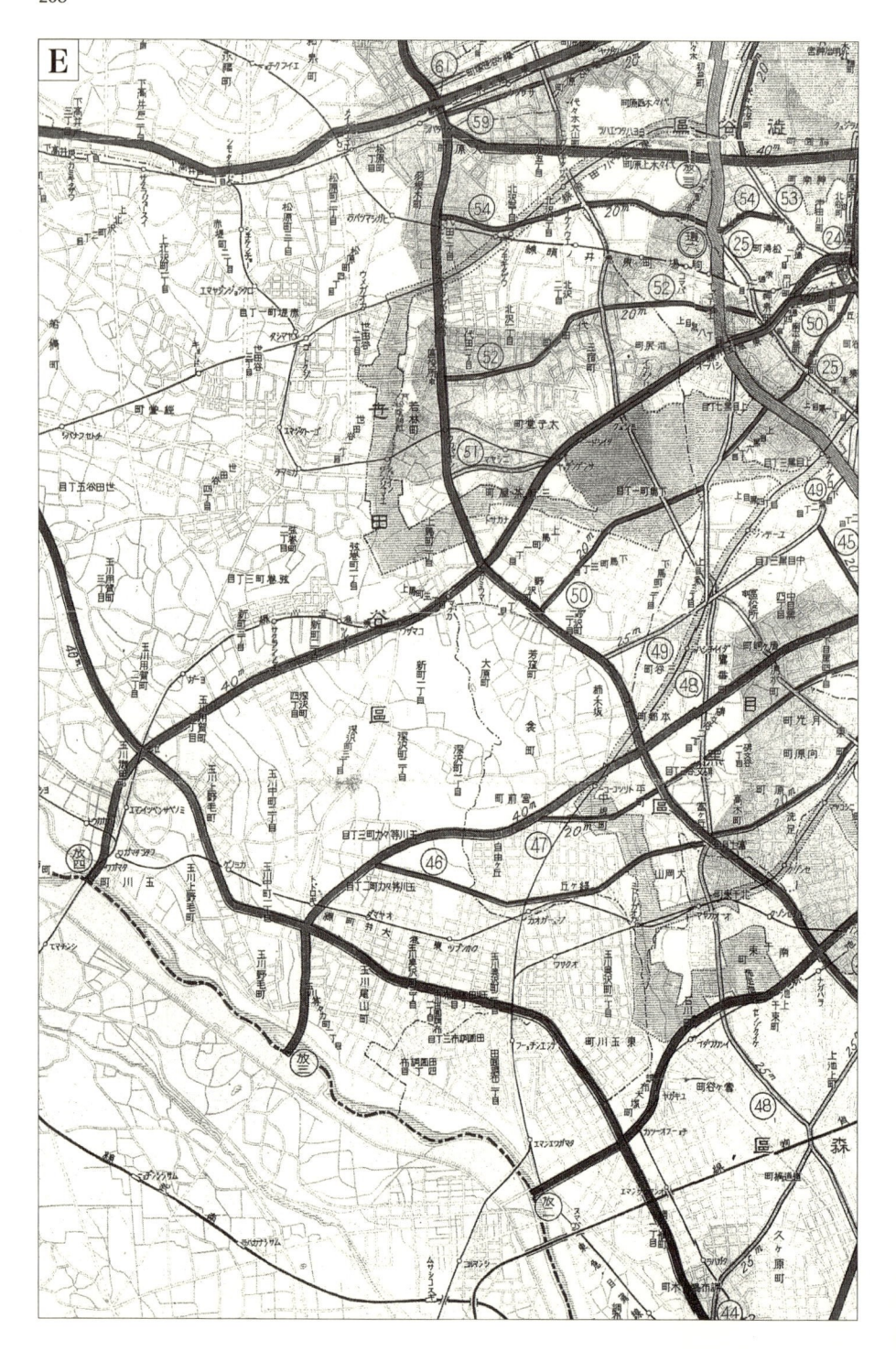

VI 地図 269

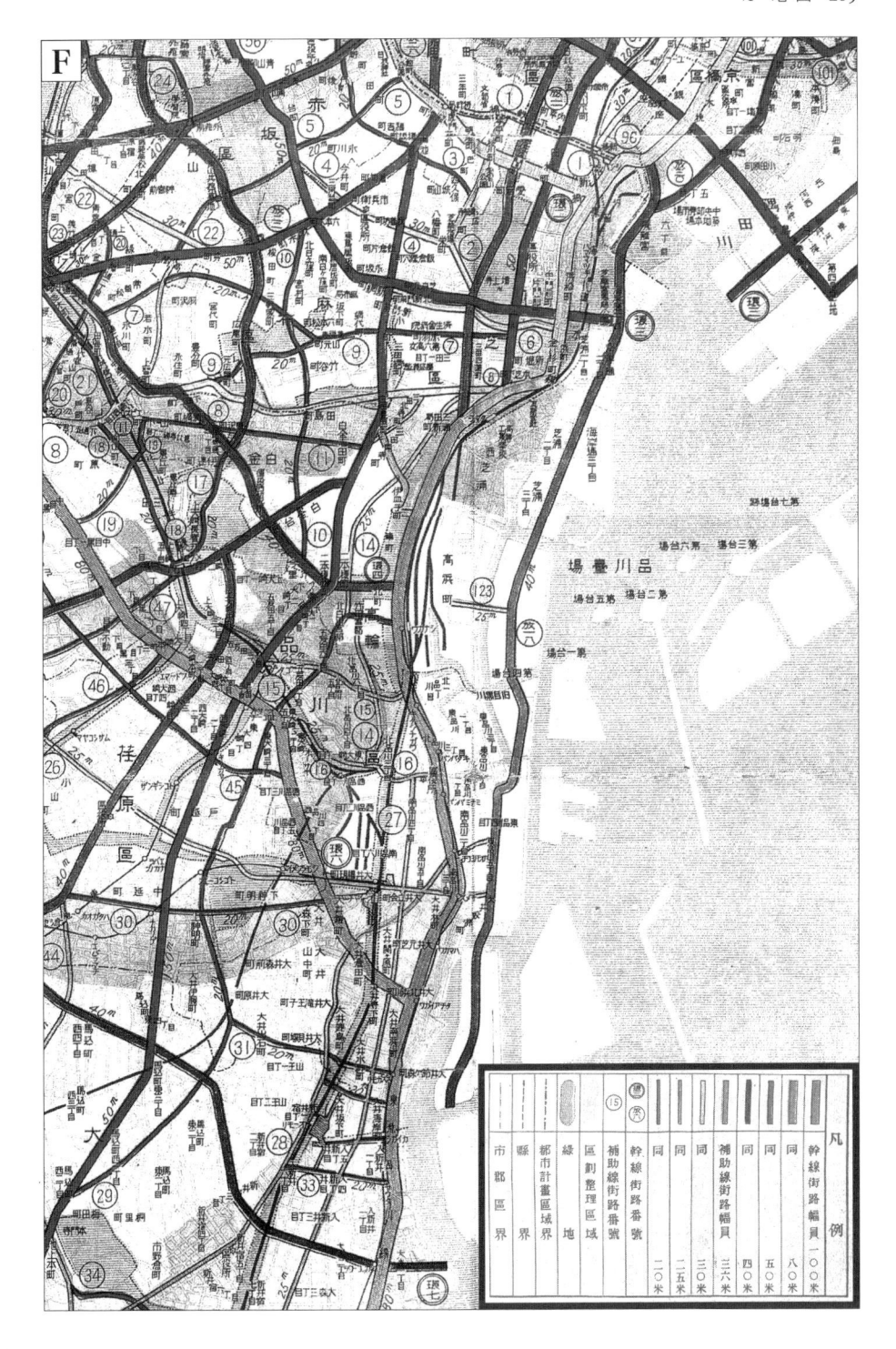

後藤新平・外遊旅程一覧

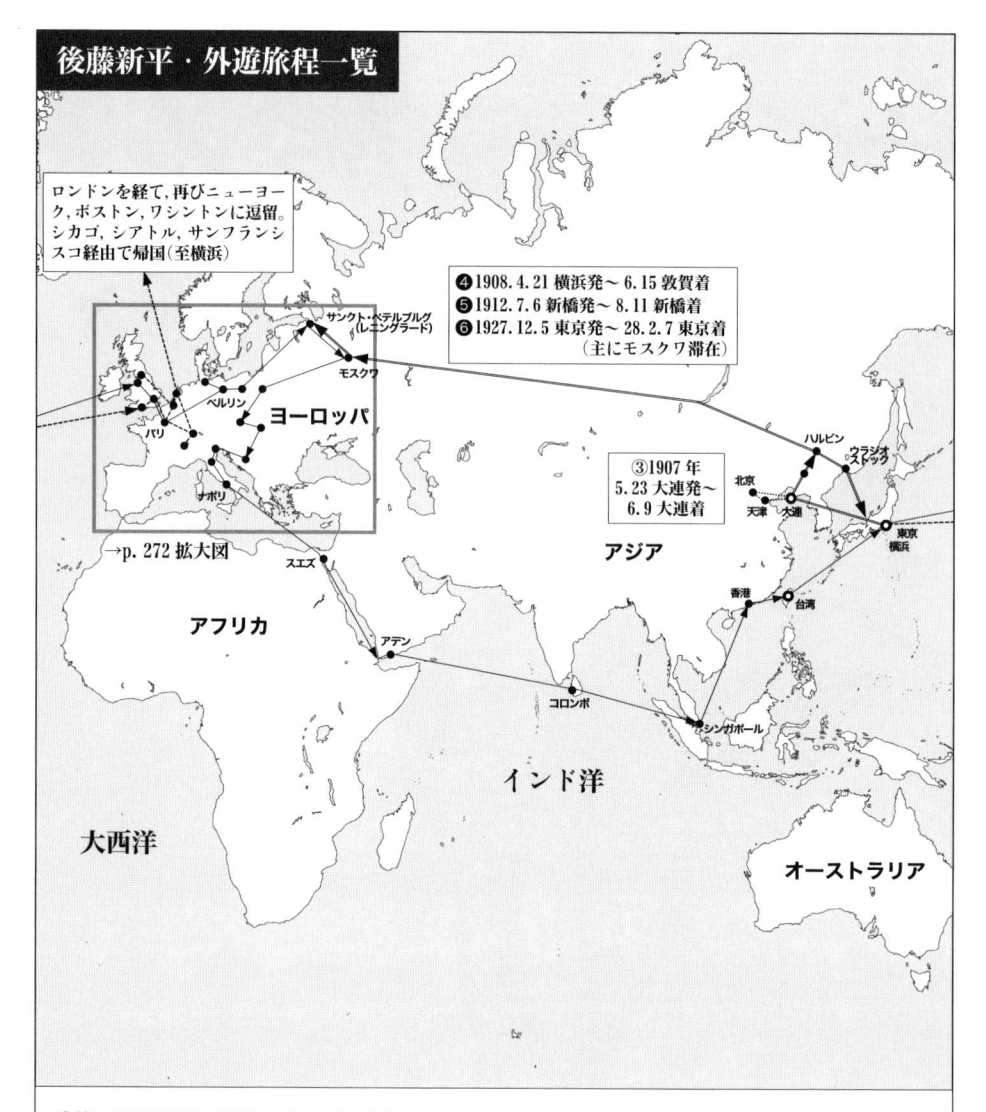

ロンドンを経て,再びニューヨーク,ボストン,ワシントンに逗留。シカゴ,シアトル,サンフランシスコ経由で帰国(至横浜)

❹ 1908.4.21 横浜発～ 6.15 敦賀着
❺ 1912.7.6 新橋発～ 8.11 新橋着
❻ 1927.12.5 東京発～ 28.2.7 東京着
　　　(主にモスクワ滞在)

③ 1907年
5.23 大連発～
6.9 大連着

サンクト・ペテルブルグ
(レニングラード)
モスクワ
ベルリン
パリ
ヨーロッパ
→p.272 拡大図
ナポリ
スエズ
アフリカ
アデン
コロンボ
インド洋
大西洋
ハルビン
ウラジオストック
北京
天津 大連
東京
横浜
香港
台湾
アジア
シンガポール
オーストラリア

① **第 1 回欧米外遊** (1902.5.25 → 12.17)
台湾 → 横浜 → バンクーバー → シカゴ → バッファロー → ニューヨーク [↔ フィラデルフィア ↔ アトランティック・シティ] → ニューヨーク [↔ ワシントン ↔ ピッツバーグ] → 大西洋横断 → リバプール → ロンドン [↔ ポーツマス] → パリ → ベルリン [↔ ハンブルク] → ポズナニ → サンクト・ペテルブルグ → モスクワ → ワルシャワ → ウィーン → ブダペスト → サラエボ → トリエステ → ベネチア → フィレンツェ → ナポリ → スエズ → アデン → コロンボ → シンガポール → 香港 → 台湾

② **第 2 回欧米外遊** (1919.3.4 → 11.13)
東京駅→ 横浜 → サンフランシスコ [↔サンタ・ローザ] → ロス・アンゼルス → ソルトレークシティ → コロラド・スプリングス → シカゴ → スプリングフィールド → デトロイト → ナイアガラ滝 → ニューヨーク [↔ ワシントン, オレンジ市, ↔ オイスターベー, フィラデルフィア] → ハリファックス → サウザンプトン → ロンドン → カレー → パリ [↔ベルダン] → ブリュッセル → ロンドン [↔ マンチェスター] → パリ → バーゼル [↔ルツェルン ↔ ベルン ↔ ローザンヌ ↔ モントレー ↔ ジュ

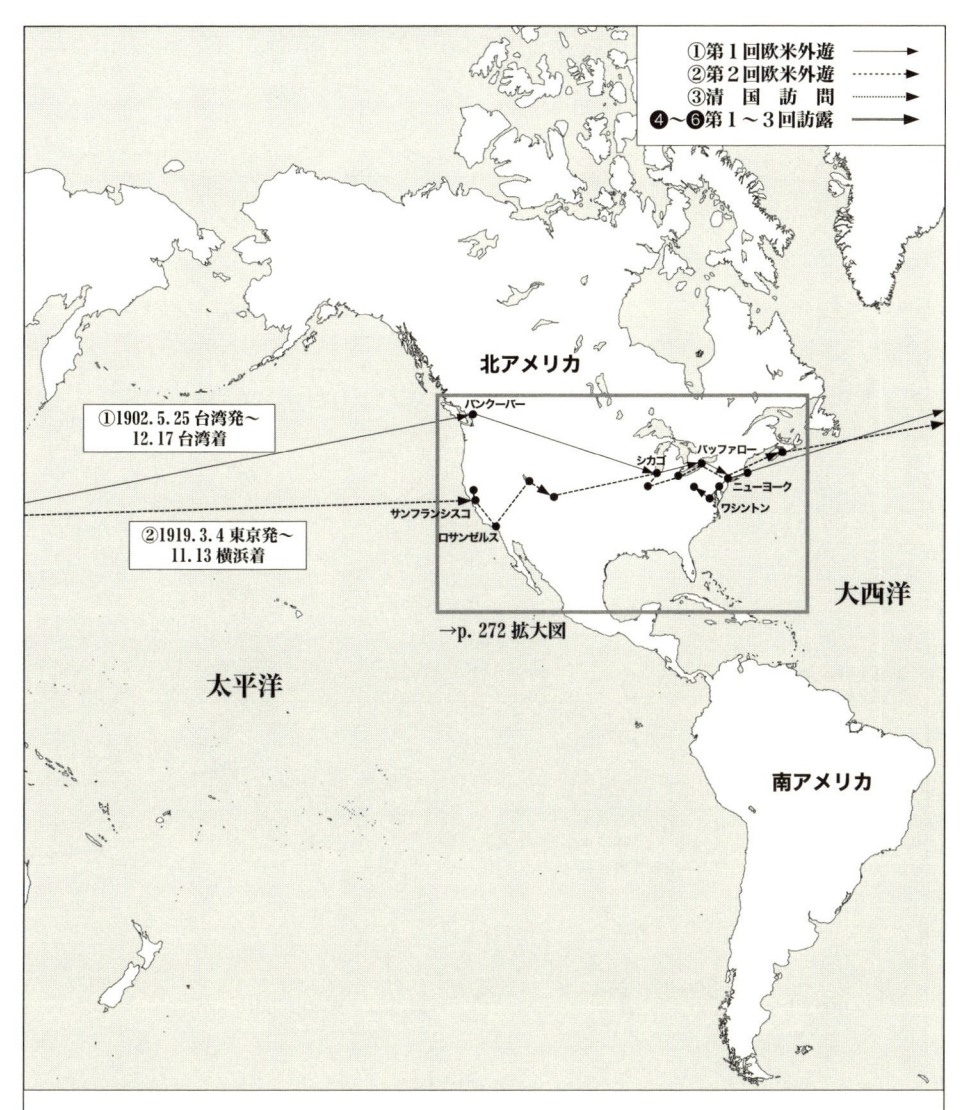

VI 地図 271

凡例:
①第1回欧米外遊 ――→
②第2回欧米外遊 -----→
③清国訪問 ·····→
❹〜❻第1〜3回訪露 ━━→

①1902.5.25 台湾発〜
　12.17 台湾着

②1919.3.4 東京発〜
　11.13 横浜着

北アメリカ
バンクーバー　シカゴ　バッファロー
サンフランシスコ　　　　ニューヨーク
ロサンゼルス　　　　　ワシントン

→p. 272 拡大図

大西洋

太平洋

南アメリカ

ネーブ］→ フォークストン → ロンドン → サウザンプトン → ボストン → ニューヨーク → ワシントン → ボルチモア → ニューヨーク → シカゴ → シアトル → サンフランシスコ → 横浜

③**清国訪問**（1907.5.23 → 6.9）
大連 → 北京 → 天津 → 大連

❹**第1回訪露**（1908.4.21 → 6.15）
横浜 → 大連 → 奉天 → 寛城子 → ハルビン → モスクワ → サンクト・ペテルブルグ → ウラジオストック → 敦賀

❺**第2回訪露**（1912.7.6 → 8.11）
新橋 → 神戸 → 大連 → ハルビン → モスクワ → サンクト・ペテルブルグ → 新橋

❻**第3回訪露**（1927.12.5 → 1928.2.7）
東京駅 → 大連 → ハルビン → モスクワ［↔レニングラード］→ 東京駅

272

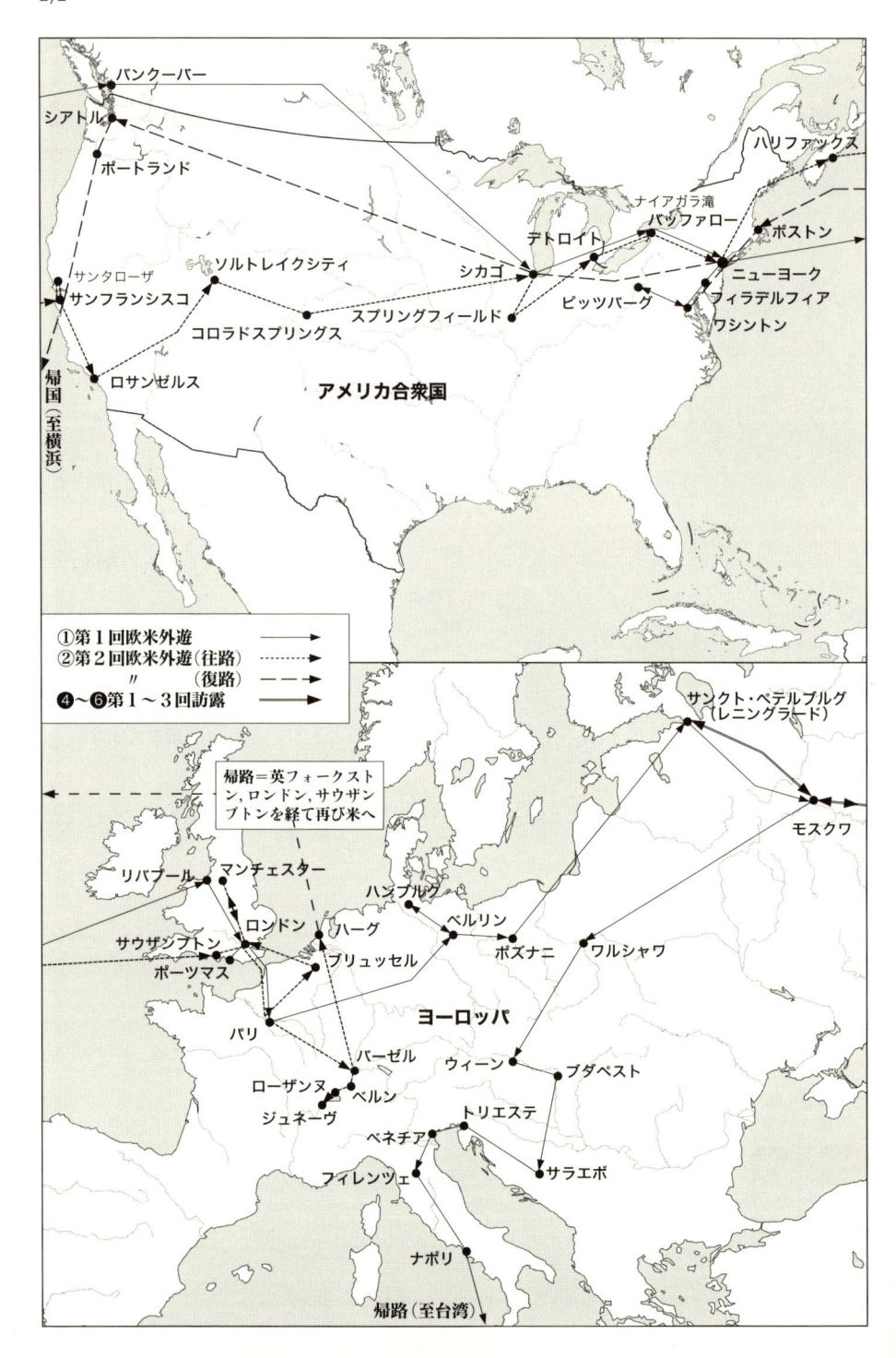

凡例:
- ①第1回欧米外遊 →
- ②第2回欧米外遊（往路） ······›
- 〃　　　　　　（復路） ----›
- ❹〜❻第1〜3回訪露 →

アメリカ合衆国

- バンクーバー
- シアトル
- ポートランド
- サンタローザ
- サンフランシスコ
- ロサンゼルス
- ソルトレイクシティ
- コロラドスプリングス
- スプリングフィールド
- シカゴ
- デトロイト
- ナイアガラ滝
- バッファロー
- ピッツバーグ
- ハリファックス
- ボストン
- ニューヨーク
- フィラデルフィア
- ワシントン

帰国（至横浜）

ヨーロッパ

帰路＝英フォークストン、ロンドン、サウザンプトンを経て再び米へ

- サンクト・ペテルブルグ（レニングラード）
- モスクワ
- リバプール
- マンチェスター
- ハンブルグ
- ベルリン
- ポズナニ
- ワルシャワ
- サウザンプトン
- ポーツマス
- ロンドン
- ハーグ
- ブリュッセル
- パリ
- バーゼル
- ローザンヌ
- ジュネーヴ
- ベルン
- ウィーン
- ブダペスト
- トリエステ
- ベネチア
- フィレンツェ
- サラエボ
- ナポリ

帰路（至台湾）

VII

資 料

**後藤新平 関連系図
歴代台湾総督＆民政長官・歴代満鉄総裁
歴代内閣閣僚**

凡 例

* 本付録資料では，後藤新平の系図と，後藤をとりまく政官の重要人物を一覧にまとめ，『正伝 後藤新平』の内容理解に資するようにした。
* 「後藤新平 関連系図」の作成にあたっては，『正伝 後藤新平』第1巻本文，『後藤新平追想録』(水沢市立後藤新平記念館)，『鶴見和子曼荼羅VII 華の巻』(藤原書店)所収の系図に依拠するとともに，一部河﨑武蔵氏のご教示を得た。
* 閣僚一覧については，後藤の生きた1920年代末までの内閣(第27代浜口内閣まで)を収めた。
* 閣僚一覧中の(兼)は，兼任を意味する。

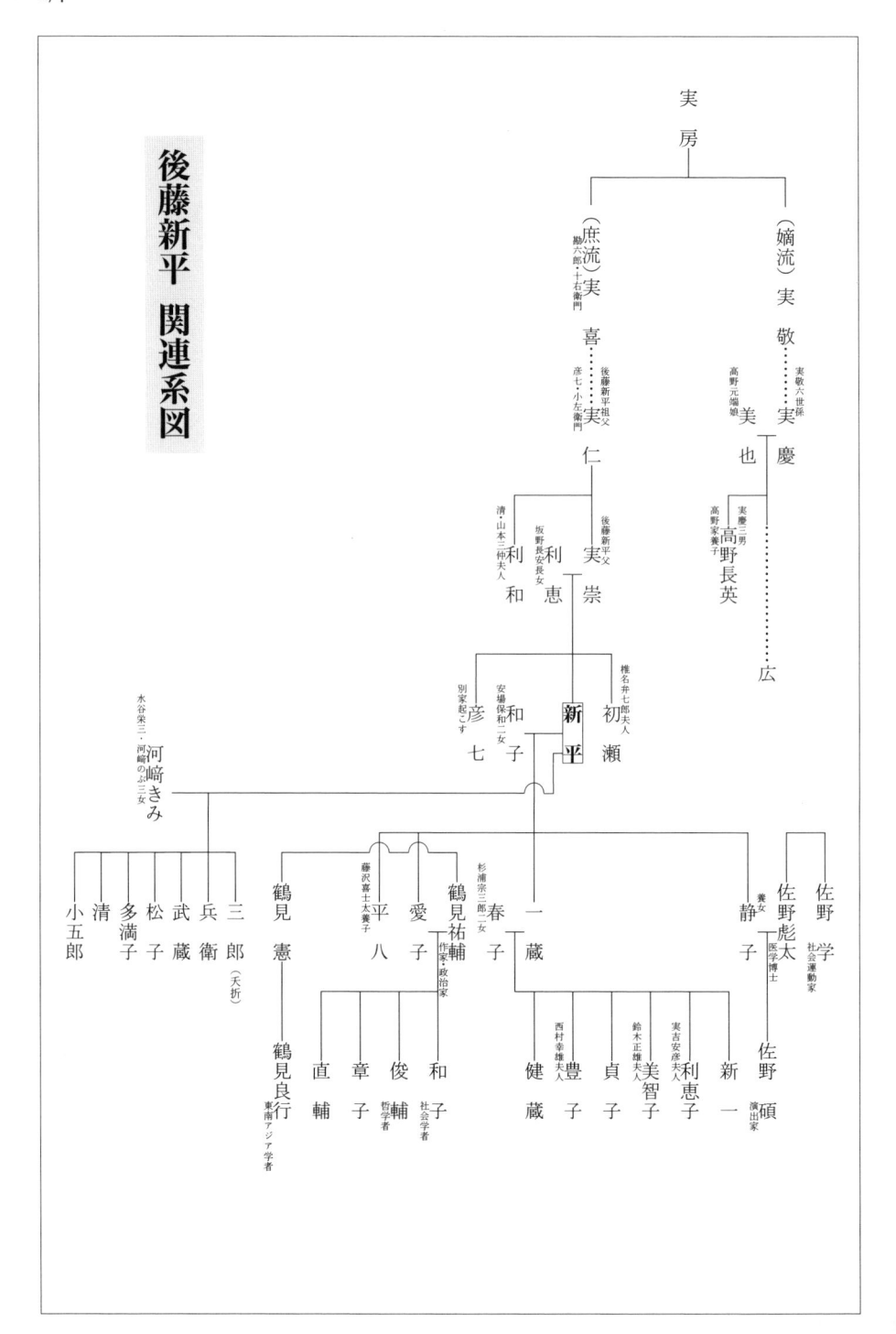

後藤新平 関連系図

- 実房
  - （嫡流）実敬……実敬六世係
    - 実慶
      - 実也 ─実慶三男・高野家養子
        - 高野長英 ─高野元端娘
          - ……広
  - （庶流）実喜 ─助六郎・十右衛門
    - 仁 ─彦七・小左衛門／後藤新平祖父
      - 利和 ─清山本二仲夫人／坂野長安長女
        - 和子 ─安場保和二女
        - 彦七 ─別家起こす
      - 実崇 ─後藤新平父
        - 初瀬 ─椎名井七郎夫人
        - 新平
          - （妻）きみ ─水谷栄三・河﨑のぶ三女／河﨑
            - 三郎（夭折）
            - 兵衛
            - 武蔵
            - 松子
            - 多満子
            - 清
            - 小五郎
          - 鶴見憲
            - 鶴見良行 ─東南アジア学者
          - 愛子 ─藤沢喜士太養子
            - 平八
          - 春子 ─杉浦宗三郎二女／鶴見祐輔 作家・政治家
            - 和子
            - 俊輔 ─哲学者
            - 章子
            - 直輔
          - 一蔵
            - 健蔵
            - 豊子 ─西村幸雄夫人
            - 貞子 ─実吉安彦夫人
            - 美智子 ─鈴木正雄夫人
            - 利恵子
            - 新一
          - 静子 ─養女／佐野彪太 医学博士
            - 佐野頎 ─演出家
          - 佐野 ─社会運動家

台湾総督

	氏 名	在任期間
1	樺山資紀	1895.5.10 〜 96.6.2
2	桂 太郎	1896.6.2 〜 96.10.14
3	乃木希典	1896.10.14 〜 98.2.26
4	児玉源太郎	1898.2.26 〜 1906.4.11
5	佐久間左馬太	1906.4.11 〜 15.5.1
6	安東貞美	1915.5.1 〜 18.6.6
7	明石元二郎	1918.6.1 〜 19.10.26
8	田健治郎	1919.10.29 〜 23.9.2
9	内田嘉吉	1923.9.6 〜 24.9.1
10	伊沢多喜男	1924.9.1 〜 26.7.16
11	上山満之進	1926.7.16 〜 28.6.16
12	川村竹治	1928.6.16 〜 29.7.30
13	石塚英蔵	1929.7.30 〜 31.1.16
14	太田政弘	1931.1.16 〜 32.3.2
15	南 弘	1932.3.2 〜 32.5.26
16	中川健蔵	1932.5.27 〜 36.9.2
17	小林躋造	1936.9.2 〜 40.11.27
18	長谷川清	1940.11.27 〜 44.12.30
19	安藤利吉	1944.12.30 〜 45.8

台湾民政長官

	氏 名	在任期間
1	水野 遵	1895.5.21 〜 97.7.20
2	曽根静夫	1897.7.20 〜 98.3.2
3	**後藤新平**	**1898.3.2 〜 1906.11.13**
4	祝 辰巳	1906.11.13 〜 08.5.22
5	大島久満次	1908.5.30 〜 10.7.27
6	宮尾舜治（代理）	1910.7.27 〜 10.8.22
7	内田嘉吉	1910.8.22 〜 15.10.20
8	下村 宏	1915.10.20 〜 21.7.11
9	賀来佐賀太郎	1921.7.11 〜 26.9.19
10	後藤文夫	1926.9.22 〜 28.6.26
11	河原田稼吉	1928.6.26 〜 29.8.3
12	人見次郎	1929.8.3 〜 31.1.16
13	高橋守雄	1931.1.17 〜 31.4.14
14	木下 信	1931.4.15 〜 32.1.12
15	平塚広義	1932.1.13 〜 36.9.2
16	森岡二郎	1936.9.2 〜 40.11.26
17	斎藤 樹	1940.11.27 〜 45.1.5
18	成田一郎	1945.1.6 〜 45.8

＊ 1895.5.7 〜 98.6.20 は台湾総督府「民政局長」、1898.6.20 〜 1919.8.20 は「民政長官」、以後は「総務長官」と称する。

満鉄総裁

	氏 名	在任期間
1	**後藤新平**	**1906.11.13 〜 08.7.14**
2	中村是公	1908.12.19 〜 13.12.18
3	野村龍太郎	1913.12.19 〜 14.7.15
4	中村雄次郎	1914.7.15 〜 17.7.31
5	国沢新兵衛（理事長）	1917.7.31 〜 19.4.12
6	野村龍太郎（社長）	1919.4.12 〜 21.5.31
7	早川千吉郎（社長）	1921.5.31 〜 22.10.14
8	川村竹治（社長）	1922.10.24 〜 24.6.22
9	安広伴一郎（社長）	1924.6.22 〜 27.7.19
10	山本条太郎（社長→総裁）	1927.7.19 〜 29.8.14
11	仙石 貢	1929.8.14 〜 31.6.13
12	内田康哉	1931.6.13 〜 32.7.6
13	林博太郎	1932.7.26 〜 35.8.2
14	松岡洋右	1935.8.2 〜 39.3.24
15	大村卓一	1939.3.24 〜 43.7.14
16	小日山直登	1943.7.14 〜 45.4.11
17	山崎元幹	1945.5.5 〜 45.9.30

歴代台湾総督＆民政長官
歴代満鉄総裁

＊総裁制度をとっていない時期、総裁業務は理事長、社長がおこなっていた。

歴代内閣閣僚 ①〜⑥

①第一次伊藤内閣　　1885.12.22 成立

内閣総理大臣		伊藤博文
外務大臣		井上　馨
	1887.9.17〜	伊藤博文（臨兼）
	1888.2.1〜	大隈重信
内務大臣		山県有朋
大蔵大臣		松方正義
陸軍大臣		大山　巌
海軍大臣		西郷従道
司法大臣		山田顕義
文部大臣		森　有礼
農商務大臣		谷　干城
	1887.7.26〜	土方久元
	1887.9.17〜	黒田清隆
逓信大臣		榎本武揚
内閣書記官長		田中光顕（兼）
法制局長官	1885.12.23〜	山尾庸三（兼）
	1888.2.7〜	井上　毅

②黒田内閣　　1888.4.30 成立

内閣総理大臣		黒田清隆
		1889.10.25 辞任
	1889.10.25〜	三条実美（兼）
外務大臣		大隈重信
内務大臣		山県有朋
大蔵大臣		松方正義
陸軍大臣		大山　巌
海軍大臣		西郷従道
司法大臣		山田顕義
文部大臣		森　有礼
		〜1889.2.12
	1889.2.16〜	大山　巌（臨兼）
	1889.3.22〜	榎本武揚
農商務大臣		榎本武揚（臨兼）
	1888.7.25〜	井上　馨
		〜1889.12.23
逓信大臣		榎本武揚
	1889.3.22〜	後藤象二郎
班列		伊藤博文
		〜1889.10.30
内閣書記官長	1888.5.28〜	小牧昌業
法制局長官		井上　毅

③第一次山県内閣　　1889.12.24 成立

内閣総理大臣		山県有朋
外務大臣		青木周蔵
内務大臣		山県有朋（兼）
	1890.5.17〜	西郷従道
大蔵大臣		松方正義
陸軍大臣		大山　巌
海軍大臣		西郷従道
	1890.5.17〜	樺山資紀
司法大臣		山田顕義
文部大臣		榎本武揚
	1890.5.17〜	芳川顕正
農商務大臣		岩村通俊
	1890.5.17〜	陸奥宗光
逓信大臣		後藤象二郎
班列		大木喬任
内閣書記官長	1889.12.26〜	周布公平
法制局長官		井上　毅

④第一次松方内閣　　1891.5.6 成立

内閣総理大臣		松方正義
外務大臣		青木周蔵
	1891.5.29〜	榎本武揚
内務大臣		西郷従道
	1891.6.1〜	品川弥二郎
	1892.3.11〜	副島種臣
	1892.6.8〜	松方正義（兼）
	1892.7.14〜	河野敏鎌
大蔵大臣		松方正義（兼）
陸軍大臣		大山　巌
	1891.5.17〜	高島鞆之助
海軍大臣		樺山資紀
司法大臣		山田顕義
	1891.6.1〜	田中不二麿
	1892.6.23〜	河野敏鎌（兼）
文部大臣		芳川顕正
	1891.6.1〜	大木喬任
農商務大臣		陸奥宗光
	1892.3.14〜	河野敏鎌
	1892.7.14〜	佐野常民
逓信大臣		後藤象二郎
班列		大木喬任
	〜1891.6.1	
内閣書記官長	1891.6.16〜	平山成信
法制局長官	1891.6.10〜	尾崎三良

⑤第二次伊藤内閣　　1892.8.8 成立

内閣総理大臣	〜1896.8.31辞任	伊藤博文
	1896.8.31〜	黒田清隆（臨兼）
外務大臣		陸奥宗光
	1896.5.30〜	西園寺公望（兼）
内務大臣		井上 馨
	1894.10.15〜	野村 靖
	1896.2.3〜	芳川顕正（兼）
	1896.4.14〜	板垣退助
大蔵大臣		渡辺国武
	1895.3.17〜	松方正義
	1895.8.27〜	渡辺国武（兼）
	1895.10.9〜	渡辺国武
陸軍大臣		大山 巌
海軍大臣		仁礼景範
	1893.3.11〜	西郷従道
司法大臣		山県有朋
	〜1893.3.11	
	1893.3.16〜	芳川顕正
文部大臣		河野敏鎌
	1893.3.7〜	井上 毅
	1894.8.29〜	芳川顕正（臨兼）
	1894.10.3〜	西園寺公望
農商務大臣		後藤象二郎
	1894.1.22〜	榎本武揚
逓信大臣		黒田清隆
	1895.3.17〜	渡辺国武
	1895.10.9〜	白根専一
拓殖務大臣 [1896.4.1 拓殖務省設置]	1896.4.2〜	高島鞆之助
班列	1895.3.17〜	黒田清隆
内閣書記官長		伊東巳代治（兼）
	1892.8.15〜	伊東巳代治
法制局長官	1892.9.29〜	末松謙澄

⑥第二次松方内閣　　1896.9.18 成立

内閣総理大臣		松方正義
外務大臣		西園寺公望（兼）
	1896.9.22〜	大隈重信
	1897.11.6〜	西徳二郎
内務大臣		板垣退助
	1896.9.20〜	樺山資紀
大蔵大臣		松方正義（兼）
陸軍大臣		大山 巌
	1896.9.20〜	高島鞆之助（兼）
海軍大臣		西郷従道
司法大臣		芳川顕正
	1896.9.26〜	清浦奎吾
文部大臣		西園寺公望
	1896.9.28〜	蜂須賀茂韶
	1897.11.6〜	浜尾 新
農商務大臣		榎本武揚
	1897.3.29〜	大隈重信（兼）
		〜1897.11.6
	1897.11.8〜	山田信道
逓信大臣		白根専一
	1896.9.26〜	野村 靖
拓殖務大臣 [1897.9.2 同省廃止]		高島鞆之助
		〜1897.9.2
班列		黒田清隆
内閣書記官長	1896.9.20〜	高橋健三
	1897.10.8〜	平山成信
法制局長官	1892.9.29〜	神鞭知常
	1897.10.28〜	梅謙次郎（兼）

歴代内閣閣僚 ⑦〜⑬

⑦第三次伊藤内閣　　1898.1.12 成立

内閣総理大臣		伊藤博文
外務大臣		西徳二郎
内務大臣		芳川顕正
大蔵大臣		井上　馨
陸軍大臣		桂　太郎
海軍大臣		西郷従道
司法大臣		曾禰荒助
文部大臣		西園寺公望
	1898.4.30〜	外山正一
農商務大臣		伊東巳代治
	1898.4.26〜	金子堅太郎
逓信大臣		末松謙澄
班列		黒田清隆
		〜 1898.6.27
内閣書記官長		鮫島武之助
法制局長官		梅　謙次郎（兼）

⑧第一次大隈内閣　　1898.6.30 成立

内閣総理大臣		大隈重信
外務大臣		大隈重信（兼）
内務大臣		板垣退助
大蔵大臣		松田正久
陸軍大臣		桂　太郎
海軍大臣		西郷従道
司法大臣		大東義徹
文部大臣		尾崎行雄
	1898.10.27〜	犬養　毅
農商務大臣		大石正巳
逓信大臣		林　有造
内閣書記官長	1898.7.7〜	武富時敏
法制局長官	1898.7.27〜	神鞭知常

⑨第二次山県内閣　　1898.11.8 成立

内閣総理大臣	山県有朋
外務大臣	青木周蔵
内務大臣	西郷従道
大蔵大臣	松方正義
陸軍大臣	桂　太郎
海軍大臣	山本権兵衛
司法大臣	清浦奎吾
文部大臣	樺山資紀
農商務大臣	曾禰荒助
逓信大臣	芳川顕正
内閣書記官長	安広伴一郎
法制局長官	平田東助

⑩第四次伊藤内閣　　1900.10.19 成立

内閣総理大臣		伊藤博文
		〜 1901.5.10 辞任
	1901.5.10〜	西園寺公望（臨兼）
外務大臣		加藤高明
内務大臣		末松謙澄
大蔵大臣		渡辺国武
	1901.5.14〜	西園寺公望（臨兼）
陸軍大臣		桂　太郎
	1900.12.23〜	児玉源太郎（兼）
海軍大臣		山本権兵衛
司法大臣		金子堅太郎
文部大臣		松田正久
農商務大臣		林　有造
逓信大臣		星　亨
		〜 1900.12.21
	1900.12.22〜	原　敬
班列	1900.10.27〜	西園寺公望
内閣書記官長		鮫島武之助
法制局長官	1900.10.24〜	奥田義人

⑪第一次桂内閣　　　1901.6.2成立

内閣総理大臣		桂　太郎
外務大臣		曾禰荒助 (臨兼)
	1901.9.21～	小村寿太郎
内務大臣		内海忠勝
	1903.7.15～	児玉源太郎
	1903.10.12	桂　太郎 (兼)
	1904.2.20～	芳川顕正
	1905.9.16～	清浦奎吾 (兼)
大蔵大臣		曾禰荒助
陸軍大臣		児玉源太郎 (兼)
	1902.3.27～	寺内正毅
海軍大臣		山本権兵衛
司法大臣		清浦奎吾
	1903.9.22～	波多野敬直
文部大臣		菊池大麓
	1903.7.17～	児玉源太郎 (兼)
	1903.9.22～	久保田　譲
	1905.12.14～	桂　太郎 (兼)
農商務大臣		平田東助
	1903.7.17～	清浦奎吾 (兼)
	1903.9.22～	清浦奎吾
逓信大臣		芳川顕正
	1903.7.17～	曾禰荒助 (兼)
	1903.9.22～	大浦兼武
内閣書記官長		柴田家門
法制局長官		奥田義人
	1902.9.26～	一木喜徳郎

⑫第一次西園寺内閣　　　1906.1.7成立

内閣総理大臣		西園寺公望
外務大臣		加藤高明
	1906.3.3～	西園寺公望 (臨兼)
	1906.5.19～	林　董
内務大臣		原　敬
大蔵大臣		阪谷芳郎
	1908.1.14～	松田正久 (兼)
	1908.3.25～	松田正久
陸軍大臣		寺内正毅
海軍大臣		斎藤　實
司法大臣		松田正久
	1908.3.25～	千家尊福
文部大臣		西園寺公望 (臨兼)
	1906.3.27～	牧野伸顕
農商務大臣		松岡康毅
逓信大臣		山県伊三郎
	1908.1.14～	原　敬 (兼)
	1908.3.25～	堀田正養
内閣書記官長		石渡敏一
	1908.1.4～	南　弘
法制局長官	1906.1.13～	岡野敬次郎

⑬第二次桂内閣　　　1908.7.14成立

内閣総理大臣		桂　太郎
外務大臣		寺内正毅 (臨兼)
	1908.8.27～	小村寿太郎
内務大臣		平田東助
大蔵大臣		桂　太郎 (兼)
陸軍大臣		寺内正毅
海軍大臣		斎藤　實
司法大臣		岡部長職
文部大臣		小松原英太郎
農商務大臣		大浦兼武
逓信大臣		**後藤新平**
内閣書記官長		柴田家門
	1911.5.5～	柴田家門 (兼)
法制局長官		安広伴一郎

歴代内閣閣僚 ⑭〜㉑

⑭第二次西園寺内閣　1911.8.30 成立

内閣総理大臣		西園寺公望
外務大臣		内田康哉
内務大臣		原　　敬
大蔵大臣		山本達雄
陸軍大臣		石本新六 〜1912.4.2
	1912.4.5〜	上原勇作
海軍大臣		斎藤　實
司法大臣		松田正久
文部大臣		長谷場純孝
農商務大臣		牧野伸顕
逓信大臣		林　　董
内閣書記官長		南　　弘
法制局長官	1911.8.31〜	岡野敬次郎

⑮第三次桂内閣　1912.12.21 成立

内閣総理大臣		桂　太郎
外務大臣		桂　太郎（兼）
	1913.1.29〜	加藤高明
内務大臣		大浦兼武
大蔵大臣		若槻礼次郎
陸軍大臣		木越安綱
海軍大臣		斎藤　實
司法大臣		松室　致
文部大臣		柴田家門
農商務大臣		仲小路廉
逓信大臣		**後藤新平**
内閣書記官長		江木　翼
法制局長官		一木喜徳郎

⑯第一次山本内閣　1913.2.20 成立

内閣総理大臣		山本権兵衛
外務大臣		牧野伸顕
内務大臣		原　　敬
大蔵大臣		高橋是清
陸軍大臣		木越安綱
	1913.6.24〜	楠瀬幸彦
海軍大臣		斎藤　實
司法大臣		松田正久
	1913.11.11〜	奥田義人（臨兼）
	1914.3.6〜	奥田義人
文部大臣		奥田義人
	1914.3.6〜	大岡育造
農商務大臣		山本達雄
逓信大臣		元田　肇
内閣書記官長		山之内一次
法制局長官		岡野敬次郎
	1913.9.20〜	倉富勇三郎

⑰第二次大隈内閣　1914.4.16 成立

内閣総理大臣		大隈重信
外務大臣		加藤高明
	1915.8.10〜	大隈重信（兼）
	1915.10.13〜	石井菊次郎
内務大臣		大隈重信（兼）
	1915.1.7〜	大浦兼武
	1915.7.30〜	大隈重信（兼）
	1915.8.10〜	一木喜徳郎
大蔵大臣		若槻礼次郎
	1915.8.10〜	武富時敏
陸軍大臣		岡市之助
	大5.3.30〜	大島健一
海軍大臣		八代六郎
	1915.8.10〜	加藤友三郎
司法大臣		尾崎行雄
文部大臣		一木喜徳郎
	1915.8.10〜	高田早苗
農商務大臣		大浦兼武
	1915.1.7〜	河野広中
逓信大臣		武富時敏
	1915.8.10〜	箕浦勝人
内閣書記官長		江木　翼
法制局長官	1914.4.25〜	高橋作衛

⑱寺内内閣　　　1916.10.9 成立

内閣総理大臣		寺内正毅
外務大臣		寺内正毅（臨兼）
	1916.11.21〜	本野一郎
	1918.4.23〜	**後藤新平**
内務大臣		**後藤新平**
	1918.4.23〜	水野錬太郎
大蔵大臣		寺内正毅（兼）
	1916.12.16〜	勝田主計
陸軍大臣		大島健一
海軍大臣		加藤友三郎
司法大臣		松室　致
文部大臣		岡田良平
農商務大臣		仲小路廉
逓信大臣		田健治郎
内閣書記官長		児玉秀雄
法制局長官		有松英義

⑲原内閣　　　1918.9.29 成立

内閣総理大臣		原　敬
		1921.11.4 死去
	1921.11.4〜	内田康哉（臨兼）
外務大臣		内田康哉
内務大臣		床次竹二郎
大蔵大臣		高橋是清
陸軍大臣		田中義一
	1921.6.9〜	山梨半造
海軍大臣		加藤友三郎
司法大臣		原　敬（兼）
	1920.5.15〜	大木遠吉
文部大臣		中橋徳五郎
農商務大臣		山本達雄
逓信大臣		野田卯太郎
鉄道大臣 [1920.5.15 鉄道省設置]	1920.5.15〜	元田　肇
内閣書記官長		高橋光威
法制局長官		横田千之助

⑳高橋内閣　　　1921.11.13 成立

内閣総理大臣		高橋是清
外務大臣		内田康哉
内務大臣		床次竹二郎
大蔵大臣		高橋是清（兼）
陸軍大臣		山梨半造
海軍大臣		加藤友三郎
司法大臣		大木遠吉
文部大臣		中橋徳五郎
農商務大臣		山本達雄
逓信大臣		野田卯太郎
鉄道大臣		元田　肇
内閣書記官長	1921.11.24〜	三土忠造
法制局長官		横田千之助
	1922.3.28〜	馬場鍈一

㉑加藤（友）内閣　　　1922.6.12 成立

内閣総理大臣		加藤友三郎
		1923.8.24 死去
	1923.8.25〜	内田康哉（臨兼）
外務大臣		内田康哉
内務大臣		水野錬太郎
大蔵大臣		市来乙彦
陸軍大臣		山梨半造
海軍大臣		加藤友三郎（兼）
	1923.5.15〜	財部　彪
司法大臣		岡野敬次郎
文部大臣		鎌田栄吉
農商務大臣		荒井賢太郎
逓信大臣		前田利定
鉄道大臣		大木遠吉
内閣書記官長		宮田光雄
法制局長官		馬場鍈一

歴代内閣閣僚 ㉒〜㉗

㉒第二次山本内閣　　1923.9.2 成立

内閣総理大臣		山本権兵衛
外務大臣		山本権兵衛（兼）
	1923.9.19〜	伊集院彦吉
内務大臣		**後藤新平**
大蔵大臣		井上準之助
陸軍大臣		田中義一
海軍大臣		財部　彪
司法大臣		田健治郎（兼）
	1923.9.6〜	平沼騏一郎
文部大臣		犬養　毅（兼）
	1923.9.6〜	岡野敬次郎
農商務大臣		田健治郎
	1923.12.24〜	岡野敬次郎（兼）
逓信大臣		犬養　毅
鉄道大臣		山之内一次
内閣書記官長		樺山資英
法制局長官	1923.9.19〜	松本烝治

㉓清浦内閣　　1924.1.7 成立

内閣総理大臣		清浦奎吾
外務大臣		松井慶四郎
内務大臣		水野錬太郎
大蔵大臣		勝田主計
陸軍大臣		宇垣一成
海軍大臣		村上格一
司法大臣		鈴木喜三郎
文部大臣		江木千之
農商務大臣		前田利定
逓信大臣		藤村義朗
鉄道大臣		小松謙次郎
内閣書記官長		小橋一太
法制局長官	1924.1.10〜	佐竹三吾

㉔加藤（高）内閣　　1924.6.11 成立

内閣総理大臣		加藤高明
		1926.1.28 死去
	1926.1.28〜	若槻礼次郎（臨兼）
外務大臣		幣原喜重郎
内務大臣		若槻礼次郎
大蔵大臣		浜口雄幸
陸軍大臣		宇垣一成
海軍大臣		財部　彪
司法大臣		横田千之助
	1925.2.5〜	高橋是清（臨兼）
	1925.2.9〜	小川平吉
	1925.8.2〜	江木　翼
文部大臣		岡田良平
農商務大臣 [1925.4.1 同省廃止]		高橋是清
農林大臣 [1925.4.1 農林省設置]	1925.4.1〜	高橋是清（兼）
	1925.4.17〜	岡崎邦輔
	1925.8.2〜	早速整爾
商工大臣 [1925.4.1 商工省設置]	1925.4.1〜	高橋是清
	1925.4.17〜	野田卯太郎
	1925.8.2〜	片岡直温
逓信大臣		犬養　毅
	1925.5.30〜	安達謙蔵
鉄道大臣		仙石　貢
内閣書記官長		江木　翼
	1925.8.2〜	塚本清治
法制局長官		塚本清治 ～1925.8.2
	1925.8.10〜	山川端夫

㉕第一次若槻内閣　　1926.1.30 成立

内閣総理大臣		若槻礼次郎
外務大臣		幣原喜重郎
内務大臣		若槻礼次郎（兼）
	1926.6.3〜	浜口雄幸
大蔵大臣		浜口雄幸
	1926.6.3〜	早速整爾
	1926.9.14〜	片岡直温
陸軍大臣		宇垣一成
海軍大臣		財部　彪
司法大臣		江木　翼
文部大臣		岡田良平
農林大臣		早速整爾
	1926.6.3〜	町田忠治
商工大臣		片岡直温
	1926.9.14〜	藤沢幾之輔
逓信大臣		安達謙蔵
鉄道大臣		仙石　貢
	1926.6.3〜	井上匡四郎
内閣書記官長		塚本清治
法制局長官		山川端夫

㉖田中（義）内閣　　1927.4.20 成立

内閣総理大臣		田中義一
外務大臣		田中義一（兼）
内務大臣		鈴木喜三郎
	1928.5.4〜	田中義一（兼）
	1928.5.23〜	望月圭介
大蔵大臣		高橋是清
	1927.6.2〜	三土忠造
陸軍大臣		白川義則
海軍大臣		岡田啓介
司法大臣		原　嘉道
文部大臣		三土忠造
	1927.6.2〜	水野錬太郎
	1928.5.25〜	勝田主計
農林大臣		山本悌二郎
商工大臣		中橋徳五郎
逓信大臣		望月圭介
	1928.5.23〜	久原房之助
鉄道大臣		小川平吉
拓務大臣	1929.6.10〜	田中義一（兼）
[1929.6.10 拓務省設置]		
内閣書記官長		鳩山一郎
法制局長官		前田米蔵

㉗浜口内閣　　1929.7.2 成立

内閣総理大臣		浜口雄幸
外務大臣		幣原喜重郎
内務大臣		安達謙蔵
大蔵大臣		井上準之助
陸軍大臣		宇垣一成
海軍大臣		財部　彪
	1930.10.3〜	安保清種
司法大臣		渡辺千冬
文部大臣		小橋一太
	1929.11.29〜	田中隆三
農林大臣		町田忠治
商工大臣		俵　孫一
逓信大臣		小泉又次郎
鉄道大臣		江木　翼
拓務大臣		松田源治
班列	1930.6.16〜	阿部信行
		〜1930.12.10
内閣書記官長		鈴木富士弥
法制局長官	1929.7.3〜	川崎卓吉

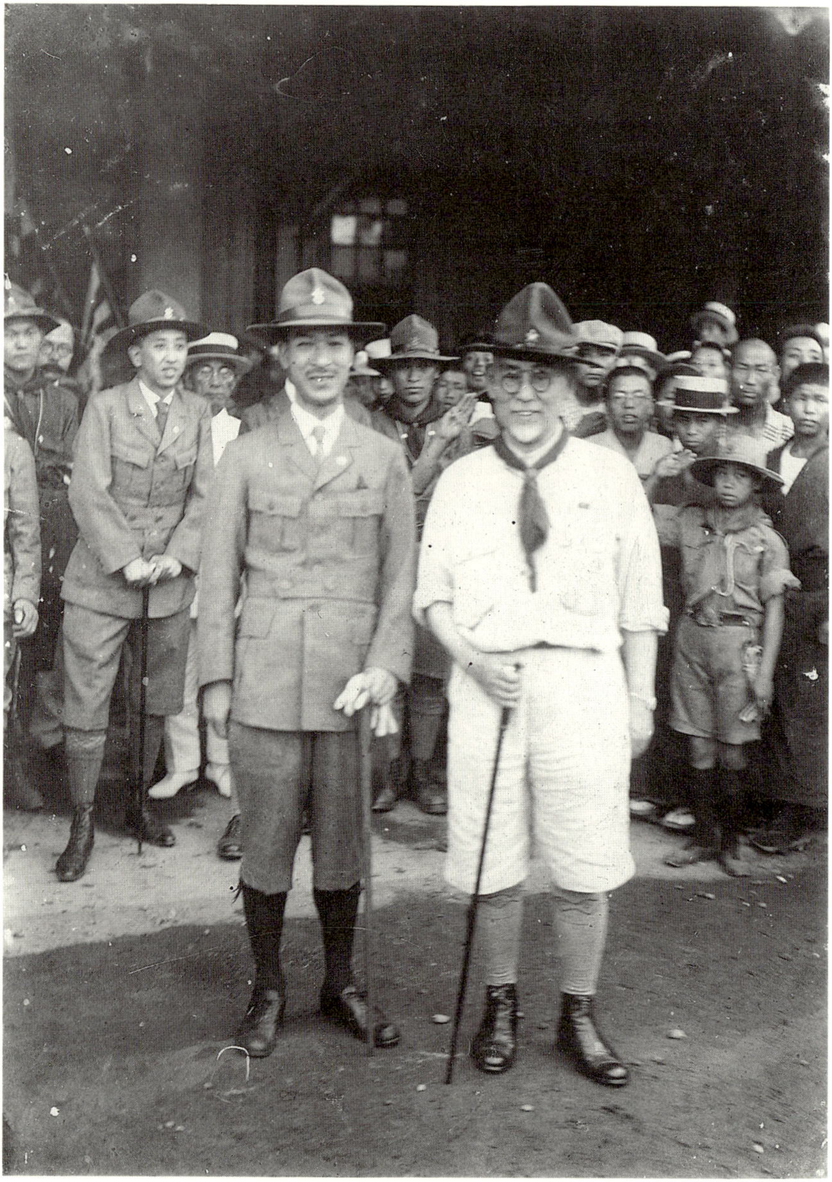

<ruby>後藤新平大全<rt>ごとうしんぺいたいぜん</rt></ruby>	正伝 後藤新平・別巻	

2007年6月30日　初版第1刷発行ⓒ

編　者　御　厨　　　貴
発行者　藤　原　良　雄
発行所　㈱　藤　原　書　店
〒162-0041　東京都新宿区早稲田鶴巻町523
電　話　03（5272）0301
ＦＡＸ　03（5272）0450
振　替　00160-4-17013

印刷・製本　図書印刷

落丁本・乱丁本はお取替えいたします　　Printed in Japan
定価はカバーに表示してあります　　ISBN978-4-89434-575-1

後藤新平生誕150周年記念大企画

後藤新平の全仕事

編集委員　青山佾／粕谷一希／御厨貴　内容見本呈

■百年先を見通し、時代を切り拓いた男の全体像が、いま蘇る。■医療・交通・通信・都市計画等の内政から、対ユーラシア及び新大陸の世界政策まで、百年先を見据えた先駆的な構想を次々に打ち出し、同時代人の度肝を抜いた男、後藤新平（1857-1929）。その知られざる業績の全貌を、今はじめて明らかにする。

後藤新平（1857-1929）

21世紀を迎えた今、日本で最も求められているのは、真に創造的なリーダーシップのあり方である。（中略）そして戦後60年の"繁栄"を育んだ制度や組織が化石化し"疲労"の限度をこえ、音をたてて崩壊しようとしている現在、人は肩書きや地位では生きられないと薄々感じ始めている。あるいは明治維新以来近代140年のものさしが通用しなくなりつつあると気づいている。

肩書き、地位、既存のものさしが重視された社会から、今や器量、実力、自己責任が問われる社会へ、日本は大きく変わろうとしている。こうした自覚を持つ時、我々は過去のとばりの中から覚醒しうごめき始めた一人の人物に注目したい。果たしてそれは誰か。その名を誰しもが一度は聞いたであろう、"後藤新平"に他ならない。
（『時代の先覚者・後藤新平』「序」より）

〈後藤新平の全仕事〉を推す

下河辺淳氏（元国土事務次官）「異能の政治家後藤新平は医学を通じて人間そのものの本質を学び、すべての仕事は一貫して人間の本質にふれるものでありました。日本の二十一世紀への新しい展開を考える人にとっては、必読の図書であります。」

三谷太一郎氏（東京大学名誉教授）「後藤は、職業政治家であるよりは、国家経営者であった。もし今日、職業政治家と区別される国家経営者が求められているとすれば、その一つのモデルは後藤にある。」

森繁久彌氏（俳優）「混沌とした今の日本国に後藤新平の様な人物がいたらと思うのは私だけだろうか……。」

李登輝氏（台湾前総統）「今日の台湾は、後藤新平が築いた礎の上にある。今日の台湾に生きる我々は、後藤新平の業績を思うのである。」

後藤新平の全生涯を描いた金字塔。「全仕事」第1弾！

〈決定版〉正伝 後藤新平

（全8分冊・別巻一）

鶴見祐輔／〈校訂〉一海知義

四六変上製カバー装　各巻約700頁　各巻口絵付

各巻予 4600〜6200円

波乱万丈の生涯を、膨大な一次資料を駆使して描ききった評伝の金字塔。完全に新漢字・現代仮名遣いに改め、資料には釈文を付した決定版。

❶ **医者時代**　前史〜1893年
医学を修めた後藤は、西南戦争後の検疫で大活躍。板垣退助の治療や、ドイツ留学でのコッホ、北里柴三郎、ビスマルクらとの出会い。〈序〉鶴見和子
704頁　4600円　◇978-4-89434-420-4（第1回配本／2004年11月刊）

❷ **衛生局長時代**　1892〜98年
内務省衛生局に就任するも、相馬事件で投獄。しかし日清戦争凱旋兵の検疫で手腕を発揮した後藤は、人間の医者から、社会の医者として躍進する。
672頁　4600円　◇978-4-89434-421-1（第2回配本／2004年12月刊）

❸ **台湾時代**　1898〜1906年
総督・児玉源太郎の抜擢で台湾民政局長に。上下水道・通信など都市インフラ整備、阿片・砂糖等の産業振興など、今日に通じる台湾の近代化をもたらす。
864頁　4600円　◇978-4-89434-435-8（第3回配本／2005年2月刊）

❹ **満鉄時代**　1906〜08年
初代満鉄総裁に就任。清・露と欧米列強の権益が拮抗する満洲の地で、「新旧大陸対峙論」の世界認識に立ち、「文装的武備」により満洲経営の基盤を築く。
672頁　6200円　◇978-4-89434-445-7（第4回配本／2005年4月刊）

❺ **第二次桂内閣時代**　1908〜16年
逓信大臣として初入閣。郵便事業、電話の普及など日本が必要とする国内ネットワークを整備するとともに、鉄道院総裁も兼務し鉄道広軌化を構想する。
896頁　6200円　◇978-4-89434-464-8（第5回配本／2005年7月刊）

❻ **寺内内閣時代**　1916〜18年
第一次大戦の混乱の中で、臨時外交調査会を組織。内相から外相へ転じた後藤は、シベリア出兵を推進しつつ、世界の中の日本の道を探る。
616頁　6200円　◇978-4-89434-481-5（第6回配本／2005年11月刊）

❼ **東京市長時代**　1919〜23年
戦後欧米の視察から帰国後、腐敗した市政刷新のため東京市長に。百年後を見据えた八億円都市計画の提起など、首都東京の未来図を描く。
768頁　6200円　◇978-4-89434-507-2（第7回配本／2006年3月刊）

❽ **「政治の倫理化」時代**　1923〜29年
震災後の帝都復興院総裁に任ぜられるも、志半ばで内閣総辞職。最晩年は、「政治の倫理化」、少年団、東京放送総裁など、自治と公共の育成に奔走する。
696頁　6200円　◇978-4-89434-525-6（第8回配本／2006年7月刊）

別巻　**後藤新平大全**　(6月刊)

今、なぜ後藤新平か？

時代の先覚者・後藤新平 (1857-1929)

御厨貴 編

その業績と人脈の全体像を、四十人の気鋭の執筆者が解き明かす。

鶴見俊輔＋青山佾＋粕谷一希＋御厨貴／鶴見和子／苅部直／中見立夫／原田勝正／新村拓／笠原英彦／小林道彦／角本良平／佐藤卓己／鎌田慧／佐野眞一／川田稔／五百旗頭薫／中島純 他

A5並製　三〇四頁　三三〇〇円
（二〇〇四年一〇月刊）
◇978-4-89434-407-6

二人の巨人をつなぐものは何か

往復書簡 後藤新平-德富蘇峰 1895-1929

高野静子 編著

幕末から昭和を生きた、稀代の政治家とジャーナリズムの巨頭との往復書簡全七一通を写真版で収録。時には相手を批判し、時には弱みを見せ合う二巨人の知られざる親交を初めて明かし、二人を廻る豊かな人脈と近代日本の新たな一面を照射する――【実物書簡写真収録】

菊大上製　二一六頁　六〇〇〇円
（二〇〇五年一二月刊）
◇978-4-89434-488-2

後藤新平の仕事の全て

後藤新平の「仕事」

藤原書店編集部 編

郵便ポストはなぜ赤い？　新幹線の生みの親は誰？　社会保険は誰が始めた？　百年前に構想されながら、現代のわれわれの生活にも密接に関わる後藤の「仕事」。公衆衛生、鉄道、郵便、放送、都市計画などの内政から、国境を越えた発想に基づく外交政策まで「自治」と「公共」に裏付けられたその業績を明快に示す。後藤を知るための必携書！

A5並製　二〇八頁　一八〇〇円
（二〇〇七年五月刊）
◇978-4-89434-407-6

●続刊予告

後藤新平日記
マイクロフィルムから膨大な手稿を初の活字化。近代日本研究の一級の史料！

後藤新平全書簡

後藤新平セレクション

後藤新平言行録